BIBLIOTHÈQUE
D'HISTOIRE CONTEMPORAINE

LA

DISSOLUTION DES ASSEMBLÉES

PARLEMENTAIRES

ÉTUDE DE DROIT PUBLIC ET D'HISTOIRE

PAR

PAUL MATTER

Substitut du Procureur de la République à Versailles
Docteur en droit

PARIS

ANCIENNE LIBRAIRIE GERMER-BAILLIÈRE ET Cⁱᵉ

FÉLIX ALCAN, ÉDITEUR

108, BOULEVARD SAINT-GERMAIN, 108

1898

LA

DISSOLUTION DES ASSEMBLÉES

PARLEMENTAIRES

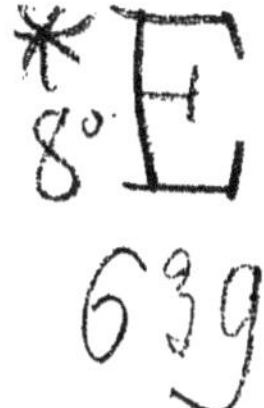

COULOMMIERS

Imprimerie Paul BRODARD.

LA

DISSOLUTION DES ASSEMBLÉES
PARLEMENTAIRES

ÉTUDE DE DROIT PUBLIC ET D'HISTOIRE

PAR

PAUL MATTER

Substitut du Procureur de la République à Versailles
Docteur en droit

PARIS

ANCIENNE LIBRAIRIE GERMER BAILLIÈRE ET Cⁱᵉ

FÉLIX ALCAN, ÉDITEUR

108, BOULEVARD SAINT-GERMAIN, 108

—

1898

DU PLAN DE CET OUVRAGE

L'étude d'un droit constitutionnel peut s'entreprendre de deux façons différentes. On peut examiner ce droit en lui-même, l'analyser et rechercher ses rapports avec les autres institutions politiques; on étudiera ses origines, ses principes et sa raison d'être; on examinera les conséquences qui en découlent, et en quoi elles réagissent sur l'ensemble de la constitution et les droits des citoyens.

On peut, tout au contraire, étudier moins le droit dans sa théorie que dans sa pratique, moins par lui-même que par les applications qui en ont été faites. On recherchera le rôle qu'il a joué, sinon dans tous les états constitutionnels, au moins dans ceux qui présentent un caractère particulier et forment, en quelque sorte, un type spécial; on suivra son développement historique; on examinera l'influence qu'il a pu exercer sur les destinées des nations, et les changements qu'ont produits en lui les événements politiques.

Pendant longtemps le premier procédé a été presque uniquement suivi en France; quelques rares et grands esprits, tel Guizot, s'efforçaient de trouver dans l'histoire la vie même des institutions ; ils avaient peu d'imitateurs, et, dans les Facultés de Droit spécialement, les meilleurs professeurs se préoccupaient plus de déduire des théories de droit public, que de chercher dans l'histoire l'origine et le développement des institutions, et leur comparaison avec les législations étrangères. Depuis quelques années on est venu à une conception plus saine et à une étude plus fertile.

Le droit constitutionnel est la plus vivante des sciences juridiques, c'est mal le comprendre que le séparer de l'histoire ; son rôle est inséparablement uni à la vie des peuples, aux luttes politiques, aux vicissitudes nationales ; à son égard surtout, ce principe est certain, que les mœurs agissent sur les lois et les lois sur les mœurs. Tout changement politique trouve sa cause dans l'histoire du régime qui disparaît, ne fût-ce que par réaction de ses vices : la licence du Directoire produit le despotisme du Consulat, l'arbitraire des Stuarts conduit à Cromwell et au bill des Droits.

D'ailleurs les institutions valent moins en elles-mêmes que par la façon dont on les applique ; on est étonné, à lire des textes de constitutions, de voir combien des formules identiques aboutissent à des résultats différents : la constitution du Portugal ne diffère guère de celle de la Belgique, il faut reconnaître que le premier pays est encore dans le régime de l'arbitraire et du despotisme, tandis que le second est parvenu au règne de la liberté et de l'égalité politiques. Souvent encore un texte traditionnel sera transformé par les applications de la pratique ; en Angleterre les vieilles formules sont demeurées, mais la réalité des choses est bouleversée ; qui voudrait étudier le droit en lui-même serait bien éloigné de la vérité.

Nous avons essayé, dans notre petite sphère, d'examiner la théorie et l'histoire. Avant de nous livrer au travail de législa-

tion comparée et d'histoire, — de beaucoup le plus important, —
il fallait préciser les notions juridiques; ainsi dans les trois premiers chapitres, nous avons examiné les principes du droit de
dissolution : les raisons qui, d'une façon générale, ont fait
accorder au gouvernement ce mode d'action sur les Chambres,
les principales applications qui peuvent en être faites; les conditions générales, de tous temps et de tous lieux, auxquelles
ce droit est soumis; enfin les conséquences qu'entraîne son
application.

Nous avons exposé ensuite, le caractère particulier que revêt
le droit de dissolution dans les diverses constitutions de la
France et des autres États; nous avons recherché le rôle qu'il
a joué dans les pays pratiquant le régime parlementaire et dans
ceux où il n'existe pas. Il était nécessaire de classer méthodi-
quement les diverses constitutions qui régissent les peuples
modernes; chose bizarre, il n'existe pas de classification usuelle,
traditionnelle, classique. Il semble pourtant qu'à l'époque
actuelle six types se soient formés; dans les monarchies absolues le souverain a conservé tout pouvoir et s'il prend dans son
conseil d'État l'avis de ses sujets, il ne le fait qu'à titre purement consultatif et gracieux; — les monarchies représentatives
ont accordé au pays des chambres électives, mais elles n'ont pas
donné à celles-ci le droit de renverser le ministère et la direction de la politique générale; — dans les États parlementaires,
le ministère est responsable devant les Chambres et par là
même les représentants du pays dirigent la politique générale
du pays; — dans les États fondés sur la séparation absolue des
pouvoirs, le gouvernement et le Parlement ont chacun une
sphère d'action distincte et doivent éviter tout rapport; — les
républiques fédératives sont des associations d'États dont le lien
est plus ou moins étroit; — dans les régimes conventionnels

enfin, tous pouvoirs sont absorbés par une assemblée unique et toute-puissante. Peut-être d'autres types seront-ils mis un jour en œuvre, mais il ne semble pas qu'ils soient encore inventés.

Pour nous conformer à cette classification, il aurait fallu disloquer les diverses constitutions qui ont régi la France, car notre pays les a presque toutes pratiquées depuis un siècle : monarchie absolue avant 1789; monarchie représentative sous le premier et le second Empire; régime parlementaire avec les chartes et la constitution de 1875; état unitaire fondé sur la séparation des pouvoirs, de 1795 à 1800 et en 1848; régime conventionnel enfin, sous la Révolution. Il eût été d'un mauvais plan de séparer ainsi nos diverses constitutions, chacune ayant influé sur l'autre, comme exemple à suivre ou à éviter; chacune s'expliquant en partie par les fautes de celle qui l'a précédée. Nous avons donc dérogé pour la France à la classification logique et nous avons étudié les diverses constitutions françaises dans leur ordre successif, recherchant le rôle que le droit de dissolution a joué dans l'économie de chacune et dans la vie politique à cette époque.

Cette brève introduction comporte de toute nécessité nos remercîments à MM. les Professeurs de la Faculté de Droit de Paris à qui ce volume doit le jour. Le sujet en est emprunté au concours Rossi de 1897. L'auteur de cette étude était occupé à rédiger un mémoire en vue de concourir lorsque ses nouvelles fonctions l'ont empêché de le terminer. Il ne s'est pas senti le courage de le condamner au tiroir forcé à perpétuité et l'a remis quoique incomplet. Ses juges, en constatant ce caractère inachevé et fragmentaire, ont bien voulu lui accorder une récompense de 1500 francs, — les trois quarts du prix, — et plus tard l'engager vivement à terminer son mémoire et à le présenter au public; c'est ce qu'il fait.

Et puisque nous sommes au chapitre des remercîments, n'oublions pas nos précieux correspondants étrangers, en particulier MM. Montan de Stockholm, Gumplowicz de Graz, Berthold van Muyden de Lausanne, Georges Fazy et Robert Fazy de Genève, Sanford de Knoxville (États-Unis), et Mlle Bilcesco de Bucarest.

LA
DISSOLUTION DES ASSEMBLÉES
PARLEMENTAIRES

CHAPITRE I

THÉORIE DU DROIT DE DISSOLUTION

Sa définition. Son origine et ses principales applications : Renvoi d'une Chambre hostile au Gouvernement. — Conflit entre les pouvoirs exécutif et législatif. — Désaccord entre le Parlement et le pays. — Grande question législative. — Conflit de deux Assemblées parlementaires. — Morcellement des partis. — Respect des minorités. — Modification dans la loi électorale. — Esprit et utilité pratique de ce droit.

Il importe avant tout autre examen de préciser ce qu'on entend en science politique par droit de dissolution. Les définitions n'apprennent pas grand'chose, mais elles évitent l'ambiguïté et les questions mal posées. Définir avec précision n'est pas d'ailleurs une des moindres difficultés du droit public et telle définition — celle de conflit, ou de séparation des pouvoirs, par exemple — suppose acquis tout un domaine de connaissances.

Dans son sens le plus large, le mot de dissolution s'entend de la « séparation des parties d'un corps par voie de décomposition », de la « séparation des personnes qui composent une réunion quelconque [1] ». Transportée en droit constitutionnel avec cette acception, la dissolution n'est autre chose que la fin de toute assemblée. Il ne

1. *Dictionnaires de Littré et de l'Académie française.*

faut pas la confondre avec la clôture d'une session qui met fin non aux pouvoirs de l'assemblée, mais à l'une de ses sessions seulement, et avec l'ajournement qui est une simple suspension provisoire de sa session.

Dans ce sens primitif et originaire, la dissolution d'une assemblée est *volontaire*, lorsqu'une assemblée souveraine, élue sans limitation de durée, fixe elle-même la fin de ses travaux; elle est *naturelle*, lorsqu'une assemblée non souveraine a exercé en entier le mandat qu'elle tient de la loi et de ses électeurs; elle est *légale* lorsque le chef du Pouvoir exécutif a le droit de dissoudre une chambre avant l'expiration régulière de son mandat et qu'il use de ce droit; elle est *illégale*, lorsque les représentants du pays sont dispersés par la violence et empêchés de se réunir [1].

En droit constitutionnel, l'expression *droit de dissolution* a pris un sens plus spécial; il s'entend de la faculté conférée au pouvoir exécutif d'abréger la période législative d'une chambre élue, de mettre fin avant terme au mandat de ses membres. Aux débuts du régime représentatif, il était un brutal moyen d'action sur les assemblées, un congé pur et simple notifié à des représentants prenant leur tâche trop au sérieux; grâce au perfectionnement de ce régime, à sa pratique bien comprise, il est devenu un merveilleux instrument de pondération, destiné à faciliter l'accord entre les divers organes constitutionnels.

Le régime parlementaire ne s'est pas formé d'un seul jet; Minerve seule sortit tout armée du cerveau de Jupiter; comme toutes les institutions humaines, il s'est développé lentement, péniblement, parfois douloureusement. Lorsque, se sentant isolé dans son pays, privé d'argent, de soldats, de conseils, le monarque absolu éprouve la nécessité de réunir autour de lui les représentants de son peuple, il s'efforce d'engager le moins possible l'avenir de sa couronne, d'abandonner pour un simple moment ses pouvoirs sans limites. Dès que l'assemblée a voté des subsides qui permettront la levée des mercenaires et qu'elle a donné les conseils qu'on ne lui demandait que

---

1. Cette classification est celle de M. Pierre, *Traité de droit politique et parlementaire*, p. 333.

pour la forme, le roi la congédie définitivement. C'est ainsi qu'ont été renvoyés les États Généraux de France, le Parlement primitif d'Angleterre, la Table originaire de Hongrie. C'est là un congé, un renvoi, ce n'est point encore le droit de dissolution.

Mais bientôt, habitués par ces assemblées à se voir représentés, rendus exigeants par les besoins même de la royauté, peuple et noblesse sont devenus plus impérieux parce qu'ils se sentent plus forts. Leurs députés n'ont accepté de se séparer que pour un temps, n'ont admis leur renvoi que promesse faite par le monarque de réunir à bref délai une nouvelle chambre; ainsi est née la périodicité des assemblées parlementaires. L'Angleterre, la Hongrie, la Suède, le Danemark, les Pays-Bas l'ont obtenu au moyen âge; la France a espéré à deux reprises l'acquérir, au XIVe et au XVIe siècle; les hommes de 1789 seuls sont parvenus à l'arracher à la monarchie.

Dans les pays de parlementarisme historique, la périodicité s'est réglementée par une lutte incessante de la royauté et du Parlement; les sessions n'avaient lieu à l'origine que tous les trois ou quatre ans, elles sont devenues annuelles. Le roi avait le droit de congédier à sa volonté les députés; il ne le peut désormais que dans certaines formes, dans certains cas, sous certaines conditions, et avant toutes, sous la condition de réunir une nouvelle assemblée dans les délais impartis par la loi, par les coutumes ou par les nécessités financières. Il n'y a plus renvoi de l'assemblée, mais dissolution, et la dissolution, droit réglementé par la loi ou la coutume, est intimement liée à la périodicité du Parlement. Telle est l'origine du droit que nous étudions.

A première vue il apparaît donc comme un progrès sur le congé insolent d'une assemblée désormais sans utilité, par un monarque satisfait de s'en être joué. Entre la porte close où se heurtèrent les députés du tiers état en 1615, et la dissolution prononcée à la demande de M. Gladstone ou de lord Beaconsfield, il y a toute la distance du pouvoir absolu qui a pour base, le bon plaisir du roi, au régime parlementaire fondé sur le respect de la volonté populaire. Mais ce perfectionnement a été progressif. L'Angleterre elle-même n'est pas arrivée du premier coup à la correction parfaite du régime parlementaire; beaucoup de pays n'y sont point encore, qui s'y croient parvenus. Le droit de dissolution a servi à des buts divers avant de n'être employés que dans l'intérêt des électeurs; l'énumération de ces emplois différents va le démontrer facilement.

On a souvent tenté de faire une classification savante des diverses dissolutions, de les étiqueter sous des rubriques spéciales. Ces classifications ont toutes un même inconvénient, elles sont incomplètes; la plus connue, qui distingue les dissolutions royales, ministérielles et présidentielles, faites par le roi dans l'intérêt du pays, par le ministère dans l'intérêt de son existence, par le Président dans une République [1], ne prévoit pas les cas les plus fréquents. Nous ne tenterons point d'en faire une nouvelle, persuadés d'échouer où de meilleurs n'ont pas réussi; mais nous chercherons à décrire les diverses applications qui peuvent être faites du droit de dissolution par le chef de l'État en commençant par les plus grossières, les plus égoïstes, édictées dans le seul intérêt du pouvoir exécutif pour continuer par les plus correctes, prononcées dans l'intérêt du pays.

I

Entre les mains d'un monarque absolu, qui lutte contre la représentation nationale, le droit de dissolution sera une arme de combat; pour un souverain gêné par une constitution que lui a arrachée un mouvement populaire, il y a là un moyen précieux de renvoyer un Parlement rétif, de se soustraire à son contrôle. Au moment où les partis politiques ne sont pas en éveil, et par une pression énergique sur les électeurs, il pourra obtenir une assemblée sans opposition. De nombreuses dissolutions de cette espèce ont été prononcées en Espagne, au Danemark, au Portugal, etc. Cromwell, lassé de l'opposition des Communes, prononce, coup sur coup, par trois fois, leur dissolution; Jacques II recourt à ce moyen pour rendre illusoires leurs pouvoirs et gouverner par les magistrats et l'armée. De même le prince qui, de son plein gré, a accordé à son peuple des institutions représentatives, mais ne trouve pas dans les députés des instruments assez dociles à ses volontés, se servira de cette prérogative pour tenter

1. Prévost-Paradol, *France nouvelle*, p. 148; Saint-Girons, *Droit Constitutionnel*, p. 485.

d'acquérir une chambre plus souple. Les nombreuses dissolutions du
Reichstag allemand n'ont point d'autre motif que le désir nettement
exprimé d'obtenir du pays une majorité docile aux plans du chancelier; en dehors de tout conflit sur une question délimitée, par cela
même que le Président du Bundesrath ne trouve pas dans la seconde
Chambre toute facilité pour gouverner, il en prononce la dissolution
et presse les électeurs d'envoyer une majorité conforme à ses désirs.
S'il ne l'obtient pas, ou s'il la trouve insuffisante, il attendra le
moment favorable pour prononcer une seconde dissolution et faire
un nouvel essai de pression électorale.

Il est certain que si le droit de dissolution n'avait point d'autre but,
le progrès du régime parlementaire devrait tendre à le supprimer;
en user comme d'un instrument de combat contre le Parlement, c'est
peut-être lui donner l'application qu'historiquement il eut en première ligne, mais c'est manquer à la première loi du régime parlementaire, le respect de la représentation nationale. Il n'y a plus
exercice régulier d'un droit, il y a ce qu'un homme politique [1] dési-
gnait par l'expression hardie de « coup d'État légal ». ·

II

Différent de cette application, plus conforme aux règles du régime
parlementaire est l'usage qu'en fera le chef de l'État lors d'un conflit
entre la représentation populaire et le pouvoir exécutif. Dans nombre
de pays, où ce régime est fidèlement suivi, cet usage est considéré
comme correct, et des publicistes, non des moindres, l'ont prôné
comme propre à donner une solution aux divergences politiques qui
se soulèvent entre le Parlement et le ministère.

« Une assemblée qui ne peut être réprimée ou contenue, disait
Benjamin Constant [2], est de toutes les puissances la plus aveugle dans
ses mouvements, la plus incalculable dans ses résultats, pour les
membres mêmes qui la composent. Elle se précipite dans des excès
qui au premier coup d'œil sembleraient s'exclure ; une activité indis-

---

1. M. André Lebon, récemment ministre des colonies.
2. Benjamin Constant, *Réflexions sur les Constitutions*, p. 27; Cpr. Macarel,
Éléments de droit politique, p. 216.

crète sur tous les objets; une multiplicité de lois sans mesure; le désir de plaire à la partie passionnée du peuple, én s'abandonnant à son impulsion et même en la devançant; le dépit que lui inspire la résistance qu'elle rencontre ou la censure qu'elle soupçonne... » Ainsi conflit entre une assemblée active, pressante, et un pouvoir exécutif qui la veut censurer ou veut lui résister, tel est le péril auquel remédiera le droit de dissolution.

C'est cette dissolution que Prévost-Paradol appelait *ministérielle*, « prononcée par un cabinet ayant perdu la majorité ou n'ayant qu'une majorité insuffisante et désirant de son plein gré se retremper dans l'opinion [1] ». Et récemment M. Esmein écrivait que le ministère a le droit d'y recourir toutes les fois qu'il est renversé par le Parlement, que « le droit pour une Chambre de décider du sort des ministères, de les faire tomber ou de les maintenir par ses votes, a pour contre-partie nécessaire le droit pour le pouvoir exécutif de dissoudre cette assemblée avant l'expiration de ses pouvoirs et d'en appeler au pays lui-même par de nouvelles élections [2] ».

Il est certain que la dissolution constitue alors un appel loyal du Parlement au pays; le cabinet, renversé par celui-là, en appelle à celui-ci, et si les électeurs, juges en dernier ressort, lui donnent tort, il ne peut que se retirer. Cette doctrine est encore suivie dans la plupart des pays de régime parlementaire. Dans quelques-uns, les plus sévères, elle tend à être abandonnée et à laisser la place à une théorie nouvelle que M. Rivet développait en ces termes au Congrès de 1884 : « Dans une démocratie non seulement il ne doit pas y avoir, mais il ne peut pas y avoir de conflits entre les deux pouvoirs dont on parle, car les deux pouvoirs sont inégaux en droit comme en fait ». Dès qu'il y a une majorité au Parlement, disent les adeptes de cette théorie, une majorité capable de gouverner, le pouvoir exécutif doit

---

1. Prévost-Paradol, *La France nouvelle*, p. 148.

2. Esmein, *Droit constitutionnel*, p. 829. « Le droit de dissolution, ajoute-t-il, est essentiel dans cette forme de gouvernement parce que, seul, il peut y maintenir au pouvoir exécutif une indépendance suffisante, sans cela on retombe dans la plus dangereuse confusion des pouvoirs. Une chambre qui pourrait forcer les ministres à démissionner ou les maintenir à son gré, et qui ne pourrait pas être dissoute par le pouvoir exécutif, serait, en réalité, un pouvoir tout-puissant qui dominerait tous les autres. » Cpr. Duguit, *Revue du Droit public*, 1896, t. I, p. 424.

s'incliner devant elle, et si elle est ou devient hostile aux ministres en charge, ils doivent se retirer.

Il faut, d'ailleurs, écarter un cas où le ministère aura toujours le droit de demander la dissolution de l'Assemblée élue, s'il se trouve en présence d'une Chambre qui veuille empiéter sur le domaine du pouvoir exécutif ou du pouvoir judiciaire. C'est une tendance assez fréquente des représentations populaires de vouloir dépasser les limites de leurs droits constitutionnels : le ministère qui se trouverait en présence d'une assemblée purement législative, mais pourtant impatiente d'administrer ou de rendre la justice, pourrait en appeler au pays, et lui demander par des élections générales s'il entend conserver le régime parlementaire ou s'il veut adopter le régime conventionnel. En dehors de cette espèce, les partisans de la nouvelle doctrine refusent au chef de l'État le droit de dissolution si le cabinet ne la lui demande qu'à raison d'un conflit avec le Parlement.

Cette théorie est née en Angleterre au milieu du siècle et nous aurons à la développer plus amplement en étudiant le droit de dissolution dans ce pays [1]. Elle a trouvé en M. Gladstone le plus éloquent de ses défenseurs, et, particulière à ses débuts aux whigs, elle semble aujourd'hui acceptée même par les tories. Elle comporte toutefois cette restriction que le cabinet a toujours le droit de dissoudre la Chambre s'il a de légitimes raisons de penser que le pays a modifié son opinion. Mais alors l'application du droit de dissolution est différente, elle n'est point fondée sur le seul conflit entre les pouvoirs législatif et exécutif; elle a pour raison d'être un changement dans le corps électoral.

III

C'est, en effet, un grand péril pour l'État quand il se crée un désaccord entre les pouvoirs publics et l'opinion générale. Soit illusion, soit entêtement, le gouvernement ne voit pas ou ne veut pas voir les modifications profondes qui se produisent dans le pays; les électeurs s'habituent à considérer le pouvoir exécutif avec une méfiance qui tournera vite en colère et en violences.

1. Voyez infra, p. 192.

« Quand l'opinion publique est d'un côté et le Parlement de l'autre, écrivait Prévost-Paradol, la révolution est aux portes et l'ordre social en péril.... Ce désordre ne peut se produire que d'une manière, il faut supposer que tandis que le ministère a la majorité dans la représentation nationale et veut par conséquent conserver l'assemblée élective telle qu'elle est, ce ministère et cette majorité ont perdu l'appui de l'opinion et sont tombés en minorité dans le pays. Le seul remède à ce mal est la dissolution qui renvoie la représentation nationale devant son juge suprême et rétablit aussitôt entre la nation et ses députés l'accord indispensable au bien public[1]. »

Il appartient donc au chef de l'État de suivre soigneusement les manifestations de l'opinion publique, de noter toutes les indications que pourraient lui donner des élections partielles mais répétées, des réunions populaires, des pétitions, les journaux, sur les tendances actuelles du pays, de rechercher si l'Assemblée a conservé la confiance de ses mandataires. Et s'il se produit un désaccord grave, profond, essentiel entre la représentation nationale et les électeurs, il devra demander à ceux-ci de se prononcer.

Il pourra même arriver que, pour remplir ce devoir constitutionnel, le chef de l'État doive renvoyer le ministère qui jouit d'une majorité au Parlement, pour le remplacer par un cabinet conforme à l'opinion publique, et prononcer la dissolution de l'assemblée élective.. C'est la dissolution que Prévost-Paradol appelait proprement *royale*, « prononcée par le souverain dans la plénitude de son pouvoir et sans le concours des ministres, pour inviter la nation à confirmer ou à détruire une majorité et un cabinet soupçonnés de ne plus représenter le sentiment général », et il en faisait la « tâche exclusive du roi constitutionnel », formule peut-être exagérée, de même qu'il ne se rendait pas un compte exact du rôle du Président dans une République parlementaire, lorsqu'il le représentait comme l'homme d'un parti « dont il est l'instrument plutôt que le guide » et se demandait s'il est possible de lui confier le droit de dissolution.

Aujourd'hui, les esprits les plus jaloux des droits de l'Assemblée

____

1. Prévost-Paradol, *La France nouvelle*, p. 142.

estiment que, même dans une république parlementaire, « le pouvoir exécutif peut avoir de légitimes raisons de croire à un désaccord entre la majorité de l'Assemblée et la majorité du pays », et que c'est même « le droit strict du Président de former un ministère de minorité », pour vérifier l'état de l'opinion publique [1].

Mais, avant de recourir à ce remède dangereux, le chef de l'État deva se former une conviction sincère et raisonnée de sa nécessité ; il se mettrait personnellement en fâcheuse posture si le pays renvoyait à l'Assemblée une majorité identique à l'ancienne. On l'accuserait, peut-être à juste titre, d'avoir voulu substituer au régime parlementaire un gouvernement personnel, et d'avoir cherché uniquement l'éclosion d'un ministère de combat. Pour avoir mal compris l'opinion populaire en France, le maréchal de Mac-Mahon a perdu au Seize mai la situation d'arbitre réservée au Président de la République.

IV

Il peut se poser dans le pays quelque grande question, exigeant une prompte solution, et pour laquelle il soit utile de consulter les électeurs : question diplomatique, où les intérêts de la nation sont en jeu ; avant de signer un traité, le pouvoir exécutif voudra demander l'avis des électeurs, les premiers intéressés ; — question financière ou économique, il s'agit de modifier le régime des impôts ou des douanes, d'engager l'avenir ; — question de droit public, une nouvelle loi électorale, notamment, peut être en discussion ; son adoption transformera le corps électoral et par là même le régime politique du pays.

Dans ces cas divers, quoi de plus correct que le désir du pouvoir exécutif de consulter le pays ; la chambre peut être ancienne, représente-t-elle exactement les électeurs ? et quel danger si, peu de temps après le vote de cette grave mesure, le pays envoie une assemblée hostile à ses dispositions. Le ministère agit sagement en effaçant sa responsabilité derrière celle des électeurs.

D'ailleurs il est possible que la Chambre n'ait plus que quelques

1. Ribert, *Esprit de la Constitution de 1875*, pp. 71 et 79 (Paris, F. Alcan, éd.).

mois, quelques semaines à vivre, alors que la question en litige mérite une discussion longue et approfondie. En prononçant la dissolution, le chef de l'État ne fera qu'avancer les élections générales, il agira dans un intérêt public, et nul ne lui contestera ce droit.

Examinée de près, cette application du droit de dissolution paraît semblable, comme résultat, au droit de *referendum* populaire qui existe dans certaines constitutions. « Une élection générale, bien que dans la forme elle aboutisse au choix d'individus particuliers comme députés, est en fait un moyen de connaître l'opinion populaire sur deux ou trois questions essentielles proposées et discutées par les chefs de parti [1]. »

V

La dualité des Assemblées parlementaires, la possibilité de conflits entre elles, aboutiront à une application fréquente et utile du droit de dissolution.

Dans presque tous les pays de régime parlementaire, les Chambres sont aux nombres de deux : une Chambre haute, plus calme, d'un esprit souvent conservateur, qui représente soit la vieille aristocratie foncière, soit les privilégiés de l'intelligence et de la fortune, soit simplement un esprit plus mûr et plus assagi ; — une seconde Chambre, plus ardente, plus passionnée, qui représente directement le corps électoral. Cette différence de caractère et d'origine les prédispose à des divergences d'opinions et à des conflits.

« Si deux partis opposés ont la majorité dans chacune des deux Chambres et que l'une soit en hostilité déclarée avec le ministère, si dès lors on voit des lois importantes, jugées nécessaires par le pouvoir exécutif, rejetées par le parti contraire..., si l'on voit peut-être un refus du budget..., si même il règne simplement un défaut d'harmonie entre les deux Chambres, mais qu'il soit suffisamment accentué pour menacer d'énerver le gouvernement, alors il se crée le conflit le plus grave [2]. »

Il est nécessaire d'en trouver une solution. Dans les pays où la

---

1. James Bryce, *The American Commonwealth*, t. **I**, p. 466.
2. Lefebvre, *Études sur les lois constitutionnelles de 1875*, p. 182.

Chambre haute est à la nomination du monarque, on trouvera un premier remède dans la création d'un nombre de membres suffisants pour modifier la majorité; c'est ce que l'on est convenu d'appeler une nomination par *fournée* et parfois la simple existence de ce droit dans la constitution, sa menace suspendue sur la Chambre haute suffira pour engager les pairs à réfléchir avant de résister : l'histoire anglaise en présente plusieurs exemples[1]. Mais ce peut être inefficace ou injuste, les torts peuvent être du côté de la seconde Chambre; il peut être dangereux, car employé fréquemment il élèverait d'une façon exagérée le nombre des membres de la Chambre haute; il peut être impossible si la Constitution a limité le nombre à un chiffre qu'elle a déterminée; enfin la première Chambre peut être elle-même élective en tout ou en partie, comme en Suède, en Hollande, en Belgique, en Espagne, au Portugal, en France.

Alors interviendra utilement la prérogative du chef de l'État; en dissolvant l'une ou l'autre, peut-être les deux Chambres, il demandera au pays de décider quelle politique il entend adopter. Rien n'est plus juste que de faire intervenir ainsi le peuple dans les crises extraordinaires où il faut bien faire sentir l'action d'une main souveraine, et où, grâce aux débats publics qui ont dû précéder, la clarté des questions donne tout lieu d'espérer qu'il saura les résoudre dans le sens de son intérêt et de la raison[2]. Le droit de dissolution sera le remède naturel à des discussions stériles et irritantes entre les deux Chambres; en rétablissant l'accord entre elles, il remplacera une politique de piétinement par une action législative, à une révolution menaçante il substituera l'accord des pouvoirs et du peuple. Le peuple donne-t-il tort à la Chambre dissoute, il rétablit l'accord naturel des deux assemblées. Lui donne-t-il raison, la Chambre non dissoute devra s'incliner devant sa décision et se soumettre, c'est son

---

1. « Cette soupape de sûreté est extrêmement commode; elle permet à la volonté populaire que le pouvoir exécutif est chargé d'exprimer, puisqu'il est nommé par elle, de porter, dans l'enceinte du domaine constitutionnel, des aspirations et des visées que l'un des corps politiques refuse d'accepter; elle offre une libre sortie à des sentiments qui, comprimés, seraient dangereux et pourraient mettre la Constitution en pièces, comme il est arrivé souvent dans d'autres pays où l'explosion de l'esprit populaire a détruit les gouvernements. » Bagehot, *La Constitution anglaise* (traduction Gaulhiac), p. 326.

2. Lefebvre, *loc. cit.*, p. 183.

P. MATTER. 2

devoir strict et absolu ; si elle résiste, elle commet un acte factieux, et sa rébellion à la volonté populaire se tournera forcément contre elle [1].

VI

Un conflit peut s'élever non entre deux assemblées, mais dans le sein même d'une assemblée entre deux partis égaux en nombre, ou entre plusieurs partis dont aucun ne possède la majorité de la Chambre et qui luttent les uns contre les autres sans pouvoir s'entendre. Si le premier conflit est rare [2], rien n'est plus fréquent que le second, et la plupart des Parlements européens sont affectés de cet inconvénient. Le nombre des questions discutées, les nuances diverses que comportent leurs solutions, le combat de l'esprit réactionnaire et clérical, de l'opinion libérale, des tendances socialistes, ont abouti partout à un véritable émiettement des partis.

Ce morcellement présente de grands dangers ; il rend souvent le gouvernement impossible, le parti au pouvoir étant à chaque éventualité mis en minorité et remplacé par un de ses adversaires, incapable lui-même de conserver le cabinet, parce qu'il succombera à son tour devant une coalition. Il ne peut se former dans la Chambre qu'une majorité de combat et non une majorité de gouvernement. Si un ministère de concentration parvient à se créer, son chef s'efforcera de louvoyer entre les partis, de s'acquérir l'appui de tel député qui dispose d'un certain nombre de voix, quitte à s'aliéner tel autre qui n'a qu'une moindre influence. La politique d'action et de questions générales sera remplacée par une politique de groupes et de séductions personnelles ; il est à craindre que la conscience publique s'énerve et que le Parlement tombe dans le discrédit général.

A ce danger, la dissolution apporte un remède qui paraît à première vue excellent, le remplacement d'une Chambre impuissante par une assemblée nouvelle qu'instruits par l'expérience les électeurs enverront différente. Mais le remède est souvent moins efficace qu'il le semble, car le mal est plus profond et réside dans le pays : la

---

1. Duguit, Le Sénat et la responsabilité ministérielle, *Revue du Droit public*, t. I, p. 426.
2. Il s'est présenté parfois en Angleterre.

Chambre morcelée est, en général, la fidèle représentation des partis dans le corps électoral, et les élections ne modifieront guère la situation. Il n'en est pourtant pas toujours ainsi : le pays a pu se modifier, constater les inconvénients d'une assemblée émiettée et dans plusieurs pays voisins nous citerons des exemples de dissolutions où une majorité de gouvernement a pu se constituer et fournir une utile carrière législative.

VII

Dans quelques pays où le respect des minorités est soigneusement cultivé, le droit de dissolution est prôné comme un moyen utile pour empêcher une majorité parlementaire d'abuser de ses droits[1] : ce sentiment est respectable, car il est dangereux pour un Parlement et pour le pays même de ne tenir aucun compte de partis numériquement peu nombreux, peut-être majorité de demain, et qui chercheront à écraser comme ils l'ont été. Mais c'est là un remède un peu théorique, car en fait quel ministère acceptera-t-il de lutter contre ses propres troupes? Quel chef d'État encourra-t-il la responsabilité d'une dissolution qui ramènera à la Chambre une majorité peut-être amoindrie, peut-être assagie, mais à coup sûr irritée contre celui qui lui a infligé les ennuis et les périls d'une nouvelle élection? Aussi les annales parlementaires ne présentent-elles peut-être pas d'exemple de pareille application.

VIII

Le progrès des idées parlementaires a amené dans tous les États constitutionnels des modifications aux lois électorales; dans le cours du XIX⁰ siècle, tous ces pays ont abandonné les systèmes étroits qu'ils avaient adoptés de prime abord, et par une série de changements ont exigé un cens toujours moins lourd, des conditions moins sévères, pour se rapprocher du suffrage universel ou pour l'admettre. A chacune de ces modifications, le corps électoral s'est accru, et la Chambre même, qui venait de voter la loi nouvelle, ne le représentait plus exactement; de là, la nécessité de la dissoudre pour mettre le Parle-

---

1. Notamment en Italie; voyez infra, p. 226.

ment d'accord avec les électeurs. C'est une mesure correcte, loyale, toute à l'honneur du ministère qui la demande et court les risques des élections générales ; il est à remarquer d'ailleurs que dans les exemples présentés par l'histoire parlementaire en Angleterre, en Italie, au Portugal, etc., le pays a généralement exprimé sa reconnaissance au cabinet en nommant une majorité conforme à son opinion.

IX

Enfin, outre ces dissolutions prononcées par le chef de l'État, nombre de constitutions prévoient la nécessité d'élections générales dans certains cas spéciaux : ce sont là en quelque sorte des *dissolutions légales*. En Belgique, en Roumanie, par exemple, lorsque les Chambres ont, d'accord avec le monarque, voté le principe de la revision constitutionnelle, elles sont dissoutes de plein droit, le pays est appelé à « discuter en ses comices » la proposition émise, et les Chambres émanées de ces élections votent définitivement les modifications au pacte fondamental. Il peut en être de même en cas de vacance du trône. Il en est ainsi en Belgique, aux Pays-Bas, en Danemark, et nous aurons à examiner ces dispositions constitutionelles.

Mais dans ces deux cas il ne s'agit plus de *droit* de dissolution, il y aurait plutôt *devoir* de dissolution, fondé sur cette idée : les électeurs se dessaisissent au profit de leurs élus de la puissance législative et de la portion de souveraineté qui s'y rattache; mais encore faut-il que les votes à intervenir soient compris dans le mandat, or ce mandat ne comprend que les faits qui ont pu rentrer dans les prévisions du mandant, de là, la nécessité de faire appel aux électeurs quand une question imprévue se pose devant leurs mandataires [1].

Cette énumération des applications diverses du droit de dissolution nous paraît le meilleur plaidoyer à faire en faveur de cette prérogative, et montrer mieux qu'aucun autre les raisons qui ont fait accorder au gouvernement ce mode d'action sur les Chambres. Elle suffit surtout pour démontrer qu'il ne constitue pas, par lui-même, une violation des droits de la représentation nationale, une méconnais-

---

1. Radenac, *De la Dissolution des assemblées législatives*, p. 86.

sance de la souveraineté des électeurs. Certes la première application
que nous en indiquions, faite dans le pays où la monarchie absolue
s'efforce de briser la volonté populaire, est contraire aux principes
du régime parlementaire : il n'en est pas de même des autres ; toutes,
elles interviennent lors des difficultés politiques qui constituent un
véritable danger pour l'État, et toutes elles en remettent la solution
aux électeurs. Un appel au pays, voilà ce qu'il y a véritablement
dans le droit de dissolution, une invitation aux électeurs d'examiner
les questions en litige, de peser mûrement les arguments produits
au Parlement, dans les réunions populaires, dans la presse, puis de
décider par leurs votes dans quel sens se prononcera le pouvoir législatif. L'institution dont il est le plus proche, c'est le referendum
populaire que consacre la constitution suisse, la consultation du pays
sur une question d'intérêt public.

L'exercice même de ce droit implique donc une reconnaissance de
la souveraineté nationale et « achève d'assurer aux représentants du
pays la prépondérance qui doit leur être reconnue ». Aussi, dans toutes
les monarchies parlementaires, le roi a-t-il reçu sans discussion
aucune cette utile prérogative ; nous ne connaissons pas à l'heure
actuelle une de ces monarchies où son existence soit en péril [1]. La
Norvège, qui ne le consacre pas, n'a pas adopté le régime parlementaire. Si dans la seule république parlementaire actuellement en vie,
la nôtre, il a rencontré et rencontre encore des adversaires, ses partisans sont en forte majorité, et dans les partisans même de la revision constitutionnelle, beaucoup ne vont pas jusqu'à l'écarter,
quelques-uns vont au contraire jusqu'à lier, par la dissolution, le
sort de la Chambre à celui du ministère [2].

Il n'en est pas de même des républiques américaines et suisses,
mais elles ont écarté le régime parlementaire ; États fédératifs, elles
ne pouvaient adopter un régime fondé essentiellement sur l'unité
nationale, elles se sont attachées à un régime de séparation des pou-

---

1. Nous nous sommes assurés, par une enquête personnelle, que dans toutes
les grandes monarchies européennes les partisans du régime parlementaire
sont unanimement d'accord pour le maintien au roi du droit de dissolution.
2. Ces discussions trouveront leur place naturelle dans l'examen de la Constitution de 1875.

voirs en Amérique, de confusion au contraire en Suisse; dans le premier pays, on a pu regretter l'absence, dans la constitution, d'un droit qui permet de demander au peuple la solution de conflits parfois insolubles; dans le second, on a remplacé ce droit par d'autres dispositions.

Ainsi ce rapide examen théorique nous permet de conclure que le droit de dissolution est de l'essence du régime parlementaire. Une longue étude des conditions dans lesquelles il fonctionne dans les divers États constitutionnels, nous conduira au même résultat, tout en signalant les dangers réels que présente son application irraisonnée.

Quelque critique qui en ait été faite, il ne semble d'ailleurs pas possible de confier ce droit à un autre que le chef de l'État. Lui seul a une situation suffisamment indépendante pour apprécier exactement la nécessité de cette mesure, suffisamment désintéressée pour la refuser au ministère si elle est dangereuse, l'accorder si elle est indispensable.

Quelques hommes d'État ont proposé de remettre aux assemblées mêmes le droit de prononcer leur dissolution [1]; il est un cas où cette prérogative leur appartient de droit, c'est celui d'assemblées souveraines, élues pour statuer sur la constitution, la destinée même du peuple: c'est ainsi que se sont séparées les assemblées de 1789, de 1848, de 1871. Nommées pour une mission précise, sans détermination de durée, sans désignation d'une autorité pour les dissoudre, elles ont dû proclamer elles-mêmes leur séparation lorsque leur mandat a été rempli.

Hors ce cas, faut-il donner aux députés même le soin de décider la fin de leurs pouvoirs? Ce serait leur demander beaucoup, ils auraient peu de goût pour le suicide et, dans la plupart des cas, ils seraient mauvais juges de la situation politique.

Dans son horreur du roi constitutionnel [2], sir Walter Bagehot a

---

1. M. Floquet en France, quelques auteurs en Suisse, infra, pp. 139 et 261.

2. « De tous les êtres humains, le roi constitutionnel est celui que son éducation dispose le plus au mal et le moins au bien; on ne peut attendre l'impartialité de cet homme forcément inférieur à ses concitoyens. » W. Bagehot, *La Constitution anglaise*, trad. Gaulhiac, p. 5.

proposé un autre moyen pour détendre la situation. « Le droit de pétitionnement, le plus ancien des droits que reconnaît la constitution britannique, fournirait un moyen de conjurer la crise appréhendée. Il suffit de déclarer que, si les trois cinquièmes des collèges électoraux demandent la dissolution du parlement, le chef de l'État devra, dans un certain délai, dissoudre la Chambre basse, faute de quoi les pouvoirs de cette Chambre seront périmés à l'expiration du délai fixé. Les électeurs auraient, de cette manière, l'occasion de montrer si la majorité d'entre eux repousse la politique du ministère et les idées du parlement; l'opinion des collèges électoraux se formulerait ainsi distinctement, avec aisance et sans malentendus [1]. »

Ce système a été d'ailleurs adopté par quelques cantons suisses [2]; mais s'il se comprend pour de très petits pays, où les électeurs sont peu nombreux, où les mœurs ne sont pas éloignées des réunions générales du peuple, il paraît impossible dans les grands États. L'Angleterre a connu, lors du mouvement populaire désigné sous le nom de *chartisme*, les inconvénients du pétitionnement national et le peu de garantie qu'il présente; il faudrait, pour le pratiquer, une éducation spéciale qu'aucun peuple ne possède, sauf peut-être les Américains pour des raisons très spéciales. Partout ailleurs, le système de M. Bagehot risquerait d'organiser « l'émeute à jet continu au profit d'aventuriers, entrepreneurs de pétitions [3] ».

D'autres publicistes, enfin, voudraient ne confier le droit de dissolution au chef de l'État qu'après consultation des électeurs sur l'opportunité de son application; on aboutirait à cette conséquence singulière de deux consultations successives sur le même objet. Une consultation des électeurs est toujours, dans un grand pays, l'occasion d'une perturbation générale, et il faut éviter de la multiplier sans motif. Ces systèmes, issus de pensées prudentes, ne sont donc guère que des utopies.

Mais s'il paraît dangereux de confier le droit de dissolution aux électeurs ou aux assemblées, on ne peut leur refuser le droit de demander

1. Sir W. Bagehot, *loc. cit.*, p. 10 et suiv.
2. Voyez infra, p. 261.
3. Saint-Girons, *Séparation des Pouvoirs*, p. 485; Esmein, *Éléments de Droit Constitutionnel*, p. 276.

au chef de l'État d'en faire usage ; il y a là une faculté parfaitement licite, qui peut être exercée par les uns et les autres ; l'histoire anglaise en présente de nombreux exemples. A plusieurs reprises, par voie de meetings et de pétitions, le peuple anglais a réclamé du monarque un renouvellement des Communes, et sa demande a exercé une influence certaine sur la décision royale. De même le Parlement s'est opposé à l'exercice du droit de dissolution, mais en général sans succès, et les hommes politiques les plus sages déconseillent toujours ce procédé, comme déconsidérant devant le pays ceux qui l'emploient.

Enfin il sera parfois nécessaire pour le gouvernement de tenir compte plus directement de l'avis des Chambres, de les consulter même avant de les dissoudre ; il en est ainsi notamment lorsque l'exercice financier est près de sa clôture, et le bugdet non encore voté ; avant de dissoudre le Parlement, le gouvernement sera contraint de lui demander de voter le budget, car il n'aurait pas le temps de le présenter aux Chambres nouvelles et le pays se trouverait quelque temps sans loi de finances. Dans ce cas, le Parlement aura entre les mains une arme pour lui permettre d'écarter la dissolution, c'est le refus du budget. M. Stourm a peint en termes pittoresques les conséquences de ce refus ; les rentiers ne touchent plus leurs rentes, ni les pensionnaires leurs pensions ; les fournisseurs frappent en vain aux guichets du Trésor, les fonctionnaires ne reçoivent pas leur salaire ; les écoles sont fermées ; l'armée est privée de sa solde, de son entretien même ; en un mot tous les tributaires de l'État, c'est-à-dire à peu près tout le monde aujourd'hui, se trouve atteint ; la vie du pays s'arrête [1]. Il sera donc presque impossible au gouvernement de dissoudre la Chambre moins de deux mois avant l'expiration de l'exercice financier, car il faut prévoir le temps des élections, de la constitution de l'assemblée nouvelle et, tout au moins, du vote d'un douzième provisoire ; si l'assemblée ancienne, avant de se séparer, n'accorde pas au gouvernement les douzièmes provisoires nécessaires, le chef de l'État verra le droit de dissolution paralysé entre ses mains.

1. Stourm, *Le Budget*, 3ᵉ éd., p. 382.

CHAPITRE II

CONDITIONS GÉNÉRALES D'UNE DISSOLUTION RÉGULIÈRE

I. Nécessité d'une Chambre constituée. — II. Une ordonnance de dissolution. —
III. La convocation des électeurs et d'une nouvelle Chambre.

Chaque constitution édicte les conditions particulières auxquelles
doit se conformer le chef de l'État pour exercer régulièrement sa
prérogative de dissoudre l'assemblée élective; mais outre ces conditions spéciales à chaque pays, l'exercice du droit de dissolution est
soumis à un certain nombre de conditions générales, les mêmes dans
tous les États, parce qu'elles sont conformes à la nature même de ce
droit. Ces conditions sont au nombre de trois : il faut une Chambre
valablement constituée, une ordonnance régulière, une convocation
des électeurs et de la Chambre nouvelle.

I

Exiger la présence d'une Chambre peut paraître une superfétation
inutile, car sans Chambre pas de dissolution. Cette condition a pourtant soulevé les plus graves débats et a été l'une des causes de la
Révolution de 1830. Ces débats présentent un intérêt théorique, universel, leur examen doit donc prendre place ici.

Il n'est pas nécessaire de poser longuement la question, elle es
dans toutes les mémoires; à peine une Chambre est-elle élue, le pouvoir exécutif, mécontent de sa composition, prononce sa dissolution
avant de la réunir; cette dissolution est-elle valable? En 1830, la
Chambre avait été nommée après une dissolution; la question serait

identique si elle procédait d'élections générales ordinaires. Le chef de l'État peut-il dissoudre une Chambre non encore réunie, voilà la difficulté?

Dès 1830, la réponse a été négative, non du gouvernement, mais des publicistes et du peuple; elle a été, depuis lors, magistralement traitée par Rossi et la même solution a été adoptée par tous les auteurs, en France et à l'étranger [1]. Nous ne ferons donc que résumer rapidement l'argumentation de Rossi : à un double titre elle mérite notre attention.

Toutes les Constitutions parlent de dissolution de la Chambre ou des Chambres; qui dit chambre, dit assemblée, dit corps politique délibérant. Or qui dit corps, dit nécessairement une organisation, une constitution de ce corps. « Avant l'organisation, il y a les éléments de ce corps, mais non le corps lui-même. S'il n'y a pas le corps lui-même, il est impossible de le dissoudre. La charte ne dit pas qu'on peut rendre nulles les élections, elle dit qu'on peut dissoudre la Chambre. Or dissoudre la Chambre avant que la Chambre soit constituée en corps délibérant, c'est anéantir les élections, mais non dissoudre ce qui n'existe pas [2]. » C'est ce qu'avaient fort exactement compris les députés réunis à Paris lorsqu'ils disaient dans leur protestation du 27 juillet : « Attendu que la Chambre des députés n'ayant pas été constituée n'a pu être régulièrement dissoute. »

D'ailleurs, nous l'avons indiqué, la dissolution n'est autre chose qu'une consultation des électeurs, un appel au peuple; se présente-t-il quelque conflit, quelque difficulté extraordinaire, le chef de l'État demande au corps électoral quelle solution il entend lui donner. Il y a donc dans la dissolution un hommage rendu au pays. « Or comment le pays exprime-t-il sa pensée? Il répond à cet appel par l'organe des députés, par la majorité de l'assemblée qui est censée exprimer le résultat de cet appel au pays. Or, dissoudre la Chambre avant qu'elle soit réunie, c'est refuser d'écouter le pays; c'est dire :

---

1. Pour ne citer que les principaux, notons : Rossi, *Droit Constitutionnel*, p. 44 et suiv.; Lefebvre, *Lois Constitutionnelles de 1875*, p. 189; Saint-Girons, *Droit Constitutionnel*, p. 487; Ribert, *Constitution de 1875*, p. 76; L. von Rönne, *Das Staatsrecht der preussischen Monarchie*, t. I, p. 285; Thonissen, *La Constitution belge*, p. 323 et suiv.

2. Rossi, *loc. cit.*, pp. 45 et 46.

« Envoyez-moi quelqu'un pour exprimer votre pensée », et puis mettre l'envoyé à la porte, ne pas même lui accorder d'audience ; c'est vouloir imposer certains hommes aux électeurs. » C'est faire de la dissolution un moyen non d'apaisement, mais de conflit, et vouloir gouverner non par l'entente des pouvoirs, mais par leur dissidence.

Aussi la théorie des députés de 1830 est-elle unanimement approuvée, et si la plupart des Constitutions ne la formulent pas en règle de droit, c'est qu'elles la supposent découler de la nature même des choses. Quelques-unes pourtant disposent que la nouvelle Chambre ne pourra être dissoute avant d'avoir été réunie pendant un certain délai : au Portugal, par exemple, ce délai est de trois mois.

Il n'en faut pas conclure, comme paraissait le faire Prévost-Paradol[1], que la nouvelle Chambre ne pourra être dissoute pendant la durée de sa période législative. Car il peut se présenter une question nouvelle, différente de celle qui a été jugée par les électeurs, et qui mérite une nouvelle consultation du pays. Pourquoi la laisser sans solution, pourquoi priver le gouvernement de cet utile appel au peuple, alors que la précédente dissolution a eu précisément pour résultat d'apaiser un conflit? C'est la pratique partout suivie[2] : en Angleterre la dissolution est la mort normale des Chambres des Communes.

Il paraît évident que la dissolution peut être prononcée aussi bien quand les Chambres sont réunies que pendant leurs vacances. Ce principe a cependant été contesté en Allemagne par quelques auteurs et quelques députés qui suivaient une argumentation analogue à celle de Rossi pour la Chambre non encore constituée : pour qu'il y ait dissolution il faut une Chambre; or, pas de Chambre pendant ses vacances[3]. C'est là une erreur juridique : la Chambre même hors session existe comme corps constitutionnel; l'expiration de ses

1. Prévost-Paradol, *La France nouvelle*, p. 149.
2. Lefebvre, *loc. cit.*, p. 190; Berriat Saint-Prix, *Commentaire sur la Charte*, p. 314.
3. En ce sens, Pfister, *Steuerverwillungsrecht*, p. 143, et les députés wurtembergeois cités par R. von Mohle. En sens contraire, R. von Mohle, *Würtenbergisches Staatsrecht*, 2º éd., t. I, pp. 598 et 606, et L. von Rönne, *Das Staatsrecht der preussischen Monarchie*, t. I, p. 285.

pouvoirs ou sa dissolution seule lui enlèvent cette qualité ; sa réunion dans le but d'entendre lecture du décret de dissolution ne serait qu'une formalité inutile et coûteuse. Aussi la théorie que nous combattons est-elle repoussée très généralement par les auteurs et unanimement par les gouvernements.

Est-il nécessaire d'ajouter qu'en parlant de Chambre régulièrement constituée, nous entendons une assemblée élective ; il ne peut être question de droit de dissolution pour une assemblée non élue ; est-elle héréditaire ou à vie ? la Chambre ne peut être dissoute que par un coup de force ; est-elle à la libre nomination et révocation du roi ? il n'y a pas assemblée parlementaire, mais simple conseil d'État. Dans les pays où la chambre haute est mixte, partie héréditaire et à vie, partie élective, le droit de dissolution s'applique à cette seconde partie [1].

II

Pour qu'il y ait dissolution valable il faut qu'elle soit prononcée par un acte du chef de l'État, ordonnance ou décret, régulier en la forme et au fond.

Dans tous les pays constitutionnels, sauf dans ceux qui ont admis la séparation absolue des pouvoirs, nul acte du chef de l'État n'est valable s'il n'est contresigné par un agent du pouvoir exécutif, responsable de cet acte, chancelier en Allemagne, président du Conseil ou ministre dans la plupart des autres États. Quelques constitutions, celle de Serbie notamment, ont même exigé que le décret de dissolution soit contresigné par tous les ministres.

Cet acte du chef de l'État devra recevoir la publicité ordinaire, résultant de l'insertion au *Journal officiel* : cette condition est unanimement exigée pour la validité des ordonnances ou décrets.

Enfin l'acte de dissoluion devra remplir les conditions de fond édictées par la Constitution : nous ne pouvons que renvoyer à l'étude des divers pays parlementaires ; la plus usuelle de ces conditions sera l'observation des délais pour la convocation des électeurs et de la Chambre.

1. Il en est ainsi au Portugal, en Espagne.

III

Cette réunion des collèges électoraux et de la Chambre nouvelle est le signe caractéristique qui distingue le renvoi pur et simple de l'Assemblée, du droit de dissolution. Si le chef de l'État peut congédier les députés sans être tenu de les remplacer dans un délai déterminé par la loi, il n'y a pas de régime parlementaire ou même simplement représentatif; il n'y a que des États Généraux convoqués et renvoyés à la libre volonté du monarque. Mais si le chef de l'État ne peut user de son droit de dissolution qu'à charge de remplacer l'Assemblée par une nouvelle, alors l'exercice de ce droit constitue un appel au peuple, et le pays gouverne véritablement par ses représentants.

Quelques constitutions ont exigé que cette convocation soit contenue dans l'acte même de dissolution; d'autres ne s'opposent pas à une convocation ultérieure, mais prochaine. Toutes, sauf une ou deux exceptions, ont fixé un délai dans lequel les élections générales doivent s'effectuer et la Chambre nouvelle se réunir. La plus notable exception est dans le sénatus-consulte du 16 thermidor an x qui confie au Sénat le droit de dissoudre le Corps législatif et le Tribunat, mais ne détermine pas dans quel délai seront nommés et réunis leurs successeurs. Cette omission n'a rien pour étonner. En Angleterre, où les dispositions écrites de droit constitutionel sont rares, ce délai n'est établi que par la coutume, qui fait loi, et par les nécessités budgétaires : jamais ministère anglais ne manquera aux traditions et à la correction parlementaire et n'omettra de réunir à brève échéance le nouveau Parlement.

Ce délai de convocation des électeurs et des assemblées est naturellement variable; dans le projet de constitution de M. Thiers en 1872, les électeurs devaient être convoqués dans les trois jours après la dissolution; d'après la constitution du second empire français, la nouvelle Chambre devait être réunie dans les six mois qui suivaient la séparation des députés précédents. Ce sont là les deux délais extrêmes, maximum et minimum.

On discute, en théorie, quelle doit être la longueur de ce délai et des arguments sont produits dans les deux sens. Ceux qui le veulent prolongé, disent non sans apparence de sagesse, qu'il est utile de laisser au pays le temps de se calmer, aux passions et aux haines de s'estomper : argument de peu de valeur pratique, car une situation provisoire et tendue ne peut guère, en durant, produire qu'un énervement général et non un apaisement dans le pays troublé par les réunions électorales, les luttes de la presse, les âpres controverses politiques; argument qui cache mal le désir du pouvoir exécutif de se débarrasser du Parlement et de gouverner le plus longtemps possible sans son contrôle.

Les partisans d'un délai plus court font valoir, outre ces objections, qu'il est dangereux pour un pays d'être privé de mandataires, et que l'essence d'un régime parlementaire ou représentatif, c'est l'existence d'un Parlement. Ils ont raison : plus la crise sera courte, moins elle sera nuisible, moins elle troublera profondément et pour longtemps le pays. Il est pourtant nécessaire de laisser le temps aux candidats de se présenter, aux électeurs de les entendre et de réfléchir. Un mois ou six semaines paraissent le délai normal et conforme aux exigences matérielles. Il est à remarquer que les constitutions libérales admettent un court délai, que les gouvernements corrects et loyaux évitent toujours de prolonger la période électorale, le temps où le pays est privé de représentation.

La plupart des constitutions abrègent le délai légal si, pendant son cours, le chef de l'État vient à décéder ou sa fonction devient vacante. En ce cas, les Chambres se réunissent de plein droit : tantôt les Chambres dissoutes reprennent leurs fonctions jusqu'à la réunion de celles qui doivent leur succéder (Belgique), tantôt la Chambre non dissoute seule se réunit de plein droit et les collèges électoraux sont convoqués d'urgence pour nommer l'autre (France).

Qu'adviendrait-il si le gouvernement, manquant à cette troisième condition, s'abstenait de convoquer les électeurs et la Chambre nouvelle? Une distinction paraît s'imposer : si la constitution a édicté que l'acte même de dissolution doit déterminer la date des élections et de la réunion de la Chambre, l'acte de dissolution qui ne porterait point ces mentions serait nul de plein droit; si la Charte a simplement ordonné que les élections doivent procéder et la Chambre se réunir dans le délai déterminé, sans exiger que l'acte de dissolution fixe ces deux dates, il y a lieu d'attendre jusqu'à l'expiration du délai : à ce moment, s'il n'y a convocation ni des électeurs ni de la Chambre, la dissolution sera tenue pour nulle et la dernière Chambre devra reprendre son existence ; cette théorie déjà esquissée par Mounier à l'Assemblée constituante le 4 septembre 1789[1], a été reprise par les publicistes français du milieu du siècle[2], et toujours confirmée par eux ; elle est d'ailleurs approuvée par les auteurs étrangers, notamment par les Italiens.

Il pourrait se présenter une hypothèse intermédiaire : les électeurs seuls seraient convoqués et non la Chambre. Nombre de constitutions ont résolu implicitement la question ; d'après l'article 5 de la loi constitutionnelle française du 25 février 1875, revisé en 1884, les nouveaux députés se réuniraient de plein droit le dixième jour après les élections, sous la présidence du doyen d'âge, qui est toujours existant, lors même qu'il n'a pas encore été publiquement reconnu. Si la constitution ne contenait aucune disposition semblable, une pratique analogue devrait être suivie ; car il est nécessaire d'aboutir à une réunion de la Chambre sans convocation, et il paraît préférable de constituer la nouvelle assemblée que de faire revivre l'ancienne.

La Chambre élue après dissolution a droit à une législature complète ; elle n'est pas restreinte au temps que l'ancienne Chambre avait encore à vivre ; pourtant quelques constitutions — notamment celle de Suède — ont, par article spécial, disposé le contraire.

Telles sont les trois conditions nécessaires pour prononcer une dissolution ; ce ne sont là que les conditions générales, théoriques, chaque constitution pouvant en créer de nouvelles, par exemple, en France, l'avis conforme du Sénat. Mais ce sont alors des exigences spéciales à chaque pays, que nous devrons examiner séparément.

---

1. *Moniteur* du 4, p. 211. « L'acte de dissolution doit être considéré comme nul s'il ne renferme une convocation nouvelle. »

2. Rossi, *Droit Constitutionnel*, t. IV, p. 48 ; Berriat Saint-Prix, *Commentaire sur la Charte*, p. 315.

CHAPITRE III

EFFETS DE LA DISSOLUTION

I. Effets juridiques. Fin de l'assemblée dissoute. Conséquences pratiques sur l'ordre du jour, les projets de lois, les mises en accusation. — II. Effets politiques. Un jugement. Responsabilité de l'acte de dissolution.

La dissolution comporte par elle-même un certain nombre d'effets juridiques et politiques ; ils sont juridiques, en ce que, de plein droit, la dissolution entraîne certaines conséquences légales sur la Chambre dissoute, sur les lois en préparation, sur la réunion de la seconde chambre, etc. ; ces effets sont politiques, en ce que la dissolution est un appel au pays, que cet appel est suivi d'un jugement par le peuple et qu'il en résulte des conséquences politiques pour le pays. Examinons séparément chacun de ces effets.

I

La Chambre dont la dissolution est prononcée perd immédiatement sa qualité, les députés cessent d'être investis de leur mandat ; la première n'est plus qu'une réunion ordinaire, les seconds redeviennent de simples humains. Si la Chambre est réunie, le président doit donc lever de suite la séance et se retirer ; si les députés restent dans la salle des séances, ils n'y demeurent que comme de simples particuliers.

Ce principe est certain et consacré par l'autorité des auteurs et de nombreux précédents. « Si la Chambre est réunie au moment où l'ordonnance royale est portée à sa connaissance, disait Rossi, elle doit se séparer à l'instant, elle a cessé d'être un pouvoir de l'État. —

En conséquence de la dissolution, écrit M. Laband, les pouvoirs des députés expirent, c'est-à-dire que les mandats des députés prennent fin. La dissolution peut avoir lieu quand le Reichstag n'est pas réuni, mais s'il est réuni, elle a pour effet *ipso jure* et nécessairement de clore la session. Car du moment de la dissolution il n'y a plus de membres du Reichstag jusqu'à ce qu'il en soit nommé d'autres par de nouvelles élections[1]. » On a assimilé, et à juste titre, la dissolution, à la mort civile du Parlement.

Ce principe est plein de conséquences : dès le prononcé de la dissolution les députés perdent leurs immunités parlementaires[2]; s'ils continuent à se réunir, il n'y a plus de Chambre, mais une simple assemblée populaire soumise aux lois sur les réunions; si quelque outrage est prononcé contre cette assemblée, il n'y a pas outrage à un corps constitué de l'État; si quelque député profère un discours à sa tribune, il peut être poursuivi pour les opinions qu'il y émet; s'il commet un délit, il sera inculpé dans les termes du droit commun sans autorisation d'une Chambre qui n'existe plus.

Ces données paraissent certaines; elles ont pourtant été contestées en Allemagne par un écrivain de valeur, M. Thudichum, qui a soutenu que le Reichstag quoique dissous peut encore être réuni : « Tel événement pourrait facilement se produire, où il serait de l'intérêt de l'État de voir les affaires urgentes expédiées par le Reichstag malgré la convocation des électeurs; une guerre imminente, une révolution, d'autres événements de pareille importance peuvent exiger le rappel de la représentation nationale avant que les nouvelles élections puissent être terminées. En l'absence de toute disposition contraire dans la constitution, quel principe s'opposerait à considérer les députés actuels comme revêtus provisoirement de leur qualité, et à les réunir pour le bien de l'État[3] ? »

Cette théorie, qui repose uniquement sur un argument pratique, se heurte à des principes trop constants pour permettre son adoption,

---

1. Dr Paul Laband, *Das Staatsrecht des deutschen Reichs*, 2° éd., t. II, p. 319; Rossi, *loc. cit.*, p. 44.
2. Cpr. affaire Gambetta, août 1877.
3. Thudichum, *Verfassungsrecht des norddeutschen Bundes*, p. 1

et a été catégoriquement réfutée par M. de Seydel [1]. Dissoudre le Reichstag, c'est lui prendre sa qualité de Reichstag, enlever à ses membres leurs qualités de députés; rendre aux députés cette qualité n'est du pouvoir que du peuple et non du gouvernement. « Ou un Reichstag est dissous et cesse d'exister, ou il n'est pas dissous, il n'y a pas d'autre alternative. Ce que veut Thudichum, c'est l'ajournement de l'effet de la dissolution jusqu'à la fin des opérations électorales, mais la nature même de cette mesure s'y oppose; car un Reichstag qui peut être encore réuni, n'est pas dissous et un Reichstag dissous ne peut pas être convoqué plus qu'un mort ne peut être ressuscité. » Cette argumentation paraît péremptoire et nous ne pouvons qu'y souscrire.

Elle a été suivie en Belgique dans des conditions particulièrement graves : les deux Chambres avaient été dissoutes au mois de juillet 1870, quelques jours après éclatait la déclaration de guerre entre la France et l'Allemagne; la dissolution, le trouble de la période électorale ne seraient-ils pas une cause de périls pour le pays? Le conseil des ministres délibéra sur le retrait de l'arrêté de dissolution ; il décida de s'en tenir aux principes, et de maintenir la dissolution ; les élections eurent lieu sans incidents.

Notons pourtant que d'après certaines constitutions il peut y avoir convocation de plein droit, si après dissolution, mais avant les élections, le chef de l'État décède ou ses fonctions deviennent vacantes [2]; mais il y a là une disposition exceptionnelle et spéciale de ces constitutions.

La Chambre dissoute avait à son ordre du jour, en discussion dans ses bureaux, tout un bagage de projets ou de propositions, de pétitions et de travaux qui disparaissent au jour de sa séparation. Les raisons de cet ensevelissement proviennent du droit et de la politique. « Du droit d'abord, car on ne comprendrait pas comment une assemblée nouvelle pourrait hériter des affaires laissées en suspens par une Chambre disparue. En quel état les recevrait-elle ? s'il s'agit de projets

---

1. Seydel, *Commentar zur Verfassungsurkunde für das deutsche Reich*, 2ᵉ éd., p. 205; L. von Rönne, *das Staatsrecht des deutschen Reichs*, t. I, p. 264. Cpr. Laband, *loc. cit.*
2. Voyez supra, p. 20.

encore en commission, cette commission peut avoir été décimée par le verdict des électeurs; il faudrait la compléter; par quel moyen puisque les commissaires sont nommés dans les bureaux et que les anciens bureaux auraient disparu avec l'ancienne Chambre. S'agit-il d'un projet à l'état de rapport? Le rapporteur peut n'avoir plus de commission derrière lui et rester à l'état de fantôme. Il est donc impossible qu'une législature intégralement renouvelée rencontre sur son bureau, en se réunissant, les questions que la législature antérieure n'a pas résolues. — La politique est ici d'accord avec le droit, car après des élections générales il serait parfois dangereux de trouver le terrain parlementaire encombré de projets qui ne répondent plus à l'esprit de la majorité [1]. »

Ce raisonnement, suivi spécialement pour la Chambre française, est de tous temps et de tous lieux, et s'appliquerait exactement à toute autre assemblée. Quelque inconvénient en résulte, au moment où une Chambre nouvelle se réunit, il y a pour elle table rase. Rien ne demeure sur son bureau des affaires dont la Chambre précédente avait été saisie.

Mais il est une autre hypothèse : s'il y a deux Chambres, il se peut que l'une soit dissoute et non l'autre, et il faut se demander ce qu'il adviendra des projets et propositions votés entièrement par la première mais non encore adoptés par la seconde. La Chambre non dissoute peut-elle les reprendre de telle façon qu'adoptés par elle, ils auront force de loi, sans être à nouveau présentés à l'autre assemblée renouvelée par dissolution?

Cette question toute d'intérêt pratique a été l'objet de nombreuses discussions et de solutions diverses.

Il importe d'abord d'écarter certains pays où la seule clôture de la session frappe de caducité tous les projets non adoptés par les deux Chambres : ce système, suivi en France sous la Restauration et encore en Angleterre, pousse à la rapidité du travail législatif, et il supprime tout encombrement de propositions trop lentes à mûrir; mais ses inconvénients dépassent ses avantages : il rend difficiles les travaux de

1. Pierre, Lettre à M. le Greffier en chef de la Chambre des représentants de Belgique.

longue haleine, oblige à des discussions fiévreuses et hâtives en fin
de session; il ne se comprend praticable qu'avec une majorité bien
disciplinée, conduite par un gouvernement actif et précis. Aussi la
Chambre française, frappée de ses inconvénients, a-t-elle décidé, par
disposition réglementaire du 31 décembre 1832, que « les travaux
législatifs commencés à une session pourront, à la session suivante,
être repris dans l'état où ils sont restés ». En Angleterre, cette pratique doit en partie sa survivance aux vieux principes constitutionnels, toujours en vigueur : les deux Chambres ne sont que les
conseillers de la couronne; elles ne peuvent parler et statuer que
lorsque la couronne les rassemble et leur donne la parole; et quand
elle les renvoie en clôturant la session, tout ce que les deux Chambres
ont projeté disparaît, s'il n'a été statué définitivement par elles [1].

Ce premier régime examiné, recherchons quelle est, dans les
autres pays, la valeur des projets et propositions votés par une
Chambre dissoute après leur adoption.

On leur a souvent refusé toute valeur pour des raisons de droit pur,
et c'est le système qui a prévalu sous la monarchie de Juillet et
récemment encore en Belgique. La loi, a-t-on déclaré, provient de
l'accord des deux Chambres, avec l'approbation du roi dans les pays
où existe le droit de sanction. Tant que cet accord n'est point intervenu, il n'y a rien, le projet n'a point de valeur; si l'une des Chambres
meurt, ses desseins meurent avec elle, comme disparaissent avec
chaque particulier les projets de contrat qu'il méditait. « Le pouvoir législatif ne peut fonctionner qu'autant que la Chambre des
députés et le Sénat coexistent et siègent ensemble. Une loi est nécessairement le résultat de leurs travaux communs. Je considère par ces
motifs que tous les travaux de l'ancienne Chambre ont disparu avec
elle, qu'aucune des propositions présentées par elle ne subsiste, qu'aucun de ses votes n'a de valeur législative aujourd'hui. — Pour la confection d'une loi, ne faut-il pas l'accord actuel des deux Chambres
actuellement existantes [2]? »

1. Esmein, *Éléments de droit constitutionnel*, p. 756.
2. M. Caillaud au Sénat, le 26 novembre 1877, M. Delsol au Sénat le 18 novembre 1887. Nous résumons rapidement cette question qui a été traitée avec
beaucoup d'ampleur par M. Godin. Rapport au Sénat le 6 novembre 1894. *Journal
officiel* des 5 et 7 janvier 1895, Documents parlementaires, p. 281 et suiv.

Sans examiner pour l'instant la valeur juridique de cette théorie, il est impossible de n'être pas frappé de ses inconvénients pratiques : la dissolution d'une assemblée va rendre inutiles les travaux en commission, les rapports, les discussions auxquels l'autre Chambre se sera livrée ; des projets exigés par l'intérêt public vont trouver la mort au moment même où ils arrivaient à maturité ; ce sera œuvre nouvelle à entreprendre, et, avec la lenteur des procédures parlementaires, ce sera souvent un ensevelissement définitif.

Aussi les Parlements ont-ils parfois apporté à cette théorie des tempéraments destinés à diminuer ses inconvénients : cotes mal taillées ne s'excusant que par les nécessités de la pratique. A la suite de la dissolution française de 1877, on a distingué les projets déposés par le gouvernement et les propositions émanées de l'initiative parlementaire : ces dernières étaient atteintes de caducité, par la dissolution de la Chambre qui les avait votées ; le Sénat demeurait saisi, au contraire, des projets gouvernementaux, parce qu'ils lui avaient été transmis en vertu d'un décret et qu'ils ne pouvaient lui être enlevés que par la même voie. Cette théorie se heurtait ouvertement au principe d'égalité entre l'initiative gouvernementale et l'initiative parlementaire. « Le président de la République a l'initiative des lois concurremment avec les membres des deux Chambres », dit la Constitution de 1875, et rien ne donne une supériorité aux projets du gouvernement sur les propositions d'initiative parlementaire. Saisi par décret ou par lettre du président de la Chambre, le Sénat est également saisi, au même titre, avec la même force.

Bientôt d'ailleurs on apporta de nouvelles exceptions au principe de la caducité des propositions ; celles qui avaient été l'objet d'un rapport déposé, le Sénat s'en déclara saisi définitivement ; celles, au contraire, simplement transmises ou soumises à l'étude d'une commission, on les considéra comme caduques [1]. Puis on étendit la survivance aux propositions déjà votées par le Sénat et lui revenant sur modifications [2]. Enfin la Chambre des députés vota une disposi-

---

1. Séance du 28 octobre 1881. Cette distinction se justifiait par cette considération bien subtile que le vote de la loi peut remonter au jour où le travail de la commission a préparé le travail du Sénat ; quid juris ?
2. Séance du 15 novembre 1889.

tion réglementaire permettant à quarante de ses membres de demander le renvoi au Sénat d'une proposition votée par l'assemblée dissoute ou renouvelée[1]. Comment la demande de quarante députés peut-elle ressusciter une proposition tuée par la dissolution? il est difficile d'en donner une raison juridique et l'on s'en tira par ce raisonnement de fait : le renvoi au Sénat est annoncé en séance publique de la Chambre, si aucun député ne s'y oppose, c'est que la Chambre tout entière adhère à la demande des quarante membres.

Cette série d'expédients montrait les vices de la théorie en vigueur et devait aboutir à son exclusion. C'est ce que fit le Sénat en 1894[2], à la suite d'un examen par une commission composée de jurisconsultes tels que MM. Le Royer, Mazeau, Floquet, et d'un magistral rapport de M. Godin. On admit le principe opposé à celui en vigueur : le décès de la Chambre des députés n'entraîne pas la mort des propositions de lois adoptées par elle; le Sénat en demeure saisi même après le renouvellement intégral de la Chambre. C'était le régime de la survivance opposé à celui de la caducité.

A cette théorie nouvelle, on a opposé trois objections principales. On s'attache d'abord à démontrer que la coexistence des deux Chambres est nécessaire pour la confection d'une loi : telle une convention qui exige la volonté commune des deux contractants. On a finement répliqué[3] qu'il ne faut pas appliquer à une question de droit public les principes du droit privé, mais ceux du droit public : il est de principe que l'acte du fonctionnaire conserve sa valeur même après la disparition de son auteur : projet administratif par un préfet, réquisitoire par un procureur de la République demeurent même après leur décès ou leur révocation; ne doit-il pas en être de même des projets émanant des personnes morales du droit public, notamment de la Chambre des députés? Aucun texte d'ailleurs n'exige la concomitance des votes : en principe tout vote d'une assemblée est définitif : pourquoi lui enlever ce caractère, et en vertu de quelle disposition légale?

1. Séance du 22 juillet 1893.
2. Séance du 10 décembre 1894. Le texte ne vise pas le cas de dissolution, mais les principes sont identiques.
3. Esmein, *loc. cit.*, p. 751.

Les adversaires de la théorie nouvelle opposent, ensuite, la possibilité d'un changement d'opinion dans la Chambre nouvelle; il se peut, en effet, que les élections aient donné une assemblée différente de l'ancienne, et qui n'aurait point passé les votes de celle-ci : est-il admissible que le Sénat ait le droit de reprendre les propositions de l'ancienne Chambre, contraires aux opinions de la nouvelle. A ce danger, d'une gravité certaine, M. Brisson a trouvé un remède dans le droit pour le Président de la République de soumettre tout projet de loi à une nouvelle délibération du Parlement [1]. Le cabinet, qui reflète l'esprit de la Chambre, sollicitera du Président l'usage de cette prérogative, ce qui permettra à la nouvelle assemblée de se prononcer sur la proposition de loi.

Reste enfin une dernière objection, tirée de l'encombrement produit par les innombrables propositions votées par la Chambre; le système de la caducité produit un déblayage utile pour débarrasser l'ordre du jour du Sénat; avec le nouveau régime, en vingt ans il sera plus qu'encombré. Nous ne sommes guère touchés par cette considération; une sage organisation du travail y parera aisément.

Ces diverses objections écartées, on voit qu'aucun principe fondamental de notre droit public ne s'oppose au régime de la survivance; ses avantages pratiques sont d'un intérêt tel qu'il est naturel de passer sur ses inconvénients; aussi la décision prise par le Sénat le 10 décembre 1894 est-elle généralement approuvée [2].

Presque à la même époque, le Parlement belge se prononçait dans le même sens; jusqu'alors, on y admettait que la dissolution rend nul tout projet voté par la Chambre renouvelée. Les inconvénients de ce système aboutirent à son abandon et à l'adoption du principe opposé; ce fut l'objet de la loi du 1er juillet 1893. Les deux Chambres sont-elles dissoutes simultanément, chacune des nouvelles assemblées est saisie des projets adoptés par l'autre avant son départ. En cas de dissolution de l'une des Chambres, la nouvelle assemblée est saisie des projets adoptés par l'autre Chambre avant la dissolution, et l'autre Chambre reste saisie des projets adoptés par l'assemblée dissoute. La dissolu-

1. Séance de la Chambre des députés du 21 juin 1885.
2. Esmein, *loc. cit.*, p. 754; Radenac, *De la Dissolution des assemblées législatives*, p. 156 et suiv.

tion entraîne la nullité de tout projet non encore adopté par la Chambre renouvelée[1].

Dans la grande majorité des États constitutionnels, dans tous ceux qui ont adopté le régime parlementaire, la dissolution d'une Chambre entraîne de plein droit la prorogation de l'autre ; il ne faut pas que la dissolution de l'assemblée populaire permette au pouvoir exécutif de gouverner en s'appuyant sur la Chambre haute qui représente le plus souvent l'esprit conservateur. Dans quelques pays et notamment en Belgique on s'est demandé quel était exactement l'effet de cette prorogation ; des publicistes ont soutenu qu'il y avait clôture de session, « parce que la session des deux Chambres est indivisible, l'une ne pouvant siéger sans l'autre » ; par conséquent à la rentrée des Chambres, l'assemblée non dissoute devrait nommer un président et recomposer son bureau. Cette théorie n'a pas prévalu, car « la défense de délibérer dans certaines circonstances, n'entraîne pas nécessairement la clôture de la session, et en dehors de toute disposition écrite, il n'y a pas de motif plausible pour imposer à l'assemblée qui n'a pas été atteinte par la dissolution l'obligation de renouveler son bureau[2] ».

Une difficulté spéciale se présente dans nombre de pays où la Chambre haute est juge des accusations portées par la seconde assemblée ; qu'adviendra-t-il d'une mise en accusation en cas de dissolution de l'assemblée qui vient de la décréter ? si elle n'est point encore jugée par la Chambre haute devra-t-elle s'évanouir avec l'assemblée qui l'a émise ? Une pratique constante s'est établie en sens contraire dans le droit parlementaire anglais : depuis le cas de Warren Hastings, on admet que la mise en accusation portée par les Communes ne prend pas fin par la dissolution du Parlement ; ce principe a été à nouveau consacré à la fin du XVIIIe siècle à la suite d'un magistral discours de Pitt. « On ne peut soutenir, dit à cet égard M. Erskine May, que les coupables soient libérés de toute peine, par les ministres qui peuvent eux-mêmes être intéressés dans leur crime ; il ne serait pas juste, même pour le prévenu, que l'accusation fût arrêtée avant

1. *Pasinomie*, 1895, p. 206.
2. Thonissen, *La Constitution belge*, p. 322.

qu'un jugement ait été prononcé... L'accusation pendante à la Chambre des pairs continuera donc *in statu quo* à la session suivante [1]. »

Il paraît même juridique d'admettre que la Chambre haute, réunie en cour de Justice, n'a aucune attribution politique et par conséquent peut siéger hors le temps de la session législative, et même lorsque l'autre assemblée est dissoute [2].

Tels sont les effets juridiques de la dissolution ; plusieurs constitutions prévoient en outre des conséquences spéciales sur la déclaration d'état de siège, la faculté pour le gouvernement d'ouvrir des crédits par décret, etc. Ces dispositions seront examinées à leur place.

II

L'effet politique de la dissolution réside dans le jugement porté par le corps électoral. La dissolution constitue un véritable appel au peuple, une consultation du pays : la question en litige est soumise aux électeurs, chacun des partis expose les raisons qu'il estime justes et convaincantes, puis les électeurs jugent par leur vote.

Le cabinet au pouvoir l'emporte-t-il? il conserve ses fonctions et ses adversaires n'auront qu'à s'incliner devant la solution acquise, quitte à lui faire opposition sur d'autres points. Le ministère est-il mis en minorité dans le pays? il doit immédiatement se démettre et céder le pouvoir à ses heureux adversaires.

La clarté, tel est l'avantage de cette mesure. Certes, on pourrait citer des exemples de dissolution n'ayant donné que des résultats obscurs, n'ayant apporté qu'un remède insignifiant à un mal invétéré ; on en trouverait notamment parmi les dissolutions pour cause d'émiettement des partis, car souvent le pays répond à l'état du parlement ; mais, fors celles-là, la grande majorité des dissolutions a donné un résultat clair, net, indiscutable. Dans la lutte, les questions se sont simplifiées et leur solution est imposée par le pays. Leur

1. Erskine May, *Histoire parlementaire*, t. II, p. 94 ; Jefferson, *Manuel de droit parlementaire*, p. 181.

2. Pierre, *loc. cit.*, p. 490 et 638. La Charte de 1830 contenait sur ce point une disposition spéciale. Voy. infra, p. 81.

examen dans les divers États parlementaires le démontrera suffisamment.

Son grand avantage, surtout, c'est son caractère de décision définitive ; jusqu'à l'heure de la dissolution, les partis ont pu chacun se réclamer de la majorité dans le pays ; après les élections générales, cette revendication n'est plus possible : les chiffres ont leur franche brutalité ; en Angleterre, le ministère vaincu n'attend même pas la réunion du Parlement et remet de suite le pouvoir au parti victorieux. Le jugement est définitif ; devant qui le pourvoi serait-il porté ? devant les électeurs ? Mais « une dissolution redoublée serait un second appel devant le même tribunal. Il n'y a pas de jurisconsulte qui ne haussât les épaules devant une procédure atteignant ce degré d'absurdité. » Le pays a parlé, il n'y a qu'à se soumettre ou se démettre, dissolution sur dissolution ne vaut.

S'il y a quelque doute sur le résultat des élections, le ministère responsable de sa politique devant la Chambre nouvelle, sera bientôt l'objet d'un vote de défiance : la majorité alors se dessinera.

Mais à côté de cette responsabilité politique, quelle autorité constitutionnelle encourt la responsabilité pénale de la dissolution, si elle a été illégalement prononcée ? La réponse semble s'imposer : les ministres qui ont discuté cette mesure, l'ont proposée au chef de l'État, ont contresigné l'acte de dissolution, en sont par là même responsables. Elle a pourtant été contestée et une opinion d'école déjà esquissée en France sous la Restauration, reprise depuis lors en Italie, tend à décharger les ministres de toute responsabilité. Il y a, soutient-on, un certain nombre d'actes qui sont « par essence » du domaine du chef de l'État et qui ne peuvent être exercés par aucun autre : droit de nommer les ministres, de convoquer le Parlement, de dissoudre la Chambre des députés, et, dans les monarchies constitutionnelles, droit de sanctionner les lois. Ces actes rentrent dans « l'autorité médiatrice, directoriale, modératrice, enfin irresponsable[1] » du chef de l'État. D'autres, au contraire, ne sont que « par nature » dans ses attributions et pourraient être exercés par d'autres

---

1. Comte de Lanjuinais, *Constitution de la nation française*, t. I, p. 198. Cpr. infra, p. 65.

que lui : déclaration de guerre, traité de paix, d'alliance, de commerce, nomination aux fonctions administratives et judiciaires, etc. « C'est sur cette distinction qu'est fondée la doctrine de la responsabilité ministérielle. Les ministres ne sont pas responsables des actes qui dépendent essentiellement de la prérogative royale, de ces actes qui appartiennent au roi en cette qualité; mais ils sont responsables de tous les autres [1]. »

En résumé, soutiennent les partisans de cette théorie, le droit de dissolution n'appartient qu'au chef de l'État, non au ministère. Or le premier n'est pas responsable, le second n'a point à subir la responsabilité d'un acte qui n'est pas sien.

Cette théorie, dont les auteurs n'ont peut-être pas entrevu toutes les conséquences, repose sur une distinction arbitraire et se heurte aux principes du droit constitutionnel. Pourquoi cette théorie d'actes *par essence* ou *par nature* du ressort du chef de l'État? comment déterminer quels actes rentrent dans la première catégorie et quels dans la seconde? quel sera le critérium légal? Cette détermination ne sera que du domaine de l'arbitraire et de la fantaisie journalière. C'est d'ailleurs un principe constant du régime parlementaire : le chef de l'État est irresponsable, — sauf, ajoutent quelques constitutions, en cas de haute trahison; ses ministres, au contraire, sont responsables de leur politique devant les Chambres, de leurs violations de la constitution devant les tribunaux compétents. Aucun acte du Roi ou Président parlementaire n'est valable s'il n'est contresigné par un ministre qui en assume la responsabilité politique et pénale. Voilà ce qui est de l'essence du régime parlementaire. Or enfreindre les règles sur la dissolution, notamment sur les délais de convocation des électeurs et de la nouvelle Chambre, c'est violer la constitution qui édicte ces règles; c'est, pour les ministres, engager gravement leur responsabilité pénale.

Telle est la saine doctrine et celle qui a été suivie en 1830 lors du procès des ministres de Charles X. M. Bérenger, dans son rapport à la Chambre des députés, M. Persil, dans son réquisitoire à la Chambre des Pairs, comprenaient formellement dans les chefs d'accusation le

---

1. Note de M. Brusa, sur Casanova, *Del Diritto Costituzionale*, t. II, p. 39.

fait d'avoir voulu « annuler les élections en prononçant la dissolution d'une Chambre non encore constituée, non encore née [1] », et aucun des défenseurs n'a essayé d'abriter la responsabilité des ministres derrière celle du roi [2]. Il n'y aurait eu là qu'une théorie arbitraire, fondée sur une distinction chimérique et contraire aux principes du régime parlementaire.

Nous devons donc conclure fortement qu'un des effets de la dissolution est d'engager la responsabilité pénale des ministres qui l'ont provoquée ou y ont souscrit.

1. *Moniteur universel*, 1830, IVme trimestre, p. 1755.
2. Cpr., dans le même sens, le rapport de M. Brisson à la commission d'enquête sur les événements du Seize mai. Le rapporteur concluait à la mise en accusation pour dissolution illégale ; la Chambre n'a pas suivi son avis « pour des raisons exclusivement d'ordre politique ». Voyez infra, p. 129.

CHAPITRE IV

HISTOIRE DU DROIT DE DISSOLUTION EN FRANCE
(1789-1814)

I. Les traditions de l'ancien régime. — II. Les Constitutions républicaines.
III. Le Consulat et l'Empire.

I

L'ancienne France a profondément souffert de la confusion des pouvoirs, de leur réunion dans les mains d'une seule personne, le roi.

La théorie d'une monarchie absolue et administrative était très ancienne; elle remontait aux rois mérovingiens et carolingiens, mais, avec l'établissement du régime féodal, la souveraineté s'était démembrée et dénaturée. La royauté n'était arrivée à la reconquérir toute que par de lents efforts. Siècle après siècle, elle avait annexé les grands fiefs à son domaine et éliminé la féodalité supérieure; elle s'était attaquée avec pareille persévérance aux privilèges des seigneuries inférieures, de l'Église, des villes et avait étendu sa souveraineté à tous les habitants de la France, directement et sans intermédiaire. Le développement progressif des juridictions royales avait annulé sinon supprimé les justices seigneuriales; celles-ci existaient encore en droit, mais leur compétence allait sans cesse s'amoindrissant, le droit commun s'étendait à la justice départie du roi. Il en était de même du pouvoir législatif; en absorbant les privilèges des seigneurs souverains, la couronne s'était approprié leur droit de faire la loi[1].

Les formules classiques, « l'État, c'est moi » de Louis XIV, « le

---

1. Esmein, *Cours d'histoire du droit français*, p. 327, 341, 465.

pouvoir législatif réside dans la personne du souverain, sans dépendance et sans partage[1] » de Louis XVI, ne faisaient que consacrer la doctrine courante, la réunion de tous les pouvoirs entre les mains du roi. Insensiblement, en les accaparant tous, il s'était chargé de toutes les fonctions : tâche immense et qui surpasse les forces humaines[2].

Vainement les États Généraux avaient-ils lutté pour arracher à la royauté une parcelle de cette toute-puissance; le roi n'avait jamais voulu voir en eux « qu'un conseil composé des membres d'une famille dont il était le chef », et avait conservé le « droit absolu de les convoquer, de juger si cette convocation était inutile ou nécessaire » et de les dissoudre.

A deux reprises, au XIVe et au XVIe siècle, les États avaient cru le moment favorable pour acquérir la force d'une assemblée non plus consultative mais délibérante, et avaient compris que la première condition pour y aboutir était une réunion périodique et régulière. De nombreuses protestations s'étaient élevées contre les dissolutions anticipées, soudaines, de leurs réunions. En 1357, les députés demandaient quatre sessions par an, c'est-à-dire une périodicité qui substituât définitivement l'autorité des États à celle du Dauphin, et, par crainte autant que par nécessité d'argent, le pouvoir royal faisait une promesse bientôt méconnue[3]. A Orléans, en 1560, les États sollicitaient qu'on leur indiquât dès leur séparation le lieu de la prochaine convocation, où ils se réuniraient « sans attendre plus particulier mandement de Sa Majesté, et tenir ce ferme et irrévocable pour quelque occasion que ce soit de guerre ou autrement[4] »; et à Pontoise, les députés protestaient contre les dissolutions hâtives.

A ces réclamations, la royauté opposait une invincible force d'inertie, convoquant, renvoyant les députés selon « son bon plaisir d'arbitre suprême de leurs représentations et de leurs doléances ».

---

1. Discours de M. de Lamoignon, Garde des Sceaux de France, à la séance du roi au Parlement, le 19 novembre 1787.
2. Mignet, *Histoire de la Révolution française*, introduction; — Taine, *Les Origines de la France contemporaine*, t. I, p. 99 et suiv.; — Sorel, *L'Europe et la Révolution française*, t. I, p. 187 et suiv.; — Louis Blanc, *Histoire de la Révolution française*, t. I, p. 159 et suiv.
3. Picot, *Histoire des États Généraux*, t. I, p. 63.
4. Picot, *ibid.*, t. II, p. 75.

Dans l'assemblée tenue à Blois en 1588, l'orateur du tiers disait avec amertume : « L'assemblée des États fut en 1576. Le cahier compilé et présenté par les trois ordres ne fut vu que trois ou quatre ans après [1]. »

Les derniers États Généraux furent dissous avec un manque de forme qui montrait le peu de cas que faisait le pouvoir royal de leurs délibérations. Le 12 février 1615, Marie de Médicis avait promis leur prolongation, à condition qu'aucune nouvelle question ne serait soulevée ; le 25 février, au lendemain d'une séance solennelle où le roi s'était engagé à répondre « promptement et favorablement » à leurs cahiers, les députés trouvèrent fermée la porte du cloître Saint-Augustin où ils se réunissaient ; la salle était déjà dégarnie et les bancs enlevés, tant on avait craint une assemblée générale [2].

Ce pouvoir, que les États n'avaient pu obtenir, le Parlement de Paris essaie de s'en emparer. Il avait sur les États l'avantage de la permanence, la royauté ne pouvait le dissoudre à sa libre volonté. A la vérité, il était avant tout un corps judiciaire ; mais ce n'était pas son seul caractère ; il empruntait à la *curia regis*, dont il descendait, la qualité de conseil du roi, et, jusqu'au xviiie siècle, il renferme ces deux éléments de l'ancienne curia : un conseil politique et une cour de justice [3]. Les conseils qu'on omet de lui demander, il les donne sous forme de remontrances. Il s'efforce de transformer le droit d'enregistrer les édits en un véritable contrôle, un droit de les discuter et de refuser leur enregistrement ; s'il avait obtenu le droit de les amender, c'était l'édit royal transformé en simple proposition. La couronne comprit le danger et lutta sans trêve contre ces usurpations. Si le Parlement faisait une résistance trop forte, le roi, dans un lit de justice, venait ordonner l'enregistrement de l'édit [4]. Si cette résistance se renouvelait, le roi tentait de la briser à jamais. En 1771, sur le conseil du chancelier Maupeou, Louis XV prononce une véritable dissolution du Parlement : les magistrats sont exilés, leurs charges confisquées, et Maupeou crée, sous le nom de *Conseil du roi*, un

---

1. Cité par Louis Blanc, *Histoire de la Révolution française*, t. I, p. 160.
2. Picot, *ibid.*, t. III, p. 405.
3. Esmein, *Cours d'histoire du droit français*, p. 356, 501.
4. Aubert, *Le Parlement de Paris*.

nouveau corps judiciaire qui fonctionne jusqu'à l'avènement de Louis XVI.

Suivant le désir de Turgot, souvent mieux inspiré, le roi était « législateur absolu ». Mais l'opinion publique s'élevait chaque jour davantage contre ce pouvoir sans limite, et Montesquieu en était l'éloquent interprète en écrivant : « Lorsque, dans la même personne ou dans le même corps de magistrature, la puissance législative est réunie à la puissance exécutive, il n'y a point de liberté [1] ». Dans un chapitre où il décrivait, non la constitution anglaise telle qu'elle est, mais la constitution française telle qu'il la désirait [2], il recherchait dans quelles conditions doit se réunir et se séparer le corps législatif. Il attribuait au pouvoir exécutif le droit de convoquer, de proroger, de dissoudre l'assemblée, et pour des raisons d'une telle force que cent cinquante ans écoulés et des révolutions multiples n'ont pu les modifier. « Le corps législatif ne doit point s'assembler lui-même, car un corps n'est censé avoir de volonté que lorsqu'il est assemblé; et s'il ne s'assemblait pas unanimement, on ne saurait dire quelle partie serait véritablement le corps législatif, celle qui serait assemblée ou celle qui ne le serait pas; que s'il avait le droit de se proroger lui-même, il pourrait arriver qu'il ne se prorogerait jamais; ce qui serait dangereux dans le cas où il voudrait attenter contre la puissance exécutrice. D'ailleurs il y a des temps plus convenables les uns que les autres pour l'assemblée du corps législatif; il faut donc que ce soit la puissance exécutrice qui règle le temps de la tenue et de la durée de ces assemblées par rapport aux circonstances qu'elle connaît [3]. »

Sous le souffle puissant de Rousseau, ces idées, ces protestations pénètrent profondément dans la nation. Le *Contrat social* est dans toutes les mains; « la Révolution y puise des principes et toute une nomenclature politique... il est, à quelques égards, la Bible de ce temps [4] ». Avec plus de passion que Montesquieu, Rousseau s'élève contre le pouvoir absolu : « Quand les pouvoirs exécutif et législatif

1. Montesquieu, *Esprit des lois*, livre XI, chapitre VI.
2. Saint-Girons, *De la Séparation des pouvoirs*, p. 94.
3. Montesquieu, *Esprit des lois*, livre XI, chapitre VI, *De la Constitution de l'Angleterre*.
4. Villemain, *Tableau de la littérature française au XVIIIᵉ siècle*, t. II, p. 241.

sont réunis, le droit et le fait sont confondus... et le corps politique est en proie à la violence contre laquelle il fut institué [1]. » Mais, moins profond que Montesquieu, il ne cherche pas à fixer les droits du pouvoir exécutif sur la réunion et la dissolution de l'assemblée élue par le peuple.

La pression de l'opinion publique, le désarroi des finances, l'influence de l'intègre Necker engagent Louis XVI à convoquer les États Généraux. Les cahiers des assemblées provinciales reflètent naturellement les opinions en cours. Le clergé de la sénéchaussée d'Agenois réclame « la périodicité des États Généraux qui sera déterminée par le roi et la nation » ; le tiers état de la même province se contente « d'une assemblée tous les cinq ans qui fixera l'impôt jusqu'à la prochaine convocation [2] ». Presque tous les cahiers contiennent l'expression de « permanence », mais ils n'entendent par là que la périodicité des sessions, leur retour régulier, les députés élus non pour une seule assemblée, mais pour un certain temps et réunis à plusieurs reprises pendant la durée de leurs pouvoirs [3]. Ils se prononcent contre les commissions intérimaires représentant l'assemblée pendant l'intervalle des sessions [4], et laissent au roi le soin de la convoquer, de la proroger et de la dissoudre.

Telle était l'opinion générale au commencement de 1789.

II

Les États Généraux étaient réunis depuis quelques semaines, et déjà le parti de la cour parlait au roi en termes fort nets de leur dissolution [5]. La décision du Tiers État de s'ériger, le 17 juin, en Assemblée nationale, avait jeté la terreur dans les deux premiers ordres. Sous prétexte de réparations à la salle des séances, on prétend interdire les réunions du Tiers et du bas clergé. Dans la salle du Jeu de

1. Rousseau, *Contrat social*, livre III, chapitre xvi.
2. A. de Mondenard, *Les cahiers de l'Agénois en 1789*, p. 281 et suiv.
3. « Le bien que la nation attend, avec raison, de la formation des États Généraux se réduirait à peu de chose, si la périodicité n'en assurait la permanence. » *Cahiers du tiers état de l'Agénois*, Mondenard, *ibid.*, p. 334.
4. Léon de Poncins, *Les cahiers de 1789*, p. 79 et 80.
5. Duruy, *Histoire de France*, t. II, p. 536.

Paume, leurs députés dénient solennellement au roi le droit de les disperser et prêtent serment « de ne jamais se séparer et de se rassembler partout où les circonstances l'exigeront, jusqu'à ce que la constitution du royaume soit établie ». Vainement, à la séance royale du 23 juin, Louis XVI casse-t-il les arrêtés du Tiers, prétend-il imposer les réformes et déterminer leurs limites, menace-t-il les États de les dissoudre et de faire seul le bien du royaume s'il rencontre quelque opposition de leur part [1]. Vainement revendique-t-il le droit de les séparer à sa libre volonté, comme il les a réunis. En quelques phrases ardentes, Mirabeau se réclame du peuple « dont nous sommes les mandataires, de la religion de notre serment qui ne nous permet pas de nous séparer qu'après avoir fait la constitution ». Et au marquis de Dreux-Brézé qui lui rappelle les ordres du roi, il réplique : « Allez dire à votre maître que nous sommes ici par l'ordre du peuple et que nous n'en sortirons que par la puissance des baïonnettes ».

Malgré les conseils pressants de son entourage, Louis XVI n'ose dissoudre l'Assemblée ; la prise de la Bastille, la nuit du 4 août rendent impossible le renvoi des États, et dès la fin d'août commencent les débats sur la Constitution [2].

A cette époque, les divers groupes de l'Assemblée se dessinent avec quelque netteté. Parmi les députés, les uns, dont Sieyès est le premier, sont épris d'idées pures et d'architecture constitutionnelle ; ils veulent faire table rase du passé, ne tenir compte ni des expériences ni des traditions et fonder un régime nouveau sur le principe de la séparation des pouvoirs. Après dix ans de réflexions, Sieyès aboutira à cette machine compliquée qu'il proposera à Bonaparte en 1799. Les *anglomanes* ou *monarchiens*, Mounier, Lally-Tollendal, Clermont-Tonnerre, Malouet, au contraire, ont étudié avec soin les institutions de l'Angleterre, et ont été frappés de l'accord des libertés publiques et d'un gouvernement fort [3] ; ils s'inspirent de l'*Esprit des lois* et des discours des parlementaires anglais ; ce sont des esprits distingués,

---

1. Mignet, *Révolution française*, t. I, p. 59.

2. Les débats sur le droit de dissolution ont été analysés avec beaucoup de soin par M. Radenac, dans sa thèse sur *la Dissolution des Assemblées législatives*, p. 5 et suiv.

3. Duvergier de Hauranne, *Histoire du gouvernement parlementaire en France*, t. I, p. 46 et suiv.

élégants, académiques ; ils manqueront de vigueur dans la discussion et d'énergie dans l'action. A la différence de ceux-ci, Mirabeau et ses amis arrivent à l'Assemblée sans plan tout fait, sans parti pris ; toute idée leur paraîtra bonne, pourvu qu'elle soit pratique ; ils se défieront avant tout « de prendre des mots pour des choses, des formules pour des arguments et de se routiner vers un certain nombre d'idées [1] ». De cette absence de parti pris vient leur indépendance, mais aussi leur variabilité : sinon Mirabeau, tout au moins ses partisans se laisseront emporter souvent au gré des discussions et des événements. Enfin deux partis extrêmes : la droite, que décimera l'émigration, et le groupe avancé, peu nombreux encore, avec Robespierre et Pétion.

Le 14 juillet, l'Assemblée nationale avait chargé un comité pris dans son sein de rédiger à bref délai un projet de constitution ; cette commission comprenait des membres des diverses nuances de la majorité, mais la fraction modérée — les anglomanes — y était la plus nombreuse. Mounier, son rapporteur, en expose le plan général dans un mémoire intitulé : *Considérations sur les gouvernements et principalement sur celui qui convient à la France, soumises à l'Assemblée nationale*, et le 4 septembre il le développe dans un discours d'une belle ordonnance et d'une grande ampleur ; le roi, partie intégrante du corps législatif, a le pouvoir exécutif souverain et le droit de *veto* ; l'Assemblée est divisée en deux Chambres, elle est permanente : « J'entends par là une assemblée toujours prête à se former, des députés toujours existants, une session annuelle de plein droit, sans lettre de convocation [2] ». S'exprimant sur le droit de dissolution, il considérait comme indispensable de le confier à la couronne : « On ne fait point encore assez pour la sûreté et l'indépendance du trône si le roi n'a pas le droit de dissoudre la Chambre des représentants et de former par ce moyen une sorte d'appel au peuple de leurs résolutions. Il peut arriver des circonstances malheureuses où l'une des deux Chambres, et même toutes les deux, irritées contre l'autorité royale ou contre ses agents, adopteraient des mesures alarmantes

1. Mirabeau à l'Assemblée, le 16 juillet 1789, *Archives parlementaires*, 1re série, t. VIII, p. 423.

2. *Archives parlementaires*, 1re série, t. VIII, p. 407, et *Moniteur universel* du 4 septembre, p. 211.

qui, malgré le *veto* royal, seraient propres à bouleverser la constitution et à mettre le trône en danger. Ce droit, essentiel pour la conservation du gouvernement monarchique, ne sera nullement contraire à la liberté, s'il est décidé dans la constitution que, dans l'acte même qui dissout une des Chambres, une nouvelle convocation sera indiquée, afin qu'une autre Assemblée soit formée dans le plus bref délai. » Ces idées étaient encore admises par la majorité, mais elles étaient déjà contestées par une minorité remuante qui allait l'emporter en partie sur la question du *veto* [1].

Au nom de cette minorité, Barnave offre à Mounier un projet de conciliation : on concédait les deux Chambres et la sanction illimitée, mais à condition que le roi serait privé du droit de dissolution et que la première Chambre n'aurait qu'un droit de veto suspensif. Mounier refuse ces propositions. Dès lors les débats vont refléter ces deux systèmes.

Lally-Tollendal, les 19 et 31 août, Mounier, le 28 août et le 4 septembre, reprennent et exposent les idées de la commission. Le premier présentait à l'Assemblée une série de propositions qui contenaient en résumé toute l'organisation de l'Angleterre, et comprenaient en termes exprès « le droit de dissoudre l'Assemblée pourvu qu'à l'instant il en convoquât une autre ». Mounier insistait encore sur la nécessité de rendre indépendant le pouvoir exécutif. « Partout où se trouve la réunion ou la confusion des pouvoirs, il y a despotisme. A cette réunion, à cette confusion il faut donc, dans l'intérêt de la liberté, opposer des obstacles insurmontables. Or aucun de ces obstacles ne sera suffisamment efficace, si on ne confère pas au pouvoir exécutif un droit à l'aide duquel il puisse se défendre contre les empiétements du pouvoir législatif. »

Tous deux, d'ailleurs, envisageaient la question au même point de vue, l'indépendance de la couronne, la nécessité de sauvegarder ce qu'on appelle en Angleterre « la prérogative royale ». Le 1er septembre, Mirabeau s'emparait à son tour du sujet, mais il le traitait de tout autre façon, envisageant non l'intérêt de la couronne, mais

1. Léonce de Lavergne, Les monarchiques de la Constituante, *Revue des Deux Mondes* du 15 juin 1849, p. 909.

la souveraineté du peuple. En cas de conflit, s'écrie-t-il, « le prince n'a d'autre moyen que d'en appeler à son peuple en dissolvant l'Assemblée. Si alors le peuple renvoie les mêmes députés à l'Assemblée, ne faudra-t-il pas que le prince obéisse? car c'est là le vrai mot, quelque idée qu'on lui ait donnée jusqu'alors de sa prétendue souveraineté, lorsqu'il cesse d'être uni d'opinion avec son peuple et que le peuple a jugé [1]. »

Plusieurs membres proposaient même d'unir de telle façon la dissolution au droit de *veto* que le roi ne pût exercer l'un sans prononcer l'autre. Alexandre de Lameth se prononçait en ce sens : « Les pouvoirs émanent de la nation, dit-il, ceux qui les exercent sont ses délégués; ils sont les dépositaires de la constitution, ils en sont les conservateurs. Or les représentants d'une nation font une loi, ils la proposent au roi pour la compléter par son acceptation et pour la faire exécuter. Si le roi la rejette, ce ne peut être que sous des prétextes ou parce qu'elle est contraire à la constitution, ou qu'il ne la croit pas conforme à la volonté générale : alors il la renvoie aux représentants. Si les représentants ne pensent pas que la loi soit contraire à la constitution, s'ils la croient nécessaire ou utile, ils persistent. Dans ce conflit d'opinions et de volonté, qui décidera? qui l'emportera? quel est le véritable juge qui doit terminer le différend? la nation. C'est par elle et pour elle que sont institués les représentants et le roi, c'est sa volonté qui doit être faite, c'est son bonheur qui doit être assuré. C'est donc elle qui doit être constituée pour faire connaître sa volonté, pour indiquer les moyens d'assurer son bonheur. L'appel au peuple est donc indispensable.

« Le droit de dissoudre l'Assemblée et d'ordonner une nouvelle élection doit donc appartenir au roi. Par ce moyen, il sera formé une nouvelle législature; les formes prescrites auront donné à la nation le temps de s'éclairer et de s'instruire sur le danger de la loi. Par son choix elle décidera si elle l'approuve ou la rejette; ses nouveaux représentants seront ses organes; s'ils proposent de nouveau la loi, le roi, instruit de la volonté générale, devra la faire exécuter [2]. »

1. Séance du 1ᵉʳ septembre, *Moniteur universel*, p. 203.
2. Séance du 3 septembre, *Moniteur universel*, p. 208; *Archives parlementaires*, 1ʳᵉ série, t. VIII, p. 572.

Ces idées n'étaient pas sans trouver des contradicteurs et Pétion les combattait, le 5 septembre, dans un discours que la majorité n'approuvait peut-être pas encore à cette époque, mais dont elle ne tardera pas à faire siennes les théories : « On propose, disait-il, une espèce d'appel au peuple que je ne puis admettre, on veut qu'à l'instant où le roi aura opposé son *veto*, l'Assemblée des représentants sera dissoute. On ajoute que si ces représentants sont de nouveau élus, le *veto* sera levé, que si les commettants en envoient d'autres, ce signe d'improbation de la conduite des premiers annoncera la confirmation du *veto*. Ainsi la nation sera réduite à exprimer indirectement son vœu par le choix de ses délégués. Le premier inconvénient de cette marche irrégulière serait de porter une commotion violente dans toutes les parties du corps politique ; alors les assemblées pourront être orageuses par la raison que leur ordre naturel et périodique sera interverti. Ensuite, je ne sais pas comment on peut donner au roi un pareil excès de puissance : parce que les membres du corps législatif ne seraient pas de son avis, il aurait le droit de casser ceux que la nation aurait trouvé dignes de son choix, il interromprait leurs fonctions, dont l'exercice ne serait pas encore expiré ; il pourrait renvoyer des hommes vertueux qui n'auraient peut-être d'autres crimes à ses yeux que leur inflexible vertu ! non, la raison et la justice s'opposent à une semblable dissolution. Eh ! quel moyen on indique au peuple pour terminer ce combat ! S'il réélit ses représentants, il se range de leur parti ; s'il en nomme d'autres, il se range du parti du roi. Remarquez que le peuple, par cet étrange procédé, porterait un vrai jugement ; qu'il serait censé avoir examiné et discuté les raisons respectives ; et néanmoins, comme il ne s'expliquerait que par la confirmation ou le renvoi de ses représentants, il serait possible qu'il se déterminât de son opinion par des motifs personnels et étrangers au fond de la difficulté, qu'il conservât ceux auxquels il tiendrait toujours par des sentiments d'amitié, d'affection et de confiance, quoiqu'ils ne fussent pas fondés dans leurs prétentions. Il pourrait arriver aussi, et ce danger ne serait pas moins grand, que la nation, convaincue que ses mandataires ne pourraient pas vivre en bonne intelligence avec celui qui n'aurait pas craint de les dissoudre et de les renvoyer, convaincue que les opérations se ressentiraient de ce défaut de concert, crût de sa prudence de ne pas les élire une seconde fois, quoique leur résistance fût légitime ; ces deux sentiments opposés pourraient agiter les esprits en sens contraire [1]. »

Les logiciens de la division rigoureuse des pouvoirs arrivaient au même résultat, mais par d'autres motifs. Sieyès ne s'occupait pas directement du droit de dissolution, mais ses discours sur le *veto* laissaient entendre qu'il n'accordait au pouvoir exécutif aucun mode d'action sur l'assemblée : « Je définis la loi, la volonté des gouvernés ; donc les gouvernants ne peuvent avoir aucune part à sa formation... Si la volonté du roi équivalait et pouvait équivaloir à la volonté de deux constituants, elle pourrait valoir la volonté de vingt-cinq millions... Il faut donc reconnaître que la majorité du corps législatif doit agir indépendamment du pouvoir exécutif, et que le *veto*, absolu ou suspensif, n'est rien moins qu'une lettre de cachet lancée contre la volonté générale. » Il combattait ensuite la théorie de Lameth d'unir le droit de *veto* et la dissolution, parce qu'il fallait renfermer chacun des pouvoirs dans l'exercice de ses fonctions propres.

Le 8 septembre, on vote la permanence de l'Assemblée ; selon les explications très nettes du Président, Mgr de la Luzerne, la question du droit de dissolution doit être posée prochainement [2]. Si l'on avait passé au vote à ce moment, il est presque certain que l'Assemblée eût accordé au roi le droit de dissoudre la Chambre des représentants ; nous venons de l'indiquer, la plupart des orateurs, Mirabeau, Mounier, Lally-Tollendal, A. de Lameth, les mêmes qui avaient soutenu le principe de la permanence, s'étaient prononcés en faveur du droit de dissolution. Le 11 septembre, au moment où l'Assemblée allait voter sur le *veto*, alors que la cour et la ville se passionnaient sur cette question : sera-t-il suspensif, sera-t-il absolu, le ministère remit au Président un mémoire rédigé au nom du roi et qui concluait au *veto* suspensif : l'Assemblée en refusa la lecture, mais l'effet était produit, le *veto* absolu fut rejeté à une forte majorité ; les adversaires de la prérogative royale triomphaient. Bientôt d'ailleurs, au commence-

1. Séance du 5 septembre, *Archives parlementaires*, 1re série, t. VIII, p. 584.
2. Séance du 4 septembre, *Moniteur universel*, p. 225.

ment d'octobre, l'Assemblée interrompait la discussion du projet de constitution et dans la série des « articles acceptés par le roi le 5 octobre et promulgués le 3 novembre 1789 [1] » figurait seul le principe de la permanence ; la question de la dissolution n'avait pas été posée à l'Assemblée, mais réservée pour une discussion ultérieure [2].

Cependant les temps se passent et le désaccord, le fossé se creuse toujours plus profond entre le roi et l'Assemblée. Le 19 octobre 1790, à propos du renvoi du ministre de la marine, Cazalès soutient encore le droit de dissolution, en se fondant sur l'exemple de l'Angleterre. « Quand le roi renvoya M. Fox du ministère, les Communes prétendaient que M. Pitt était inconstitutionnellement appointé ; le roi répondit que sa volonté était le titre légal de l'appointement. Les Communes firent une nouvelle adresse et déclarèrent traître quiconque conseillerait la dissolution du Parlement. Le roi répondit : Il s'est élevé une grande question entre le Parlement et moi, j'en appelle à mon peuple. Il dit, et le Parlement fut dissous. Telle est l'admirable constitution du gouvernement anglais. Tel est l'heureux effet pour la liberté publique de la prérogative de dissoudre le Parlement, que sans désordre, sans faction, le roi garde une influence légale sur les représentants du peuple. Toutes les fois que les trois parties sont réunies, le peuple obéit ; toutes les fois qu'une des trois parties diffère d'opinion, le peuple juge [3]. » Mais ces paroles, applaudies au mois d'août 1789, sont maintenant accueillies par les murmures de l'Assemblée.

La mort de Mirabeau prive le roi des conseils des modérés et le réduit aux avis du parti de la reine ; la constitution civile du clergé froisse sa conscience ; la province s'agite, des troubles ont lieu à Marseille, à Valence, à Nîmes, à Toulouse ; l'insurrection gagne l'armée ;

---

1. *Collection des décrets sanctionnés*, p. 17 ; — *Collection générale des décrets*, p. 98.

2. Plusieurs auteurs récents ont soutenu que la constitution de 1791 avait refusé au roi le droit de dissolution parce qu'elle reconnaissait la permanence de l'Assemblée. En ce sens, Saint-Girons, *Manuel de droit constitutionnel*, p. 401. Cpr A. Lebon, *Cent ans d'histoire intérieure*, pp. 13 et 29. Nous croyons avoir prouvé l'inexactitude de cette opinion. Les constituants trouvaient compatibles la permanence et le droit de dissolution, et ils ont refusé ce dernier au roi par esprit de méfiance.

3. *Moniteur universel* du 20 octobre, p. 1214.

partout des clubs se forment et s'efforcent de pousser l'opinion publique. L'émigration commence et surexcite le peuple contre les aristocrates. La fuite du roi à Varennes sépare définitivement Louis XVI de l'Assemblée ; toute confiance a cessé entre eux.

Dès le mois d'avril 1791, pendant les débats de la loi sur l'organisation du ministère, Cazalès réclame à nouveau le droit de dissolution pour le roi : « Il n'y a qu'une seule manière de donner au roi le moyen de connaître le vœu du peuple, de s'assurer légalement si les représentants du peuple ne l'ont point trompé, ne se sont point trompés eux-mêmes sur son véritable vœu, et ce moyen est d'accorder au pouvoir exécutif le droit de dissoudre la législature[1] ». Avec quelle précision le principe était posé! quoique du parti le plus royaliste, Cazalès indiquait avec netteté que le droit de dissolution doit exister dans l'intérêt du peuple, plus encore que de la couronne. Il trouvait cependant peu d'écho dans l'Assemblée, et, seul, Montlosier parlait dans le même sens : « S'il arrivait, disait-il, par le malheur du temps, qu'une législature séditieuse voulût troubler la paix du royaume et même renverser la constitution, dont cependant le roi est le premier défenseur, alors il devrait être permis au roi de faire une déclaration ainsi conçue : je déclare que la législature ne mérite plus la confiance de la nation[2] ».

Ces paroles n'étaient accueillies que par des protestations et des exclamations ironiques, et Chapelier s'écriait : « J'observe qu'il n'y a pas un des articles de notre constitution qui ne s'oppose à la proposition de M. Cazalès, et ce n'est pas lorsque la constitution commence à s'établir, ce n'est pas lorsque la législature prochaine aura à la défendre peut-être contre les entreprises du pouvoir exécutif, qu'on peut accorder à celui-ci le droit de dissoudre la législature. Ce serait véritablement lui ménager le droit de détruire à sa volonté la constitution lorsque la législature la défendrait. » Chapelier exprimait ainsi l'opinion exacte de la majorité de l'Assemblée. Thouret dépose le 5 août le projet de constitution, et il n'y a plus place pour le droit de dissolution.

La constitution de 1791 porte à l'extrême le principe de la sépara-

1. Séance du 6 avril 1791, *Archives parlementaires*, 1ʳᵉ série, t. XXIV, p. 611.
2. Séance du 6 avril, *ibid.*, p. 612.

tion des pouvoirs, dont la négation avait à un tel point vicié l'ancien droit public français. Par peur des coups de force, on confine le roi dans son emploi exécutif, « on bâtit une sorte de muraille entre lui et l'Assemblée, et l'on bouche soigneusement la fissure par laquelle elle et lui pourraient se donner la main [1] ». Le roi n'est plus qu'un « agent héréditaire de la nation », un « président honoraire, suspect et contesté »; on lui refuse le droit de convoquer les représentants du peuple, de les diriger, de les suspendre; il n'a pas le droit d'initiative, son *veto* n'est que suspensif, « le corps législatif ne peut être dissous par le roi ». Il se réunit de plein droit le premier lundi du mois de mai, et prononce lui-même son ajournement, sauf à en prévenir le pouvoir exécutif [2]. Necker lui-même, converti en partie par les événements à ce système, déclarait « que le droit de dissoudre le Parlement n'était pas essentiellement applicable à la constitution française, puisqu'elle a borné la durée des législatures à deux ans; pendant un espace si court, on ne pourrait attendre avec vraisemblance aucun changement essentiel dans l'esprit des assemblées électorales; aussi ce serait inutilement qu'on aurait recours à de nouveaux choix si, dans le cours d'une législature, la conduite répréhensible de ses membres conseillait une pareille mesure [3] ».

Voulant priver le monarque de toute action sur l'Assemblée, redoutant toute dépendance des députés envers lui, les constituants de 1791 avaient tué l'accord des deux pouvoirs, indispensable à la marche des affaires, multiplié les conflits, et, en créant la « domination législative », préparé la Convention.

Leur ouvrage, dont tant de parties sont encore la base de nos institutions, manquait lui-même d'une des bases indispensables à toute constitution : l'organe exécutif, et par là même annonçait la réunion prochaine de tous les pouvoirs en de mêmes mains.

Le 29 septembre, l'Assemblée prononçait elle-même sa dissolution;

---

1. Taine, *Les origines de la France contemporaine*, t. II, p. 246; — Thiers, *Révolution française*, t. II, p. 2 et suiv.; — Mignet, *Histoire de la Révolution française*, t. I, p. 115; — Sorel, *L'Europe et la Révolution française*, t. II, p. 268 et suiv.; — Laboulaye, *Questions constitutionnelles*, p. 342.

2. Article 5 de la constitution des 3-14 septembre 1791, titre III, chapitre I; article 4, titre III, chapitre III, section 4.

3. Necker, *Du pouvoir exécutif dans les grands États*, Paris, 1792, t. I, p. 132.

le roi se rendit à la séance, et lorsqu'il eut accepté solennellement la constitution, Thouret dit d'une voix forte en s'adressant au peuple : « L'Assemblée constituante déclare que sa mission est achevée et qu'elle termine en ce moment ses séances ».

Le droit de dissolution avait été refusé au pouvoir exécutif par la première constitution française; il ne devait paraître pendant dix ans dans aucune des lois suivantes. Le mot même n'en fut pas écrit; son exclusion résultait nettement de la nature des institutions. Le projet de constitution girondine, la constitution votée le 24 juin 1793 par la Convention et ratifiée par les suffrages du peuple le 19 juillet, conservaient un embryon de pouvoir exécutif sous forme d'un conseil nommé par l'Assemblée. C'était trop encore; avant d'avoir fonctionné, la constitution était suspendue par un décret du 10 octobre 1793, et, le 6 décembre (13 frimaire an II), un décret sur le « gouvernement provisoire et révolutionnaire » décidait dans son premier article que « la Convention nationale était le centre unique de l'impulsion du gouvernement ». Au commencement de 1794, les ministres étaient remplacés par douze comités, dans la dépendance directe de l'Assemblée. Un décret du 29 juillet 1794 (2 thermidor an II) ordonne leur renouvellement par quart tous les mois. Dans une telle organisation, où le droit de dissolution aurait-il trouvé place? De même que l'Assemblée législative, la Convention prononça elle-même sa clôture.

Les constituants de l'an III s'efforcèrent de donner corps au pouvoir exécutif; mieux que tous autres, ils avaient constaté le danger de confier à l'Assemblée législative la conduite des affaires publiques. Le Directoire commande la force armée, gère les finances, nomme les fonctionnaires, dirige les négociations diplomatiques; mais il est soigneusement écarté des conseils : le corps législatif est permanent, il se réunit de plein droit le 1er prairial de chaque année, et peut s'ajourner à des termes qu'il désigne. Les directeurs ne peuvent être appelés ni entendus par les conseils, ils ne peuvent fournir des « comptes et éclaircissements » que par écrit[1].

1. Constitution du 5 fructidor an III (22 août 1795), articles 57, 59, 160, 161.

Le gouvernement n'avait pas la faculté de dissoudre les conseils. « Au sortir d'une révolution qui avait pour but d'établir le droit extrême de l'Assemblée élue, on n'avait pas voulu donner à une autorité secondaire le contrôle de la souveraineté du peuple et subordonner, dans certains cas, la législature au Directoire [1] ». Mais on n'avait pu supprimer les conflits entre les deux pouvoirs et on n'avait cherché aucun moyen pour les résoudre. En face d'un corps législatif trop isolé, en présence d'innombrables difficultés intérieures et extérieures, il était à craindre que le Directoire ne prît de force ce que la loi lui refusait, et remplaçât le droit de dissolution par le coup d'État.

Les élections de l'an V envoient aux conseils des députés royalistes ; le 18 fructidor, sur l'ordre du Directoire, Augereau cerne le lieu des séances et les minorités se déclarent en permanence, annulent les mandats de leurs collègues, rétablissent de nombreuses lois révolutionnaires ; cent quatre-vingt-dix-sept députés sont ainsi expulsés des conseils, cinquante-trois condamnés à la déportation.

Le 22 floréal an VI, le Directoire, pour frapper les « patriotes », les « anarchistes », casse l'élection de soixante députés républicains légalement élus.

Le 30 prairial an VII, le pouvoir législatif, craignant une nouvelle atteinte, prend sa revanche sur l'exécutif et oblige deux directeurs à se démettre.

En moins de deux années, de septembre 1797 à juin 1799, trois secousses violentes ont ébranlé la constitution jusque dans ses fondements [2], et prouvé le vice du régime de l'an III, le défaut d'accord entre les pouvoirs. La crainte d'un mal, le despotisme, avait conduit à un autre, l'impossibilité de vivre sans une violation presque annuelle de la loi. La France s'est habituée à ces coups d'État que ramène chaque été ; elle a été si mal dirigée depuis huit ans qu'elle aspire à un gouvernement fort, quitte à l'accepter despotique. « La France est grosse d'un roi », écrivait en 1797 un prêtre jadis émigré et qui parcourait le pays pour étudier l'état des esprits [3]. Elle voulait un pouvoir dirigeant, elle reçut un maître. Un nouveau coup d'État,

1. Mignet, *Histoire de la Révolution française*, t. II, p. 214.
2. Georges Duruy, Le régime directorial, *Revue des Deux Mondes* du 15 mars 1896.
3. *Mémoires de Barras*, t. II, p. 261.

dirigé cette fois autant contre le Directoire que contre les conseils, supprime la constitution tant de fois violée et inaugure le régime du pouvoir personnel. Pendant six semaines, les deux conseils conservent encore une apparence de vie; mais, au lendemain du 18 brumaire, une loi avait donné tous leurs pouvoirs à des commissions législatives et expulsé soixante membres des conseils, dissolution de fait avant la clôture de droit.

La loi du 3 nivôse an VIII, sur la mise en activité de la constitution, dispose qu' « à l'instant où le Sénat conservateur communiquera aux commissions la nomination des membres du corps législatif, les conseils des Anciens et des Cinq-Cents et les commissions seront dissous [1] ».

III

La constitution de l'an VIII est formée des débris de celle de Sieyès. Mais, selon l'expression même de Bonaparte, Sieyès n'avait mis partout que des ombres, il fallait de la substance : c'est Bonaparte qui se charge de la mettre, mais il n'en place que dans le pouvoir exécutif. Au lieu d'un proclamateur-électeur, incapable d'exercer le pouvoir, qu'il laisse au ministère et au conseil d'État, un premier consul dirige le gouvernement avec deux assesseurs qui n'ont que voix consultative. Quant au pouvoir législatif, il n'est que fantôme : « Qui pourrait prendre au sérieux ce tribunat qui parlait sans voter, ce corps législatif qui votait sans parler, ce sénat conservateur des libertés publiques qui n'a jamais eu de courage que pour conserver son traitement? La liberté n'a rien à faire avec ces simulacres de représentation [2]. »

Cependant le respect des Assemblées avait tellement pénétré dans les constitutions précédentes, l'indissolubilité des Chambres semblait — en droit sinon en fait — tellement liée à l'inviolabilité des mandataires de la nation, que Bonaparte n'osa introduire le droit de dissolution dans les pouvoirs qu'il se conférait à lui-même et la constitution de l'an VIII n'en contint trace. Mais lorsque, sous l'influence

1. Loi du 3 nivôse an VIII, article 2.
2. Laboulaye, La question des deux Chambres, *Revue des Deux Mondes* du 15 juin 1871, p. 470.

de Benjamin Constant, le Tribunat eut tenté quelque résistance au premier consul, Bonaparte éprouva la nécessité d'augmenter ses pouvoirs et demanda au Sénat quelques modifications à la constitution : suivant l'expression de Mignet, elles « éconduisirent le peuple de l'État [1] » ; le Tribunat, épuré, amoindri, est divisé en sections ; le pouvoir politique — ou son ombre — passe du Corps législatif au Sénat ; le premier consul, nommé à vie, reçoit de nouveaux pouvoirs, et le droit de dissolution est donné, non au pouvoir exécutif même, mais au pouvoir constituant qui est sous son influence, au Sénat. La place même que prend dans la constitution ce droit de dissoudre les Assemblées montre bien à quel point on le considérait comme un pouvoir exorbitant, exceptionnel. L'article 55 du sénatus-consulte organique de la constitution, 16 thermidor an X, dispose en ces termes : « Le Sénat, par des actes intitulés sénatus-consultes : 1° suspend pour cinq ans les fonctions de jurés dans les départements où cette mesure est nécessaire ; 2° déclare, quand les circonstances l'exigent, des départements hors de la constitution ; 3° détermine le temps dans lequel les individus arrêtés en vertu de l'article 46 de la constitution (conspirateurs) doivent être traduits devant les tribunaux lorsqu'ils ne l'ont pas été dans les dix jours de leur arrestation ; 4° annule les jugements des tribunaux, lorsqu'ils sont attentatoires à la sûreté de l'État ; 5° dissout le Corps législatif et le Tribunat. »

Ainsi pour la première fois, le droit de dissolution prenait place dans les institutions françaises, mais cette place marquait le caractère qu'on lui donnait. Ce droit, d'essence parlementaire, qui peut constituer un loyal appel au peuple et une protection pour les libertés publiques, était introduit pêle-mêle avec les pouvoirs les plus despotiques, les plus contraires à ces libertés : la négation de la cour d'assises et des pouvoirs des tribunaux, le mépris de la liberté individuelle, la mise hors la loi d'une partie du pays. C'était non une consultation du peuple, mais un renvoi des députés, le Sénat les révoquait, comme il les avait nommés [2]. Aucune disposition ne réglemen-

---

1. Mignet, *Histoire de la Révolution française*, t. II, p. 282.
2. L'article 20 du sénatus-consulte du 22 frimaire an X donnait au Sénat le droit d'élire les députés sur les listes de présentation dressées par les électeurs.

tait le délai des élections, la réunion des nouvelles Assemblées. L'article 77 se bornait à cette mention : « Le Corps législatif et le Tribunat sont renouvelés dans tous leurs membres quand le Sénat en a prononcé la dissolution », et l'article 38, qui statuait sur les corps électoraux, décidait que leur dissolution opérait le renouvellement de tous leurs membres. Le projet de dissolution devait être discuté dans un conseil privé, composé des consuls, de deux ministres, de deux sénateurs, de deux conseillers d'État, de deux grands-officiers de la Légion d'honneur, tous désignés par le premier consul.

Jusqu'à la chute de Napoléon, aucune disposition ne vint modifier ce pouvoir du Sénat. Le sénatus-consulte du 28 floréal an XII (18 mai 1804) qui organise l'empire et le « régime du huis clos », celui du 19 août 1807 qui supprime le Tribunat en le fondant dans le Corps législatif, sont muets à son égard. Il n'en faut pas conclure que leur silence entraîne sa suppression; apportant simplement quelques modifications à la constitution et au régime de l'an X, ils n'abrogent pas, par prétérition, ce qu'ils ne transforment pas, et l'article 55 reste en vigueur. Mais si le Sénat usa de certaines de ces dispositions, celles de suspendre les fonctions de jurés, de déclarer un département hors la constitution (sénatus-consultes des 3 avril, 10 avril, 1er juillet 1813, etc.), il ne semble pas qu'il ait jamais appliqué deux d'entre elles : le droit de déterminer la durée des détentions arbitraires, parce qu'il ne se serait jamais permis cette ingérence dans les actes de l'empereur; le droit de dissolution, parce que le Corps législatif ne tenta à aucun moment de résister à Napoléon, ou d'entrer en conflit avec lui. Le *Bulletin des lois* ne contient aucun sénatus-consulte de dissolution[1]. Napoléon avait trouvé, il est vrai, un moyen plus simple d'éviter tout désaccord avec le Corps législatif, c'était de ne le point réunir. En 1812, il omit de le convoquer.

---

1. Sauf le sénatus-consulte de dissolution au retour de l'île d'Elbe.

CHAPITRE V

HISTOIRE DU DROIT DE DISSOLUTION EN FRANCE
(Suite.)

(1814-1848)

I. La Charte de 1814. Les Cent-Jours. Les dissolutions de la Monarchie légitime. La révolution de Juillet. — II. La Charte de 1830. Les dissolutions de Louis-Philippe.

I

Dans l'effondrement de l'empire, les sénateurs essaient de sauver une partie des institutions impériales, leurs propres sièges et leurs dotations. Les 6 et 9 avril, le Sénat et ce qui reste du Corps législatif votent une constitution hâtive : « Le peuple français appelle librement au trône de France Louis-Stanislas-Xavier de France, frère du dernier roi ». Le pouvoir exécutif appartient au roi, le pouvoir législatif à deux Chambres : le Sénat — les « sénateurs actuels conservent leur qualité ; la dotation actuelle du Sénat et des sénatoreries leur appartient » —, et le Corps législatif où les députés ont introduit pareille disposition en leur faveur. Le roi peut dissoudre le Corps législatif, mais « dans ce cas un autre Corps législatif doit être formé, au plus tard dans les trois mois, par les collèges électoraux ». Louis XVIII se déclarait disposé à accepter cette constitution, mais ses conseillers les plus proches et le parti du comte d'Artois insistèrent vivement pour qu'il « octroyât » une charte au lieu d'en accepter une ; la disposition qui lui imposait les sénateurs nommés par Napoléon et dorénavant inamovibles et héréditaires, le porta à repousser la constitution qui lui était ainsi offerte, et dans la déclaration de Saint-Ouen il promit des garanties pour les libertés et l'octroi à bref délai d'une constitution. Une commission, dont le comte Beugnot est l'âme, se met de suite à l'étude, et, dans la séance royale du 4 juin, on donne lecture de la charte aux députés et à quatre-vingt-quatre sénateurs.

Louis XVIII avait longuement séjourné en Angleterre et en connaissait bien les institutions ; dès 1791, Beugnot, alors député à l'Assemblée législative, soutenait les principes de la monarchie constituante. C'est la royauté anglaise que la charte de 1814 prend pour modèle. Le roi, inviolable et sacré, exerce le pouvoir exécutif avec l'assistance de ministres responsables ; ceux-ci peuvent être membres de la Chambre des pairs ou de la Chambre des députés. Ils ont leur entrée dans les Chambres et doivent être entendus quand ils le demandent. La puissance législative s'exerce collectivement par le roi, la Chambre des pairs et la Chambre des députés : c'est la pure doctrine anglaise. Mais la charte s'en écarte lorsque, sur la demande expresse de Louis XVIII, elle refuse aux pairs et aux députés le droit d'initiative. Enfin à côté des pouvoirs exécutif et législatif, le « pouvoir modérateur » est réservé à la personne du roi exclusivement. Le comte de Lanjuinais, sénateur de l'empire, puis pair de France, qui prit part à la rédaction de la charte, définissait peu de temps après, en ces termes, ce pouvoir : « Pour qu'il y ait une liberté régulière, il faut une autorité médiatrice, directoriale, neutre à certains égards, absolue sous d'autres rapports, enfin irresponsable ; une autorité qui prévienne ou termine toute lutte pernicieuse ; qui entretienne ou rétablisse l'harmonie nécessaire entre les grandes autorités[1] ». Dans ce pouvoir modérateur entrait le droit de nommer les pairs en nombre illimité, de convoquer ou ajourner les Chambres, de faire grâce ou de commuer les peines, enfin de dissoudre le Corps législatif.

Le droit de dissolution trouvait ici sa vraie place : un moyen, non de dominer la représentation nationale, mais de rétablir l'accord entre les pouvoirs publics. Il fut ainsi compris et personne n'en contesta l'introduction dans la charte. Benjamin Constant, l'adversaire déterminé des ultras et du pouvoir absolu, l'approuva en termes fort nets :

---

1. Comte de Lanjuinais, pair de France, *Constitution de la nation française*, t. I, p. 198.

« Cette dissolution n'est point un outrage aux droits du peuple : c'est au contraire, quand les élections sont libres, un appel fait à ses droits en faveur de ses intérêts. Le monarque est ici le protecteur du peuple en même temps que de son trône [1]. »

« Le roi convoque chaque année les deux Chambres ; il les proroge et peut dissoudre celle des députés des départements, mais dans ce cas il doit en convoquer une nouvelle dans le délai de trois mois. » Ainsi dispose l'article 50 de la charte. Il suffit de comparer cette formule à celle du sénatus-consulte de l'an X pour saisir la différence profonde des deux institutions : la dissolution de l'an X, sans délai pour la nouvelle réunion du Tribunat et du Corps législatif, n'était qu'un moyen déguisé de les supprimer pendant un temps arbitraire ; la dissolution d'après la charte, suivie à brève échéance des élections et de la réunion de la nouvelle Chambre, était une véritable consultation du corps électoral.

Une controverse purement théorique a cependant été soulevée sur ses termes. Des jurisconsultes ont discuté sur la signification exacte du mot « convoquer » ; ils sont tombés d'accord qu'à la fin, comme au commencement de l'article, il signifiait « réunir » ; il ne suffirait donc pas de convoquer les collèges électoraux ni même de publier l'ordonnance de convocation de la Chambre, il faut qu'elle s'assemble dans le délai de trois mois. « Du reste, ajoute un de ces jurisconsultes, la seule garantie que les choses se passeront ainsi se trouve dans la responsabilité ministérielle à moins que la fin de l'année approche et que le budget ne soit pas encore voté [2]. » C'est bien ainsi d'ailleurs que les deux monarchies de 1814 et de 1830 ont entendu cette disposition. Elles ont prononcé onze dissolutions légales, — je n'entends point parler de la seconde dissolution de 1830 qui n'en était pas une, mais un coup d'État, — et, à la suite de chacune, les Chambres ont été convoquées dans un délai variant de six semaines à trois mois. Toutes les ordonnances de dissolution ont fixé le jour des élections, et

1. Benjamin Constant, *Réflexions sur les constitutions*, Paris, 1814, p. 30.
2. *Commentaire sur la Charte constitutionnelle*, Paris, 1836, p. 315. Ouvrage anonyme dû à Berriat Saint-Prix. Cet ouvrage s'applique à la charte de 1830 qui n'avait fait que reproduire les termes de la charte de 1814. Cette discussion est intéressante à rapprocher de celle soulevée en 1877. Le gouvernement du maréchal de Mac-Mahon a été moins libéral que la royauté légitime.

la plupart ont déterminé le jour de la réunion des Chambres. Cependant en 1815, une ordonnance du 13 juillet a porté dissolution de la Chambre des députés et convocation des collèges électoraux; les Chambres n'ont été convoquées que par une ordonnance du 4 septembre, mais elles l'ont été pour le 25 septembre, c'est-à-dire dans un délai de trois mois à partir de la dissolution.

Une loi du 13 août 1814 a réglementé la procédure de la dissolution : les ordonnances décidant la clôture, la prorogation ou la dissolution, étaient portées aux deux Chambres par des commissaires royaux : elles étaient remises au président, qui en faisait lecture, toute affaire cessante; l'assemblée se séparait à l'instant [1]. Ce texte n'était pas interprété en ce sens que l'ordonnance dût être obligatoirement portée à la Chambre. En 1837, la session a été close le 15 juillet, et le 3 octobre une ordonnance de dissolution paraissait au *Moniteur.* De même, en 1842, la session avait été close le 11 juin; le lendemain, 12 juin, le *Moniteur* contenait une ordonnance de dissolution.

La séparation des députés entraînait de plein droit la clôture de la Chambre des pairs si elle était réunie [2]. Les articles 25 et 26 de la charte disposaient, en effet, en ces termes : « Elle (la Chambre des pairs) est convoquée par le roi en même temps que la Chambre des députés des départements. La session de l'une commence et finit en même temps que celle de l'autre. Toute assemblée de la Chambre des pairs qui serait tenue hors du temps de la session de la Chambre des députés ou qui ne serait pas ordonnée par le roi, est illicite et nulle de plein droit. »

Ces institutions sont restées en vigueur pendant vingt-quatre ans. L'histoire n'y a ouvert qu'une parenthèse de cent jours.

Par un décret en date du 13 mars 1815, signé à Lyon, Napoléon prononça la dissolution de la Chambre des pairs et de la Chambre des députés, et annonça la convocation extraordinaire des collèges électoraux de l'empire en assemblée du Champ de mai, « afin de prendre les mesures convenables pour modifier les constitutions de

1. Articles 8 à 12 de la loi du 13 août 1814.
2. Pierre, *Traité de droit politique*, p. 484.

l'Empire ». L'acte additionnel des 22-23 avril 1815 vint consacrer la plupart des innovations faites par la charte, plus libéral sur certains points, notamment la liberté de la presse, plus despotique sur d'autres, parmi lesquels le droit de dissolution : l'article 2, qui donne à l'empereur le pouvoir de dissoudre la Chambre, porte à six mois le délai dans lequel le gouvernement peut convoquer la Chambre nouvellement élue. L'article 22 ajoute qu'en cas de dissolution de la Chambre des représentants, la Chambre des pairs ne peut se réunir.

Ce pouvoir ne fut pas accordé sans discussion, s'il faut en croire un propos tenu à cette époque par Napoléon à M. de Sismondi. L'empereur déplorait de voir les Français si peu mûrs pour la liberté et ajoutait : « Ils me contestent le droit de dissoudre les assemblées, et si ensuite je les renvoie à coups de baïonnettes, ils trouveront cela tout simple [1] ». Il n'eut d'ailleurs le temps d'employer ni la dissolution, ni les coups de baïonnettes. Les élections sont faites précipitamment, les Chambres sont réunies le 3 juin ; en un mois elles votent un projet de constitution à toutes fins utiles et une déclaration des droits des Français. Mais, le 8 juillet, la salle des séances des représentants est fermée et ils se séparent en signant une dernière protestation. Dès le 28 juin, la proclamation royale de Cambrai consacrait à nouveau la charte. « Je prétends, disait Louis XVIII, ajouter à cette charte toutes les garanties qui peuvent en assurer le bienfait. »

Les articles de la charte sur la dissolution rentraient donc en vigueur, il importe maintenant de rechercher quel rôle ils ont joué soit sous la Restauration, soit sous la monarchie de Juillet. Les institutions valent moins par elles-mêmes que par l'application qu'en font les gouvernements. A plusieurs reprises le droit de dissolution a été employé comme un moyen de consulter les électeurs, à quelques reprises de les contraindre. Un rapide examen de ses différentes applications va le démontrer.

A la rentrée de Louis XVIII dans sa capitale, la Chambre des représentants élue pendant les Cent-Jours s'était évanouie ; le roi ne pouvait d'ailleurs que tenir pour non avenue la dissolution prononcée

1. Propos rapporté par Villari, *Revue historique*, janvier-mars 1876, p. 242.

par l'empereur. Fallait-il réunir la Chambre de 1814, qui par sa modération avait donné des preuves de sagesse et d'esprit de gouvernement? Mais cette Chambre, nommée dans des circonstances différentes, qui avait traversé deux révolutions, ne représentait plus l'état actuel du pays; les pouvoirs des deux tiers de ses membres étaient expirés; enfin un grand nombre de députés avaient pris dans la Chambre des Cent-Jours « un rôle qui aurait rendu leur position difficile en présence de la royauté et qui devait faire désirer qu'ils fussent écartés au moins momentanément de la représentation nationale [1] ». Ces considérations l'emportèrent et une ordonnance du 13 juillet porta dissolution de la Chambre des députés et convocation des collèges électoraux pour les 14 et 21 août : « Le malheur des temps ayant interrompu la session des deux Chambres, déclara le préambule, nous avons pensé que maintenant le nombre des députés des départements se trouvait, par diverses causes, beaucoup trop réduit pour que la nation fût suffisamment représentée; qu'il importait surtout, dans de telles circonstances, que la représentation nationale fût nombreuse, que ses pouvoirs fussent renouvelés, qu'ils émanassent plus directement des collèges électoraux, qu'enfin les élections servissent comme d'expression à l'opinion actuelle de nos peuples [2] ». Une ordonnance du 4 septembre convoqua les deux Chambres pour le 25 du même mois.

Cette dissolution était, toutes choses pesées, parfaitement correcte; de grands événements s'étaient passés sur lesquels il était nécessaire de consulter les électeurs; il fallait qu'ils pussent indiquer en toute sincérité la direction que devait prendre le gouvernement, et l'ordonnance du 13 juillet doit être approuvée, dans son texte comme dans son esprit, en ce qui concerne tout au moins la dissolution. Mais l'ordonnance contenait d'autres dispositions qui modifiaient plusieurs articles de la charte et créaient tout un système électoral; à ce point de vue on a pu très exactement la qualifier de « dictatoriale [3] ».

La Chambre des pairs ne pouvait être dissoute : une ordonnance du 24 juillet en fit sortir par radiation tous les membres qui avaient

1. Viel-Castel, *Histoire de la Restauration*, t. III, p. 469.
2. *Bulletin des lois*, n° 9.
3. Ach. de Vaulabelle, *Histoire des deux Restaurations*, t. III, p. 427.

siégé pendant les Cent-Jours ; celle du 17 août nomma une « fournée » de 94 pairs nouveaux, et celle du 19 août déclara que désormais la pairie demeurerait héréditaire.

Les élections eurent lieu en pleine Terreur blanche ; des troubles éclataient dans toutes les provinces ; au sud, des bandes de brigands royalistes, animés d'une fureur religieuse, décimaient protestants et libéraux ; dans l'ouest, des hommes armés parcouraient le pays, opérant des arrestations arbitraires, vidant les caisses publiques, maltraitant les anciens partisans du Corse ; dans le nord, dans l'est, les populations étaient sous la pression des alliés, bien plus arrogants, bien plus exigeants qu'en 1814. Faites dans ces conditions, les élections dépassèrent les vœux des plus « ultras » ; elles donnèrent une *Chambre introuvable*.

Elle se réunit le 7 octobre. Dès ses premières séances, sa majorité manifesta un esprit rétrograde, intransigeant, enflammé, dont les manifestations auraient pu devenir un véritable danger public ; vainement le cabinet du duc de Richelieu, appuyé sur la Chambre des pairs et une minorité modérée, essaya-t-il de la calmer au nom des intérêts du pays et de la monarchie même : rien n'aboutit. Déjà lors du vote de l'adresse, la Chambre réclama du gouvernement des mesures de rigueur « contre ceux qui ont mis le trône en péril ». Lors de la discussion d'une loi d'amnistie, les ultras émirent les propositions les plus violentes, et l'un d'eux, M. de la Bourdonnaye, s'écriait : « Ce serait par la clémence qu'on voudrait ramener de pareils hommes ! non, pour arrêter leurs trames criminelles, il faut des fers, des bourreaux, des supplices ; la mort, la mort seule peut effrayer leurs complices et mettre fin à leurs complots ».

Le duc de Richelieu, M. Decazes, à force d'éloquence et de ténacité, parvenaient-ils à écarter une de ces propositions, d'autres surgissaient, non moins violentes et dangereuses ; la commission du budget présentait un amendement à la loi de finances qui brisait les contrats passés en 1814 avec les créanciers de l'État et leur imposait une réduction de moitié ; le ministère n'arrivait à faire rejeter cet amendement que par des concessions et des ajournements. Une loi sur les traitements des prêtres était transformée en loi politique qui rétablissait le clergé dans une partie de ses anciennes prérogatives : restitution des domaines, rédaction des registres de l'état civil, surveillance de l'instruction publique. C'était un bond en arrière, la subordination de l'État à l'Église, la résurrection des privilèges que la Révolution avait détruits et dont la France ne voulait plus [1].

En six mois l'esprit pratique et avisé de Louis XVIII, la modération du duc de Richelieu, la prudence politique de M. Decazes avaient jugé cette Chambre. « Ce sont des fous », disait le roi. Et dans un mouvement de superbe éloquence et de patriotique colère, le chef du cabinet s'écriait : « En vérité, je ne vous comprends pas avec vos haines, vos passions, vos ressentiments, qui ne peuvent amener que de nouveaux malheurs. Je passe tous les jours devant l'hôtel qui a appartenu à mes pères ; j'ai vu les terres immenses de ma famille dans les mains de nouveaux propriétaires ; je vois dans les musées des tableaux qui lui ont appartenu ; cela est triste, mais cela ne m'exaspère ni ne me rend implacable. Vraiment, vous me semblez quelquefois fous, vous qui êtes restés en France. »

Il paraît que la première idée d'une nouvelle consultation du pays vint de M. Decazes, mais sa réalisation fut certainement retardée par les démarches que firent les représentants de quelques puissances étrangères pour conseiller la dissolution ; Wellington, Pozzo di Borgo exprimèrent nettement cet avis qu'avec la Chambre actuelle la paix de la France et de l'Europe était compromise. Cette ingérence de l'étranger produisit l'effet contraire. « Par-dessus tout, écrivait le roi à M. Decazes, je ne veux pas de l'appui étranger ; plutôt mourir de la main des Français que d'exister par la protection étrangère. » Mais ces démarches ne s'étant pas renouvelées, et, à la suite de nouvelles extravagances qui avaient démontré l'incapacité politique de la Chambre, la session ayant été close, M. Decazes entreprit de convaincre ses collègues de la nécessité de consulter le pays : il y arriva non sans peine. Les uns après les autres, les ministres ou leurs collaborateurs, MM. Pasquier et Guizot, remirent à Louis XVIII des mémoires insistant sur la nécessité de cette mesure. Dès le 14 août le roi déclarait au conseil des ministres que sa décision était arrêtée : « De ce moment vous pouvez regarder la Chambre comme dissoute ». Le secret en fut

1. E. Daudet, *Histoire de la Restauration*, p. 145.

soigneusement gardé, même pour le comte d'Artois, et l'ordonnance du 5 septembre 1816 fut pour le parti « ultra » un véritable coup de foudre.

Son préambule n'attaquait pas en termes formels la Chambre plus royaliste que le roi, mais indiquait simplement « qu'à côté de l'avantage d'améliorer est le danger d'innover [1] ». Revenant sur l'ordonnance anticonstitutionnelle du 13 juillet 1815, il annonçait le retour au système électoral de la charte que le dispositif remettait en vigueur. Les collèges électoraux étaient convoqués pour les 25 septembre et 4 octobre, les Chambres pour le 4 novembre.

Le jurisconsulte, l'historien ne pourraient trop approuver cette dissolution : c'était une mesure sage, correcte, politique. L'existence d'une Chambre en perpétuelle ébullition compromettait la paix de la France à l'intérieur comme à l'extérieur ; ses votes émis dans des séances tumultueuses et fertiles en incidents devaient être revisés par la Chambre des pairs ou annulés par le roi ; née dans une époque de troubles et de guerre, elle ne répondait plus à l'état du pays maintenant pacifié. Ainsi tout concourait à former la décision du roi ; et la dissolution du 5 septembre 1814 est le modèle de ce que Prévost-Paradol appelait plus tard la *dissolution royale*, prononcée « pour appeler le pays à confirmer ou détruire une majorité que le monarque soupçonne ne plus représenter le sentiment général [2] ». Un pareil emploi suffit pour justifier l'institution elle-même, car son défaut pouvait conduire à une révolution intérieure ou à une intervention étrangère.

Le résultat répondit d'ailleurs aux vœux du ministère : les électeurs brisèrent la majorité malencontreuse, la Chambre fut en grande partie composée de royalistes modérés, et put produire une œuvre féconde : la libération du territoire. C'est grâce à cette sage dissolution que la France put avoir les deux plus brillantes années de la monarchie parlementaire.

Le parti modéré ne devait plus recourir à la dissolution pendant son séjour au pouvoir ; durant cinq années, la Chambre des députés con-

---

1. *Bulletin des lois*, n° 1081.
2. Prévost-Paradol, *La France nouvelle*, p. 148.

serva son caractère monarchique modéré. L'opposition réactionnaire
se reforma à la Chambre des pairs, vive surtout lorsque M. Decazes
prit la présidence du conseil ; elle devint même bruyante et inquiétante
lors de la réforme électorale, et, pour la briser, le cabinet demanda
au roi la nomination d'une fournée de soixante nouveaux pairs
(ordonnance du 11 mars 1819) qui permit le vote de quelques lois
importantes.

Les élections partielles de 1821, l'influence du comte d'Artois
amenèrent au pouvoir le parti de droite et M. de Villèle prit la présidence du conseil qu'il devait garder six ans. Pendant ce long ministère, il fut amené à demander deux dissolutions de la Chambre des
députés, d'une importance moindre que les précédentes : la première, en date du 24 décembre 1823, avait pour motif officiel une
modification à la loi électorale, — renouvellement intégral et septennat, — et la nécessité de consulter les électeurs sur ce projet [1].
Motif parfaitement correct, mais secondaire : la raison véritable de
la dissolution était le désir de profiter des succès en Espagne pour
influencer les électeurs et obtenir une Chambre moins modérée, plus
conforme aux aspirations du ministère [2]. Cette mesure se compléta
par la nomination de vingt-sept nouveaux pairs, qui modifiait la
majorité de la Chambre haute. Les élections furent un écrasement
pour le parti modéré qui n'obtint que dix-neuf sièges et M. de Villèle
n'eut plus que l'embarras de discipliner sa majorité.

Une coalition des partis extrêmes, l'imbroglio de « l'échiquier parlementaire » conduisirent M. de Villèle à demander une seconde fois
le double usage de la prérogative royale : deux ordonnances du
5 novembre 1827 prononcèrent la dissolution de la Chambre des
députés et la nomination de soixante-seize pairs, procédé peu correct, destiné autant à influencer les électeurs qu'à transformer la
majorité de la Chambre haute, alors qu'il était impossible de prévoir
ce que serait la majorité de la Chambre basse élue peu de jours après.
Vainement un article en forme d'apologie tenta-t-il, au *Moniteur*, de
justifier ces mesures : « La dissolution n'est qu'une conséquence du
système de la septennalité qu'il faut substituer avec précaution au

1. Viel-Castel, *Histoire de la Restauration*, t. XIII, p. 51.
2. E. Daudet, *Histoire de la Restauration*, p. 308.

régime quinquennal... La nomination de nouveaux pairs est destinée à accroître la force de résistance de la Chambre haute et à diminuer le privilège de la pairie [1]. » Les électeurs envoyèrent à la Chambre 175 députés libéraux, 75 royalistes « défectionnaires » hostiles à M. de Villèle et 175 amis du cabinet. C'était la chute du ministère.

Le sage M. de Martignac essaya de former, dans cette Chambre en trois tronçons, un parti de gouvernement. Il voulait reprendre les idées saines et pratiques de Louis XVIII, concilier le principe de la légitimité et les besoins de la France moderne. Mais il se heurta aux défiances injustes de Charles X et aux intrigues coupables du parti de la cour. Après quinze mois de patients efforts, il fut mis en minorité à la Chambre des députés sur la loi départementale [2]. Heureux de cet échec, Charles X appela au pouvoir, trois mois plus tard, M. de Polignac, à qui était réservé le soin de faire tomber la royauté légitime.

En quelques mois, M. de Polignac fit prononcer deux dissolutions : leur histoire est celle de la Révolution de 1830, et il ne nous appartient pas de la retracer ici; nous désirons simplement caractériser chacune de ces mesures et montrer en quoi elles diffèrent l'une de l'autre.

Dès ses débuts, le nouveau cabinet avait soulevé dans la presse et même parmi certains fonctionnaires, un tollé de haine, d'alarme et d'indignation que justifiaient les opinions bien connues de M. de Polignac et de ses principaux collaborateurs. « Coblentz! Waterloo! 1815! voilà les trois principes du ministère. Pressez-le! Tordez-le! Il ne dégoutte qu'humiliations, malheurs et dangers. » Tel était l'accueil du *Journal des Débats*. Le préfet de police, des conseillers d'État, M. de Chateaubriand, alors ambassadeur à Rome, donnaient leur démission. Des esprits sages et pondérés, tel M. Royer-Collard, exprimaient avec netteté leur défiance. « Toutes les haines accumulées depuis quinze ans contre la monarchie, toutes les rancunes contenues se réveillaient. »

1. *Moniteur universel*, 7 novembre 1827.
2. E. Daudet, *Histoire de la Restauration*, p. 391, et *Le procès des Ministres*; ce dernier ouvrage contient un bon exposé des derniers jours de la monarchie légitime

Les Chambres se réunirent le 2 mars; le discours du trône provoqua l'opposition par son caractère agressif. « Si de coupables manœuvres suscitaient à mon gouvernement des obstacles que je ne veux pas prévoir, disait le roi, je trouverais la force de les surmonter dans ma résolution de maintenir la paix publique, dans la juste confiance des Français, et dans l'amour qu'ils ont toujours montré pour leur roi. » Les députés répondirent à l'invite, et manifestèrent de suite leur hostilité au ministère en inscrivant Royer-Collard le premier sur la liste des candidats à la présidence.

Le vote de l'adresse devait leur donner l'occasion d'exprimer plus nettement encore leur opinion. Le projet de la commission contenait, avec l'exposé de la doctrine du gouvernement parlementaire, la condamnation des ministres. « La Charte, portait-il, consacre comme un droit l'intervention du pays dans la délibération des intérêts publics... Cette intervention est positive dans son résultat, car elle fait du concours permanent des vues politiques de votre gouvernement avec les vues de votre peuple la condition indispensable de la marche régulière des affaires publiques. Sire, notre loyauté, notre dévouement nous condamnent à vous dire que ce concours n'existe pas. Une défiance injuste des sentiments et de la raison de la France est aujourd'hui la pensée fondamentale de l'administration, votre peuple s'en afflige parce qu'elle est injurieuse pour lui, il s'en inquiète parce qu'elle est menaçante pour ses libertés. » Après de beaux débats, la Chambre vota ce texte le 16 mars, par 221 voix contre 181. Le ministère ne se retira pas, mais, peu de jours après, la Chambre était ajournée au 1ᵉʳ septembre; c'était le prélude de la dissolution que prononça une ordonnance du 16 mai.

Quoi qu'on en ait dit de cette première dissolution, nous la croyons correcte et loyale, conforme aux principes de la monarchie légitime; sans doute l'adresse votée par les 221 indiquait l'existence, parmi les députés, d'une majorité hostile au gouvernement, mais cette majorité était-elle capable de soutenir un gouvernement quelconque? La tentative de M. de Martignac, obligé de se retirer devant une coalition de la gauche et de l'extrême droite, semblait démontrer l'impossibilité d'un ministère de conciliation. Ce morcellement des partis qui rend possible une majorité de combat, impossible une majorité de gouvernement, est un cas très net où la dissolution doit intervenir. C'est ainsi qu'en 1830 l'ont entendu même les adversaires de M. de Martignac. Dans son réquisitoire à la Chambre des pairs, M. Persil s'exprimait formellement en ce sens : « C'était s'en remettre au jugement du pays, et l'appeler à prononcer entre la Chambre et le ministère. Cette mesure était toute constitutionnelle [1]. »

Les ordonnances de prorogation du 19 mars et de dissolution du 16 mai 1830 [2] ne peuvent donc être critiquées. Il n'en est pas de même des mesures dont elles furent accompagnées : l'intervention personnelle de Charles X dans une proclamation où il se disait « offensé » par la Chambre [3], la pression éhontée exercée sur les électeurs par M. de Peyronnet, « homme de violence et de fraude », et M. Capelle, « connu pour son habileté peu scrupuleuse à diriger les élections [4] », les élections coupées en deux tronçons, renvoyées aux 12 et 19 juillet dans vingt départements où le succès de l'opposition était certain, les menaces aux fonctionnaires, aux officiers électeurs, aux avoués et notaires. C'était le prélude à la violation de la charte, mais tout était inutile. L'opposition fortement organisée se préparait à la lutte. Partout des commissions s'étaient formées pour propager et appuyer la candidature des 221. Des comités consultatifs les secondaient, renseignaient gratuitement les électeurs. Le ton général de la presse manifestait une violence poussée jusqu'à son paroxysme [5].

Les élections s'opéraient alors en deux collèges, l'un d'arrondissement, composé de censitaires de 300 francs, qui nommaient 258 députés; l'autre de département, composé de censitaires de 1000 francs, élus par les précédents, et choisissant 172 députés. Les 22 et 23 juin, les collèges électoraux se réunirent dans toute la France, sauf dans les départements où le scrutin était ajourné : sur 195 députés nommés, on comptait 148 opposants. Les collèges départementaux où le cens était plus élevé donnèrent un résultat plus favorable au

1. Chambre des pairs, séance du 18 déc. 1830, *Moniteur* du 19 déc., p. 1752.
2. Les électeurs étaient convoqués pour les 23 juin et 3 juillet, les Chambres pour le 3 août.
3. *Moniteur universel* du 3 juin.
4. Viel-Castel, *Histoire de la Restauration*, t. XX, p. 415 et 423; — Ach. de Vaulabelle, *Histoire des deux Restaurations*, t. VIII, p. 127 et suiv.
5. Daudet, *Histoire de la Restauration*, p. 436.

ministère, mais insuffisant pour balancer la défaite du premier scrutin. Enfin les élections des vingt départements ajournés ne firent que compléter le triomphe de l'opposition [1].

Au lieu de se retirer, ainsi qu'il était de son devoir, le cabinet s'empressa de présenter au roi ces ordonnances du 25 juillet qui, suivant l'expression de M. Persil, « dans leurs trente articles contenaient trente abus de pouvoir ».

L'idée d'une dissolution nouvelle surgit dans l'esprit du garde des sceaux, M. de Chantelauze, et fut émise par lui dans un conseil de cabinet dès la fin du mois de juin et avant même le vote des collèges électoraux. Comme on discutait sur la fâcheuse position du cabinet devant la nouvelle Chambre, M. de Chantelauze développa tout un plan de combat ; il fallait, dit-il, opter entre trois solutions toutes susceptibles d'être réalisées par application de l'article 14 de la charte [2] : suspendre entièrement le régime constitutionnel et gouverner par ordonnances jusqu'à ce que le calme fût entièrement rétabli et le gouvernement raffermi sur des bases monarchiques ; déclarer nulle la réélection des votants de l'adresse ; casser la nouvelle Chambre aussitôt que les élections seraient terminées et en faire nommer une nouvelle d'après un système électoral créé par une ordonnance et combiné de manière à donner aux royalistes une majorité certaine [3].

Le premier moment fut de stupeur pour les autres ministres ; l'argumentation énergique du garde des sceaux, poursuivie de jour en jour, la chaleur de la lutte électorale les ramenèrent peu à peu et ils tombèrent d'accord que l'article 14 n'était qu'une application du principe *salus populi suprema lex*. M. de Polignac, hésitant au début, ne tarda pas à s'y rallier ; seul M. de Guernon-Ranville ne cessa de soutenir avec chaleur les droits des électeurs. Il était isolé dans son opinion, chaque jour ses collègues s'affermissaient dans la leur, et dans un conseil de cabinet, le 6 juillet, M. de Peyronnet précisait le plan à suivre : dissoudre la Chambre nouvelle aussitôt que les élections

---

1. Sur 430 députés, l'opposition en comptait 274 : les amis du ministère n'étaient qu'au nombre de 143, il y avait 13 députés douteux.

2. Cet article disposait que « le roi... fait les règlements et ordonnances nécessaires pour l'exécution des lois et la sûreté de l'État ».

3. Viel-Castel, *loc. cit.*, t. XX, p. 473, 480, 522.

seraient terminées, procéder à la formation d'une autre Chambre en modifiant la loi électorale, suspendre la liberté de la presse. Le lendemain, l'ensemble des ordonnances fut soumis au roi en présence du dauphin : Charles X se fit exposer les deux systèmes opposés, puis se déclara déterminé à sanctionner l'avis de la majorité. « L'esprit de la Révolution, dit-il, subsiste tout entier dans les hommes de gauche. En attaquant le ministère, c'est le système monarchique qu'ils veulent renverser... ; si je cédais une fois à leur exigence, ils finiraient par nous traiter comme ils ont traité mon frère. La première reculade que fit mon malheureux frère fut le signal de sa perte. » Le secret des mesures adoptées fut soigneusement gardé; leur publication fut comme un coup de tonnerre.

L'ordonnance de dissolution renfermait la négation la plus évidente des principes constitutionnels : nous l'avons déjà montré [1], on ne peut dissoudre une Chambre non encore formée, on ne peut annuler les élections. C'était pourtant bien ce qu'entendait faire l'ordonnance : « Nous, Louis..., étant informé des manœuvres qui ont été pratiquées sur plusieurs points de notre royaume pour tromper et égarer les électeurs, pendant les dernières opérations des collèges électoraux, prononçons la dissolution de la Chambre [2] ». Dans son rapport à la Chambre des députés, M. Bérenger caractérisait parfaitement cette mesure illégale en ces termes : « Genre d'attentat qui, dirigé contre la représentation nationale, tendait à la détruire; la couronne s'attribuait par là un droit que la charte ne lui donnait pas, celui de casser les opérations des collèges [3] ».

Les autres ordonnances étaient rendues en violation flagrante de la charte, statuant sur des matières qui ne pouvaient être touchées que par une loi; elles supprimaient la liberté de la presse et modifiaient profondément la loi électorale; le nombre des députés était considérablement réduit, la Chambre se renouvelait par cinquième

---

1. Nous ne reprenons pas ici l'examen de la question juridique de la dissolution d'une assemblée non constituée. Présentant un intérêt général, elle a été examinée dans notre partie théorique. Voyez supra, p. 25.

2. Préambule de l'ordonnance, *Bulletin des lois*, n° 367.

3. Rapport à la séance du 23 septembre 1830, *Moniteur universel* du 24. Voyez aussi le réquisitoire de M. Persil, *Moniteur universel* du 19 décembre 1830; et Lanzac de Laborie, *Le Procès des Ministres de Charles X*, p. 15.

tous les ans, perdait en partie le droit d'amendement, était élue au scrutin à deux degrés. Quant aux formalités prescrites pour les élections, c'était, dit M. de Guernon-Ranville dans son journal, un tissu d'incohérences et surtout un prodige de déceptions : « A votre place, répondait-il à M. de Peyronnet, je remplacerais les vingt-deux articles de formalités de cette ordonnance par un article ainsi conçu : Les députés de chaque département seront nommés par le préfet. » La réunion des collèges électoraux d'arrondissement était fixée au 6 décembre, la réunion des collèges de département au 13, et les Chambres étaient convoquées pour le 28 décembre : ces délais exagérés contenaient une nouvelle violation du pacte constitutionnel qui fixait à trois mois le délai de convocation du nouveau Parlement. De toutes ces illégalités, les événements firent prompte justice.

Ironie de l'histoire, la Chambre même que les ministres avaient voulu briser, décréta leur mise en accusation. Après un long procès, la Chambre des pairs les condamna pour violation des articles sur la dissolution de la Chambre des députés.

Cet exposé historique des diverses dissolutions prononcées par la monarchie légitime montre le rôle considérable joué par cette prérogative royale pendant la Restauration, et la place qu'elle tenait dans l'ensemble de nos institutions. Si l'on dresse le bilan de son exercice, on relève quatre dissolutions correctes (1815, 1816, 1827 et mai 1830), que l'on peut estimer plus ou moins nécessaires au point de vue politique, mais qu'il faut reconnaître régulières en droit constitutionnel; une d'une correction plus douteuse (1823); une, enfin, entièrement illégale (juillet 1830).

II

Au lendemain des journées de Juillet, les députés, appelés à statuer sur les destinées de la France, se trouvaient en présence de deux opinions extrêmes. D'après l'une — c'était celle du duc de Broglie, — il fallait refuser de discuter la charte, et se borner à constater la vacance du trône par suite du départ de Charles X, et le passage du pouvoir à la branche cadette; la révolution s'était faite au nom de la charte, et pour la faire respecter. L'autre opinion, suivie par le parti de l'Hôtel de Ville, voulait une constitution nouvelle, fondée sur des

bases nouvelles. « Une fois violée, la charte n'existe plus... La nation française a trouvé son Guillaume III ; elle dictera le bill des droits [1]. »
Il est nécessaire, ajoutait-on en ce sens, de consulter la nation sur ses institutions nouvelles, soit par la convocation d'une Chambre nouvelle, pour discuter la charte, soit par une ratification par les électeurs.

Entre ces deux systèmes, on s'arrêta à un compromis ; la charte de 1814 fut modifiée et le texte remanié « ne fut qu'une nouvelle et plus libérale édition [2] » du texte ancien. Quelle était la base des nouvelles institutions? les jurisconsultes ne le surent exactement et discutèrent à ce sujet jusqu'en 1848 [3]. Il semble pourtant qu'on était d'accord sur ce point ; la monarchie d'imposée devenait contractuelle. « Cette proposition, disait M. Dupin dans son rapport sur le projet de M. Bérard qui servit de base à la discussion, cette proposition a pour objet d'asseoir et de fonder un établissement nouveau : nouveau quant à la personne appelée et surtout quant au mode de vocation. Ici la loi constitutionnelle n'est pas un octroi du pouvoir qui croit se dessaisir : c'est tout le contraire. C'est une nation en pleine possession de ses droits qui dit... au prince auquel il s'agit de déférer la couronne : *à ces conditions écrites dans la loi voulez-vous régner sur nous* [4]? » Et, dans sa déclaration du 7 août, la Chambre des députés affirmait que « moyennant l'acceptation de ces dispositions et propositions [5], l'intérêt du peuple français appelait au trône Louis-Philippe d'Orléans ».

D'assez nombreuses modifications furent apportées à la charte : suppression du préambule, de la religion d'État, de la censure ; les députés élisent leur président ; les séances de la Chambre haute sont publiques ; la plus importante modification, votée seulement en 1831, fut la suppression de l'hérédité de la pairie [6].

---

1. Le *National* du 2 août.
2. Laboulaye, La question des deux Chambres, *Revue des Deux Mondes* du 15 juin 1871, p. 471.
3. Dalloz, *Répertoire de Jurisprudence générale*, v° Droit constitutionnel, n°⁰ˢ 62 et suiv. ; — Thureau-Dangin, *Histoire de la monarchie de Juillet*, t. I, p. 33.
4. *Moniteur universel* du 8 août 1830, p. 865.
5. Les différentes modifications à la charte.
6. La charte de 1830, art. 23, permettait au roi de nommer les pairs à vie ou de les rendre héréditaires, selon sa volonté. La loi des 29 décembre-7 janvier 1832 décida que « leur dignité était conférée à vie, et n'était pas transmissible par voie d'hérédité ».

Les dispositions sur le droit de dissolution ne reçurent pas de changement : l'article 50 de l'ancienne charte passa sans modification dans le nouveau texte, dont il forma l'article 42 ; l'article 26, qui interdisait les réunions de la Chambre des pairs hors les sessions de la Chambre des députés, prévit désormais le cas « où la Chambre des pairs serait appelée à exercer le pouvoir judiciaire ». La Cour de Justice pourrait siéger même en temps où la Chambre des députés ne serait pas réunie, mais alors elle ne pourrait exercer que des fonctions judiciaires[1]. Ainsi l'on serait assuré que la dissolution de la Chambre des députés ne porterait pas atteinte aux discussions de la Cour de Justice.

Les ordonnances du 25 juillet étant tenues pour nulles à raison de leur illégalité, la Chambre élue à la suite de la première dissolution se réunit au jour fixé par l'ordonnance du 16 mai. Le 3 août, les deux Chambres tinrent leur séance d'ouverture et entendirent le discours du lieutenant général du royaume. Dès le lendemain, les députés procédèrent à la vérification des élections.

Ainsi maintenu dans la nouvelle charte, le droit de dissolution reçut application à six reprises différentes pendant la durée de la monarchie de Juillet ; aucune Chambre n'a épuisé les cinq années de son mandat légal ; deux ou trois de ces dissolutions eurent une grande importance politique, mais, à raison même de leur correction, elles ne présentent pas la même importance théorique que celles de la Restauration et ne se prêtent pas aux mêmes discussions juridiques.

Les ministres de Louis-Philippe se sont toujours préoccupés de prolonger aussi peu que possible l'état de crise inséparable d'une dissolution, et rarement le temps entre l'ordonnance et la réunion de la nouvelle Chambre a dépassé six semaines. A trois reprises même, une ordonnance postérieure a avancé l'époque de l'ouverture des Chambres, telle que l'avait fixée l'ordonnance de dissolution[2]. Ces

---

1. Article 22 de la charte de 1830.

2. Tableau des dissolutions prononcées par Louis-Philippe :

1831. — 31 mai... Convocation des collèges pour le 3 juillet.
          Convocation des Chambres pour le 9 août, rapprochée au 23 juillet par ordonnance du 22 juin.
1834. — 25 mai... Convocation des collèges pour le 21 juin.

dissolutions se reproduisent à intervalles assez réguliers et ont, sauf la première, un même motif, le désir de constituer une majorité stable et vigoureuse, la difficulté de gouverner avec une Chambre émiettée en plusieurs partis. D'ailleurs, sauf celle de 1846, elles n'ont pas obtenu ce résultat : le gouvernement de Juillet a sans cesse souffert de cette instabilité dans les majorités, de cette politique des petits groupes, qui aboutit si facilement à la politique des séductions personnelles [1].

La dissolution de 1831, ordonnée à la demande de Casimir Perier, trouvait sa justification naturelle dans la nécessité de renouveler la Chambre de 1830. Élue sous le régime de la Restauration, elle ne répondait plus au système électoral qui avait été modifié et quelque peu élargi depuis la Révolution. La Chambre nouvelle présentait, comme la précédente, et comme d'ailleurs toutes les Chambres de 1830 à 1848, d'excellents éléments, quelques parlementaires de premier ordre et qui ont honoré à jamais la tribune française; mais elle formait un tout disparate, sans cohésion, sans direction : « La Chambre, écrivait la duchesse de Broglie à cette époque, est bien singulière, il y a une absence absolue de discipline; chacun arrive non pas avec un système arrêté contre le gouvernement, — cela vaudrait peut-être mieux, — mais avec des vues personnelles, chimériques, sentimentales. L'idée qu'il faut marcher ensemble ne leur vient

Convocation des Chambres pour le 24 août, rapprochée au 31 juillet par ordonnance du 30 juin.
1837. — 3 octobre. Convocation des collèges pour le 4 novembre.
Convocation des Chambres pour le 18 septembre.
1839. — 2 février. Convocation des collèges pour le 2 mars.
Convocation des Chambres pour le 26 mars.
1842. — 12 juin... Convocation des collèges pour le 9 juillet.
Convocation des Chambres pour le 3 août, rapprochée au 26 juillet par ordonnance du 14 juillet.
1846. — 6 juillet.. Convocation des collèges pour le 1er août.
Convocation des Chambres pour le 17 août.

1. Voyez Hello, *Le régime constitutionnel dans ses rapports avec l'état actuel*, t. II, p. 436 : « Ce ne sont point des partis, ces restes de factions qui s'agitent autour de nous; ce ne sont point des partis, ces agrégations d'hommes dont l'ambition personnelle est la seule raison d'être. Vous ne parviendrez ni à les compter, ni à les caractériser, au moins par un principe général; elles ne se reconnaitront dans notre histoire constitutionnelle qu'à des noms propres et à des dates. Le parti véritable se forme pour un intérêt réel; la coterie invente un intérêt pour se donner les airs d'un parti. »

pas. Cette Chambre, comme le pays, est un collier de grains de mille couleurs, dont on a coupé le fil [1]. »

De là ces incessants changements de ministères; une même Chambre, celle de 1834, soutenant et renversant quatre ministères en trois années. Vainement, en 1834, le cabinet Soult-Thiers-de Broglie-Guizot, en 1837 et 1839 M. Molé demandent-ils aux électeurs d'envoyer une majorité de gouvernement. Les deux premières dissolutions n'amènent que peu de modifications dans l'état des partis, et si, lors de la troisième, une majorité bien nette se forme contre le ministère Molé, ce n'est guère qu'une majorité négative, car c'est une majorité de combat. Elle use successivement le ministère provisoire du 31 mars, le ministère Soult du 12 mai, et si elle soutient avec quelque vigueur le cabinet de M. Thiers du 1er mars 1840, elle le laisse retomber lourdement en octobre.

Reprendre l'histoire de ces dissolutions, ce serait retracer l'histoire même des dix premières années de la monarchie de Juillet, où la politique roulait presque exclusivement sur des questions de personnes, où une dépense prodigieuse de talent se fit à la tribune, mais combien souvent pour des rivalités personnelles et des ambitions de places. Sans doute quelques lois utiles furent votées, mais, pour un Parlement qui comprenait presque tous les grands esprits de la France, le résultat atteint était médiocre à côté de ce qu'on eût pu obtenir avec une autre organisation du travail et surtout en écartant toutes intrigues personnelles. Dans un même cabinet, combien de rivalités mesquines : M. Guizot et M. Thiers se tendant de fines embûches après la dissolution de 1834. Les partisans d'une même politique n'arrivaient point à s'entendre et se faisaient sourdement la guerre dans un fol espoir de succession ministérielle, M. Molé et le maréchal Soult en 1838. Et le roi, plein de bon sens et d'esprit mais aussi d'hésitations, louvoyait entre les partis, négociait quatre mois avec l'un, pour former à la fin un ministère avec l'autre [2], et recourait à la dissolution dans l'espoir de voir une majorité se former en faveur d'un parti, quel qu'il fût, tous étaient alors dynastiques. Après

---

1. Cité par Thureau-Dangin, *Histoire de la Monarchie de Juillet*, t. I, p. 421.
2. En 1834, Louis-Philippe négocia quatre mois avec M. Dupin pour arriver la formation du cabinet Soult-Thiers-Guizot-de Broglie.

chaque renouvellement, Louis-Philippe constatait avec mélancolie que rien n'était changé, que M. Guizot avait cinq amis de plus à la Chambre ou M. Molé dix partisans de moins, mais qu'il fallait encore recourir à une délicate combinaison pour trouver un ministère capable de durer — quelques mois.

Au début de son ministère de sept ans, M. Guizot n'a pas connu davantage la majorité fidèle et serrée. Il s'est plaint à maintes reprises de la nécessité de louvoyer entre les groupes, de calculer le nombre de voix que telle mesure pourrait lui faire perdre ou gagner; et, pour obtenir les quelques boules blanches nécessaires, — il faut le reconnaître, — combien de bureaux de tabac ou de perceptions promises à des députés hésitants.

La dissolution de 1842 ne donne pas de meilleur résultat. Celle de 1846, enfin, apporte au ministère une majorité compacte et dévouée : « Jamais victoire ne fut plus complète, écrivait le duc de Broglie. Depuis les *trois cents* de M. de Villèle, aucun ministère ne s'était trouvé à pareille fête [1]. » Les parlements ont de ces destins ironiques; c'était cette majorité qui, par son entêtement sur la réforme électorale, devait se mettre en désaccord profond avec le pays et entraîner la chute de la royauté.

En pleine insurrection, après la tentative du ministère Molé, Louis-Philippe s'était résigné à appeler les chefs de l'opposition, MM. Thiers et Odilon Barrot, qui l'engagèrent vivement à dissoudre la Chambre des députés; le roi résiste, mais finit par céder; une proclamation est rédigée en ce sens. Quelques heures plus tard, la dissolution est insuffisante, l'abdication devient nécessaire. Enfin tout est inutile, c'est la révolution.

Tel fut pendant dix-huit ans le rôle de la dissolution : un appel au peuple, correct, loyal, mais toujours inutile.

1. Cité par Thureau-Dangin, *loc. cit.*, t. VI, p. 28.

CHAPITRE VI

HISTOIRE DU DROIT DE DISSOLUTION EN FRANCE

(Suite.)

(1848-1870)

I. La République de 1848. Principe de séparation des pouvoirs.
II. Le second Empire. Esprit et pratique de sa constitution.

I

La monarchie de Juillet s'achoppe à la réforme électorale et à la campagne des banquets; elle s'effondre brusquement. La première mesure du gouvernement provisoire est de suspendre les travaux du Parlement : un arrêté du 24 février 1848 prononce la dissolution de la Chambre des députés et l'interdiction à la Chambre des pairs de se réunir[1]. Par arrêté du 5 mars, les collèges électoraux sont convoqués au 9 avril pour « élire les représentants du peuple à l'Assemblée nationale qui décrétera la constitution ». Le suffrage est direct et universel. Sont électeurs tous les Français âgés de vingt et un ans, résidant dans la commune depuis six mois et non judiciairement privés de leurs droits; sont éligibles tous les Français de vingt-cinq ans jouissant de ces droits. Les élections envoient 900 députés qui se divisent à peu près en un quart légitimiste, un quart nettement républicain et une moitié libérale.

L'Assemblée constituante se réunit le 4 mai 1848 et dès ses premières séances décida qu'une commission de dix-huit membres préparerait un projet de constitution qui serait examiné dans les bureaux

1. *Bulletin des lois*, X⁰ série, n° 1.

et discuté par un comité spécial de délégués de ces bureaux [1]. Des communications de ce comité spécial et de la commission sortit le projet définitif qu'Armand Marrast déposa à la séance du 30 août avec un rapport aussi élevé de pensée qu'élégant et ample de forme. Les discussions et renvois à la Commission durèrent deux mois ; la Constitution entra en vigueur le 4 novembre 1848.

Ce qui la caráctérise particulièrement, c'est la crainte du pouvoir exécutif ; il semble que dès 1848 les constituants aient pressenti que la République mourrait d'un coup de force des hommes au gouvernement. De là cette exagération du principe de la séparation des pouvoirs, ce fossé profond entre l'Assemblée et le pouvoir exécutif. Ce sont les mêmes défiances qu'en 1791 ; mais instruits par l'expérience, les constituants de 1848 s'efforcent de donner vigueur au gouvernement ; l'influence de l'ouvrage de M. de Tocqueville, *la Démocratie en Amérique*, dont le succès est immense, se fait partout sentir ; M. de Tocqueville est un des premiers élus de la commission de constitution, et, sur ses conseils, c'est une République « à l'américaine » que l'on s'efforce de constituer, sans tenir compte des différences profondes des deux pays : *la France* unitaire et centralisée, *les États-Unis* fédératifs et individualistes.

Pourtant on ne va pas jusqu'à admettre complètement le système américain. Sauf Marrast, les principaux membres de la commission ont fait partie de la Chambre des députés et sont profondément pénétrés des règles du régime parlementaire ; ils ne conçoivent pas de gouvernement sans la responsabilité du cabinet devant le Parlement. Mais ils veulent mettre l'Assemblée à l'abri de toute action, de toute influence du chef de l'État. De ces deux idées provient le système qu'ils ont conçu.

L'autorité suprême réside dans l'Assemblée ; à côté d'elle, mais d'une taille moins haute, s'élève le pouvoir exécutif. Pouvoir singulier, se composant d'un président élu par le peuple, indépendant de l'Assemblée, et de ministres choisis par lui, responsables devant elle. « L'Assemblée, écrivait Armand Marrast dans son rapport, seule

---

1. Sur la constitution de 1848, voyez H. Berton, *Annales de l'École des sciences politiques* des 15 novembre 1897 et 15 mai 1898 (Paris, F. Alcan, éd.).

demeure maîtresse de tout système politique ; ce que le président propose par ses ministres, elle a le droit de le repousser ; si la direction de l'administration lui déplaît, elle renverse ses ministres ; si le président persiste à violenter l'opinion, elle le traduit devant la haute cour de justice et l'accuse. Contre les abus possibles du pouvoir exécutif, la constitution se prémunit en le faisant temporaire et responsable. Le président n'a aucune autorité sur l'Assemblée, elle en conserve une toute-puissante sur ses agents[1]. »

La conséquence logique de cette séparation des pouvoirs, c'était le refus au président de la République du droit de dissoudre l'Assemblée.

« Il ne faut pas, écrivait Dupin aîné, que le président ait aucune prise sur l'Assemblée nationale[2]. » Il ne semble pas que cette affirmation ait, à un moment quelconque, rencontré un contradicteur parmi les représentants. Tout au plus, à la commission, M. Martin (de Strasbourg) émit-il un léger scrupule. « Je veux, disait-il, un pouvoir exécutif libre et indépendant, tellement que je serais disposé, si la commission n'en avait déjà disposé autrement, à lui accorder le droit de dissoudre l'Assemblée si elle se mettait en opposition avec la volonté du pays... Il faut qu'il y ait un pouvoir qui puisse faire appel de l'Assemblée au pays. » Mais il n'insista pas, ne trouva pas d'imitateur en séance, et l'article 51 de la Constitution fut adopté sans discussion par l'Assemblée, à peu près tel qu'il était rédigé dans le projet du comité, en ces termes[3] : « Il ne peut céder aucune portion du territoire, ni dissoudre ni proroger l'Assemblée nationale, ni suspendre, en aucune manière, l'empire de la constitution et des lois[4] ».

Le commentateur le plus autorisé et le plus enthousiaste de la constitution de 1848, M. Berriat-Saint-Prix, justifiait cette disposition en ces termes : « L'Assemblée nationale est élue par les citoyens ; elle tient d'eux son pouvoir. Le président ne peut donc le lui ôter, ni en paralyser l'exercice. Les commettants seuls ont droit de révoquer

---

1. Rapport d'Armand Marrast, *Moniteur universel* du 31 août 1848, p. 2238.
2. Dupin, *Constitution de la République française*, p. 67.
3. On ajouta simplement, sur la proposition de M. Baze, les mots « ni proroger ».
4. « L'Assemblée est permanente, détermine le lieu de ses séances, fixe l'importance des forces militaires établies pour leur sûreté et en dispose. » Article 32.

leurs mandataires. Une constitution républicaine exclut naturellement les prérogatives monarchiques, dont le but secret est de réagir sur l'opinion populaire au profit d'une volonté individuelle. La dissolution du Parlement permet au roi d'en modifier la composition en faisant servir à des conversions électorales une autorité créée pour améliorer la chose publique[1]. »

Il faut cependant noter qu'après le vote de la Constitution, quelques représentants protestèrent contre le refus au président du droit de dissolution. Dans une lettre insérée au *Moniteur* du 5 novembre, M. Lubbert écrivait : « J'appréhende les plus funestes conséquences d'un système qui constitue un président sans lui conférer le droit, en cas de dissidence, de consulter le pays, et une Assemblée qui n'aura pas le droit de révoquer un président ». Victor Hugo protestait dans le même sens, mais en termes plus généraux et plus vagues[2].

A la fin des débats, alors que le mouvement bonapartiste commençait à se dessiner et que cette vue prophétique d'un coup d'État éventuel se précisait dans les esprits, M. Flocon proposa une disposition additionnelle déclarant déchu et traître à la patrie tout Président de la République qui violerait l'article 51 de la Constitution.

Sur le renvoi qui lui fut fait, la commission trouva que « c'était là consacrer constitutionnellement le droit d'insurrection », et chercha à préciser la formule de M. Flocon ; après d'assez longs débats, la proposition fut définitivement adoptée et prit place à la fin de l'article 68 : « Toute mesure par laquelle le Président de la République dissout l'Assemblée nationale, la proroge ou met obstacle à l'exercice de son mandat est un crime de haute trahison. Par ce seul fait, le Président est déchu de ses fonctions, les citoyens sont tenus de lui refuser obéissance, le pouvoir exécutif passe de plein droit à l'Assemblée nationale ; les juges de la Haute Cour de justice se réunissent immédiatement à peine de forfaiture ; ils convoquent les jurés dans

---

1. Berriat-Saint-Prix, *Droit constitutionnel français*, Paris, 1851, p. 483.

2. Dans ses *Mémoires*, où il brûle beaucoup de choses qu'il avait adorées, M. Odilon Barrot exprime les mêmes regrets : « Si la faculté de dissoudre l'Assemblée offrait le danger d'accroître encore le pouvoir du président qui paraissait si redoutable, cette faculté ouvrait du moins une voie pacifique et régulière pour vider les conflits qui s'éleveraient entre les deux grands pouvoirs de la République. » *Mémoires*, t. II, p. 360.

le lieu qu'ils désignent, pour procéder au jugement du président et de ses complices; ils nomment eux-mêmes les magistrats chargés de remplir les fonctions du ministère public. Une loi déterminera les autres cas de responsabilité et les conditions de la poursuite ». Disposition sage, prudente, avisée, mais qui n'a jamais pu enrayer un coup d'État.

L'Assemblée constituante, qui avait été nommée sans limitation de durée, prononça elle-même sa dissolution. Elle tint sa dernière séance le 26 mai; l'Assemblée législative devait se réunir le 28. Quelques membres auraient voulu une remise solennelle du pouvoir par l'ancienne Assemblée à la nouvelle : sur la protestation de Dupin aîné que le droit de l'Assemblée législative ne procédait pas de la Constituante, mais du peuple, ce projet ne fut pas mis à exécution. Cependant, le 28 mai, le bureau de l'Assemblée constituante reçut, dans le cabinet du président Marrast, le bureau provisoire de la Législative, « afin de constater que sous l'empire de notre constitution républicaine, il ne saurait y avoir d'intermittence dans le pouvoir législatif ». Cette réception terminée, M. Marrast s'adressant à ses collègues, leur dit : « Messieurs, notre mission est finie, nous pouvons nous retirer [1] ».

Leur œuvre devait être de peu de durée; car elle contenait en elle-même un germe de conflit et de mort : l'existence de deux pouvoirs parallèles et sans conciliation. L'Assemblée toute-puissante, permanente, unique, sans contrepoids; le Président, indépendant, fort de l'élection populaire. « Ils se regardaient, a dit un pamphlétaire, comme deux dogues acharnés à se disputer un même os, le ministère. » Avec un président pénétré de ses devoirs parlementaires, prêt à s'incliner devant les décisions de l'Assemblée, tel que le général Cavaignac, Grévy, Sadi Carnot, le gouvernement eût été possible; il devenait impraticable avec un homme ambitieux, imbu par traditions de famille et par caractère de la nécessité d'un pouvoir personnel. Tout dans la constitution concourait à faire naître des conflits, rien à les tempérer ou à leur donner une solution. On n'avait pas même placé au même moment le renouvellement de l'Assemblée et la réélection du

1. Pierre, *Droit politique*, p. 334, donne tous les détails sur cette dissolution qu'il cite comme l'exemple le plus caractéristique, avec celui de 1876, de dissolution volontaire.

président, l'une élue pour trois ans, l'autre nommé pour quatre années : ainsi, nés de mouvements d'opinion peut-être tout différents dans le corps électoral le plus changeant, le suffrage universel, ils pouvaient être appelés à coexister, à collaborer pendant deux ou trois ans, quoique dissemblables. On préparait, de gaîté de cœur, d'inextricables conflits [1].

« Quel parti, écrivait Laboulaye à cette époque, quel parti devra prendre l'Assemblée en face de la résistance d'un Président élu par 7 ou 8 millions de suffrages et cent fois plus populaire que le corps qui lui dicte les lois ? Qui départagera cette Assemblée qu'on ne peut renvoyer par une dissolution devant le peuple, son juge suprême, et le Président soutenu, encouragé dans sa désobéissance par l'opinion publique, et qui, n'ayant pas même de *veto* pour refroidir la passion de la Chambre, ne peut défendre ce qu'il croit l'intérêt du pays, qu'en se révoltant ? Verrons-nous une accusation briser le favori du peuple ou un 18 brumaire l'élever, maître, sur les ruines de l'Assemblée ? tout est possible, tout est probable, quand on met en jeu des forces inconnues [2]. »

Cette critique singulièrement pénétrante devait être bientôt justifiée. L'histoire des derniers mois de la Constituante, de la Législative tout entière, devait être sans cesse traversée de ces luttes irritantes et sans solution entre l'Assemblée et le Prince-Président [3] : la question romaine, la loi du 31 mai, le rejet de la dotation, le projet de revision. Le 17 novembre 1851, sur l'opposition du ministre de la guerre, — c'était le général Saint-Arnaud, — et un discours de Michel de Bourges rappelant qu'il y a « une sentinelle invisible, le peuple », l'Assemblée refuse de prendre en considération une proposition de MM. Baze, Le Flô et de Panat, relative au droit conféré au président de l'Assemblée

---

1. A. Lebon, *Cent ans d'histoire intérieure*, p. 200. Les constituants de 1848 avaient d'ailleurs rendu la revision de leur œuvre à peu près impossible, en exigeant que les motions en faveur de la revision fussent votées par trois fois, à un mois d'intervalle, par une majorité des trois quarts des députés, et que la revision fût ensuite faite par une assemblée spécialement élue à cet effet.

2. Laboulaye, *Questions constitutionnelles*, Considérations sur la Constitution de 1848, p. 43. — Voyez aussi Émile Ollivier, Le prince Louis-Napoléon, *Revue des Deux Mondes* du 15 janvier 1896 ; — Thirria, *Napoléon III avant l'Empire*, t. II, conclusion.

3. Spuller, *Histoire parlem. de la seconde République*, passim (Paris, F. Alcan, éd.).

nationale de requérir la force armée [1]. Le 27 novembre, M. de Tinguy dépose une proposition tendant à autoriser les conseils généraux à se saisir de l'autorité publique dans leurs départements, en cas de dissolution violente de l'Assemblée.

Le 2 décembre, la Législative n'était plus. Tout ce qui comptait un nom-dans le monde parlementaire, tout ce qui faisait de la France le pays de la liberté et des hautes idées était en prison. Le pays était victime d'un nouveau coup d'État.

Un décret signé Louis-Napoléon Bonaparte, contresigné Morny [2], prononce la dissolution du Corps législatif et du Conseil d'État. Le prince-président, « voulant, jusqu'à la réorganisation du Corps législatif et du Conseil d'État, s'entourer d'hommes qui jouissent à juste titre de l'estime et de la confiance du pays », forme une commission consultative de magistrats, de financiers, d'anciens représentants. Le plébiscite des 20 et 21 décembre couvrait de la votation populaire le coup de force. 7,439,216 bulletins proclamaient que « le peuple voulait le maintien de l'autorité de Louis-Napoléon Bonaparte, et lui donnait les pouvoirs nécessaires pour faire une constitution d'après les bases établies dans sa proclamation du 2 décembre ».

II

Dans ses grands traits, la constitution de 1852 consacre le retour aux institutions de l'an VIII. « J'ai pris comme modèle, disait Louis-Napoléon, les institutions politiques qui déjà au commencement de ce siècle, dans des circonstances analogues, ont raffermi la société ébranlée et élevé la France à un haut degré de prospérité et de grandeur [3]. » Un Président de la République nommé pour dix ans, chef du pouvoir exécutif, responsable devant le peuple seulement, assisté de ministres qui ne forment plus un conseil, et ne sont, disait Cormenin, « que des premiers commis aux écritures pour les départements ministériels » ; un Conseil d'État qui prépare les lois ; un Corps législatif qui

1. Article 32 de la constitution de 1848.
2. Alors que le décret appelant M. de Morny au ministère de l'intérieur n'est que du lendemain, 3 décembre.
3. Préambule de la Constitution des 14-22 janvier 1852.

les discute, les vote ou les rejette ; un Sénat qui examine si elles sont conformes à la constitution, à la religion, à la morale, à la liberté des cultes, à la liberté individuelle, à la défense du territoire ; la revision confiée au Sénat ou au plébiscite ; tels sont les traits essentiels de la nouvelle constitution.

Deux tendances marquent son caractère particulier : la substitution du pouvoir personnel au régime parlementaire, la défiance envers le Corps législatif. Tout le pouvoir est concentré dans la personne du président de la République : chef de l'armée, il déclare la guerre ; chef de la politique extérieure, il fait les traités de paix et de commerce ; chef du pouvoir exécutif, il gouverne le pays sans contrôle ; seul il a l'initiative des lois que son Conseil d'État rédige et que contrôle le Sénat, qui émane de lui. Quant à la Chambre, « on est frappé du peu qu'on lui laisse pour tout ce qu'on lui enlève [1] ». S'agit-il de déterminer ses droits, un seul article : « Le Corps législatif discute et vote les projets de lois et l'impôt ». S'agit-il, au contraire, de lui enlever les anciennes prérogatives des Assemblées, une série de dispositions nettes et précises. La Chambre n'a ni l'initiative parlementaire (article 45), ni la faculté de recevoir les pétitions (43), ni le droit d'élire son bureau (40). Les amendements doivent être approuvés par le Conseil d'État (40). Si les séances sont publiques, le procès-verbal seul peut être imprimé par les journaux (42). La durée des sessions est limitée à trois mois (41). Le budget ne doit être voté que par ministère et les virements sont autorisés par décret (sénatus-consulte du 25 décembre 1852).

Ainsi tout est dirigé contre les mandataires du peuple. Si le président se proclame responsable devant le peuple, c'est devant lui seul et non devant ses représentants. « Il a toujours le droit de faire appel à votre jugement souverain afin que, dans les circonstances solennelles, vous puissiez lui continuer ou lui retirer votre confiance. » Cet appel au peuple s'exercera de deux façons : par le plébiscite ou

1. Corentin Guyho, *L'Empire inédit*, p. 27 ; — Spuller, *Histoire parlem. de la seconde République*, p. 346 ; — Ranc, *Encyclopédie générale*, v° Absolutisme ; — Hamel, *Histoire du second Empire*, t. I, p. 65 ; — Taxile Delord, *Histoire du second Empire*, t. I, p. 425 et suiv. (Paris, F. Alcan, éd.).

par la dissolution du Corps législatif et les nouvelles élections qui la suivent [1].

Le dédain dans lequel on tenait le Corps législatif se manifeste ici par deux dispositions. En cas de dissolution, le Président n'est tenu de convoquer une nouvelle Assemblée que dans le délai de six mois. La longueur de ce délai se cache mal derrière ce prétexte qu'il est nécessaire de laisser les passions politiques s'atténuer dans le pays. La raison véritable est le désir d'éloigner pour un temps prolongé les représentants du peuple [2]. D'ailleurs, pendant cette demi-année, la vie législative ne s'arrêtera pas; si la Chambre est essentiellement temporaire, le Sénat est permanent; par une exception à la plupart des constitutions, la dissolution de l'une n'entraîne pas la prorogation de l'autre; bien mieux, elle double ses pouvoirs, elle lui donne toute la puissance d'une Assemblée législative unique. « En cas de dissolution du Corps législatif, dispose l'article 33, et jusqu'à une nouvelle convocation, le Sénat, sur la proposition du président de la République, pourvoit par des mesures d'urgence à tout ce qui est nécessaire à la marche du gouvernement. » Ainsi, pendant ce délai de six mois, le Sénat, comme « gardien du pacte fondamental », ou comme assemblée d'interrègne, modifiera la Constitution, votera les impôts, changera les lois; et le nouveau Corps législatif ne pourra, en se réunissant, que constater les bouleversements de l'État, sans protester : il n'a pas le droit d'interpellation. Cet article contenait un droit exorbitant, destiné à légitimer un nouveau coup d'État, s'il eût été nécessaire. L'absence de toute opposition au Corps législatif au début de l'Empire rendit son application inutile, et dans les dernières années, l'opinion publique était devenue trop forte, on n'aurait osé la braver; cette disposition n'a donc jamais été mise en vigueur.

La transformation de la présidence décennale en empire n'apporta aucune modification essentielle à la Constitution. Il était difficile d'augmenter encore les pouvoirs du chef du gouvernement.

1. Art. 46 : « Le président de la République convoque, ajourne, proroge et dissout le Corps législatif. En cas de dissolution, le président de la République doit en convoquer un nouveau dans le délai de six mois. » . . . . .

2. C'était aussi dans le délai de six mois qu'il devait être pourvu aux vacances survenues dans la députation du Corps législatif par option, décès, démission ou autrement. Cauchois, *Constitution de l'Empire français*, p. 140.

La durée des pouvoirs du Corps législatif était fixée à sept ans, mais ce délai ne fut jamais épuisé. Les trois dissolutions prononcées par Napoléon III ont été toutes motivées par la prochaine expiration des pouvoirs de la Chambre et étaient conçues dans des termes identiques : « Napoléon, par la grâce de Dieu et la volonté nationale, Empereur des Français... Considérant que le Corps législatif est arrivé à la dernière année de son mandat, décrétons ce qui suit : le Corps législatif est dissous [1]. »

On n'aperçoit pas facilement, d'ailleurs, la raison de cette dissolution anticipant sur la clôture naturelle, et le motif réel est peut-être dans le désir de vivre six mois sans Corps législatif. Lors des deux premières dissolutions, l'empereur laissa expirer dans son entier le délai de convocation : les députés, élus presque immédiatement, ne furent réunis que six mois après la séparation de l'Assemblée précédente. Ces deux premières dissolutions n'eurent d'ailleurs aucune importance politique et les élections se passèrent dans le calme des candidatures officielles, sauf dans quelques grandes villes qui nommèrent les *cinq*, puis les *trente-cinq*.

Il n'en fut pas de même de la dissolution de 1869 : inquiet, amoindri, menacé, Napoléon III cherchait l'Empire libéral. Dès 1860, et surtout depuis 1867, une série de sénatus-consultes tentaient de donner au pays ce que M. Thiers appelait « les libertés indispensables ». Le vote de l'adresse, la publication des débats parlementaires, le droit d'interpellation avaient rendu la vie au Corps législatif. L'opposition demandait plus. Dans ces conditions, la dissolution suivie presque immédiatement des élections et de la réunion du nouveau Corps législatif prenait la tournure d'une véritable consultation nationale. L'opposition obtint une centaine de sièges. Trois mois après, le sénatus-consulte du 8 septembre rétablissait le régime par-

---

1. Tableau des dissolutions prononcées sous le second Empire :

1857. — 29 mai...... Dissolution du Corps législatif. Convocation des collèges pour le 21 juin.
    10 novembre. Convocation du Corps législatif pour le 28 novembre.
1863. — 7 mai....... Dissolution et convocation des collèges pour le 31 mai.
    10 octobre... Convocation du Corps législatif pour le 5 novembre.
1869. — 27 avril..... Dissolution et convocation des collèges pour le 23 mai.
    9 juin....... Convocation du Corps législatif pour le 28 juin.

lementaire et le 2 janvier 1870 le ministère Émile Ollivier était constitué.

Le chef du nouveau cabinet essaie d'organiser l'Empire parlementaire. Une nouvelle constitution, rédigée par sénatus-consulte, approuvée par plébiscite [1], bouleverse l'organisation de 1852 et tente de se rapprocher du type anglais : le pouvoir législatif est exercé collectivement, par l'empereur et les deux Chambres. Les ministres, responsables, délibèrent en conseil et ont entrée dans l'une et l'autre Assemblée. L'article sur la dissolution est reproduit sans modification [2]; le délai de convocation reste toujours fixé à six mois; mais la disposition sur les pouvoirs extraordinaires du Sénat pendant la dissolution du Corps législatif est formellement abrogée [3]. La dissolution du Corps législatif n'entraîne d'ailleurs pas de plein droit la prorogation du Sénat.

Quelle eût été, en temps calme, la fortune de cette nouvelle constitution? Le personnel, les traditions impériales se seraient-ils pliés aux institutions parlementaires? A cette question les événements ont enlevé toute réponse. Le 4 septembre, empire et sénatus-consulte, tout s'effondre.

1. Le sénatus-consulte fut, après la votation populaire, sanctionné et promulgué par Napoléon III le 21 mai 1870.
2. Article 35, §§ 1 et 2 du sénatus-consulte.
3. Article 42.

CHAPITRE VII

LE DROIT DE DISSOLUTION DANS LA CONSTITUTION FRANÇAISE DE 1875

I. Les travaux préparatoires et le vote. — II. Nature et rôle du droit de dissolution entre les mains du Président. — III. Garanties légales contre les dangers
d'une dissolution. L'avis du Sénat. La convocation d'une nouvelle Chambre.
Quelques dispositions spéciales sur l'état de siège, les ouvertures de crédits
supplémentaires. — IV. La dissolution de 1877. — V. La loi du 15 février 1872
et les dissolutions illégales. — VI. Objections, critiques et appréciations.

I

Aucune constitution peut-être n'a été composée avec autant de
peine, au milieu d'autant de difficultés et d'embûches que celle de
1875. Présentée à une assemblée d'abord anti-républicaine, rejetée
au mois de juillet 1874, elle n'a été votée, dans son premier article,
et six mois plus tard, qu'à une voix de majorité et sur un amendement émanant de l'initiative d'un seul député. La sagesse politique
de quelques membres du centre droit a, seule, permis de doter la
France d'institutions définitives. Pour comprendre exactement le rôle
qu'y joue le droit de dissolution, il est nécessaire d'étudier rapidement ses travaux préparatoires et la place que tenait ce droit dans
les différents projets de constitution.

Dès ses premières réunions, l'Assemblée se préoccupa de sa durée;
le coup d'État de 1851 l'avait instruite.

La proposition Rivet, la première à parler de la présidence de la
République, portait que la dissolution de l'Assemblée entraînerait de
plein droit la fin des pouvoirs du chef de l'État, et, au mois de

février 1872, on votait la loi sur les dissolutions illégales dont l'étude sera faite plus loin [1].

M. Thiers, dans son message du 1er novembre 1872, insista fortement sur la nécessité de donner aux institutions existantes une organisation plus complète et mieux définie, et la loi du 13 mars 1873, dans son article 5, disposa que l'Assemblée ne se séparerait pas avant d'avoir statué sur l'organisation des pouvoirs législatif et exécutif. Dès lors, projets, propositions et amendements se pressent : il importe de remarquer que tous, sans exception, attribuent au chef de l'État le droit de dissoudre la Chambre des députés.

Le 19 mai 1873, M. Thiers et M. Dufaure, Garde des Sceaux, présentaient le premier projet de constitution [2] : c'était une œuvre forte, loyale, sincère. « En comprenant les convictions et les regrets qui s'attachent à une forme politique qui n'est plus, disait le préambule, nous tenons pour évident que l'état de la France ne comporte pas aujourd'hui d'autre régime que la République. Elle est actuellement le gouvernement naturel et nécessaire. »

Adapter à cette forme de gouvernement « le régime parlementaire qui est entré dans nos mœurs à ce point que nous sommes obligés de le transporter dans la République plus complètement peut-être que ne le comporterait la théorie, bien plus assurément que ne l'admet l'Amérique », tel est le but du projet. La constitution de 1875 en a adopté les grandes lignes : un président nommé par le Congrès, et deux Chambres; le chef du pouvoir exécutif peut demander au Sénat l'autorisation de dissoudre la Chambre des représentants [3]. Mais les motifs du préambule montrent combien les pouvoirs que s'était réservés M. Thiers étaient d'une nature différente de ceux confiés au Président par les lois de 1875, combien il s'agissait plus d'une intervention active, personnelle, dans les affaires de l'État [4] : « La proie offerte à l'esprit de parti en redouble l'ardeur, et il est impossible de

1. Voyez p. 131.
2. *Journal officiel* du 20 mai; annexe n° 1779.
3. Le projet ne parlait notamment pas du conseil des ministres.
4. L'autorisation du Sénat devait être donnée en comité secret, à la majorité des voix et dans un délai de huit jours. Les collèges électoraux étaient convoqués dans les trois jours qui suivaient la notification faite au Président de la République du vote affirmatif du Sénat.

P. MATTER.   7

s'assurer que jamais la Chambre des représentants, soit par des résolutions téméraires, soit par une résistance systématique, soit par des agressions acharnées, ne finira pas par égarer la politique, paralyser l'action du pouvoir et mettre en question l'existence même du gouvernement ; il faut un remède à ce mal ; il faut une précaution contre ce danger possible ». La dissolution était ainsi présentée surtout dans l'intérêt du pouvoir exécutif.

L'assemblée n'était pas mûre pour la République : le 24 mai, à la suite d'un discours catégorique de M. Thiers, exprimant la nécessité de sortir du provisoire, « nous ne pouvons pourtant pas rester éternellement dans cette situation », — par 360 voix contre 344, l'assemblée lui refuse sa confiance ; c'était la retraite du Président et de ses ministres. Le maréchal de Mac-Mahon remplace le premier, le cabinet de Broglie est de suite constitué, et le projet de loi sur l'organisation des pouvoirs n'aboutit qu'à la loi du 20 novembre 1873 sur le septennat du maréchal.

A la fin de novembre, une commission exceptionnelle dite des *Trente* ou des *Lois constitutionnelles* est chargée d'examiner tous les projets de lois organiques ; ils se succèdent sans désemparer : propositions de M. Pradié [1] qui, outre le droit de dissolution, trouvent dans un congrès des deux chambres, réuni à toute difficulté, la solution de tout désaccord entre elles : système ingénieux en théorie, reposant sur l'égalité en nombre et en pouvoirs des deux assemblées ; mais système dangereux en pratique, les grandes assemblées trop nombreuses dégénérant facilement en tumulte, l'exemple de 1884 en fait foi. Proposition du comte de Chambrun [2], donnant au Président le droit de dissoudre la Chambre, du consentement du Sénat et à condition d'en convoquer une nouvelle dans le délai de trois mois. Projet de M. le duc de Broglie [3], qui constituait le pendant du projet déposé un an auparavant par MM. Thiers et Dufaure ; mais, tandis que celui-ci contenait une organisation définitive, la nouvelle proposition restait

---

1. *Journal officiel* des 21 mai 1873 et 14 mai 1874, annexe n° 1769, et du 15 novembre 1873, annexe n° 2010.

2. *Journal officiel* du 10 novembre 1873, annexe n° 1952.

3. Projet du 15 mai 1874, *Journal officiel* des 15, 16 et 31 mai 1874, annexe n° 2369.

dans le provisoire. « Si nous ne vous conseillons pas d'organiser un gouvernement définitif, ce n'est pas que nous soyons plus insensibles que d'autres aux inconvénients qui naissent pour un grand pays d'un régime qui ne règle pas toutes les éventualités d'un avenir éloigné... Mais nous demeurons convaincus qu'un intérêt supérieur commande de garder, réunis autour du même pouvoir, les bons citoyens des partis divers, sans engager leur avenir, sans leur demander le sacrifice ni d'une espérance légitime, ni d'une conviction consciencieuse. » La vérité est que les divisions profondes du parti conservateur l'empêchaient d'apporter un système définitif. Le projet ne faisait qu'organiser les pouvoirs conférés au Maréchal-Président par la loi du 20 novembre 1873, et divisait le pouvoir législatif en deux branches : Grand Conseil (membres élus, de droit, et nommés par le Président de la République) et Chambre des représentants; celle-ci pouvait être dissoute par le Président sur l'avis conforme du Grand Conseil. Mais les électeurs n'étaient convoqués que dans le délai de six mois, et dans l'intervalle le Président gouvernait avec le Grand Conseil; double recul sur les projets précédents.

Le 15 juin 1874, MM. Casimir Perier et Lambert Sainte-Croix émettaient deux nouvelles propositions, la première du type Thiers-Dufaure, la seconde du type de Broglie. Le 15 juillet la commission des Trente déposait son rapport[1] : il concluait au maintien du provisoire, ne statuait que sur la présidence du maréchal de Mac-Mahon et organisait deux chambres; le Maréchal-Président était investi du droit de dissoudre la Chambre des députés, sans l'avis du Sénat, « car cette demande le placerait sous la dépendance du Sénat dont il solliciterait l'appui ». Il devait être procédé à de nouvelles élections dans le délai de six mois « pour laisser au gouvernement une certaine latitude ».

Le 23 juillet, l'Assemblée commença enfin la discussion de la proposition Casimir Perier, dont l'urgence avait été déclarée. A la suite de débats passionnés, elle rejeta cette proposition par 374 voix contre 333, et, à une plus forte majorité encore, un amendement présenté par M. Wallon. M. Léon de Maleville proposa immédiatement

---

1. *Journal officiel* du 3 août 1874, annexe n° 2549. Rapport de M. de Ventavon.

la dissolution de l'Assemblée, que rejetèrent 369 voix contre 340. Le lendemain, sur l'initiative de MM. de Castellane et Malartre, l'Assemblée vota l'ajournement des lois constitutionnelles et sa propre prorogation au 30 novembre.

Retournés près de leurs électeurs, les députés du centre droit comprirent que le pays était lassé de ces votes stériles et de ce provisoire perpétuel. Gambetta, de son côté, hostile à l'origine au vote de la Constitution par l'Assemblée nationale, avait sagement modifié son opinion. Les républicains avancés comprenaient la nécessité de faire aux députés de droite les concessions nécessaires pour aboutir à des institutions définitives. Ainsi se formait le grand parti qui vota la Constitution française.

Le Maréchal-Président ne s'en aperçut pas; dans son message du 6 janvier il ne parlait que de la nécessité de compléter la loi du 20 novembre 1873, et notamment de donner au pouvoir exécutif le droit de dissolution pour le cas de conflit avec la Chambre qui succéderait à l'Assemblée nationale.

Il ne nous appartient pas de retracer les débats d'où sortirent les lois organiques. Le 30 janvier 1875, par 353 voix contre 352, le principe du gouvernement républicain était voté. Le 2 février les dispositions sur le droit de dissolution étaient discutées, et malgré l'opposition de M. Bertauld « au nom des principes républicains [1] », de

---

1. « L'irresponsabilité et le droit de dissolution, disait M. Bertauld, constituent des droits régaliens. Je les comprends parfaitement quand la souveraineté publique s'incarne dans une dynastie qui est l'expression et le symbole de la perpétuité nationale... En principe je ne comprends pas le droit de dissoudre avec la République. A la rigueur peut-être, je le comprendrais encore si nous avions un Président qui fût l'œuvre directe du suffrage universel, parce qu'alors le président, ne tenant pas son droit des assemblées, pourrait leur dire : Ce n'est pas à vous que je dois compte, je rendrai compte à ceux dont je tiens mon mandat. — Mais je vous demande comment, en principe, concilier l'irresponsabilité et le droit de dissolution avec le principe de la souveraineté nationale, avec une chambre, avec deux chambres, si vous voulez, qui ont le dépôt de cette souveraineté... Quand il y deux chambres élues qui sont le produit du suffrage universel, deux chambres qui sont souveraines, celui qui tient tout de cette souveraineté, peut se réserver le droit de la briser, de l'anéantir, de la dissoudre! Messieurs, le pouvoir du Président n'est pas un pouvoir propre, c'est un pouvoir d'emprunt, et il s'ébranle lui-même le jour où il ébranle l'autorité à la source de laquelle il a puisé son propre pouvoir... Il est un pouvoir exécutif, c'est-à-dire le pouvoir qui exécute les volontés de l'assemblée nationale ou des deux assemblées réunies. Comment! étant le bras chargé d'imposer les volontés

MM. de Meaux et de Ventavon au nom de la commission, l'amendement de M. Wallon fut adopté par 425 voix contre 243 : pour obtenir
ce résultat, il fallut toute la puissante dialectique de M. Dufaure;
dans un discours vigoureux, serré, résumant toute la question, celle
de principe et celle de circonstances, le vieux républicain montra le
danger des conflits sans solution, l'inconvénient de confier sans contrôle au Président de la République ce droit de dissolution. « L'amen-
ment de M. Wallon, disait-il en terminant, a le double effet de donner
aux uns la garantie qui naît du pouvoir présidentiel de dissoudre, et de
donner aux autres la garantie qui vient du concours obligé du Sénat. »

L'agitation fut telle que pendant dix minutes le rapporteur ne put
se faire entendre : « Des groupes se forment de divers côtés et des
conversations animées s'engagent sur tous les bancs [1] », constate le
Journal officiel. C'est que, sur cette question si grave de la dissolution,
sous la parole puissante de M. Dufaure, l'Assemblée avait senti planer
sur elle les destinées de la France.

Le 24 février, l'Assemblée rejeta une disposition de M. Raudot pro-
posant de donner au Président le droit de dissoudre le Sénat [2] et vota
définitivement le texte sur la dissolution tel qu'il forme l'article 5 de
la loi du 25 février 1875. Enfin, la troisième loi constitutionnelle sur
les rapports des pouvoirs publics vint compléter cette disposition en
prévoyant le cas où, la Chambre étant dissoute, la Présidence de la
République deviendrait vacante (art. 3, § 4 de la loi du 16 juillet 1875).
En votant les deux lois sur les élections des sénateurs et des députés,
l'Assemblée termina son œuvre d'organisation constitutionnelle et
politique.

Étant souveraine, elle ne pouvait être dissoute que de sa propre
volonté. Elle décida elle-même, par l'article 5 de la loi du 30 décembre 1875, que ses pouvoirs prendraient fin le 8 mars 1876. Ce même
jour le Sénat et la Chambre des députés devaient avoir leur première
séance [3]. Au jour fixé, le Président de l'Assemblée nationale, M. le

---

supérieures à lui, il pourrait, pour se garer des résultats de ces résolutions,
renvoyer une assemblée qui ne lui serait pas suffisamment sympathique ! »
Journal officiel du 3 février.

1. *Journal officiel* du 3 février, p. 906.
2. Nous aurons à revenir sur cette proposition. Voy. p. 140.
3. Eug. Pierre, *Traité de droit politique*, p. 335, donne *in extenso* les curieux
discours prononcés à cette occasion.

duc d'Audiffret-Pasquier, entouré des membres du bureau et de la commission de permanence, reçut les bureaux provisoires du Sénat et de la Chambre, et le Conseil des ministres. Il leur remit « au nom de l'Assemblée nationale, les pouvoirs souverains que la nation lui avait donnés ». Le président d'âge du Sénat, M. Gauthier de Rumilly, et le garde des sceaux, M. Dufaure, reçurent « de ses mains ces pouvoirs avec leurs devoirs et leurs prérogatives tels qu'ils leur étaient attribués par la Constitution républicaine du 25 février ». M. d'Audiffret-Pasquier déclara alors que les pouvoirs de l'Assemblée étaient épuisés.

II

Il faut essayer maintenant, pour comprendre le rôle que la dissolution devra jouer entre les mains du Président de la République, de fixer avec quelque précision l'esprit de la Constitution de 1875.

Elle est née d'un accord entre les conservateurs modérés et le parti républicain tout entier ; cette large base a peut-être été la raison de sa durée. Elle devait donc offrir à celui-ci des institutions démocratiques, à ceux-là les garanties d'un gouvernement modéré. « Je n'admets pas, disait M. Dufaure, que la République doive être nécessairement formée suivant un type convenu, limité, exclusif, et qu'on ne puisse pas, même quand on l'admet comme loi fondamentale du pays, trouver quelque institution particulière, dût-elle être empruntée à la monarchie, qui puisse venir fortifier la République et lui donner des garanties d'ordre [1]. »

Un député à l'Assemblée nationale, membre de cette minorité de droite qui se joignit aux républicains pour voter les lois constitutionnelles, résumait ainsi son œuvre : « La Constitution actuelle n'est pas une œuvre réactionnaire, prise dans sa lettre et son esprit : elle est toujours la démocratie, puisque tous les pouvoirs qu'elle a institués, Chambre des députés, Sénat, Présidence, ont pour origine commune le suffrage universel, direct ou indirect ; mais c'est la démocratie tempérée par des institutions qui en règlent et en modèrent l'essor [2] ».

1. *Journal officiel* du 3 février 1875, p. 904.
2. Vacherot, *La République constitutionnelle et parlementaire* (*Revue des Deux Mondes* du 15 novembre 1879). Cf. *La situation politique* (*Revue des Deux Mondes*

Ainsi une République parlementaire, différente de la République conventionnelle de 1791, de la République de séparation des pouvoirs de 1848 ou des États-Unis, voilà ce que l'on recherche en 1875. C'est ce caractère de pur « parlementarisme », c'est-à-dire, selon l'expression de M. Léon Say, « de gouvernement, non par les Chambres, non par le Ministère, mais par le Ministère responsable devant les Chambres [1] », qui est propre à l'amendement Wallon. M. de Broglie, M. Pradié, la commission des Trente organisaient les pouvoirs du maréchal ; le projet Thiers-Dufaure donnait au Président un pouvoir personnel de gouvernement ; M. Wallon rend le Président irresponsable, sauf au cas de haute trahison, c'est-à-dire dominant les partis, et organise le Conseil des ministres, seul responsable devant les Chambres de la politique du gouvernement.

A bien examiner les choses, ce sont les institutions parlementaires de la monarchie française transportées dans la République. « La plupart des articles que nous vous proposons de voter, disait M. Laboulaye, rapporteur de la loi du 16 juillet 1875, sont empruntés à nos Constitutions précédentes... Ils donnent à la République les garanties de la monarchie constitutionnelle, telle que nous l'avons pratiquée pendant plus de trente ans [2]. »

du 15 décembre 1874). Il est intéressant d'en rapprocher le jugement très pénétrant de M. André Lebon, ancien ministre des Colonies, dans son récent volume, *Cent ans d'histoire intérieure*, p. 298. « Cette constitution est loin d'être parfaite, et l'on peut assurément souhaiter d'y voir introduire telle ou telle amélioration de détail. Mais elle est la plus élastique et la plus transactionnelle de celles qu'a connues la France depuis 1789 : élastique, en ce sens qu'aucune des dispositions contre lesquelles sont venus se butter les régimes précédents ne s'y retrouve et que la porte y est assez largement ouverte aux fluctuations inévitables de l'opinion publique pour épargner au pays les trop brusques secousses ; transactionnelle, par le seul fait qu'issue d'une Assemblée monarchiste qui s'est vue forcée de faire la République, elle ne représente le corps de doctrines d'aucun des partis en présence et que ses principaux organes, dont la conception a été empruntée à des données expérimentales d'époques et de régimes divers, sont destinés à se servir mutuellement de frein ou de contrepoids. Elle a fondé la République parlementaire : deux mots et deux idées que l'histoire contemporaine n'était point accoutumée à trouver réunis. Elle n'a proclamé aucun principe abstrait ; légalisant en quelque sorte l'état de fait qui existait à sa naissance, elle n'a eu d'autre ambition que de l'aménager suivant des nécessités avérées, en lui donnant la souplesse indispensable pour lui permettre de s'adapter aux besoins de l'avenir. OEuvre empirique, si l'on veut, mais qui, parce qu'empirique, diffère dans son essence même des constitutions antérieures de la France. »
1. Au Sénat, séance du 25 juillet 1884, *Journal officiel* du 26, p. 1333.
2. Rapport au *Journal officiel* du 10 juin, p. 4160. Voyez Lefebvre, *Études sur*

Dans ces conditions, le rôle du Président de la République est tout de tact et de circonstance. Étudier constamment l'état des esprits, « comparer, avec une attention impartiale autant qu'éclairée, les tendances actuelles du pays et la conduite de ses représentants [1] », rechercher s'il ne s'élève pas entre les Chambres des dissentiments profonds sur de graves questions politiques, — tel est le devoir du Président de la République. Ainsi, pour n'être pas mêlé aux luttes des partis, son rôle n'en sera pas inactif. Sa place n'est pas dans la bataille parlementaire, elle est au-dessus, et pour mieux la juger. M. Lefebvre [2] a très bien montré que, privé du droit de modifier par une fournée la Chambre haute, il se trouvera en présence d'alternatives à envisager, d'initiatives à prendre même en dehors de son ministère, et qui ne se rencontrent pas au même point dans les monarchies parlementaires [3].

Mais quelque mesure qu'il prenne, et en particulier s'il dissout la Chambre, il devra s'abstenir de faire œuvre de parti, de peser sur le pays dans tel sens politique qu'il croit préférable. Si le ministère trouve dans le Parlement une majorité, si rien ne fait constater un désaccord entre la nation et cette majorité, le Président devra conserver ce cabinet, quelles que soient ses opinions personnelles. Tout au plus, si le ministère perd la confiance de la Chambre, le Président pourra-t-il lui accorder la dissolution « comme le dernier moyen qui reste à un cabinet de se maintenir au pouvoir lorsqu'il n'a plus la majorité de la Chambre et qu'il échoue devant elle sur quelque proposition capitale [4] ». Même, nous l'avons indiqué, en Angleterre une opinion accréditée écarte ce cas de dissolution, sauf dans certaines circonstances : empiétement du pouvoir législatif sur l'exécutif, changement d'opinion du pays.

---

les lois constitutionnelles de 1875, p. 64 et suiv.; Saint-Girons, *Droit constitutionnel*, p. 356; Laveleye, *Des formes du gouvernement* (*Revue des Deux Mondes* du 1er novembre 1878).

1. Prévost-Paradol, *la France nouvelle*, p. 145.

2. Lefebvre, *loc. cit.*, p. 145.

3. Les pouvoirs propres du Président de la République sont nombreux : choix des ministres, examen d'une proposition de revision, ajournement des Chambres, clôture des sessions, convocation extraordinaire des Chambres, mobilisation, proposition aux Chambres d'une déclaration de guerre, ratification des traités, droit de grâce, messages et discours, demande d'une nouvelle délibération sur une loi admise par le Parlement, et avant tout droit de dissolution.

4. Esmein, *Droit constitutionnel*, p. 102, 120, 829.

La dissolution trouvera, en outre, son emploi normal dans tous les autres cas où le Président n'intervient pas comme acteur, mais comme arbitre d'une situation : désaccord entre les deux assemblées, morcellement des partis à la Chambre des députés, grande question économique ou politique exigeant une prompte solution. Ainsi nous estimerions incorrecte la dissolution admise par M. Saint-Girons [1] : faire juger par le pays une question qui divise le Parlement et le Président de la République; car le Président n'a point à prendre position contre une majorité qui émane des électeurs. Il ne représente pas telle opinion sur une question, il n'est pas le mandataire de tel parti, même de celui qui l'a élu. Il est le représentant et le mandataire du pays.

Tel nous semble le rôle exact que doit jouer le droit de dissolution entre les mains du Président de la République.

III

Trois conditions sont imposées au Président pour prononcer une dissolution de la Chambre [2] : un ministère qui en prend la responsabilité, l'avis conforme du Sénat, la convocation d'une nouvelle Chambre dans le délai légal. De la première condition, qui rentre dans le système général de notre Constitution, nous ne dirons rien ici, car elle ne présente rien de spécial; tout acte du Président doit être contresigné par un ministre. Nous venons de l'indiquer, il serait incorrect pour le Président de renvoyer un cabinet appuyé sur un Parlement conforme à l'opinion publique.

C'est seulement après de longues discussions que la nécessité de consulter le Sénat a été imposée au Président. Il faut le reconnaître, même pour les partisans de cette disposition, la Constitution de 1875 présente sur ce point spécial quelque chose de nouveau et de très original. C'est la première fois qu'une branche du pouvoir législatif est appelée à intervenir dans la prérogative du chef de l'État et dans la vie même de l'autre assemblée; on ne peut citer que le précédent du sénatus-consulte de l'an X, et il manque peut-être de valeur juri-

1. Saint-Girons, *Droit constitutionnel*, p. 447.
2. Pour les conditions générales de régularité d'une dissolution, nous renvoyons à notre partie théorique. Voyez supra, pp. 25 et suiv.

dique et morale. Cette intervention doit paraître d'autant plus particulière que le Sénat lui-même est indissoluble. Il dissout, il ne se
dissout pas.

L'idée première, vague encore, de cette disposition remonte à Prévost-Paradol. « La Chambre haute, dit-il, peut offrir un point d'appui
solide à l'opinion et au gouvernement dans le cas où l'autre Chambre
abuserait inconsidérément de son pouvoir ; et le droit de dissolution
paraîtrait moins témérairement exercé lorsque le gouvernement serait
implicitement encouragé par l'assentiment et le concours de cette
haute assemblée à renvoyer l'autre Chambre devant les électeurs
auxquels appartient le dernier mot[1]. »

Les projets de MM. Thiers et Dufaure, du duc de Broglie, contenaient tous deux cette obligation, mais la commission des Trente
l'attaqua vigoureusement et, en séance, MM. de Meaux, de Ventavon,
Paul Cottin lui opposèrent de sérieux arguments[2] : la crainte de la
prédominance du Sénat sur le Corps législatif, « ce corps qui retrempe
constamment ses racines dans le suffrage universel » ; — la subordination du Président au Sénat ; il sera obligé d'introduire devant le
Sénat une sorte d'instance contre le Corps législatif pour prouver que
le moment est venu de faire usage du droit de dissolution ; il hésitera
longuement avant d'engager cette instance, et cette hésitation sera
nuisible aux intérêts du pays ; — la responsabilité ministérielle,
car « si la dissolution de la Chambre des députés se fait avec le consentement du Sénat, vous supprimez d'une manière complète la
responsabilité des ministres » ; — la crainte de *découvrir* le président si
le Sénat refuse la dissolution, de le laisser isolé en présence de deux
Chambres hostiles ; — le désir que le Sénat reste à l'écart, car en face
de la nouvelle Assemblée « il peut servir d'arbitre entre la Chambre
et le pouvoir exécutif » ; si la même majorité revient, le Sénat sera
placé dans la situation la plus difficile, « c'est la guerre entre les deux
Assemblées » ; « la Chambre, forte du suffrage populaire, ne manquera
pas de combattre l'institution du Sénat, et celui-ci sortira forcément
de la lutte amoindri et discrédité ».

---

1. Prévost-Paradol, *la France nouvelle*, p. 106.
2. Séance des 3 et 25 février 1875, *Journal officiel* des 4 et 26.

Ces objections, qui ont été reproduites depuis lors par plusieurs hommes politiques [1], ont leur poids. Mais l'Assemblée nationale n'a pas hésité à les écarter, et nous croyons à juste titre. La dissolution d'une assemblée législative est chose si grave, elle peut apporter dans la nation une telle perturbation, en France surtout, pays de promptes tendances et de soudains engouements, qu'il importe de ne la prononcer qu'avec une extrême prudence, en s'entourant de toutes les précautions, de tous les avis nécessaires. « Il y a dans ce système, a-t-on dit exactement, une garantie précieuse contre le danger des dissolutions irréfléchies ou téméraires destinées uniquement à troubler ou à irriter le pays, et il y a aussi dans cette dissolution, publiquement discutée et résolue, un avertissement solennel donné à tous de la gravité de la situation et de ses causes, qui prépare un meilleur jugement [2]. » Si la majorité dans le pays se reflète exactement dans les deux Chambres, elle est sûre de n'être point l'objet d'une mesure de vigueur. Existe-t-il au contraire un conflit entre les deux assemblées, le Sénat, partie en cause, refusera difficilement la dissolution, et c'est un des cas où elle interviendra le plus utilement.

Cette consultation du Sénat, imposée comme garantie contre un Président trop prompt ou ambitieux, est précieuse dans son intérêt même : il sera appuyé de l'autorité du Sénat et dans le pays ne sera pas seul à encourir la responsabilité de cette mesure. « L'usage de ce droit extrême, disait le maréchal de Mac-Mahon dans son message du 6 janvier 1875 [3], serait « périlleux si dans une circonstance si critique le pouvoir ne se sentait appuyé par le concours d'une Assemblée modératrice ».

---

1. Notamment M. Ribot, cours de droit constitutionnel à l'École des Sciences Politiques (1885-1886), et M. Floquet, à la Chambre des députés, séance du 4 juillet 1884, *Journal officiel* du 5. Voyez aussi Radenac, *la Dissolution des Assemblées parlementaires*, p. 93 et suiv. Mais ce dernier auteur reproduit, comme critiques, quelques-uns des plus solides arguments en faveur de la consultation du Sénat. « Le Sénat, dit-il, hésitera toujours quand on lui demandera d'accorder la « dissolution, et il n'y consentira que quand l'opinion publique l'imposera « véritablement. » C'est le meilleur éloge à faire de notre disposition constitutionnelle.

2. Lefebvre, *Lois constitutionnelles de 1875*, p. 180; en ce sens Saint-Girons, *Droit constitutionnel*, p. 488, Esmein, *Droit constitutionnel*, p. 559, et le discours de M. Dufaure à la séance de l'Assemblée du 3 février.

3. *Journal officiel* du 7 janvier.

Le mode de recrutement du Sénat, le calme de ses discussions, la fixité de ses opinions qui résulte de ses renouvellements partiels, tout lui donne l'autorité nécessaire à ce double point de vue, et, avec la grande majorité des auteurs, nous estimons que son avis doit rester obligatoire.

La seconde condition imposée au Président de la République dans l'exercice de son droit de dissolution est la convocation d'une nouvelle assemblée dans le délai imparti par la constitution. La loi du 25 février 1875 avait fixé ce délai à trois mois; à la suite d'une discussion qui sera exposée plus loin [1], la revision de 1884 a décidé que « les collèges électoraux seraient réunis par de nouvelles élections dans le délai de deux mois et la Chambre dans les dix jours qui suivront la clôture des opérations électorales ».

Un doute pourrait s'élever sur le sens de l'expression la clôture des opérations électorales. Comme le remarque M. Pierre [2], « il ne semble pas que le législateur ait voulu entendre par là le recensement général des votes émis au second tour de scrutin. Il paraît certain qu'il a voulu faire courir le délai de dix jours à partir du deuxième tour de scrutin. Une Chambre n'est complète, ne peut être convoquée que si ce deuxième tour a eu lieu. Des termes mêmes de l'article 95 de la loi électorale du 15 mars 1849, encore en vigueur et visé dans la loi organique du 30 novembre 1875, il résulte que le deuxième tour de scrutin n'est que la continuation du premier. » Par conséquent ce n'est qu'après ce deuxième tour que l'on doit considérer les opérations électorales comme closes. Mais la clôture des opérations électorales survient le soir même de l'élection, il n'est pas nécessaire d'attendre le recensement des votes.

Les diverses propositions de Constitution variaient sur la durée de ce délai de convocation. Le projet de MM. Thiers et Dufaure décidait que « les collèges électoraux devraient être convoqués dans les trois jours qui suivraient la notification faite au Président de la République du vote affirmatif du Sénat [3] ». Les projets du duc de Broglie et de la

<hr>

1. Voyez *infra*, p. 129.

2. Pierre, *Droit politique*, pp. 281 et 340.

3. Sur ce texte, plus encore que sur celui de 1875, une discussion pourrait s'élever sur la portée du mot « convoquer ».

commission des Trente étendaient à six mois le délai de convocation des électeurs, pour « calmer les esprits dont l'agitation pourrait nuire à la sincérité des élections [1] ».

Le délai actuellement en usage, surtout tel qu'il a été précisé et abrégé par la revision de 1884, paraît le meilleur. Il importe que la dissolution ne soit pas un moyen détourné de gouverner le pays sans Parlement; mais il est nécessaire aussi de permettre aux candidats de se présenter à leurs électeurs, aux discussions de se soulever sans étouffement, et au pays de juger en toute connaissance de cause la grave question qui lui est soumise.

Il est un cas, déterminé par l'article 3, § 4, de la troisième loi constitutionnelle, où ce délai est abrégé de plein droit; « si par application de l'article 5 de la loi du 25 février 1875, la Chambre des députés se trouvait dissoute au moment où la Présidence de la République devenait vacante, les collèges électoraux seraient aussitôt convoqués, et le Sénat se réunirait de plein droit ». On ne peut, en telle occurrence, laisser s'écouler un espace de plusieurs semaines sans Parlement ni Président; il importe que le Congrès puisse être réuni dans le plus court délai possible, pour procéder au remplacement du chef de l'État. La loi ne pouvait fixer le nombre de jours qui s'écoulera entre la convocation, donnée le jour même de la vacance, et la réunion des électeurs; ce nombre sera aussi faible que le permettront les nécessités matérielles, deux, trois ou quatre jours, et l'on devra s'inspirer du délai dans lequel le Congrès a été réuni à la suite des démissions ou mort des Présidents de la République [2].

En cas de vacance de la présidence de la République, le Conseil des ministres est investi du pouvoir exécutif. Or on pouvait se méfier

1. Rapport de la commission des Trente, *Journal officiel*, annexe n° 2549.
2. La commission de la troisième loi constitutionnelle avait laissé au Sénat, réuni de plein droit, le soin de convoquer les électeurs. L'article a été modifié sur les observations de M. Amat : « Le Sénat n'est pas une autorité exécutive; il ne peut se mettre en relations avec les maires pour arriver à convoquer les électeurs... On n'a pas besoin de dire par qui les électeurs seront convoqués, puisque les lois générales déterminent par qui sont prises les mesures nécessaires. C'est le ministre qui s'adresse aux préfets, qui fait convoquer les électeurs. Si le ministre devait attendre les délibérations du Sénat, l'élection des députés s'en trouverait retardée. » Séance du 7 juillet 1875, *Journal officiel* du 8, p. 5079.

quelque peu des ministres qui ont conduit la dissolution ou en ont pris la responsabilité ; de là, la disposition finale du paragraphe. Jusqu'au jour de la réunion de la Chambre des députés, c'est entre les mains du Sénat « que reposera ce qui restera de la souveraineté nationale » ; d'ailleurs le Sénat n'aura qu'un pouvoir d'intérim et ne pourra faire aucun acte de législateur. « Il ne se réunit que pour inspecter et contrôler, sa présence a simplement une valeur morale [1]. » Il n'est chargé ni de réunir les électeurs, ni de gouverner, mais de surveiller.

C'est, avec la réunion en haute cour de justice, le seul cas où le Sénat puisse se réunir en dehors d'une session de la Chambre des députés ; ce principe découle nettement de l'article 4 de la loi du 16 juillet 1875 : « Toute assemblée de l'une des deux Chambres qui serait tenue hors du temps de la session commune est illicite et nulle de plein droit ». La dissolution de la Chambre entraîne donc la prorogation immédiate du Sénat.

On s'est demandé si le Congrès pourrait être dissous? Aucun texte dans la Constitution n'autorise cette mesure ou ne s'y oppose. Mais il faut remarquer que le Congrès est seulement la réunion de deux assemblées qui conservent chacune leur individualité en dehors de leurs réunions collectives. Il a été reconnu, à la séance du 11 août 1884, que le Congrès pourrait, s'il le juge utile, suspendre ses séances pendant un ou plusieurs jours ; pendant ce temps les deux Chambres auraient le droit de se réunir et de délibérer séparément. On a même valablement soutenu que rien n'empêche les deux Chambres de siéger isolément le matin ou le soir pour l'exercice de leurs fonctions législatives. Ainsi le Président de la République pourrait demander au Sénat de se réunir pour donner son avis sur une dissolution à intervenir ; le bureau du Sénat étant celui du Congrès, s'il se retire pour présider une réunion du Sénat même, le Congrès n'existe plus. Si la Chambre haute émet un avis favorable, le Président pourra immédiatement prononcer la dissolution de la Chambre des députés ; celle-ci n'ayant plus vie, le Congrès lui-même ne peut continuer sa session [2].

1. Esmein, *Droit constitutionnel*, p. 190.
2. Voyez en ce sens Lefebvre, *Lois constitutionnelles de 1875*, p. 235 et suiv.; Saint-Girons, *Droit constitutionnel*, p. 491.

Il est évident que ce moyen extrême est d'un usage très dangereux et ne devra être employé que dans les cas de danger public.

Quelques dérogations ont été introduites dans nos lois pour le cas de dissolution de la Chambre, comme garanties contre les dangers de cette mesure. Elles consistent en ce que certaines facultés accordées au Président de la République dans l'intervalle des sessions des Chambres cessent de lui être ouvertes après une dissolution de la Chambre des députés [1]. Ces facultés sont le droit de prononcer l'état de siège et le droit d'ouvrir des crédits provisoires.

La Constitution de 1875 est muette sur l'état de siège et l'on discutait s'il fallait appliquer encore la Constitution de 1852 qui donnait au chef de l'État le droit de le proclamer, ou revenir à la loi du 9 août 1849 qui réservait ce droit à l'Assemblée nationale. Lors des événements du Seize Mai, la question prit une grande importance, car soit au moment de la dissolution, soit après les élections, les partisans de la réaction à outrance caressaient le projet de soumettre le pays à la loi martiale [2]. Pour prévenir de tels périls, M. Bardoux saisit la Chambre, dès sa rentrée, d'un projet de loi bientôt voté.

Conformément à la loi du 3 avril 1878, le pouvoir législatif seul a le droit de déclarer l'état de siège; il s'agit d'une mesure tout exceptionnelle, que motive uniquement « un péril imminent, résultant d'une guerre étrangère ou d'une insurrection à main armée [3] », et sur laquelle les représentants du pays doivent se prononcer. Mais il fallait prévoir l'absence des Chambres; la loi prévoit deux cas : l'absence peut provenir d'un ajournement ou d'une dissolution.

En cas d'ajournement des Chambres, — il faut y ajouter la prorogation et la clôture de la session [4], — le Président de la République peut prononcer l'état de siège de l'avis du Conseil des ministres; mais alors les Chambres se réunissent de plein droit deux jours après et se pro-

---

1. Esmein, *Droit constitutionnel*, p. 562.
2. Radenac, *De la dissolution des assemblées législatives*, p. 184.
3. Article 1, loi des 3-4 avril 1878.
4. L'article 2 de la loi de 1878 parle seulement « d'ajournement ». Mais, d'un commun accord, cette disposition s'étend soit à la prorogation prononcée par le président de la République, soit aux vacances par clôture de la session, soit à l'ajournement prononcée par chaque assemblée.

noncent sur la levée ou le maintien de l'étai de siège. Le pouvoir exécutif aurait pu profiter de l'absence du Parlement pour s'attribuer un pouvoir dictatorial, et, pour le conserver plus longtemps, prolonger les vacances des Chambres; de là leur réunion de plein droit.

Le législateur s'est montré plus défiant encore en cas de dissolution. Les élections faites sous un régime d'exception sont toujours d'une sincérité suspecte, car les opinions peuvent difficilement se manifester avec liberté; même ce régime appliqué le plus loyalement, le plus bénignement possible, il plane toujours une certaine suspicion sur l'Assemblée née d'un scrutin qui a été protégé, disent les uns, intimidé, disent les autres, par l'état de siège [1]. De là, l'article 3 de la loi de 1878 : en cas de dissolution de la Chambre, et jusqu'à l'accomplissement entier des opérations électorales, l'état de siège ne pourra, même provisoirement, être déclaré par le Président de la République. Mais il était nécessaire de prévoir la guerre avec l'étranger qui rend indispensable la proclamation de la loi martiale; l'article 3 continue donc en ces termes : néanmoins, s'il y avait guerre étrangère, le Président, de l'avis du Conseil des ministres, pourrait déclarer l'état de siège dans les territoires menacés par l'ennemi, à condition de convoquer les collèges électoraux et de réunir les Chambres dans le plus bref délai possible [2].

Dès leur réunion, avant tout autre débat, les Chambres se prononcent sur le maintien ou la levée de l'état de siège; elles le font d'office et n'ont point à attendre l'initiative du gouvernement. En cas de dissentiment entre elles, l'état de siège est levé de plein droit. Il faut remarquer ces expressions de la loi de 1878, « les Chambres maintiennent où lèvent l'état de siège », — elles sont pleines de conséquences, car elles supposent que l'état de siège a existé; le Parlement le maintient-il? L'état de siège continue et les effets de cette mesure

---

1. Th. Reinach, *De l'État de siège.* p. 134.

2. La commission du Sénat proposait d'ajouter au cas de guerre étrangère le cas de péril intérieur où le Président aurait pu proclamer l'état de siège, même pendant la dissolution. M. Dufaure, Président du conseil des ministres, déclara le gouvernement suffisamment armé par le Code pénal et la loi sur les attroupements. Le Sénat repoussa divers amendements, dont l'un autorisant l'état de siège pendant la dissolution dans les départements où aurait éclaté une insurrection à main armée.

sont valables, prononcés avant ou après le vote des Chambres : suspensions de journaux, confiscations, expulsions, ont été et seront régulières. Le Parlement, au contraire, léve-t-il l'état de siège? il ne l'abroge que pour l'avenir, non pour le passé; la mesure prononcée régulièrement par le Président a eu une existence légale quoique provisoire, c'est ce qu'entend exprimer l'article 5 de la loi par l'expression « les Chambres lèvent l'état de siège ». Ainsi tous actes administratifs et judiciaires rendus en l'absence du Parlement sont valables.

Mais que décider si l'état de siège a été ordonné à tort par le Président de la République, pendant la dissolution et hors le cas de guerre avec l'étranger, et si le Parlement à son retour ratifie la mesure prise par le gouvernement? On a soutenu que les Chambres ratifient par là même et rétroactivement l'état de siège proclamé en leur absence, « car leur vote est un vote d'indemnité qui couvre tout[1] »; donc toutes mesures prises en exécution de cet état de siège seraient valables. Nous nous élevons avec force contre cette théorie, car elle se heurte aux principes les plus certains de notre droit. Le décret d'état de siège pris dans ces conditions est illégal, partant inexistant; il n'a aucune valeur et les mesures prises pour l'exécuter le sont sans droit et n'ont aucune validité; les Chambres ne peuvent ratifier ce qui n'existe pas; il serait contraire et à leur devoir et à leur droit de confirmer l'illégal. Elles ne peuvent davantage donner une valeur rétroactive à la mesure prise par le gouvernement, car il est de principe que les lois n'ont pas d'effet rétroactif.

Une question plus délicate se pose : des procédures ont été entamées devant le conseil de guerre pendant un état de siège régulièrement ordonné par le gouvernement; si le Parlement ratifie cette mesure, les procédures suivront leur cours; que deviendront-elles s'il lève l'état de siège; l'article 13 de la loi de 1849, maintenu par la loi de 1878 dans son article 6, dispose qu' « après la levée de l'état de siège, les tribunaux militaires continuent de connaître des crimes et délits dont la poursuite leur avait été déférée ». Or, nous l'avons indiqué, le Parlement *lève* l'état de siège, il ne l'annule pas; les tri-

1. Th. Reinach, *De l'État de siège*, p. 138.

bunaux militaires resteront donc saisis. Le Parlement peut, il est vrai, voter une clause spéciale de dessaisissement ; mais il est nécessaire que les Chambres soient d'accord, si l'état de siège est levé par leur dissentiment, elles ne pourront que difficilement voter la clause de dessaisissement. Situation regrettable, à laquelle pourra remédier la responsabilité ministérielle.

En principe, le pouvoir législatif seul peut prononcer des ouvertures de crédits ; mais cette règle ne doit pas être un obstacle à la nécessité de pourvoir aux besoins urgents qui peuvent se révéler en l'absence du Parlement. La loi du 14 décembre 1879 a accordé au Président de la République, sous certaines conditions, le droit d'ouvrir provisoirement des crédits supplémentaires extraordinaires, par décrets délibérés en Conseil des ministres et rendus en Conseil d'État. Il importait que cette faculté ne facilitât pas les opérations d'une dissolution frisant un coup d'État.

Au moment où ils votaient la loi de 1879, les députés étaient encore sous l'impression du Seize Mai et leurs souvenirs les rendaient circonspects. Le gouvernement de M. de Broglie, dès la dissolution prononcée, s'était empressé d'ouvrir un certain nombre de crédits additionnels nécessaires pour assurer la marche de l'administration jusqu'à la convocation de la nouvelle Chambre[1]. La convocation de cette Chambre tarda beaucoup et la crise ne prit fin qu'à la veille de l'expiration de l'exercice financier.

Instruits par cette expérience, les députés s'empressèrent de préciser les droits du gouvernement sur l'ouverture des crédits supplémentaires et de les supprimer en cas de dissolution ; conformément à

1. Stourm, *Le Budget*, 3e édit., p. 358. A l'époque du Seize Mai, les ouvertures de crédits additionnels étaient régies par la loi du 16 septembre 1871 qui les autorisait « pendant la prorogation de l'assemblée ». On a contesté la validité des crédits ouverts sous le ministère de Broglie. M. Cochery, rapporteur à la Chambre de la loi de 1879, disait : « En admettant même un instant que les termes de la loi du 16 septembre 1871 eussent été applicables à une prorogation de la Chambre, ils ne pouvaient s'étendre au cas où la Chambre serait dissoute. En pareille occurrence, le Sénat ne peut plus se rassembler, il n'y a plus de pouvoir législatif. Toute action dérivant de ce pouvoir est suspendue, si le ministère a besoin de crédits par suite de circonstances urgentes, imprévues, il a, avec la faculté, le devoir de hâter la convocation des comices électoraux et de presser la réunion des Chambres. » M. Stourm, *loc. cit.*, en sens contraire.

l'article 4 de la loi de 1879, cette faculté n'a été donnée « que dans le cas de prorogation des Chambres tel qu'il a été défini dans le paragraphe premier de l'article deux de la loi constitutionnelle du 25 février 1875 ». Le temps qui s'écoule entre le décret de dissolution et la réunion du Parlement doit être consacré uniquement aux élections ; le gouvernement ne doit pas le considérer comme une époque de pouvoir absolu. « L'impuissance dans laquelle le pouvoir exécutif est mis d'ouvrir par des décrets des crédits extrabudgétaires, disait M. Bertauld, rapporteur de la loi au Sénat, doit avoir pour effet de hâter l'expression de la volonté nationale consultée et la réunion des Chambres. Le droit de dissolution est sous le régime républicain un droit exceptionnel dont l'exercice ne peut se légitimer de la part des pouvoirs qui en usent et qui ne doivent en user qu'avec une prudente réserve, qu'autant qu'ils ont la ferme croyance, la certitude morale que la Chambre dissoute sera jugée par la nation comme ils l'ont eux-mêmes jugée [1]. »

Il est un cas où cette impossibilité pour le gouvernement d'ouvrir des crédits provisoires pourra présenter des inconvénients, presque un danger public, c'est celui d'une guerre étrangère déclarée pendant la période de dissolution et nécessitant l'ouverture immédiate de crédits extraordinaires. Les élections seront hâtées le plus possible, mais un délai d'une douzaine de jours au moins s'écoulera avant la réunion du Parlement ; et, en l'absence d'un Trésor de guerre fortement constitué, pendant la période de mobilisation, les crédits extraordinaires seront absolument nécessaires. La loi de 1879 aurait dû, comme la loi sur l'état de siège, prévoir le cas de guerre avec l'étranger ; il semble qu'il soit nécessaire, en pareille occurrence, d'ouvrir des crédits illégaux par décrets en Conseil d'État, quitte à demander dès la réunion des Chambres un bill d'indemnité ; si la dissolution a été régulière, l'attitude du gouvernement correct, la réunion des électeurs et l'ouverture du Parlement hâtées autant que possible, les Chambres ne pourront refuser d'approuver les crédits [2]. Cette

1. Sénat, séance du 4 mars 1879, *Journal officiel* du 5.
2. Cette décision n'est pas contraire à celle que nous prenons plus haut, sur l'état de siège illégal ratifié par les Chambres, car ici il s'agit simplement de dépenses anticipées.

pratique a été suivie en Angleterre; mais toute constitution doit chercher à en rendre l'usage aussi rare que possible.

Nous avons exposé ailleurs l'effet de la dissolution d'une Chambre sur les projets et propositions de lois votées par elle, mais non adoptées par l'autre assemblée [1]. En droit constitutionnel français une difficulté spéciale se présente à raison du droit de priorité dévolu à la Chambre des députés sur les lois de finance; lorsqu'il s'agit de projets financiers, le Sénat peut-il rester saisi des crédits adoptés en premier lieu par la Chambre dissoute et renouvelée?

La question a été discutée au Sénat en 1877, à propos d'un projet de loi relatif à l'abolition de l'impôt sur le savon et adopté par la Chambre avant sa dissolution. Le 26 novembre, M. Caillaux soutint que le Sénat ne pouvait régulièrement délibérer sur ce projet, « parce qu'il ne pourrait être converti en loi sans un vote de la nouvelle Chambre et que, comme loi de finances, le Sénat n'en peut délibérer avant la Chambre des députés ». Il demandait donc au Sénat de s'en déclaré dessaisi; le Président, M. d'Audiffret-Pasquier, lui objecta que « le Sénat ne peut pas se dessaisir d'un projet de loi sans qu'un décret ait été rendu; ce serait porter atteinte aux droits du Pouvoir exécutif », aussi la discussion de ce projet fut-elle simplement ajournée.

Une pratique contraire semble pourtant s'être établie; après les élections générales de 1881, 1885 et 1889, le Sénat a voté des projets de crédits adoptés par la Chambre disparue, et, le 18 novembre 1889, sur la question posée par le Président du Sénat, M. Le Royer, le Garde des Sceaux, M. Thévenet, a exposé que le Sénat pouvait valablement délibérer sur ces projets. « La Constitution n'a point exigé pour les lois de finances la coexistence des deux Chambres. Elle a simplement réglé un ordre de discussion. La Chambre doit délibérer d'abord, le Sénat ensuite. Voilà ce qu'a voulu la loi constitutionnelle. » Cette théorie serait applicable au cas de dissolution, car le renouvellement de la Chambre est le même, qu'il procède par suite de l'expiration de la période législative ou comme conséquence d'une dissolution [2].

---

1. Voyez supra pp. 34 et suiv.
2. Pierre, *Droit parlementaire*, p. 74 et 75.

IV

Le droit de dissolution, confié dans ces conditions au Président de la République, n'a reçu qu'une application : il importe de rechercher si elle a été correcte au fond et en la forme.

Le 16 mai 1877, le maréchal de Mac-Mahon envoyait à M. Jules Simon une lettre insérée au *Journal officiel* où il demandait « des explications sur la politique du gouvernement, car si je ne suis pas responsable comme vous envers le Parlement, j'ai une responsabilité envers la France dont aujourd'hui plus que jamais je dois me préoccuper ». Sur la démission immédiate de M. Jules Simon et de ses collègues, il appelait le lendemain au ministère MM. de Broglie et de Fourtou ; par décret du 18 mai, il prononçait l'ajournement du Sénat et de la Chambre des députés au 16 juin : le jour même de la rentrée, il sollicitait l'avis du Sénat sur la dissolution de la Chambre des députés.

La lettre du maréchal relevait deux griefs contre la politique du cabinet Jules Simon : ne s'être opposé ni au vote sur la publicité des séances des conseils municipaux, ni à l'abrogation d'une loi de 1875 sur la presse ; dans les deux cas, le chef du cabinet aurait pris à la Chambre une attitude contraire aux délibérations du Conseil des ministres. « Cette attitude du chef du cabinet, ajoutait la lettre, fait demander s'il a conservé sur la Chambre l'influence nécessaire pour faire prévaloir ses vues. » Ces motifs n'étaient que de pure forme ; la raison véritable de l'acte du Président était autre : c'était une raison religieuse et une raison de politique générale [1].

Le maréchal de Mac-Mahon avait été appelé au pouvoir, le lendemain du 24 mai, par une coalition de tous les éléments monarchiques de l'Assemblée nationale ; il ne l'oublia jamais. Jusqu'à sa dissolution, l'Assemblée était divisée en deux partis très tranchés, séparés en fait par un abîme : les uns voulaient fonder la république, les

---

1. Sur les causes du *Seize Mai*, voyez E. Zévort, *Histoire de la troisième République*, t. II, la Présidence du maréchal de Mac-Mahon ; de Marcère, *Entretiens et souvenirs politiques* ; *le Seize Mai*, en cours de publication dans la *Revue du Palais* ; et le beau discours, très modéré, de M. Jules Simon au Sénat, séance du 21 juin 1877, *Journal officiel* du 22.

autres voulaient rétablir une monarchie, mais hésitaient entre trois trônes. Surtout après la chute de M. Thiers, les deux partis vécurent dans un état complet d'indépendance, d'éloignement et de guerre. Peut-être M. de Mac-Mahon eût-il voulu les dominer sans prendre parti dans leurs luttes : ses amis l'en empêchèrent, et ils étaient les adversaires de la République que lui-même présidait.

Les élections de 1876 consacrèrent définitivement le régime de la République : 4,316,000 voix allaient aux candidats républicains, leurs adversaires n'en avaient que 2,883,000 ; la Chambre comptait 356 députés républicains contre 184 monarchistes de toutes nuances. Gambetta obtenait quatre élections ; plusieurs des chefs de la coalition monarchique étaient battus ; M. Buffet était du nombre.

La défaite du parti qui l'avait nommé fut, pour le Président de la République, « un amer déboire [1] ». Il se rapprocha davantage encore des conservateurs, et ceux-ci se serrèrent autour de lui comme pour le protéger, — ou l'enfermer. « Par le monde qui le fréquentait, par l'esprit qui y régnait et qu'on y respirait, depuis les antichambres, en passant par les bureaux du haut personnel et des officiers d'ordonnance, jusqu'aux salons, l'Élysée était, à l'égard de la République, comme une sorte de camp ennemi... Ce monde brillant n'y était pas attiré seulement par des relations anciennes ; il y mettait quelque affectation, et par son ton il faisait entendre qu'il était là chez lui, et que les autres y étaient quelque peu des intrus [2]. » De son côté, **le** parti républicain ne faisait rien pour faciliter les rapports avec le Président ; accueillis par lui avec politesse, mais avec gêne, les chefs du parti n'essayaient pas de rompre la glace, n'apparaissaient à l'Élysée qu'aux circonstances indispensables, et préféraient leurs réunions et leurs salons, moins aristocratiques, plus vivants et plus chauds [3].

La situation du ministère était singulièrement délicate. Le parti républicain, en 1876 surtout, manquait d'homogénéité ; il se concentra dans la lutte. Le premier ministère Dufaure, malgré sa bonne volonté de rétablir la paix civile, n'avait obtenu qu'un apaisement

1. Ernest Daudet, *Souvenirs sur la Présidence du maréchal de Mac-Mahon.*
2. De Marcère, *loc. cit., Revue du Palais* du 1er juin.
3. Les modérés se retrouvaient chez M. Thiers, les avancés chez Mme Adam.

relatif, avec le concours mesuré et souvent marchandé de la gauche avancée de la Chambre. M. Jules Simon, moins autoritaire, plus délié, trouvait souvent à grand'peine un terrain de conciliation pour les diverses nuances du parti républicain [1]. Plus difficiles encore étaient ses rapports avec l'Élysée; le maréchal avait conservé comme conseillers intimes ceux qu'il ne pouvait plus avoir comme conseillers attitrés, et les ministres avaient sans cesse à lutter contre ces influences occultes. « Nous avons eu ce spectacle singulier, disait M. Jules Ferry à la Chambre le 18 juin : les fonctionnaires hostiles à la république étaient maintenus énergiquement par des influences extra-ministérielles, qui étaient derrière le rideau, entourant assidûment le président de la République, conservant sur son esprit une déplorable et désastreuse influence; elles étaient là, elles constituaient le gouvernement occulte qui disputait à un homme aussi modéré que M. Martel jusqu'à des suppléants de juges de paix. »

Dès les débuts de la nouvelle Chambre, les luttes entre les partis revêtirent le caractère de querelles religieuses. Aux enterrements civils, les républicains manifestaient plus leurs opinions politiques que religieuses; de leur côté les conservateurs faisaient croisade politique sous couleur de religion, et le clergé s'en mêlait et travaillait ouvertement à la restauration d'un trône; en prêchant le rétablissement du pouvoir temporel, il tranchait avec arrogance dans les affaires italiennes et risquait de donner au gouvernement français les embarras d'un démêlé international. Certes, le maréchal n'allait pas aussi loin que nombre de ses amis; mais « il tenait que le respect des choses de la religion faisait partie du bon ordre; et, autour de lui, on ne se faisait pas faute de faire entrevoir à son esprit, rendu inquiet, un redoutable mouvement révolutionnaire et sectaire à la fois, envahissant toute la gauche, depuis les extrémités jusqu'au centre, et qu'il était de son devoir strict d'arrêter ».

Fort de ce demi-appui, le parti ultramontain redoubla d'efforts en faveur de la papauté : Pie IX venait, dans une occasion mémorable,

---

1. S'il faut en croire M. de Marcère, le cabinet Jules Simon n'était pas loin de perdre sa majorité à la Chambre quand il fut renvoyé par le maréchal. — Mais il importe de retenir que M. Jules Simon avait remplacé M. de Marcère au ministère.

de se plaindre à tous les fidèles de la chrétienté de l'oppression du gouvernement italien, et avait prié tous ses fils spirituels d'intervenir en sa faveur. Les catholiques français s'empressèrent de se conformer à cette demande, et par des démarches auprès du duc Decazes, ministre des affaires étrangères, par une pétition circulant dans tout le pays, par des mandements épiscopaux, s'efforcèrent de compromettre le gouvernement en faveur du rétablissement des États pontificaux. Le parti républicain s'inquiéta de ces menées, et les 3 et 4 mai se développa à la Chambre une interpellation sur l'intervention du clergé dans les affaires d'instruction publique et les questions de politique étrangère. Gambetta intervint avec sa fougue et son éloquence habituelles, reprenant et faisant sien le mot de son ami Peyrat : « le cléricalisme, voilà l'ennemi ». Par 361 voix contre 121, la Chambre, « considérant que les manifestations ultramontaines dont la recrudescence pourrait compromettre la sécurité intérieure et extérieure du pays, constituaient une violation flagrante des droits de l'État, invita le gouvernement, pour réprimer cette agitation, à user des moyens légaux dont il disposait[1] ». M. Jules Simon avait reconnu qu'il était exagéré de considérer le pape comme emprisonné au Vatican, et accepté cet ordre du jour ; ce fut sa condamnation.

Le 9 mai, l'archevêque de Paris, Mgr Guibert, protesta contre ce vote dans une lettre violente adressée à M. Martel, Garde des Sceaux, et de suite livrée à la publicité. Le 11 mai, Pie IX releva les paroles de M. Jules Simon dans sa réponse à l'adresse du pèlerinage national français : « Si nous jetons les yeux sur l'Europe tout entière, dit-il, il y a bien peu à espérer. Qu'espérer, en effet, quand on a le courage de donner un démenti formel aux paroles du pape et de dire qu'il est un menteur ? Un tel langage est tout à fait inconvenant ; il n'est pas digne d'un gouvernement catholique[2]. »

Cette double intervention, bruyamment relevée par la presse de tous les partis, vint ébranler les derniers scrupules du maréchal de

---

1. Ordre du jour Laussedat-Leblond-de Marcère, en date du 4 mai 1877.

2. M. John Lemoinne écrivait avec raison dans le *Journal des Débats* du 24 mai : « Nous avons vu ce que le pape avait dit aux Français : un gouvernement en est mort. Il n'y a pas à se demander : *quomodo cecidit* ; le dernier ministère a succombé sous l'allocution de Pie IX. Ce serait faire fausse route que de chercher une autre explication de la crise actuelle. »

Mac-Mahon. Il considérait que Mgr Guibert et Pie IX étaient ses conducteurs spirituels, et qu'il n'était pas possible de séparer les choses de l'État des choses de la religion. Il trouvait d'un côté tous ses amis d'ancienne date, tous ceux qui inspiraient sa politique et sa foi, de l'autre un ministère représentant fidèle de la majorité des députés; il crut — on lui fit croire — que M. Jules Simon était l'otage de la gauche radicale, et se laissait conduire à l'ère des persécutions religieuses. Son opinion était désormais faite; il saisit la première occasion pour s'en expliquer; il se trouva qu'il s'agissait de la loi municipale et de la loi sur la presse; il en eût été de même de toute autre discussion. On lui avait mis la plume en main. Il écrivit d'un trait, probablement sans consulter personne, la lettre historique du 16 mai. Le lendemain il la faisait insérer au *Journal officiel*, sans la faire contresigner par un ministre.

Cette manifestation, la démission immédiate du cabinet Jules Simon ne furent point sans soulever quelque tumulte. Le soir même, au Grand Hôtel et à la salle Nadar, les deux nuances du parti républicain préparèrent la lutte du lendemain. L'absence d'un ministère à la Chambre le 17 empêcha toute bataille; Gambetta développa moins une interpellation qu'une protestation; le matin même, dans une note communiquée à l'agence Havas, le maréchal avait exprimé « sa ferme volonté de maintenir la politique de paix avec toutes les puissances et de réprimer avec la plus grande fermeté les démonstrations ultramontaines qui pourraient se produire ». Prenant thème de ces déclarations, Gambetta adjurait le président avec respect, presque avec douceur, de fuir les inspirations d'ambitieux déçus. « Monsieur le Président de la République, disait-il, restez dans la constitution, toujours dans la constitution et dédaignez les avis perfides de conseillers que vous ne retrouveriez pas à l'heure des dangers qu'ils auraient eux-mêmes déchaînés. »

Ces conseils si sages ne pouvaient être écoutés; poussé par son entourage, le maréchal était décidé à l'aventure : il appelle aux affaires le duc de Broglie, libéral en doctrine, autoritaire et cassant en politique, et M. de Fourtou, ambitieux cherchant sa voie depuis l'avènement de la République, intelligent, connaissant les affaires, mais sans scrupules, pensant conduire les électeurs comme des tambours. Leur premier soin fut de faire prononcer l'ajournement du Parlement : ils n'auraient pas tenu une heure devant la Chambre des députés. A Gambetta qui voulait parler malgré la lecture du décret, le président Grévy opposa ces sages paroles : « Restez dans la légalité. Restez-y avec sagesse, avec fermeté, avec confiance. »

En se séparant provisoirement, les députés comprirent que l'heure était proche de leur séparation définitive. Les républicains, au nombre de 363, rédigèrent un manifeste à leurs électeurs : « La Chambre est ajournée pour un mois, disaient-ils, en attendant qu'on puisse obtenir du Sénat le décret qui va la dissoudre... Nous vous appelons à prononcer entre la politique de réaction et d'aventures, qui remet brusquement en question tout ce qui a été si péniblement gagné depuis dix ans, et la politique sage et ferme pacifique et progressive, que vous avez déjà consacrée. »

Ainsi qu'il fallait s'y attendre, pendant l'ajournement des Chambres le conflit ne fit que s'aggraver entre les deux grands partis, républicain et réactionnaire. L'acte du maréchal avait eu pour effet direct de resserrer en un seul bloc tous les groupes républicains ; avec une merveilleuse discipline, ils marcheront au combat sous la direction de Gambetta. De leur côté, les réactionnaires s'agitaient, le maréchal était bien dépassé par ses ministres ; eux-mêmes, peut-être, étaient entraînés plus loin qu'ils ne voulaient, par de turbulents amis et une presse parfois extravagante. Circulaires et discours, manifestes et articles, hommes et plumes, tout était en ébullition.

A la rentrée du Parlement, le 16 juin, par une communication contresignée de Broglie, le maréchal « faisait connaître au Sénat son intention de dissoudre la Chambre des députés et lui demandait son avis conforme ». La communication était précédée d'un message constatant « qu'aucun ministère ne pourrait se maintenir dans cette Chambre (des députés) sans rechercher l'alliance et subir les conditions du parti radical », et déclarant que le maréchal ne se prêterait pas à préparer l'avènement de ce parti. Ainsi l'on insistait encore sur la politique personnelle du Président de la République, on mettait plus nettement en vue l'incorrection de sa conduite.

Une commission spéciale fut de suite nommée dans les bureaux ; le 20 juin, son rapporteur, M. Depeyre, lisait ses conclusions favorables à la dissolution ; la discussion commença le lendemain ; MM. Victor Hugo, Jules Simon, Béranger, Bertauld et Tolain parlèrent contre la proposition; seuls le chef du cabinet et M. Brunet, ministre de l'instruction publique, la soutinrent; le 22 juin le Sénat adopta, par 149 voix contre 130, le projet de résolution de sa commission ainsi conçu : « Le Sénat émet un avis conforme à la proposition du Président de la République ». De l'avis des historiens les plus modérés, le Sénat n'avait pas cru pouvoir refuser une dissolution qui lui était demandée comme la suprême ressource du parti conservateur[1], et n'avait pas voulu découvrir le Président auquel la plupart de ses membres étaient personnellement attachés. Il avait émis son vote moins par conviction que par dévouement.

A la séance de rentrée des députés, M. de Fourtou avait annoncé que le Président de la République avait adressé au Sénat un message pour lui demander son avis sur la dissolution de la Chambre. Le ministre s'efforça de justifier cet acte « en dénonçant la majorité marchant à l'absorption des deux grands pouvoirs de l'État. M. le maréchal de Mac-Mahon, s'enveloppant dans son droit constitutionnel, est venu rétablir l'équilibre nécessaire entre les pouvoirs publics en sauvegardant contre vos empiétements l'indépendance du Sénat et sa propre indépendance, en vous empêchant de devenir une Convention[2]. » C'est au cours de ces paroles qu'il prononça ces mots célèbres par leur caractère peu constitutionnel : « Nous n'avons pas votre confiance, vous n'avez pas la nôtre ». Ainsi que de juste, les orateurs républicains ne se firent faute de répondre pour justifier la politique de la majorité, pour critiquer la demande de dissolution. L'extrême gauche, avec Louis Blanc; la gauche républicaine, avec Gambetta et Jules Ferry; le centre gauche avec M. Léon Renault, se solidarisèrent en un même parti de combat, et la même majorité de 363 voix flétrit le ministère du 17 mai «appelé aux affaires contraire-

---

1. E. Vacherot, La République constitutionnelle et parlementaire, *Revue des Deux Mondes* du 15 novembre 1879.

2. Pendant son discours, comme il essayait de reporter sur les hommes au gouvernement la libération du territoire, toute la gauche se leva dans un grand élan, et, désignant M. Thiers assis à son banc de député, s'écria : « Le libérateur du territoire, le voilà ». Scène historique, dernier remerciment au grand patriote qui mourait trois mois plus tard.

ment à la majorité,... danger pour l'ordre et la paix, cause de trouble pour les affaires et les intérêts ».

Au lendemain de la délibération du Sénat, la Chambre tint encore deux séances : elle vota les comptes de liquidation pour 1877, mais refusa de voter les contributions directes que le ministre des finances, M. Caillaud, demandait de fixer pour permettre aux conseils généraux d'en opérer la répartition. Le rapporteur du budget, M. Cochery, répliqua que le gouvernement pouvait placer les élections à une date antérieure au 15 août; la Chambre suivit son avis « pour ne pas donner au cabinet le moyen de retarder les élections ».

Le décret de dissolution ne fut rendu que le 25 juin. A la séance du Sénat de ce jour, le président, M. d'Audiffret-Pasquier, en donna simplement lecture, et prononça, conformément à l'article 1, § 2, de la loi du 16 juillet 1875, l'ajournement de l'Assemblée jusqu'au jour où la nouvelle Chambre serait convoquée. A la Chambre des députés, son président, M. Grévy, avant de donner connaissance du décret, remercia l'Assemblée de sa bienveillance et prononça ces paroles : « Le pays, devant lequel elle va retourner, lui dira bientôt que, dans sa trop courte carrière, elle n'a cessé un seul jour de bien mériter de la France et de la République ». Puis il lut le décret, en donna acte au nom de la Chambre et leva la séance.

Il importe d'examiner si le gouvernement était en présence d'une des situations où la dissolution doit nécessairement, régulièrement intervenir. Le cabinet Jules Simon avait une majorité au Parlement : notamment à la Chambre des députés, elle lui était assez fidèle pour changer, à sa demande et à deux reprises, — sur le traitement des aumôniers et sur l'indemnité de guerre aux officiers généraux, — une opinion déjà manifestée par un vote. Il n'y avait aucun conflit entre les Chambres, et si une difficulté s'était élevée entre elles sur les droits du Sénat en matière financière, elle s'était terminée par un compromis adopté grâce à l'influence personnelle du chef du cabinet dans les deux Chambres.

Les élections dataient de seize mois, rien ne pouvait faire croire, et l'on n'alléguait pas, qu'il s'était produit dans le pays un revirement de nature à exiger un renouvellement de la représentation nationale. Il ne s'était soulevé, soit au Parlement, soit dans le pays, aucune grande question politique ou économique motivant une consultation immédiate du corps électoral.

La situation était admirablement résumée par Gambetta dans son discours du 17 mai : « Alors qu'il existait une confiance générale de la part du Parlement envers le cabinet qui siège sur les bancs, sans qu'il y eût ni conflit, ni vote de défiance, ni de ces discussions qui révèlent contre les ministres qui représentent, et qui doivent représenter, la pensée de la majorité, un élément de désaccord ou une pensée d'agression ; au lendemain des discussions les plus calmes qui se soient produites à cette tribune, et dans lesquelles la confiance de cette Chambre envers les ministres n'avait point été ébranlée ; sans que, dans une autre enceinte, il se fût manifesté aucune attaque ni aucun vote frappant le cabinet de minorité ; au moment où la France se trouve engagée dans une neutralité recueillie, désirable, nécessaire, patriotique ; au milieu des efforts auxquels ce pays se consacre pour refaire sa fortune morale et matérielle ; alors qu'il a tant besoin d'ordre, de paix, de sécurité, de longs jours de sécurité pour reconstituer véritablement cette double fortune ; au moment où la paix semblait régner entre les pouvoirs publics, sans que l'on sache pour quel motif, — tout à coup, comme un coup de foudre qui éclate dans un ciel serein, le pays apprend, vous apprenez vous-mêmes, que le Président de la République a écrit une lettre qui a obligé le président du conseil, ainsi que ses collègues, à donner leur démission. »

Ainsi le maréchal ne pouvait appuyer sa demande de dissolution d'aucune des raisons régulières, normales qui avaient déterminé l'Assemblée nationale à lui confier ce droit. Il s'agissait d'imposer une politique personnelle[1], dont s'écartaient et la Chambre et le Cabinet ; en parlant dans sa lettre à M. Jules Simon, de *sa responsabilité*, M. de Mac-Mahon s'écartait du texte et de l'esprit de la Constitution

---

1. « Il pouvait convenir à M. Jules Simon de vivre sous le patronage et dans la solidarité de M. Gambetta, disait le duc de Broglie au Sénat le 21 juin, cela ne pouvait pas convenir à M. le maréchal de Mac-Mahon. Cela ne convenait ni aux ordres impérieux de sa conscience, ni à la gloire de son nom... Quand on s'appelle le maréchal de Mac-Mahon, on n'est pas allié et solidaire de l'honorable M. Gambetta. » *Journal officiel* du 22.

qui ne rend le Président de la République responsable qu'en cas de haute trahison. Il s'agissait, — il faut le dire, — sous couleur de consulter le pays, de tenter de modifier son opinion manifestée par les élections du 8 février 1876. M. de Mac-Mahon, militaire habitué à la discipline du régiment, imbu des traditions politiques de Napoléon III et de M. Thiers, n'avait pas compris les règles du régime parlementaire, et ses amis personnels avaient tout fait pour les lui dissimuler.

Un examen impartial démontre donc l'incorrection constitutionnelle de cette dissolution.

Le décret du 25 juin ne contenait pas convocation des électeurs et de la nouvelle Chambre : cette formalité n'y était pas essentielle pourvu qu'elle intervînt dans le délai légal. Par décrets en date du 21 septembre le gouvernement fixa les élections au 14 octobre et la réunion du Parlement au 7 novembre. La dissolution avait été prononcée le 25 juin, les élections eurent donc lieu plus de trois mois après la séparation des députés.

Une discussion, qui n'a plus aujourd'hui qu'un intérêt historique, s'éleva immédiatement sur la portée de l'article 5, § 2, de la loi constitutionnelle du 25 février 1875 : « En ce cas (de dissolution) les collèges électoraux sont convoqués pour de nouvelles élections dans le délai de trois mois ».

Le gouvernement a entendu cette disposition dans ce sens que la loi l'obligeait seulement à convoquer les électeurs dans le délai de trois mois, mais non à faire les élections dans ce laps de temps.

Cette interprétation ne supporte pas un examen approfondi : elle est contraire à la construction même de la phrase, où ces mots « délai de trois mois » s'appliquaient tout à la fois à la convocation des collèges et aux élections. Les articles 23 de la loi du 2 août 1875 sur les élections des sénateurs, 16 de la loi du 30 novembre 1875 sur les élections des députés, qui impartissent le même délai de trois mois pour l'élection en cas de vacances par décès ou démission, l'entendent tous deux dans le sens de « délai d'élection ». D'ailleurs, cette expression de « convoquer les électeurs après dissolution » avait été empruntée à nos constitutions précédentes : les chartes, les constitutions du 14 janvier 1852 et du 21 mai 1870 n'en employaient pas d'autre; or, royauté et empire ont toujours entendu par là le délai d'élection[1]. De même l'étude des travaux préparatoires condamne cette interprétation : la commission des Trente décidait « qu'il serait procédé, en cas de dissolution, à l'élection d'une nouvelle Chambre des députés dans le délai de six mois ». M. Wallon proposa de *réduire ce délai* à trois mois, et rien ne permet de croire que l'Assemblée ait entendu substituer une opération à une autre, la simple convocation des électeurs à leur réunion effective. Enfin, argument décisif, si l'on admet l'interprétation du cabinet de Broglie, il devient possible au gouvernement de retarder indéfiniment les élections. Car l'article 4 du décret du 2 février 1852[2] impartit bien une durée *minimum* de vingt jours pour la période électorale, mais il ne fixe pas de maximum. De telle sorte que le gouvernement pourrait légalement convoquer les électeurs à l'expiration des trois mois pour faire l'élection dans six, huit, dix mois. Il n'y aurait plus de délai. Le législateur de 1875, qui a trouvé trop long le délai de six mois, y aurait substitué un délai indéterminé pendant lequel le Président aurait gouverné sans le concours des représentants du pays. Le Président serait doté d'un pouvoir plus absolu que l'empereur, qui, dans le délai fixe de six mois, ne devait gouverner qu'avec le Sénat; or, d'après la constitution de 1875, la dissolution de la Chambre entraîne l'ajournement du Sénat[3].

Il ne nous appartient pas de rechercher quelle a été la conduite du cabinet de Broglie pendant la période électorale; pression sur les électeurs, poursuites acharnées devant les tribunaux, actes arbitraires; ce n'était là que la conséquence indirecte de la dissolution.

---

1. En ce sens s'étaient prononcés les auteurs de droit constitutionnel.

2. Encore en vigueur, conformément à l'article 22 de la loi du 30 novembre 1875.

3. La revision de 1884 ayant rectifié l'article 5, § 2, nous avons résumé rapidement cette discussion, renvoyant pour plus de détails au « Mémoire à consulter » et à la « consultation des juristes Sénard, Allou, J. Favre, Crémieux, Léon Renault, Hérold, Leblond, Mimerel et Durier », publiés par le *Journal des Débats* du 12 juillet 1877. Les auteurs se sont tous prononcés dans le même sens, notamment Lefebvre, *Lois constitutionnelles de 1875*, p. 190, note 1; Saint-Girons, *Droit constitutionnel*, p. 409. Voyez aussi Brisson, Rapport sur le Seize Mai, *Journal officiel* du 9 mars 1879.

Le maréchal, dans un manifeste du 12 octobre, intervint personnellement, une fois de plus, dans la lutte des partis et déclara que le combat était entre l'ordre et le désordre [1]. Les fonctionnaires renchérissaient sur les ordres de leurs ministres, un préfet annonça aux maires que ceux d'entre eux qui resteraient neutres entre les candidats commettraient « une erreur, un lâche calcul ou une trahison ». Le clergé faisait campagne ouvertement pour les candidats officiels [2].

On sait ce qui advint : le pays renvoya la même majorité, et, huit jours après sa réunion, la Chambre nomma une commission chargée de « faire une enquête sur les actes qui depuis le 16 mai avaient eu pour objet d'exercer sur les élections une pression illégale ». Quelques jours après, le cabinet de Broglie se retira.

Dans ces conditions, la conduite du Président de la République était dictée par les principes du droit constitutionnel; la dissolution est un appel au pays; les élections sont un jugement définitif; le pays détermine quel parti politique prendra le pouvoir. Au lieu de se conformer à cette règle et d'appeler au ministère un des chefs du parti républicain, M. de Mac-Mahon constitua le 23 novembre un cabinet « d'affaires », pris en dehors du Parlement et présidé par un général. Ce cabinet fut immédiatement mis en minorité; il ne se retira pas.

Mais, grâce à l'expiration de l'exercice financier, les principes constitutionnels devaient forcément l'emporter, et le 13 décembre le Président de la République formait un cabinet républicain. Son message du 14 décembre, contresigné par MM. Dufaure et de Marcère, constatait la fin de la crise en termes parlementaires, véritable réfutation des précédents messages : « L'exercice du droit de dissolution n'est qu'un mode de consultation suprême auprès d'un juge sans appel, et ne saurait être érigé en système de gouvernement. J'ai cru devoir user de ce droit, et je me conforme à la réponse du pays. »

---

1. Message du 19 septembre : « Mon gouvernement vous désignera parmi les candidats ceux qui seuls pourront s'autoriser de mon nom... En présence d'élections hostiles, mon devoir grandirait avec le péril... Je ne saurais abandonner mon poste... Je resterais pour défendre avec l'appui du Sénat, les intérêts conservateurs. »

2. Zevort, *La France sous le régime du suffrage universel*, p. 149; voyez aussi *Du 16 mai au 2 septembre 1877*, ouvrage anonyme dont l'auteur devint plus tard un des hauts fonctionnaires de la République.

La commission d'enquête chargea M. Brisson de rédiger en son nom le rapport sur les agissements des cabinets du 17 mai et du 23 novembre. Ce document, déposé et lu à la Chambre le 9 mars 1879, concluait à la mise en accusation des ministres pour violation de la constitution, et notamment pour avoir « retardé au delà de trois mois la réunion des collèges électoraux pour le remplacement de la Chambre dissoute ». Le 13 mars, la Chambre rejeta cette proposition, mais, comme le disait M. Léon Renault, « pour des raisons exclusivement d'ordre politique ». Elle estimait que la responsabilité des ministres avait été suffisamment engagée pour motiver des poursuites, mais que l'intérêt du pays, la pacification des esprits demandaient l'envoi définitif dans le passé de cette crise si dangereuse.

L'expérience de 1877 a eu une influence fatale sur l'exercice du droit de dissolution [1]; elle lui a donné pour beaucoup de républicains le caractère d'un attentat contre la représentation nationale; le droit de dissolution, droit démocratique par excellence, puisqu'il n'est en dernier ressort qu'un appel au peuple souverain, en est resté impopulaire, parce que le Président et le Sénat ont amoindri par une fausse manœuvre son but et son autorité; chaque fois qu'un gouvernement a, par ses amis et ses journaux officieux, pressenti l'opinion publique sur l'opportunité d'une dissolution, ses adversaires, même ses partisans, ont rappelé les événements du Seize Mai et l'exercice fâcheux de la prérogative présidentielle. Il en est ainsi de toutes les institutions : l'abus en fausse le caractère et en rend pour longtemps impossible un exercice même légitime.

Pour éviter dorénavant toute discussion sur le délai de convocation des électeurs et du Parlement après dissolution, le législateur a modifié l'article 5, §2, lors de la revision de 1884; le projet du gouvernement était muet à cet égard, l'initiative vint de la commission de la Chambre des députés. Cette proposition fut l'occasion de nouveaux débats sur le droit de dissolution : MM. Madier de Montjau, Floquet et Rivet demandèrent avec force sa disparition de notre droit constitutionnel [2], et le dernier déposa une proposition dans ce sens. M. Jules

---

1. Zevort, *loc. cit.*, p. 385; F. Roussel, Chronique politique de la *Revue politique et parlementaire* du 10 octobre 1897.
2. Séances des 23 juin et 3 juillet 1884. *Journal officiel* des 24 et 4.

Ferry, Président du Conseil, parla en sens contraire, et son discours clair, précis, rapide, est le meilleur plaidoyer qui ait été prononcé en faveur du maintien de ce droit. Il persuada la Chambre, qui rejeta la proposition par 271 voix contre 201 [1].

Le projet des deux Chambres ne prévoyait que le délai de réunion des électeurs. A la commission nommée par le Congrès, un membre fit remarquer qu'avec le texte adopté aucune disposition ne prescrivait le délai dans lequel la Chambre nommée après la dissolution devait être convoquée [2]. C'est pour combler cette lacune qu'il proposa la rédaction définitive de l'article 5, §2 : réunion des électeurs dans le délai de deux mois, de la Chambre dans les dix jours qui suivront la clôture des opérations électorales. Le Congrès adopta sans difficulté ce texte, et opposa par 442 voix contre 279 la question préalable à une proposition de M. Rivet, nouvelle édition de celle rejetée par la Chambre, demandant la suppression pure et simple du droit de dissolution [3].

V

Avant même d'organiser le droit de dissolution, instruite par les expériences du passé, l'Assemblée nationale s'était préoccupée des dissolutions illégales, des mesures à prendre par les simples citoyens s'il se produisait un coup de force contre la représentation du pays. Ces mesures étaient singulièrement délicates à établir.

Il existe bien, dans notre Code pénal, un article 87 qui punit de la peine de la déportation dans une enceinte fortifiée l'attentat ou la tentative d'attentat « dont le but est de détruire ou de changer le gouvernement ». On pourrait poursuivre en vertu de cette disposition le Président de la République et les ministres qui auraient attenté à l'existence du Parlement ; mais la juridiction compétente serait le Sénat, et il est vraisemblable que le gouvernement n'aurait pas eu plus de scrupule à le dissoudre qu'à mettre fin aux séances de la Chambre ; ou, s'il ne l'avait pas fait, la raison en serait dans la bien-

---

1. La droite s'unit à l'extrême gauche pour demander la suppression du droit de dissolution.

2. Rapport de M. Gerville-Réache, *Journal officiel* du 7 août, p. 84.

3. Séance du 11 août, *Journal officiel* du 12.

veillance du Sénat à son égard ; dans l'un et l'autre cas la protection du Code pénal serait dérisoire.

On s'est demandé, de même, si les membres de la Chambre dissoute auraient le droit de se pourvoir au contentieux devant le Conseil d'État, et on s'est livré à ce sujet à de savantes dissertations pour le leur refuser : « Le Conseil d'État est absolument incompétent, car les Chambres législatives, essentiellement distinctes et indépendantes de l'administration et du pouvoir judiciaire, ne sont pas justiciables de ce conseil [1] ». Cette thèse est contestable, mais en tout cas un pourvoi contentieux serait d'une pratique peut-être difficile encore ; en cas de coup d'État, le Conseil d'État aurait probablement rejoint la Chambre et le Sénat dans le paradis des assemblées ; en tout cas ses membres, qui sont révocables, auraient rapidement été renouvelés au gré du gouvernement. Il fallait donc chercher ailleurs. On espéra trouver mieux dans les assemblées départementales.

A la suite de diverses propositions, notamment celle du vicomte de Tréveneuc en date du 25 juillet 1871, l'Assemblée nationale nomma une commission pour rédiger un projet définitif ; plusieurs rectifications, des renvois à la commission ballottèrent ce projet [2], qui devint enfin la loi du 15 février 1872 sur « le rôle éventuel des conseils généraux dans des circonstances exceptionnelles ». L'ensemble de la loi a été parfaitement résumé en peu de mots par M. Albert Desjardins à l'Assemblée nationale, le 6 février 1872 : « Quand l'Assemblée nous manque, nous prenons les conseils généraux ; là est la vitalité, la vie politique, le point de résistance.... Voilà les deux idées auxquelles nous nous sommes arrêtés : représentation nationale que nous cherchons dans les conseils généraux, ne la trouvant plus dans l'Assemblée nationale ; résistance locale, résistance appuyée sur les sympathies des populations pour les conseils généraux qu'elles ont nommés et qu'elles voient lever la tête contre l'insurrection, contre les coups d'État triomphants. »

Ainsi la loi organise deux choses : une résistance locale, « seconde

1. Radenac, *De la dissolution des assemblées législatives*, p. 196 et suiv.
2. Sur ces tergiversations, voyez les Journaux officiels cités par Dalloz, *Lois annotées de 1872*, p. 39.

ligne de défense », et une Assemblée remplaçant celle victime d'un coup d'État.

Si l'Assemblée est dissoute illégalement ou empêchée de se réunir, les Conseils généraux s'assemblent immédiatement, de plein droit, sans convocation, au chef-lieu ou sur tout autre point du département : ainsi constitués ils pourvoient d'urgence au maintien de la tranquillité publique et de l'ordre légal (articles 1 et 2 de la loi). Au lendemain du 2 décembre, les Conseils généraux du Finistère, des Côtes-du-Nord s'étaient réunis pour protester contre le coup d'État et avaient fait afficher cette protestation dans toutes les communes du département. Mais isolés, sans droits consacrés par une loi, leurs efforts avaient été vains, et ils avaient été contraints de se séparer sans résultat. C'est l'objet de la loi de donner la force de la légalité à « ce groupe d'honnêtes hommes, unis pour résister dans leur département aux effets du coup d'État ».

Si la loi s'était bornée à cette disposition, elle aurait simplement créé quatre-vingts centres de résistance passive, mais sans direction, sans impulsion d'ensemble. De là les articles sur l'assemblée provisoire : composée de deux délégués élus par les conseils généraux, cette assemblée se réunit dans le lieu où se seront rendus les membres du gouvernement légal et les députés qui auront pu se soustraire à la violence. Elle sera valablement constituée par les représentants de la moitié des départements. Elle est chargée de prendre pour toute la France les mesures que nécessitent l'administration générale du pays, le maintien de l'ordre et spécialement le rétablissement de la représentation nationale. Si l'Assemblée régulière peut se reconstituer, l'Assemblée provisoire se dissout; sinon elle fait procéder à des élections générales (articles 3 à 6 de la loi).

Deux objections ont été faites au principe même de cette loi : M. Le Royer lui reprochait de transformer les conseils généraux, corps administratifs, en assemblées politiques, « ce qui est la négation de ce que s'est proposée l'Assemblée en constituant la décentralisation administrative ». Le rapporteur, M. Henri Fournier, lui répondit qu'on ne leur remettait pas un pouvoir politique, mais « le devoir de tout citoyen, quand l'Assemblée est dissoute, la constitution violée, de défendre la loi, de veiller au maintien de la tranquillité... En agissant comme nous le leur demandons, ils n'exerceront d'autre mandat que celui qu'ils tirent de leurs droits de citoyens. »

D'autres députés reprochaient à la loi d'être d'une application impossible et inefficace : impossible, car le pouvoir exécutif empêchera toute réunion de l'Assemblée provisoire; inefficace, car, même réunie, que ferait-elle contre ce pouvoir? Il est certain qu'à l'heure du danger sa double application sera difficile. A la rigueur, la constitution des centres de résistance dans chaque département sera possible; on conçoit parfaitement que les conseils généraux parviennent à se réunir; il suffit de constater l'influence toujours grandissante que prend partout l'Assemblée départementale. Mais on comprend moins facilement que l'Assemblée provisoire puisse se constituer sur un point que les circonstances détermineront : on avait proposé de fixer à l'avance ce lieu de réunion à Bourges, Tours ou Poitiers; c'était le désigner à l'attention et à la violence de l'auteur du coup d'État.

Mais, comme le disait le rapporteur, « il est impossible de prévoir ce qui nous menace, et par conséquent il est impossible de réglementer. Au fond c'est une loi qui a pour but de donner aux hommes qui respectent la loi une arme dont ils se serviront suivant les circonstances en s'inspirant des conseils de leur patriotisme ». Et M. de Tréveneuc ajoutait avec bonhomie : « N'écoutez pas toutes les objections qu'on peut faire à toutes les bonnes causes et qui empêchent tout. Je vous offre un moyen de salut; je n'affirme pas qu'il soit parfait, mais j'affirme qu'en aucun cas il ne peut avoir rien de nuisible[1]. » Si une seule fois la loi entrave un coup d'État, ses auteurs auront bien mérité du pays.

On s'est pourtant demandé si cette loi était en vigueur depuis les lois constitutionnelles de 1875 et M. Esmein a soutenu son abrogation. Elle n'était, a-t-il affirmé, que provisoire et de circonstances, inspirée par le souvenir des tentatives de résistance opposées au coup d'État du 2 décembre 1851 ; elle supposait une Assemblée nationale unique; or, la Constitution de 1875 organise le système des deux Chambres et l'on ne saurait y adapter la loi de 1872. Enfin les pouvoirs qu'elle donnait aux conseils généraux et surtout à l'assemblée de leurs délé-

---

1. Séance du 15 février 1872, *Journal officiel* du 16.

gués étaient immenses : les lois de 1875 ne les confirment point, elles les abrogent donc par prétérition [1].

Quelle que soit l'autorité du professeur, cette théorie nous paraît tout à fait inexacte. La loi de 1872 serait provisoire? Quel est celui de ses articles, la phrase de ses travaux préparatoires, qui permet cette appréciation? les souvenirs du 2 décembre doivent servir d'enseignement aujourd'hui comme il y a vingt-cinq ans, et les mesures de résistance au coup d'État sont toujours de circonstance; la République n'a peut-être pas été très éloignée de le savoir, il y a quelque dix ans. — La loi de 1872 supposait une Assemblée unique? cela est exact, c'était le régime alors en vigueur; mais l'article 1er prévoit la dissolution des assemblées qui lui succéderont, ce qui écarte tout caractère provisoire, et la rend applicable aux deux assemblées actuellement en concours; par Assemblée nationale, la loi de 1872 entend donc désigner le pouvoir législatif, le Parlement; pourquoi ne pourrait-on l'adapter au système des deux chambres? l'assemblée des délégués organisera les deux élections au Sénat et à la Chambre, au lieu de préparer simplement celle de l'Assemblée nationale. — Enfin la Constitution de 1875 aurait abrogé par prétérition la loi de 1872 qui serait contraire au nouvel ordre de choses? Il faut se méfier, en droit, de l'abrogation par prétérition, surtout lorsque la loi nouvelle ne contient aucune disposition contraire à l'ancienne, qu'elle ne l'a remplacée par rien et statue d'ailleurs sur d'autres matières : les trois lois de 1875 ne parlent pas des conseils généraux et ne modifient en rien leur organisation et leurs attributions, elles ne prévoient pas l'attentat contre les Chambres, et n'organisent rien pour y résister; elles entendent simplement se référer à la législation en vigueur. Depuis 1872, les Conseils généraux ont sans cesse accru d'importance politique et nationale; leurs élections en 1889 ont eu le caractère d'une manifestation; leurs avis en 1896, sur l'impôt du revenu, ont eu autant de part dans la chute du ministère Bourgeois que la résistance du Sénat; ils prennent une place toujours plus importante dans la

---

1. Esmein, *Droit constitutionnel*, p. 728. M. Ducrocq, *Cours de droit administratif* (1897), t. I, p. 247, qui écrit après la publication du volume de M. Esmein, ne mentionne pas la thèse de celui-ci, et admet implicitement que la loi de 1872 est toujours en vigueur.

vie du pays; c'est de la bonne décentralisation administrative et politique. Le moment n'est peut-être pas bien venu de leur refuser le
droit de sauver le pays, s'il échet.

Il est une question plus délicate : les conseils généraux peuvent-ils
prévoir l'application de la loi de 1872 et voter un crédit éventuel pour
le cas d'attentat à la représentation nationale? On l'a soutenu, par
un raisonnement un peu subtil[1]; le crédit voté n'est pas pour le
temps présent, — il serait illégal, — il est éventuel, conditionnel,
« pour le cas de dissolution violente »; si ce cas se présente, les conseils généraux sont investis de pouvoirs exceptionnels, le crédit devient
régulier et peut être immédiatement mis en recettes. Ce raisonnement
peut paraître subtil; il doit néanmoins être approuvé, surtout pour
des considérations de fait : les révolutions ne préviennent pas de leurs
desseins les pouvoirs qu'elles veulent renverser; on ne saurait donc
trop armer les assemblées chargées de leur résister et leur refuser les
moyens d'accomplir les fonctions qu'elles ont reçues de la loi. Mais,
en fait, les conseils généraux devront se montrer très prudents dans
le vote de pareils crédits; ils se souviendront que la loi de 1872 ne
leur donne pas un pouvoir d'attaque, mais de résistance.

VI

Ce n'est pas sans difficulté, nous l'avons montré, que le droit de
dissolution a été inscrit dans la Constitution de 1875 et s'y est maintenu en 1884. Les objections qu'on lui adressait alors n'ont cessé de
se renouveler; pourtant une fraction importante de ses détracteurs
semble s'y être ralliée, et le parti radical modéré paraît d'accord sur
ce point avec les républicains opportunistes; un organe important de
ce parti proposait récemment, « pour donner à notre gouvernement la
stabilité et l'autorité qui lui font défaut, de lier par la dissolution le
sort de la Chambre à celui des ministères[2] ». Le parti radical avancé
n'a au contraire pas désarmé, et de nombreuses propositions de revision ont été déposées, qui enlevaient au Président de la République
ce mode d'action.

1. Marie, *Des conseils généraux*, t. I, p. 376.
2. Journal *le Rappel* du 10 août 1896.

Il importe d'ailleurs de remarquer que les partisans même de ces projets étaient les premiers à demander la dissolution de la Chambre des députés, lorsqu'ils la croyaient opportune [1].

Il faut néanmoins examiner ces critiques, apprécier leur valeur, rechercher si elles sont de mérite à entraîner la disparition du droit de dissoudre la Chambre.

Le premier argument qu'on lui oppose a pour base l'histoire des constitutions républicaines : ce droit est emprunté aux constitutions monarchiques, il n'a jamais paru dans les républiques. Ni dans les constitutions françaises de 1791 et de 1848, ni dans les constitutions américaines ou suisses, nulle part il n'a été consacré, il est donc d'essence antirépublicaine [2]. — Le point de départ de ce raisonnement est exact, mais on n'en peut tirer de conséquence pour notre constitution. Le législateur de 1875 a voulu faire quelque chose d'entièrement nouveau, quelque chose qui n'avait pas encore été consacré par une loi, une république parlementaire : ni en France, ni à l'étranger ce régime n'avait été organisé; en France, parce qu'en 1791 comme en 1848 la crainte du pouvoir exécutif avait conduit à une séparation complète, rigoureuse des pouvoirs, à leur isolement sans mode d'action l'un sur l'autre; en Suisse, parce que dans ce pays fédéraliste et de peu d'étendue le pouvoir exécutif n'a pas d'indépendance et que le referendum suffit pour apaiser les conflits; aux États-Unis, parce que « le rôle du Congrès c'est de faire des lois, ce n'est jamais de toucher à l'exécutif..., et que derrière l'organisation fédérale il y a les constitutions particulières des États qui sont les véritables garanties de la liberté [3]. » Le régime parlementaire qui semble convenir à l'esprit, aux mœurs des Français vient de la monarchie anglaise, et ce que le législateur de 1875 a emprunté à la

---

1. En 1888, M. Dugué de la Fauconnerie, partisan de la revision de M. Naquet, terminait un discours par cet appel à ses collègues : « Allons-nous-en! Allons-nous-en! Allons-nous-en! » Dans un discours du 27 janvier 1895, M. Goblet indiquait « une éventualité qui se rapproche tous les jours, les élections qui pourraient être plus prochaines que ne l'indiquerait la date normale. Déjà peut-être cette éventualité est dans votre pensée. Sachez dès à présent que nous ne la redoutons pas ». *Journal officiel* du 28.

2. M. Gustave Rivet, Chambre des députés, 3 juillet 1884. Casanova et Brusio, *Del diritto costituzionale*, t. II, p. 118.

3. M. Jules Ferry, Chambre des députés, séance du 3 juillet 1884.

monarchie parlementaire, ce n'est pas le droit de dissolution, c'est
son organisation tout entière : chef du pouvoir exécutif irresponsable,
— le président élu et temporaire remplaçant le monarque héréditaire, — ministres responsables, deux chambres. L'argument historique est écarté par cette simple constatation.

Une seconde objection à ce droit du Président, c'est que son exercice constitue une violation de la souveraineté populaire. Acte si
« grave, écrit M. Ribert [1], qu'il peut paraître difficile à oser par le
dépositaire du pouvoir exécutif, prérogative énorme dans une république, si énorme qu'elle est à peine ou plutôt qu'elle n'est pas du
tout d'essence républicaine ». « Ce que vous voulez garder, disait
M. Floquet, c'est le droit de dissolution de la souveraineté nationale
par le pouvoir exécutif d'accord avec le Sénat [2]. » — Cet argument
repose sur une erreur de droit constitutionnel : ce qui est souverain,
ce n'est pas l'Assemblée, c'est le peuple, dont les députés ne sont que
les représentants ; ce que le Président dissout ce n'est pas le souverain,
ce sont ses mandataires qui ont pendant un certain temps représenté
sa volonté, mais que le pouvoir exécutif, pour un motif déterminé,
croit maintenant mal comprendre les vœux du pays. Loin de violer
la souveraineté nationale, le Président la consulte, demande aux électeurs leur avis, leur volonté, et s'incline par avance devant leur décision. Voilà ce que doit constituer le droit de dissolution, un appel au
peuple, appel sans revision possible. Certes il y a eu des dissolutions
déloyales, destinées non à consulter le peuple, mais à peser sur sa
volonté, à fausser son jugement, mais c'étaient là des abus, et l'abus
d'un droit doit-il entraîner l'abrogation même du droit? Le suffrage
universel aussi a commis des erreurs, des fautes lourdes dont la
France a souffert; supprimera-t-on pour cela le suffrage universel?
Non, mais on l'entourera d'institutions sages et prudentes, destinées
à l'instruire des erreurs passées, à le prémunir contre les fautes à
venir. Il doit en être de même de la dissolution; c'est par un ensemble
de précautions, de garanties contre les coups de violence que l'on
écartera les dissolutions déloyales, pour permettre au contraire les
consultations légitimes du pays.

1. Ribert, *Esprit de la Constitution de 1875*, p. 68. Paris, F. Alcan, éd.).
2. Chambre des députés, 4 juillet 1884.

Une autre objection, résultant de la précédente, est tirée du mode d'élection du Président de la République. « S'il était nommé par le suffrage universel, le droit de dissolution se pourrait soutenir; mais du moment où il est élu par les chambres, il n'est que leur mandataire, et par conséquent son autorité est inférieure à la leur [1]. » Ce raisonnement ne tient pas compte des données du régime parlementaire; s'il est un principe certain dans notre constitution, c'est que le Président de la République représente non tel parti, mais la France entière; bien qu'élu par le congrès, il est le mandataire non des députés, mais du pays [2]. Le cabinet pourrait être, à la rigueur, considéré comme le mandataire de la majorité, car il est responsable de sa politique devant les Chambres, qui par un vote hostile retirent en quelque sorte le mandat de gouverner. Il n'en est pas de même du Président de la République; « il vit, disait M. Floquet, dans une sphère supérieure aux partis »; lorsqu'il exerce un acte constitutionnel c'est au nom de la France et non des chambres qui l'ont élu; il n'est responsable devant elle qu'au cas de haute trahison; avec les partis, les ministères passent, le Président demeure. L'exercice du droit de dissolution ne sera pas un acte de parti, le fait du délégué des chambres; mais un acte d'intérêt national, le fait du représentant du pays.

Enfin l'on reproche à la Constitution de 1875 « de mettre en tiers le Sénat dans cette consultation » et l'on va jusqu'à en conclure que « c'est le Sénat qui prononce la dissolution ». — Ce que nous avons déjà dit [3] sur la nécessité d'un appui au Président de la République d'une garantie contre les dissolutions hâtives, nous dispense de revenir sur ce sujet. Il est absolument inexact de soutenir que c'est le Sénat qui dissout la Chambre des députés. « C'est le pouvoir exécutif qui dissout la Chambre, et le Sénat, lui, a le droit d'empêcher la dissolution. Il est une protection pour la seconde Chambré [4]. »

Ces objections écartées, nous ne pouvons que conclure au maintien dans notre droit constitutionnel du droit de dissolution, et nous y

---

1. Henry Maret, *le Radical* du 4 août 1896.
2. « Il est, dit très bien M. Esmein, *Droit constitutionnel*, p. 558, titulaire d'un pouvoir indépendant, désormais irrévocable jusqu'à la fin de ses pouvoirs. »
3. Voyez supra, p. 106.
4. Jules Ferry à la Chambre des députés le 3 juillet 1884.

sommes conduits surtout par une raison d'utilité pratique : c'est le seul moyen de résoudre les conflits entre les deux chambres, de combattre l'émiettement des partis au Parlement. « Quelque soin qu'on ait pris dans l'organisation des pouvoirs, par leur mode d'élection, par la durée restreinte de leurs mandats, d'établir les meilleures conditions d'harmonie, de diminuer les chances de lutte, il est toujours à craindre qu'entre des pouvoirs indépendants, ayant chacun leur volonté propre, leur liberté de pensée et d'action il ne s'élève des dissentiments sérieux et prolongés sur de graves questions politiques [1]. » Condamnera-t-on à la stérilité une législature entière, en supprimant toute solution aux conflits, tout remède au morcellement des partis?

M. Floquet proposait un autre remède : la dissolution prononcée par les Assemblées elles-mêmes quand leur patriotisme leur indique qu'il y a nécessité de faire appel au pays. « Ne sentez-vous pas, disait-il, dans vos consciences assez de liberté d'esprit pour que, si on vous remettait à vous-mêmes la solution des conflits qui peuvent exister, vous ne disiez pas : « Il y a ici deux difficultés d'existence qui ren- « dent la vie commune incompatible : il y a telle grande question sur « laquelle les deux assemblées sont en désaccord : allons devant le pays « qui nous jugera [2]? » Ce système, qui rappelle la « sentinelle invisible » de M. Michel de Bourges, paraîtra peu efficace : il ne faut pas trop demander aux députés; ce sont des hommes, et quand, chauds de la lutte, tout pleins d'espérance dans la victoire contre le Sénat, on leur demandera de voter leur propre dissolution, combien consentiront à la prononcer?

Il importe de confier ce pouvoir à une autorité en dehors « de la fournaise de la politique ». Mais l'expérience du Seize Mai devra rendre le Président circonspect sur les circonstances où il exercera son pouvoir : son rôle est celui d'un arbitre, il devra éviter de paraître personnellement dans la lutte, et s'abstenir de tout conflit personnel

---

1. M. Lefebvre, *Lois constitutionnelles de 1875*, p. 178.
2. M. Floquet, Chambre des députés du 3 juillet 1884. En Suisse, quelques auteurs, et, en Angleterre, sir W. Bagehot (*La constitution anglaise*, p. v) ont proposé de remettre au peuple le droit de demander la dissolution, ce qui paraît peu pratique. Voyez supra, p. 23.

avec les Chambres; s'il s'y laissait entraîner, la dissolution ne serait interprétée que comme un acte de politique personnelle, une pression sur les électeurs.

Dans ces conditions, nous croyons nécessaire le maintien entre les mains du Président du droit de dissolution : sans ce mode d'action, les conflits seraient sans issue et « les pouvoirs publics se trouveraient dans une impasse d'où ils ne pourraient sortir que par un coup d'État[1] ».

Nous estimons pourtant qu'une modification doit être faite à nos lois constitutionnelles; en face du droit de dissoudre la Chambre des députés, il faut remettre au Président le droit de dissoudre le Sénat. La proposition en avait déjà été faite en 1875 par M. Raudot[2]; mais, mal présentée, accueillie par des rires, elle semble, d'après les interruptions de M. Wilson, s'être heurtée surtout à la composition de la Chambre haute, à l'existence des inamovibles. Un homme très modéré, M. Bérenger, en prévoyait l'adoption à la suite du Seize Mai. Lors de la revision de 1884, M. Bernard Lavergne la renouvela devant la Chambre, mais elle ne fut pas l'objet d'un vote distinct et fut noyée dans la proposition de M. Rivet qui tendait à supprimer entièrement le droit de dissolution.

Cette proposition était digne d'un meilleur sort. Le principe de l'égalité des chambres est inscrit dans notre constitution[3]; un conflit peut être soulevé par l'une comme par l'autre des deux assemblées; il semble anormal de décider à l'avance que c'est la dissolution de la Chambre des députés qui sera nécessaire. Il peut se présenter telle question où notoirement, aux yeux exercés et vigilants du Président de la République, l'opinion publique soit avec la Chambre des députés contre le Sénat; certes, s'il s'agit d'une question isolée, le Sénat s'inclinera devant la décision du pays et adoptera la mesure à laquelle il s'était d'abord refusé. Mais il peut s'agir d'un ensemble de questions, d'une tendance de gouvernement, d'une politique, et le

1. Saint-Girons, *Droit constitutionnel*, p. 480.
2. Séance du 24 février 1875, *Journal officiel* du 25.
3. Voyez cependant sur le droit du Sénat de renverser les ministères, Esmein, *Droit constitutionnel*, pp. 624, 821 et suiv. L'article 6 de la loi du 25 février 1875 paraît contraire à la thèse de l'honorable professeur. Cpr. Duguit, *Le Sénat et la responsabilité ministérielle. Revue du Droit public*, t. I, p. 426.

Sénat toujours identique sera amené à renouveler le conflit sur une difficulté voisine.

De telles situations se sont présentées dans la monarchie parlementaire en France ou en Angleterre; l'opinion publique était avec les députés ou avec les communes; pour briser la résistance de la Chambre haute, le roi avait un moyen, la nomination *par fournée* de pairs; il s'en est servi, et le conflit a trouvé une solution conforme aux intérêts du pays. Mais ce moyen n'existe pas dans notre constitution.

La lenteur même du renouvellement du Sénat, ces neuf années nécessaires pour retremper tous ses membres dans de nouvelles élections, font craindre qu'il soit trop fidèle au titre que M. Thiers lui donnait en 1873 de « chambre de résistance », et qu'il retarde sur l'opinion publique dont la Chambre est une plus fidèle image. De là des conflits, tout au moins des tiraillements, que la dissolution de la Chambre ne terminera qu'incomplètement, mais que le renouvellement du Sénat, la vie nouvelle insufflée par les électeurs résoudraient définitivement.

Verra-t-on une objection dans le renouvellement partiel du Sénat, une difficulté d'organiser après dissolution la périodicité des élections? Cette difficulté a été résolue en Hollande et en Belgique pour la dissolution des deux chambres, et nulle critique n'a été soulevée contre la législation en vigueur.

Cette faculté de dissoudre le Sénat profiterait même à son influence politique. Son absence donne, dans les conflits entre les assemblées, une supériorité incontestable à la Chambre. « Tant qu'elle ne sera pas dissoute, la Chambre pourra se dire, avec quelque apparence de raison, l'interprète fidèle de l'opinion publique. Et quand elle reprendra ses séances après une dissolution, elle aura cette force irrésistible que donne un récent baptême électoral [1]. » Si c'est le Sénat, au contraire, qui vient de se soumettre à ses électeurs, il aura entre ses mains toute la puissance du verdict prononcé par eux. La tendance actuelle est de faire du Sénat un second représentant du suffrage universel. La loi du 9 décembre 1884 a déjà fait un pas en ce sens; elle a supprimé

1. Saint-Girons, *Manuel de droit constitutionnel*, p. 484.

en même temps l'argument que l'on tirait contre la dissolution du Sénat de l'existence, dans son sein, de membres inamovibles. Le temps n'est peut-être pas loin où les sénateurs seront les élus du suffrage universel, mais à deux degrés. Pour conserver au Sénat une situation égale à celle de la Chambre, il nous paraît indispensable que le Président puisse, si les circonstances l'exigent, l'obliger à renouveler ses pouvoirs par cette consultation des électeurs qu'est la dissolution [1].

1. Le droit de dissoudre la première Chambre existe en Suède, en Hollande, en Belgique, en Roumanie, et, dans plusieurs pays où le Sénat est en partie nommé par le roi, en partie élu, il existe pour la partie élective : Espagne, Danemark, Portugal.

CHAPITRE VIII

LES MONARCHIES REPRÉSENTATIVES

I. L'empire allemand. — II. La Prusse. — III. Les États secondaires de
l'Allemagne. L'Alsace-Lorraine. Le Luxembourg. — IV. L'Autriche.

Sans parvenir directement au régime parlementaire, un gouvernement peut être amené à perdre son caractère de pouvoir absolu,
personnel, sans contrôle, et à s'entourer d'assemblées électives. Des
causes diverses peuvent l'y conduire; un prince sage et éclairé peut
comprendre qu'il est de son intérêt de consulter l'opinion de son
peuple, de ne point s'isoler dans le gouvernement, d'en partager la
responsabilité avec les représentants du pays. C'est ce qu'a fait l'empereur François-Joseph en 1867 sur le conseil de M. de Beust. Mais c'est
plus souvent sous la pression des événements que le monarque perd
ses prérogatives sans limites et se voit contraint à accepter le contrôle de la représentation nationale. Les révolutions de 1830 et
de 1848 ont vu une éclosion de constitutions nouvelles. Dans ces conjonctures, le monarque cherchera fréquemment à ne laisser s'échapper
de ses mains que la moindre parcelle du pouvoir, à restreindre la part
qu'il doit abandonner aux corps élus. Il admettra alors qu'une Assemblée vote des lois, mais il se réservera un droit de veto absolu; ses
ministres seront entendus par les députés, mais ils ne seront responsables que devant lui, seul il les choisira et révoquera; enfin dès qu'une
opposition trop forte s'élèvera dans la Chambre, il s'efforcera de la
briser par une dissolution. C'est ce régime, à mi-chemin entre le pouvoir absolu et le gouvernement parlementaire, que l'on ne peut désigner que sous l'expression de monarchie représentative. Les pays

allemands en offrent de nombreux exemples. Quelques monarchies secondaires l'ont adopté alors qu'elles voyaient la Charte française reproduire le parlementarisme anglais, mais qu'elles ne voulaient pas pousser aussi loin l'abdication de leurs pouvoirs : le grand-duché de Bade et la Bavière en 1818, le Wurtemberg en 1819. La Saxe royale et d'autres petits États l'admirent après la révolution de Juillet, la Prusse à la réaction de 1850, l'Autriche sous l'influence de M. de Beust. L'empire d'Allemagne enfin l'adopta comme le plus propre au pouvoir personnel d'un homme de génie, tout en concédant quelque chose aux besoins populaires.

I

Il n'est pas utile de rechercher les origines de la Constitution allemande ; elle ne procède que du régime de la Confédération de l'Allemagne du nord. Tout au plus peut-on dire que le « papotage inutile de l'assemblée de Francfort » fit sentir les dangers d'un parlementaire prématuré. « Je suis de la marche de Brandebourg, disait le comte de Bismarck à Francfort ; cette raison me suffit pour que mon roi ne devienne pas le vassal du président de l'assemblée. » Il devait, vingt ans plus tard, changer cette idée en réalité lorsqu'il rédigea la constitution impériale. L'horreur du régime parlementaire se retrouve sans cesse dans ses discours. « Il est bon, disait-il au Reichstag, que la monarchie soit tempérée par la liberté de la presse et par les discussions d'un parlement. Les parlements et la presse peuvent rendre les rois attentifs à quelques-unes de leurs erreurs, mais leur pouvoir ne doit pas aller plus loin, sous peine d'empiéter sur le pouvoir exécutif qui n'appartient qu'au souverain[1]. » Pour lui, l'omnipotence royale était un dogme, et il avait effroi à penser que l'Allemagne pourrait avoir un jour un gouvernement semblable à celui de l'Angleterre.

---

1. Cité par Valbert, La dissolution du Reichstag, *Revue des Deux Mondes*, du 1er février 1887. M. de Helldorf disait à cette époque : « Le régime parlementaire est inapplicable à l'empire ; une monarchie forte est la garantie de son existence, et l'armée, qui en est l'institution essentielle par excellence, doit reposer sur la loi et pour de longues années... L'Europe sait que le gouvernement de l'Allemagne suit ses voies, conscient du but à atteindre sans se régler sur les passions populaires non plus que sur les calculs du parlementarisme. » *Annuaire de législation étrangère*, 1888, p. 159.

M. de Bismarck se trouvait d'ailleurs en 1870 en présence d'un double besoin à satisfaire dans le peuple allemand : d'une part le désir d'un gouvernement fort, pour être un peuple fort, en réaction de tant de divisions et d'invasions ; d'autre part l'amour de la patrie dans la grande, le désir de conserver l'individualité des petits États, de rester hessois ou saxon, tout en devenant allemand de l'empire.

De là les trois organes du gouvernement que la constitution de la Confédération du Nord en 1867 énumérait dans cet ordre parfaitement logique : le conseil fédéral, représentant des princes, des petits États, de l'individualisme des principautés ; la Présidence de la Confédération, aujourd'hui l'empereur, qui gouverne par la personne du chancelier, chef du pouvoir exécutif, doté de pouvoirs qui le rendront fort à l'intérieur, redoutable à l'extérieur ; le Reichstag enfin, « et la logique était d'accord avec la politique pour faire reléguer au dernier rang l'organe de la volonté nationale, étant donnée la médiocrité du rôle qui lui était réservé [1] ». En 1871, les institutions ont été développées, mais elles ont conservé leurs places respectives, et c'est toujours l'ordre des chapitres qui réglementent les trois pouvoirs de l'État.

Le Bundesrath n'est pas une assemblée parlementaire, c'est une réunion de diplomates, de représentants des membres de la Fédération impériale, et les votes y sont partagés de telle façon que la Presse, avec les royaumes, duchés ou villes libres annexés de Hanovre, Hesse électorale, Holstein, Nassau et Francfort, a 17 voix sur 58 [2]. Sa composition, sa nature même excluent le droit de le dissoudre.

D'ailleurs un examen attentif montre qu'il est plutôt un conseil exécutif qu'une assemblée législative : il rédige les instructions administratives, il a le pouvoir réglementaire quand un texte spécial le lui a délégué, et il va même dans le silence de la loi jusqu'à sanctionner ses règlements par l'établissement de pénalités. Certains fonctionnaires de l'administration des finances et des consulats sont nommés avec son approbation, les juges du tribunal de l'empire sur sa présentation ; il élit les magistrats de la cour des comptes et il

1. A. Lebon, *Études sur l'Allemagne politique*, p. 144.
2. Ch. Benoist, Le Reichstag, l'empereur et l'empire allemand, *Revue des Deux Mondes* du 15 juin 1893.

P. Matter.　　　　　　　　　　　　　　　10

règle lui-même les comptes d'État; il prépare les travaux pour le Reichstag et délègue ses membres à titre de commissaires du gouvernement pour seconder le chancelier dans les discussions devant la Chambre populaire. Successivement législateur, administrateur, gouvernant et magistrat [1], son caractère dominant c'est d'être un conseil, comme jadis la diète de 1815, dont il est l'héritier direct. A ce point de vue encore, le droit de dissolution ne se comprenait pas.

Quel en pourrait être d'ailleurs l'emploi? l'opinion du conseil fédéral s'identifie presque nécessairement à celle du chancelier qui le préside et qui y dispose des dix-sept voix de la Prusse, le tiers du conseil entier. S'élève-t-il, d'aventure, dans le conseil, quelque majorité disposée à faire face au chancelier, à modifier contre sa volonté quelque disposition légale? Son champ d'action sera limité par la Constiution même, et elle se heurtera à son article cinq. « En cas de dissentiment dans le Conseil fédéral à l'occasion de projets de loi sur l'armée, la marine militaire et les impôts mentionnés à l'article 35 (ce sont les impôts qui constituent les revenus de l'Empire), la voix du président l'emporte, s'il se prononce en faveur du maintien des dispositions existantes. »

Il ne s'agit point là de partage de deux camps égaux en voix, que le vote du Président départagerait, mais de dissentiment; dès qu'il y a dissidence, les représentants de Prusse fussent-ils seuls de leur avis, le président — c'est-à-dire le chancelier — tranche le débat. Sa voix n'est pas seulement prépondérante, elle est omnipotente [2]. De par la constitution, il est le maître dans le Bundesrath, capable de paralyser son action. Pour le déposséder une seule voie est ouverte : la revision de la constitution; mais, conformément à l'article 78, elle est rejetée dès que, dans le sein du Bundesrath, quatorze voix se prononcent contre elle; or le roi de Prusse y dispose de dix-sept votes.

Inapplicable en droit, la dissolution du Bundesrath était inutile en fait; nul n'a proposé de l'établir.

Il n'en était pas de même du Reichstag; en établissant cette assemblée législative, fondée sur le suffrage universel, — M. de Bismarck

1. A. Lebon, *loc. cit.*, p. 148.
2. Lavisse, *Essai sur l'Allemagne impériale*, p. 322.

le redoutait moins que les censitaires et les capacitaires, — on lui marquait une défiance certaine et on le bloquait dans le terrain le plus étroit possible. On lui donnait, concurremment avec le Bundesrath, le pouvoir législatif; l'empereur ne se réservait aucun droit de veto. Mais le conseil fédéral est entre ses mains, et si, par extraordinaire, il s'établissait un accord entre la majorité du Bundesrath et celle du Reichstag, elle ne pourrait modifier que des dispositions secondaires: sur toutes autres le chancelier, président du conseil fédéral, opposerait sa « prépondérance en cas de dissentiment ». Ainsi l'empereur fait sien le veto du Bundesrath. Voilà pour le pouvoir législatif du Reichstag.

Restent le vote annuel du contingent militaire et du budget de l'empire. Le Reichstag a abdiqué le premier par l'adoption du septennat. Le chancelier a singulièrement énervé le second; on a divisé les recettes et les dépenses publiques en deux catégories : les unes, que le Reichstag peut refuser de laisser engager par le gouvernement, les autres, considérées comme permanentes, ne peuvent être modifiées sans le consentement du souverain. « Cette dernière catégorie a fini naturellement par englober la plus grande partie des dépenses publiques de sorte que si un conflit s'élevait sur ce point, le Reichstag protesterait en vain... Le gouvernement continuerait à percevoir celles des recettes prévues antérieurement par des lois permanentes et qu'il regarde comme obligatoires. [1] »

Ainsi le rôle actif du Reichstag est de toutes parts limité par des barrières habilement dressées; la majorité trop audacieuse s'y heurtera sans cesse; on lui a donné tous les droits, initiative et amendement, mais leur exercice en a été soigneusement paralysé entre ses mains. Il lui reste le rôle passif, l'obstruction à outrance, le refus de voter les propositions gouvernementales, et la mise en minorité continuelle du chancelier. L'empereur en tiendra le compte qu'il voudra, et il n'est nullement lié par l'hostilité du Reichstag contre le chancelier. De fait on s'est plu à attester parfois l'impuissance du Reichstag avec quelque ostentation. Les votes fréquemment renouvelés à de fortes majorités, par cette Assemblée, en faveur du principe de l'indemnité

---

1. Sentupéry, *L'Europe politique*, p. 38. Ch. Benoist, *loc. cit.*

parlementaire ou pour l'abrogation de la loi contre la compagnie de Jésus, ont été tenus pour non avenus avec le même dédaigneux sang-froid par le prince de Bismarck, le comte de Caprivi et le prince de Hohenlohe [1]. Qu'importe au chancelier un vote hostile du Reichstag, il n'est responsable que devant l'empereur, qui n'est responsable que devant Dieu !

Enfin si l'opposition persiste, si elle s'obstine à refuser le vote de quelque proposition essentielle. le chancelier recourt au droit de dissolution, considéré comme véritable arme de gouvernement.

La durée du Reichstag, fixée à trois ans par la Constitution, a été portée à cinq années en 1888 ; la procédure de dissolution est déterminée par les articles 24 et 25 de la Constitution [2]. Pour dissoudre le Reichstag, il faut l'accord du Bundesrath et de l'empereur. « Sa dissolution, porte l'article 24, ne peut résulter que d'une décision prise par le conseil fédéral, du consentement de l'empereur. » L'empereur ayant comme roi de Prusse dix-sept voix au Conseil, il a grande chance d'obtenir la dissolution s'il la demande. Les discussions du Bundesrath sont secrètes, sa décision peut être prise avec une discrétion telle que la dissolution constituera un véritable coup de théâtre. Elle est prononcée par une ordonnance rendue par l'empereur au nom de l'empire, en exécution de l'article 17 de la Constitution ; cette ordonnance doit être contresignée par le chancelier de l'empire, qui, par cette signature, en prend la responsabilité. Nous savons ce qu'il faut entendre par là. Elle doit être publiée dans le *Reichsgesetzblatt* (Journal officiel de l'empire [3]). Elle peut être rendue, aussi bien quand le Reichstag est réuni que quand il ne l'est pas ; dans le premier cas, lecture de l'ordonnance est faite aux députés par le chancelier ou par

---

1. F. de Pressenssé, *A la recherche d'une majorité*, le *Temps* du 5 août 1896. « Le chancelier, seul organe constitutionnel du gouvernement de l'empire, ressemble infiniment plus à un grand vizir qu'à un président du conseil en pays parlementaire. Il dépend de l'empereur, et de lui seul. »

2. Voyez sur la procédure de dissolution P. Laband, *Das Staatsrecht des deutschen Reiches*, Freiburg, 1888, t. I, p. 319. L. von Rönne, *Das Staatsrecht des deutschen Reiches*, Leipsig, 2ᵉ éd., 1876, t. I, p. 262 et suiv.

3. Voyez, par exemple, dans le *Reichsgesetzblatt* de 1873, p. 371, l'ordonnance impériale du 29 novembre 1873, contresignée par le chancelier et prononçant la dissolution du Reichstag en ces termes : « Nous, etc..., vu la décision prise par le Bundesrath conformément à l'article 24 de la constitution impériale et de notre consentement, ordonnons au nom de l'empire, etc... »

son représentant. La dissolution du Reichstag n'entraîne pas la prorogation du Bundesrath, car conformément à l'article 13 de la constitution impériale, le conseil fédéral peut être réuni en dehors des sessions de l'autre Chambre.

« En cas de dissolution du Reichstag, porte l'article 25 de la Constitution impériale, des élections nouvelles doivent avoir lieu dans le délai de soixante jours, et le Reichstag ainsi nommé doit être réuni dans un délai de quatre-vingt-dix jours à compter de la dissolution. » L'ordonnance de convocation des électeurs est publiée dans le *Reichsgesetzblatt* en même temps que l'ordonnance de dissolution.

Toute cette procédure est bien combinée : une certaine garantie dans le consentement préalable du conseil fédéral, de promptes élections, une rapide réunion de la nouvelle assemblée. La même correction règne dans les théories sur les cas de dissolution émises par les auteurs de droit public impérial : « Le but de la dissolution, dit M. de Rönne, est de rétablir l'accord de pensée entre le Reichstag et le Bundesrath ; lorsqu'il existe une divergence entre ces deux corps sur des questions essentielles, il importe que le Bundesrath puisse en appeler aux électeurs, pour savoir si ceux-ci approuvent ou non la conduite de leurs députés ; c'est le but naturel de la dissolution du Reichstag [1]. » Puis il énumère les cas secondaires de dissolution : élections prochaines et grande question urgente, etc.

Cette correction est bien loin de régner en fait, et si les différentes dissolutions prononcées par le gouvernement ont toujours tourné à son avantage, elles ne font pas honneur à son respect de l'opinion populaire. A quatre reprises, des ordonnances ont renvoyé prématurément les députés devant leurs électeurs, en décembre 1873, juin 1878, janvier 1887 et mai 1893, et, sauf la première, ces dissolutions n'ont eu d'autre but que d'arracher aux électeurs une représentation favorable au gouvernement. « En Allemagne, a-t-on écrit, l'appel au peuple consiste à consulter la Pythie jusqu'à ce qu'elle dise ce que Philippe veut lui faire dire, et cela finit presque toujours par arriver. La Pythie se lasse, Philippe ne se lasse jamais [2]. »

---

1. L. von Rönne, *loc. cit.*, p. 263.
2. Valbert, *Revue des Deux Mondes* du 1er février 1887 ; voyez, sur les diverses dissolutions du Reichstag, les notices générales sur l'Allemagne dans l'*Annuaire*

La première dissolution n'avait d'autre raison que la proximité des élections générales et le désir de constituer un Reichstag capable de fournir une session continue : raison parfaitement correcte et légitime. Mais déjà dans les manœuvres électorales perçait le désir d'obtenir une majorité favorable aux projets militaires, et ce désir est devenu la cause officielle des trois autres dissolutions. En 1878, M. de Bismarck n'a pas caché qu'il voulait profiter du trouble profond apporté dans le pays par les attentats de Hœdel et de Nobiling, pour se débarrasser d'une Chambre peu docile.

Le 11 mai 1878, Hœdel, docteur en médecine et socialiste, commettait une première tentative de régicide, d'ailleurs sans atteindre l'empereur : une profonde émotion se répand en Allemagne, où le vieux Guillaume est populaire, dans les campagnes surtout. Le parti socialiste s'efforce de répudier toute solidarité avec le meurtrier; les doctrines de la démocratie sociale, déclare Karl Marx, n'ont rien à voir « dans l'entreprise d'un régicide; elles en sont aussi innocentes que de la catastrophe du *Grand-Électeur*, ou de la réunion du Congrès de Berlin ». Le chancelier ne l'entend pas ainsi et dépose au Reichstag un projet de loi contre les menées socialistes qui organise le régime de l'arbitraire; il donnait au Bundesrath le droit d'interdire les publications et de dissoudre les réunions et les sociétés qui poursuivent les tendances de la démocratie socialiste, en laissant au Reichstag la faculté de rapporter la mesure prononcée; la pénalité en cas d'infraction était de trois mois au moins; la loi ne devait avoir exécution que pendant trois années [1].

Le Reichstag se refusait à admettre ce projet sans le modifier, quand soudain Nobiling, ouvrier ferblantier, et non moins socialiste, commet un nouvel attentat à la vie de l'empereur (2 juin). Guillaume est sérieusement atteint, sur le moment même on croit sa vie en danger, le Kronprinz Frédéric reçoit temporairement la direction du pouvoir. L'émotion et l'indignation sont à leur comble dans tout le pays. Avec

---

de législation étrangère, et des articles de MM. Lavisse, Valbert et Ch. Benoist dans la *Revue des Deux Mondes*, en 1874, 1878, 1887 et 1893.

1. Notice de M. Jobbé-Duval, *Annuaire de législation étrangère*, 1879, pp. 74, 119 et 340. Le projet du chancelier était plus dur encore, mais il avait été amendé par le Bundesrath.

sa merveilleuse sûreté de coup d'œil, M. de Bismarck comprend l'excellente occasion de mettre les électeurs de son côté, et prononce le 11 juin la dissolution du Reichstag. « Nous ne fournirons pas à ces Messieurs l'occasion de se réhabiliter, s'écria-t-il en parlant des députés, nous les renverrons devant le pays avec le stigmate du régicide au front. » Il savait parfaitement que ces messieurs auraient maintenant voté sans hésiter tout projet de loi contre les socialistes ; mais leur refus primitif n'était qu'un prétexte : le chancelier voulait obtenir des électeurs un Reichstag disposé à renouveler immédiatement le septennat militaire, et à voter un système de finances fédérales qui rende l'Empire entièrement indépendant des États qui le composent. Il voulait profiter du regain de popularité du vieux Guillaume pour soulever le pays en faveur du pouvoir impérial contre le parlementarisme.

De son avènement à sa mort, Guillaume est toujours intervenu personnellement lorsqu'il s'est agi des intérêts ou de l'accroissement de l'armée ; en matière financière et économique, sur les difficultés extérieures et intérieures, il semble avoir laissé à ses ministres infiniment plus d'indépendance que sur les questions militaires. Les généraux de Roon et de Moltke paraissent avoir été plus ses hommes que MM. de Bismarck ou de Manteuffel. A chaque vote du Reichstag refusant des crédits, a répondu une allocution de l'empereur. « Je suis profondément affligé, disait-il en 1887 à une députation de la Chambre des seigneurs, dites-le partout. Ma seule consolation est d'espérer que les choses iront mieux à l'avenir. » Par cette sollicitude pour l'armée, s'explique son intervention dans les différentes dissolutions du Reichstag, car elles ont été toutes motivées dans l'intérêt de l'armée. Et son petit-fils a les mêmes idées ; il n'a jamais manqué de le dire.

La question du septennat militaire, voilà au fond quelle a été la véritable raison des trois dissolutions de 1878, 1887 et 1893. Le pouvoir impérial a toujours lutté pour obtenir le vote pour sept ans des crédits militaires : instruit par les expériences du conflit entre le gouvernement prussien et le parlement de 1861 à 1866 [1], il a compris que l'adoption pour sept ans du budget militaire le mettait à l'abri

____

1. Voyez infra, pp. 157 et suiv.

des résistances d'un Reichstag récalcitrant, lui donnait le temps de lasser son opposition ou d'en venir à bout. Aussi à chaque demande d'augmentation d'effectif, en a-t-il réclamé le vote pour ce laps de temps. Le Reichstag, de son côté, a rarement refusé hommes et argent ; son patriotisme ne le lui permettait pas ; mais il aurait voulu un contrôle plus effectif sur les crédits qu'il accordait, un vote du contingent sinon annuel, tout au moins triennal qui lui permette un examen régulier et fréquent des comptes de l'armée. De là des conflits et des dissolutions.

Lors des deux dernières, en 1887 et 1893, c'est au moment même de l'adoption d'un amendement qui modifie le projet gouvernemental, établit le triennat et le quinquennat au lieu du septennat réclamé par l'administration impériale, c'est à peine le résultat du scrutin proclamé, que le chancelier, M. de Bismarck ou M. de Caprivi, se lève, et dit d'une voix forte : « J'ai à communiquer au Reichstag une ordonnance impériale. » Tous les députés sont debout, le chancelier monte à la tribune, ouvre son portefeuille rouge et lit le décret de dissolution. Sur l'invitation de son président, l'assemblée pousse trois hourrahs en l'honneur de l'Empereur et se sépare.

Ainsi un conflit entre le gouvernement et le Reichstag, conflit soulevé trois fois sur la question militaire, parce que c'est la question essentielle, vitale de l'Empire, telle est la cause toujours renouvelée de la dissolution. Dans toute autre monarchie représentative, on pourrait l'admettre comme un appel au pays parfaitement correct, une consultation loyale des électeurs. En Allemagne, les conditions dans lesquelles cette mesure a été employée, les circonstances dont elle a été entourée démontrent qu'il n'en est rien, et que la dissolution n'est qu'un instrument destiné à forger un bon Reichstag.

Nous n'avons pas pour objet d'étudier la loyauté dans les élections, mais la pratique des manœuvres électorales est en Allemagne si étroitement unie à l'usage du droit de dissolution, qu'il nous est impossible de les séparer, d'analyser l'un sans parler de l'autre : candidatures officielles, intervention personnelle de l'empereur, rappels de Sadowa et de Sedan, pression directe par les autorités administratives, menaces aux fonctionnaires trop indépendants, discours comportant des allusions voilées à des événements européens qui mettent en danger l'unité de l'Allemagne, mais surtout nouvelles à sensation répandues par la presse allemande ou étrangère qu'entretient le fond des reptiles. « M. de Bismarck ouvre tous les registres de son grand orgue, surtout ceux qui imitent l'orage ; il fait hurler le vent, gronder le tonnerre, mugir la mer et souffler la tempête dans les journaux à sa dévotion... La *Post* jette la note aiguë, tandis que la *Gazette de Cologne* chante en basson les péchés de la France et en petite flûte ou en harpe éolienne les vertus politiques de la Prusse [1]. » Le chancelier a changé, le procédé s'est maintenu.

Il était nécessaire de rappeler l'emploi de ces manœuvres parce que le gouvernement allemand ne les a pas distinguées, ne les a pas séparées du droit de dissolution ; il a trouvé dans la Constitution la théorie, il a forgé par un triple usage la pratique. Il n'eût été ni juste ni logique de les séparer ; en examinant le régime de l'Angleterre nous admirerons la correction de ses hommes d'État ; il était nécessaire de constater l'incorrection des dissolutions allemandes.

Cet examen d'une des institutions du régime allemand doit donner une idée exacte de l'ensemble. Par horreur du parlementarisme, on a abouti au gouvernement d'un seul, l'empereur ou le chancelier : faite à la stature d'un homme de génie, endossée aujourd'hui par un monarque de grande envergure, la Constitution de 1871 est une armure lourde, et qui peut être portée seulement par un homme robuste ; si elle tombe en héritage à un monarque débile, qui ne puisse ou ne sache trouver un suppléant vigoureux, elle se faussera par son propre poids ; peut-être alors le Reichstag passera-t-il du troisième rang qu'il tient aujourd'hui, au premier, et le régime personnel se transformera-t-il en régime parlementaire. Il en est loin aujourd'hui, et un professeur doublé d'un homme d'État a pu écrire à juste titre : « Il n'est point de monument à la fois plus hypocrite et plus complet du gouvernement personnel [2]. »

1. Benoist, *loc. cit.*
2. Lebon, *loc. cit.*, p. 167.

II

Si depuis 1871 les États de l'Allemagne ont perdu une partie de leur vitalité, leurs constitutions sont demeurées en vigueur. La Constitution de l'empire a créé non l'unité, mais une confédération, et son champ d'exercice est borné ; l'article 4 énumère les matières que la législation impériale peut réglementer, et pour être longue son énumération est limitative. Les constitutions des divers États allemands ne sont donc pas des cadavres juridiques et leur étude présente mieux qu'un intérêt historique. Celle de Prusse, en particulier, mérite quelque examen parce que le droit de dissolution a joué un grand rôle dans l'histoire parlementaire du pays.

A la veille de la révolution de 1848, le roi Frédéric-Guillaume IV avait créé par patente du 5 février 1847 un Landtag uni, composé de deux Chambres et qui siégea pendant quelques semaines. Les événements de février entraînèrent la Prusse dans un tourbillon. Sous le coup des émeutes de Berlin, le Landtag vota une loi électorale et la réunion d'une Assemblée constituante qui procéda avec tant de hâte et de fièvre que le roi n'eut de repos qu'après avoir prononcé sa dissolution [1] (5 décembre 1848). Le même jour il octroya une Constitution et convoqua les deux Chambres pour l'examiner et au besoin la modifier. Réunies le 26 février 1849, les deux Chambres s'empressèrent de se disputer et d'entrer en conflit ; leur lutte fut telle qu'il fallut dissoudre la seconde Chambre quelques semaines après sa réunion (27 avril). Enfin, après de nouvelles élections faites sur une base plus étroite, les deux Chambres se réunirent le 7 août et procédèrent à la revision de la Constitution, qui fut promulguée le 31 janvier 1850. Elle est encore aujourd'hui en vigueur, dans ses grandes lignes tout au moins.

Elle organise la monarchie représentative dans tous ses traits caractéristiques : le pouvoir législatif est exercé par le roi et le Landtag composé des deux Chambres ; ils ont également l'initiative et le refus de la loi. Des deux Chambres, l'une, la Chambre des seigneurs, est composée de membres que le roi nomme avec droit héréditaire ou à

---

1. Dareste, *Les constitutions modernes*, 2° éd., t. I, p. 181.

vie [1] ; l'autre, la Chambre des députés, est élective : ses membres sont élus au second degré et suivant le système des trois classes. Le roi exerce le pouvoir à l'aide de ministres « qui sont responsables ». La Constitution ne dit pas devant qui s'exerce cette responsabilité, pendant longtemps on ne tenta même pas de proposer une responsabilité parlementaire, mais à la suite d'une discussion au Landrath, le roi a revendiqué par lettre du 4 janvier 1882 les droits de la couronne et a rappelé que les ministres sont responsables devant lui seulement ; cette discussion n'est pas sortie des bornes de la pure théorie ; jamais un ministre ne s'est retiré devant un vote hostile des Chambres.

Il est dans la logique de cette Constitution d'accorder au monarque le droit de dissolution : entre le pouvoir exécutif et les Chambres peut éclater un conflit qui ne trouvera sa solution naturelle que dans de nouvelles élections. « La dissolution de la Chambre, disent les auteurs, contient en elle-même la déclaration de la couronne qu'elle ne croit pas trouver dans la Chambre existante l'expression véritable de la pensée du pays, et l'invitation aux électeurs de s'expliquer sur le conflit entre cette Chambre et le ministère et de prononcer leur désapprobation sur la conduite de leurs représentants actuels [2]. » Ainsi la couronne ne demeure pas impartiale entre la Chambre et le ministère ; elle prend parti pour celui-ci et demande au pays de l'approuver, de modifier sa représentation ; c'est là le caractère de la monarchie représentative non parlementaire ; les ministres n'étant responsables que devant le monarque, s'il les conserve lors d'un conflit avec la Chambre élective, c'est qu'il les approuve et désapprouve celle-ci.

La Chambre des députés est élue pour une durée de cinq années [3]. « Le roi peut dissoudre les deux Chambres du Landtag ensemble ou isolément. » Ainsi s'exprime l'article 51, § 2, de la Constitution et il n'a pas été modifié : une discussion, toute théorique, s'est élevée sur la dissolution de la Chambre des seigneurs depuis que la revision du 7 mai 1853 lui a enlevé son caractère électif et l'a composée de

---

1. Suivant la constitution de 1850, les membres de la Chambre des seigneurs étaient élus ; la modification a été apportée par une loi de 1853.

2. L. von Rönne, *Das Staatsrecht der preussischen Monarchie*, t. I, p. 283. Cpr. H. Schulze, *Preussisches Staatsrecht*, t. II, p. 197 sq.

3. La constitution de 1851 avait fixé à trois ans la durée de la période législative ; elle a été modifiée en 1888.

membres héréditaires et de membres à vie ; bien que l'article 51 de la Constitution n'ait pas été changé, il est admis que le monarque n'a plus le droit de dissoudre la Chambre haute. La loi de 1853 dispose en effet que la composition de cette Chambre ne pourra plus être modifiée par la volonté unilatérale du roi, mais seulement par une loi : or sa dissolution suivie de nouvelles nominations aboutirait nécessairement à modifier sa composition. D'ailleurs les membres de cette Chambre, nommés à vie ou par hérédité, ont droit de siéger jusqu'à leur mort ; ce droit résulte pour eux des articles 65-68 de la Constitution, revisés en 1853 ; le leur enlever par une dissolution serait donc violer ces articles constitutionnels [1]. En fait le roi de Prusse n'a plus depuis 1853 prétendu au droit de dissoudre la Chambre des seigneurs ; le nombre de ses membres n'étant pas limité, le droit de nommer une « fournée » de seigneurs suffirait si quelque opposition persistante s'y élevait.

La dissolution de la seconde Chambre peut être prononcée aussi bien lorsque le Landtag est réuni que hors session ; on a essayé en théorie et en pratique de soutenir que la Chambre ne peut être dissoute si elle n'est pas réunie ; mais cette prétention n'a pas été admise [2], et nous avons montré [3] que ce point ne peut faire de doute. Si le Landtag est réuni, il est donné lecture de l'ordonnance en même temps aux deux Chambres. Cette ordonnance, revêtue du contreseing d'un ministre, doit être publiée au Recueil des Lois (Gesetzsammlung).

Au contraire du droit public impérial, la dissolution de la Chambre des députés entraîne de plein droit la prorogation de la Chambre des seigneurs jusqu'à la réunion du nouveau Landtag (article 77, § 3). Lorsqu'il exerce sa prérogative, le roi doit convoquer les électeurs dans les soixante jours qui suivent la dissolution, et les Chambres dans les quatre-vingt-dix jours. L'article 75 de la Constitution dispose en termes formels qu'après dissolution les membres sortants sont rééligibles.

---

1. Nous résumons rapidement· cette discussion d'école. Voyez Rönne, *Das Staatsrecht der preussischen Monarchie*, t. I, p. 284 et note 1 a; Held, *System des Verfassungrechts*, t. II, p. 482 et note 2.

2. Rönne, *Das Staatsrecht der preussischen Monarchie*, t. I, p. 285 ; R. von Mohl, *Das würtenbergische Staatsrecht*, 3ᵉ éd., t. I, p. 598 et 606.

3. Voyez supra, p. 27.

Le droit de dissolution a joué un rôle considérable en Prusse lors du conflit de la Chambre des députés et de M. de Bismarck appuyé sur la Chambre des seigneurs : en quatre années il a été exercé à trois reprises différentes dans cette époque troublée de 1861 à 1866 où l'histoire parlementaire de la Prusse se résume tout entière dans le conflit entre la Chambre des députés et le Gouvernement appuyé sur l'autre assemblée [1].

Les causes originaires du conflit sont dans les idées du roi Guillaume et de son entourage sur la nécessité d'organiser l'armée prussienne sur de nouvelles bases. En 1860, le ministère avait déposé un projet de loi qui augmentait l'effectif, modifiait les cadres, remaniait toutes choses, et sans attendre qu'elle fût votée, on le mettait à exécution pour placer les Chambres devant un fait accompli.

Les élections générales du mois de décembre 1861 avaient donné une majorité progressive ; le roi en avait exprimé son déplaisir avec vivacité : « Les élections, avait-il dit à une députation, ne pouvaient être pires, elles ont profondément affligé mon cœur royal. On m'envoie à Berlin des hommes de 1848 qui viennent à peine de profiter de l'amnistie. On s'est moqué de mon couronnement. » Le ministère, composé de libéraux modérés, essaya pourtant de s'arranger de cette Chambre, et le discours du trône annonça des réductions de dépenses, et une stricte économie dans les dépenses militaires. Les députés ne se contentèrent pas de ces promesses, et, dès le projet de budget déposé, M. Hagen réclama une plus grande spécialisation du budget, surtout pour les dépenses de l'armée ; le ministre des finances promit de tenir compte de ce vœu, mais déclara que pour le réaliser de suite il faudrait remanier toute la loi ; des discussions irritantes s'ensuivirent, tournèrent à l'aigre, et le 6 mars la Chambre fit sienne la réclamation de M. Hagen par 171 voix contre 143.

Ce vote causa dans le monde gouvernemental une vive émotion : le public craignit un coup d'État, le pouvoir redouta une insurrection.

---

1. Sur le conflit voyez Sybel, *Die Begründung des deutschen Reiches durch Wilhelm I*, t. II et III, d'autant plus intéressant que son auteur était un des chefs de l'opposition libérale à cette époque. A. Pey, *L'Allemagne d'aujourd'hui*, p. 1 à 71. *Annuaire encyclopédique* et *Annuaire des Deux Mondes*, années 1861 à 1866. Éd. Simon, *Histoire du Prince de Bismarck* et *L'empereur Guillaume et son règne*.

Le 11 mars, une ordonnance prononça la dissolution de la Chambre des députés et le lendemain M. le prince de Hohenlohe Iffingen était appelé à la présidence du Conseil; il constitua un cabinet nettement réactionnaire.

Il s'agissait de « faire » de bonnes élections et l'on mit tout en œuvre : pour donner quelques satisfactions à l'opinion publique, on annonça des divisions plus nombreuses dans le budget et quelques réductions de dépenses ; mais surtout on se livrait à une vigoureuse pression électorale, et une circulaire du 22 mars mettait en demeure les fonctionnaires « de faire comprendre aux électeurs les principes qui dirigent le pouvoir et qui ont été exprimés dans le rescrit adressé par le roi au ministère ». Par fonctionnaires, on entendait même les professeurs et les magistrats. Ces mesures agirent sur les électeurs par effet contraire, et les élections des 28 avril et 6 mai 1862 augmentèrent d'une cinquantaine de voix le parti progressiste et centre gauche.

Dès sa constitution, la Chambre manifesta son opposition au Ministère en élisant comme président M. Grabow, du centre gauche ; puis elle vota sans désemparer une adresse au roi qui blâmait la dissolution de la précédente Assemblée et le système de pression électorale, et s'élevait contre « les influences hiérarchiques et piétistes qui pesaient sur l'État et sur l'école ». Une députation fut chargée de porter le document au roi; Guillaume la reçut plus que froidement, lui déclara tout net « qu'il était pleinement d'accord avec les ministres », et se retira sans prendre l'adresse.

La Chambre ne devait pas tarder à relever cette algarade. Au mois de septembre, elle commença l'examen du budget et tomba droit sur des dépenses faites dans l'intérêt de l'armée sans l'approbation des Chambres : dans sa hâte de réorganisation, le Gouvernement avait dépassé largement les crédits et demandait au Parlement d'approuver les dépenses du passé tout en augmentant celles de l'avenir. La Chambre ne manqua pas cette occasion d'exprimer sa défiance, et le 17 septembre, par 273 voix contre 68, refusa d'approuver les dépenses extraordinaires ; puis elle s'empressa de voter le budget de l'armée pour 1862, en le rognant avec ampleur.

Le 24 septembre, M. de Bismarck était appelé au pouvoir. « Personne ne se doutait que ce jour-là commençait une nouvelle ère pour la Prusse, l'Allemagne et même l'Europe ; car combien d'hommes étaient au courant de l'évolution de Bismarck depuis 1851 ? Tout le monde voyait en lui le combattant le plus hardi du parti féodal, l'adversaire le plus crâne de toutes les tendances libérales, l'orateur qui aurait voulu anéantir toutes les grandes villes, qui avait rendu aux libéraux coups pour coups, cris pour cris. [1] »

Son premier acte est de retirer le projet de budget de 1863 ; la Chambre ayant réduit les dépenses militaires de 1862, il était évident qu'elle diminuerait également celles de 1863. Appelé à la commission du budget, il se laisse entraîner par son tempérament belliqueux et déclare : « Il faut que la Prusse concentre ses forces et les réserve pour le moment favorable qu'elle a déjà laissé échapper plusieurs fois. Ce ne sera pas par des discours et des votes que seront résolues les grandes questions du temps, mais par du fer et du sang. » La Chambre ne se laisse pas effrayer, et, le 6 octobre, par 251 voix contre 36, elle demande la présentation immédiate du budget de 1863 et déclare inconstitutionnelle toute dépense faite après qu'elle a été refusée par le Landtag.

M. de Bismarck cherche alors un appui dans la Chambre des seigneurs : il lui fait rejeter le budget amendé par la Chambre des députés et adopter en son entier le projet du Gouvernement. Ce vote obtenu, le roi prononce la clôture du Landtag, non sans que M. de Bismarck ne lance aux députés le trait du Parthe : « Le projet de loi sur le budget de 1862, déclara le discours de clôture, tel qu'il avait été voté par la Chambre des députés, ayant été rejeté par la Chambre des seigneurs, le Gouvernement de Sa Majesté le Roi se trouve dans la nécessité de gérer les finances de l'État sans la base supposée par la constitution. Il a pleinement conscience de la responsabilité qui résulte pour lui de cette situation fâcheuse, mais il se rappelle aussi ses devoirs, et y trouve l'autorisation de faire provisoirement les dépenses nécessaires au maintien de l'État et de la prospérité publique, car il est assuré qu'elles seront approuvées plus tard par la représentation nationale. »

1. Sybel, *loc. cit.*, t. II, p. 439.

La Constitution de 1850 ne laissait pas le Gouvernement sans armes : elle lui permettait de continuer à percevoir les impôts existants tant qu'ils n'auraient pas été abolis par une loi : Frédéric-Guillaume IV avait tenu essentiellement à cette disposition, car en 1849 l'opposition démocratique avait essayé de proclamer son droit de refuser les impôts. Ce texte permettait à M. de Bismarck d'inaugurer le régime des minorités, il ne s'en fit faute. Il crée une certaine agitation féodale dans le pays en fondant la *Société patriotique*, formée de hauts seigneurs et d'ouvriers, s'élevant contre les prétentions des députés et réclamant le suffrage universel ; on organise des fêtes patriotiques et militaires rappelant les souvenirs de la campagne de France ; on fait signer dans les campagnes et les petites villes des adresses que des délégations portent au roi ; il y répond toujours en termes identiques : « La réorganisation militaire est mon œuvre propre, j'y tiens essentiellement parce que j'y vois le salut de la Prusse. D'ailleurs cette question n'est qu'un prétexte, le but réel des démocrates est de restreindre les droits de la couronne pour établir un régime parlementaire. Je serai fidèle à la constitution et à mon serment. »

Tout cela n'était pas pour apaiser le conflit. Il reprend dès la rentrée du Landtag ; le Président des députés, M. Grabow, proteste contre ces manœuvres aux applaudissements de la Chambre : « Jusqu'au pied des marches du trône, la Chambre des députés, l'unique, la seule vraie représentation du pays, issue des élections générales, a été mise en suspicion, calomniée, injuriée. » Et, à une immense majorité, l'assemblée adopte le projet d'adresse du parti progressiste, dont le thème était la violation de la Constitution.

L'insurrection de Pologne allait permettre à la Chambre d'étendre le conflit à la politique extérieure. Le 8 février 1863, la Prusse signait avec la Russie une convention dont on ignorait les termes exacts ; quatre corps d'armée étaient mobilisés sur la frontière, quelques détachements pénétraient sur le territoire russe pour aider les troupes du Tzar. Immédiatement la Chambre entre en ébullition : sur des interpellations véhémentes, M. de Bismarck est énergiquement blâmé ; il n'en a cure.

Enfin le Gouvernement présente la nouvelle loi militaire ; mais, lors de la discussion, un conflit personnel éclate entre M. de Sybel et le général de Roon, ministre de la guerre, que le Président est obligé d'interrompre ; les ministres refusent de paraitre à la Chambre, les députés font cause commune avec leur Président et l'agitation devient telle que le roi est obligé de prononcer le 1er juin la clôture du Landtag. Une ordonnance du lendemain supprimait avec simplicité la liberté de la presse[1].

Le 3 septembre, une nouvelle ordonnance transforme la clôture en dissolution : « A l'intérieur, dit son préambnle, les choses n'ont pas changé, il est toujours évident que le Gouvernement chercherait vainement à s'entendre avec une Chambre qui a essayé d'empiéter sur les droits constitutionnels de la Couronne. » La pression électorale fut plus vive encore qu'en 1862 ; les fonctionnaires reçoivent avis « que leur serment de fidélité et d'obéissance au roi s'étend à leurs devoirs comme électeurs et comme éligibles » ; le roi déclarait à une députation conservatrice qu' « une attitude hostile envers son Gouvernement n'était pas conciliable avec la fidélité envers sa personne ».

Ces efforts n'aboutirent qu'à un résultat dérisoire ; le Gouvernement gagna une vingtaine de sièges, mais il ne pouvait compter qu'une soixantaine de partisans sur plus de trois cents députés. Presque immédiatement, d'ailleurs, une nouvelle occasion de lutte allait se soulever, la question des duchés ; il ne nous appartient pas de reprendre ici cette question, il nous suffira de dire que la Chambre prend sans cesse le contrepied de la politique habile et brutale de M. de Bismarck, et manifeste par des votes répétés sa sympathie au prince d'Augustenberg. Elle n'abandonne la lutte sur les questions de politique étrangère que pour reprendre la bataille sur les questions financières et militaires, constitutionnelles et judiciaires.

M. de Bismarck lui tient tête, agit à sa guise, demande des crédits, et, lorsque la Chambre les a rejetés, les lève par simple

---

1. Cette ordonnance était prise en vertu de l'article 63 de la constitution qui permet au gouvernement de rendre en l'absence du Landtag des ordonnances ayant force de loi dans l'intérêt du maintien de la sûreté publique ou pour faire cesser une calamité urgente. Il est intéressant de rapprocher cette disposition de l'article 14 de la charte de 1814, en vertu duquel Charles X rendit les ordonnances de 1830. Voyez supra, p. 77.

ordonnance. « Nous espérons, déclare-t-il aux députés, que vous nous accorderez par voie constitutionnelle les moyens dont nous avons besoin ; sinon nous serons obligés de les prendre là où nous pourrons les obtenir... Vous voulez faire de nous des ministres du Parlement ; cela ne sera jamais, nous sommes les ministres du Roi, la souveraineté du Roi est établie comme un bloc de bronze, que vous n'ébranlerez pas par vos résolutions. » (Janvier 1864.)

Les budgets de 1864, de 1865 ne sont pas votés, les impôts sont levés en exécution d'ordonnances royales. Mais le résultat de la guerre de 1864, la diplomatie habile de M. de Bismarck, les espérances de suprématie prussienne exercent une influence sensible sur le pays ; le parti libéral se scinde en plusieurs tronçons ; le Ministère sent les électeurs revenir à lui ; le 9 mai 1866, au moment de la mobilisation, la Chambre est à nouveau dissoute ; « le moment est venu, dit le préambule de l'ordonnance, de réunir la représentation du pays autour du trône pour prendre les résolutions nécessaires à la situation de la monarchie, et manifester légalement l'unanimité qui anime le peuple prussien, quand il s'agit de défendre l'indépendance et l'honneur du pays. » En pleine période électorale éclate la guerre avec l'Autriche. M. de Bismarck fait vibrer la fibre patriotique, les élections ont lieu le 3 juillet, le jour même de la bataille de Sadowa ; elles donnent à l'opposition une minorité en présence des députés gouvernementaux et incertains que la gloire des armées prussiennes achève de convertir. La nouvelle Chambre, réunie au mois d'août, ne marchande pas le bill d'indemnité pour les crédits établis sans budgets réguliers. « Ce n'est pas le Gouvernement qui est vaincu, disait M. de Eulenburg, il est plus fort que jamais et cependant il vous tend la main. » Au mois de décembre, la Chambre adopte en bloc le budget de la guerre.

Depuis lors il ne s'est plus soulevé de conflit entre le gouvernement et la Chambre des députés. La création de l'empire allemand a naturellement amoindri l'importance du Landrath prussien ; il ne siège pas en général en même temps que le Reichstag, mais se proroge jusqu'à la fin de la session de l'assemblée impériale.

III

Le régime représentatif et non parlementaire est admis dans toutes les monarchies secondaires de l'Allemagne. C'est un principe commun que l'existence du cabinet ne dépend pas des votes d'une Chambre, que le souverain choisit ses ministres à sa guise et ne les renvoie que lorsqu'ils ont perdu sa confiance ou sa faveur[1]. Les partis libéraux ont tenté bien des efforts pour introduire le système parlementaire; en Bavière notamment la seconde Chambre a lutté pour défendre l'autonomie du pays, en combattant les tendances prussiennes du ministère de M. de Lutz. Elle n'est jamais parvenue à le renverser.

Dans les grands États, Bade, Bavière, Hesse, Saxe royale et Wurtemberg, le Landtag se divise en deux chambres : l'une populaire, l'autre composée soit de membres héréditaires ou nommés par le roi, soit comme en Saxe et Bade de membres délégués par divers collèges : propriétaires, nobles, universités, chanoines, magistrats des grandes villes. Dans les petites monarchies, au contraire, le Landtag ne comporte qu'une seule Chambre : il serait difficile à la principauté de Reuss branche aînée, qui contient 47,000 habitants, ou à la principauté de Schaumbourg-Lippe, qui en compte 33,000, d'avoir Chambre haute composée de nobles et Chambre de députés; les hommes manqueraient. Dans plusieurs principautés, Anhalt, les deux Reuss, Schwarzbourg-Sonderhausen, la Chambre est mixte et comprend des membres élus et des membres nommés par le roi.

Dans presque tous ces États, les élections se font par le système des classes[2]; dans plusieurs, Brunswick, Schwarzbourg-Rudolstadt, Waldeck, etc., le Landtag ne se réunit que tous les trois ans; dans d'autres tous les deux ans. Dans quelques-uns, Bade, Wurtemberg, Saxe-Cobourg-Gotha, Schwarzbourg-Rudolstadt, le Landtag se prolonge par un comité permanent, qui veille au maintient de la constitution, reçoit les plaintes et doléances, demande la convocation d'Assemblées extraordinaires, etc. Notons enfin que les grands-

---

1. Valbert, Le Roi Louis II de Bavière, *Revue des Deux Mondes* du 1er juillet 1886.
2. La Saxe, qui avait adopté un système unitaire, vient de revenir au système des classes.

duchés de Mecklembourg sont restés fidèles au système féodal d'une diète composée de chevaliers et de délégués des villes privilégiées.

Toutes ces constitutions donnent au prince le droit de dissoudre la chambre élective, qu'elle soit unique ou seconde, à la condition de réunir les électeurs dans un délai qui varie entre quinze jours (Saxe-Cobourg-Gotha) et six mois (Saxe royale, Wurtemberg). Dans le grand-duché de Bade, les élections doivent être faites dans le délai de trois mois, mais seulement si la dissolution a laissé en suspens la délibération d'un projet de loi; en cas contraire, il n'y a de limite que dans la nécessité de convoquer le Landtag pour le vote du budget. Dans le même grand-duché, la dissolution s'étend aux deux Chambres, et elle fait perdre leur qualité à tous les membres de la première et de la seconde chambre issus de l'élection, « c'est-à-dire aux députés de la noblesse, des Universités et des villes et bailliages » (art. 43 de la Constitution badoise). Plusieurs autres constitutions ne mentionnent pas le délai dans lequel le Landrath doit être réuni[1].

Quelques constitutions stipulent expressément que les députés sortants sont rééligibles; c'est une clause inutile; dans les États où elle n'existe pas, les députés peuvent être également réélus. Dans quelques États où l'élection a lieu au second degré, la dissolution entraîne de nouvelles élections primaires et définitives (art. 39 de la constitution badoise). Dans les États où le Landtag élit un comité permanent, la dissolution du Landtag entraîne de plein droit la dissolution du comité (art. 192 de la constitution de Wurtemberg, 51 de Bade). Plusieurs constitutions, notamment celles de Saxe-Altenberg, Saxe-Cobourg-Gotha, Waldeck, décident qu'en cas de dissolution les impôts, même non votés, sont perçus par la couronne : disposition d'une correction plus que douteuse.

En fait, le droit de dissolution est rarement exercé par les princes; le calme, la soumission des Landtage rend inutile leur renouvellement rapide; sauf dans les trois ou quatre grands États, ils s'occupent peu de politique, se réunissent le temps nécessaire pour examiner le budget et le voter docilement; aussi les recueils législatifs contien-

---

1. Cependant les constitutions de Wurtemberg, Saxe royale, Saxe-Cobourg-Gotha, Schaumbourg-Lippe, Schwarzbourg-Rudolstadt fixent ce délai à un mois à partir de la dissolution.

nent-ils peu d'exemples de dissolution. Mentionnons toutefois une dissolution très sagement prononcée le 31 mai 1893 par le Régent de Bavière pour avancer la date des élections et donner une session plus longue à la nouvelle Chambre avant l'ouverture de l'exercice financier : au lieu de voter un budget hâtif, le Landtag put en examiner plus soigneusement les termes ; il le fit avec une si sage lenteur, qu'il dut voter des douzièmes provisoires[1].

Quelques États de l'Allemagne ne participent pas à ce régime de droit habituel ; ce sont les trois villes libres, républiques n'admettant pas le droit de dissolution, et dont l'examen sera fait plus loin[2], et l'Alsace-Lorraine, province d'empire ; il importe seulement de rappeler que la Délégation, simple embryon d'Assemblée parlementaire, se compose de membres élus par les conseils généraux, les quatre grandes villes et les vingt cercles. L'Empereur peut dissoudre la Délégation ; la dissolution de cette assemblée entraîne celle des conseils généraux. Des élections nouvelles doivent avoir lieu, dans un délai de trois mois, pour les conseils généraux et de six mois pour la Délégation.

Le Grand-Duché du Luxembourg, État indépendant et neutre, a des institutions analogues à celles des petites monarchies allemandes et il suffit de les rappeler. A la suite de la révolution de 1848, une Constituante avait voté un régime parlementaire et populaire. En 1856, le Grand-Duc demanda à la Chambre la revision dans un sens conservateur, et, comme elle s'y refusait, prononça la dissolution et promulgua une constitution qui a été revisée en 1868. C'est le système représentatif non parlementaire ; les ministres ne sont responsables que devant le Grand-Duc ; la Chambre partage avec lui le pouvoir législatif ; les députés sont élus au suffrage direct, pour six ans, par moitié tous les trois ans. Le Grand-Duc a le droit de dissoudre la Chambre. Il est procédé à de nouvelles élections dans les trois mois au plus tard à partir de la dissolution. En ce cas, la Chambre des députés est renouvelée intégralement. Comme dans

1. Notice de M. Fernand Daguin, *Annuaire de Législation étrangère*, 1894, p. 177.
2. Voyez infra, p. 262.

les petites monarchies allemandes, ce droit est d'un usage très peu fréquent.

IV

Depuis le compromis de 1867, l'Autriche et la Hongrie constituent deux États indépendants, mais ayant certains intérêts communs dont la gestion est confiée à un ministère et à des délégations des Parlements de chacun de ces États. Cette organisation a été établie par deux lois, l'une de la Diète de Pesth, l'autre du Reichsrath de Vienne, pour bien marquer l'indépendance de l'empire d'Autriche et du royaume de Hongrie[1]. Des intérêts communs, les uns sont réglementés par les Délégations, les autres par les Parlements de chaque monarchie d'après des principes identiques et par voie d'entente commune. Il est essentiel de remarquer que les Délégations ne constituent pas une assemblée parlementaire, mais des commissions nommées par chacun des Parlements hongrois et autrichien[2]; elles se réunissent et discutent séparément, et, seulement lorsqu'elles sont en désaccord ou sur la demande de l'une d'elles, elles se constituent en séance plénière où chaque délégation doit être égale en nombre de membres et où la décision se prend à la majorité absolue. Il y a là un système tout spécial, unique en son genre, et qui n'est pas le système parlementaire ou représentatif habituel. Aussi l'empereur-roi n'a-t-il point le droit de dissoudre les Délégations; mais elles conservent si étroitement leur relation avec les Parlements qui les nomment, que tout ce qui atteint ces assemblées les atteint; tout délégué qui perd la qualité de membre de la Diète hongroise ou du Reichsrath cesse, par là même, de faire partie de sa délégation; la conséquence logique est qu'en cas de dissolution de la Table des députés à Pesth, de la Chambre des députés à Vienne, les pouvoirs de la délégation correspondante prennent fin et la nouvelle assemblée nommera de nouveaux délégués. C'est le principe établi par

---

1. Voyez, sur le compromis de 1867, Paul Matter, *la Constitution hongroise*, extrait des *Annales de l'École des Sciences politiques*, 1889-1890 ; Friedjung, *Der Ausgleich mit Ungarn*, Leipzig, 1877.

2. Dr L. Gumplowicz, *Das OEsterreichische Staatsrecht*, Wien, 1891, § 104.

l'article 26 de la loi cisleithane du 21 décembre 1867 et l'article 46 de la loi hongroise XII de 1867.

En dehors de leurs intérêts communs, les deux monarchies sont entièrement indépendantes ; leurs constitutions procèdent de principes différents ; il ne serait pas d'une classification logique de les examiner ensemble. La Cisleithanie ne connaît pas le régime parlementaire, et quelque effort dont les libéraux aient fait preuve, le ministère n'est pas responsable de sa politique devant le Reichsrath ; le principe contraire existe en Hongrie. « Nous sommes encore en quelque mesure dirigés par un gouvernement absolu, nous écrit M. le professeur Gumplowicz de Graz, le droit de dissolution appartient au monarque d'une façon absolue et sans contrôle. Il appelle et renvoie les députés à sa libre volonté. En Hongrie, au contraire, la dissolution est un acte du ministère parlementaire et responsable ; ce n'est pas un acte à la libre volonté du roi [1]. » Ainsi la constitution cisleithane doit prendre place parmi les monarchies représentatives non parlementaires, la monarchie hongroise parmi les monarchies parlementaires historiques [2].

Dans cette complication extrême de l'organisation austro-hongroise, on ne peut considérer la Cisleithanie comme une monarchie unitaire, telle que l'Italie ou la Belgique. Elle est à proprement parler une fédération de différentes provinces ; l'article 11 de la loi constitutionnelle sur la représentation de l'Empire donne compétence au Reichsrath pour un certain nombre d'affaires, mais son énumération est limitative. « Toutes matières de législation, autres que celles expressément réservées au Reichsrath, rentrent dans les attributions des Landtage des royaumes et pays représentés au Reichsrath et sont réglées dans lesdits Landtage par voie constitutionnelle. » Les diètes provinciales sont donc les assemblées de droit commun.

Mais le lien fédératif entre les provinces est beaucoup plus étroit qu'entre la Hongrie et l'Autriche ; le ministère est commun à toutes, le Reichsrath est un véritable Parlement au contraire des Délégations, l'empereur a donc le droit de le dissoudre.

1. Lettre du 20 février 1896.
2. Voyez infra, p. 212.

L'organisation impériale autrichienne rappelle beaucoup celle de la Prusse ; le pouvoir législatif est exercé par l'empereur et le Reichsrath ; le monarque gouverne à l'aide d'un ministère responsable, au point de vue politique, devant lui seul. Le Reichsrath se divise en deux assemblées, la Chambre des seigneurs composée de membres héréditaires et à vie, nommés par l'empereur, et la Chambre des députés élus par quatre catégories d'électeurs[1]. Les ministres doivent être entendus par les Chambres qui ont le droit de critiquer et de contrôler les actes de leur gouvernement[2], mais ce droit n'a de sanction que dans la volonté du prince qui est libre de maintenir le cabinet malgré les votes hostiles du Reichsrath.

L'Empereur a le droit de dissoudre la Chambre des députés, et en ce cas il est procédé à de nouvelles élections : telle est la brève disposition de la loi constitutionnelle[3]. Elle ne détermine le délai de convocation ni des électeurs ni du nouveau Reichsrath ; les nécessités budgétaires seules en fixent la durée. Il est admis que la dissolution de la Chambre des députés entraîne la prorogation de la Chambre des seigneurs[4].

La dissolution du Reichsrath a joué un certain rôle dans la question des nationalités, notamment en 1871 et en 1891. Il est inutile de rappeler les revendications du parti tchèque qui n'a cessé de réclamer un « compromis » lui assurant une indépendance comparable à celle de la Hongrie : en 1871, le comte Charles Hohenwart, président du cabinet autrichien, déclara au Reichsrath qu'il était disposé à accorder quelques concessions au parti tchèque et à augmenter la compétence de la Diète de Prague[5]. Ces paroles soulevèrent un déchaînement général et la majorité allemande du Reichsrath vota une adresse à l'empereur déclarant que le ministère n'avait pas sa confiance. Le souverain y répondit par la prorogation du Reichsrath, puis par la dissolution de la Chambre des députés (12 août 1871), et convoqua pour le 14 septembre les diètes provinciales qui à cette

---

1. Ce système a été modifié en 1896.
2. Ulbrich, *Lehrbuch des œsterreichischen Staatsrechts*, Berlin, t. I, p. 728.
3. Article 19 de la loi du 21 décembre 1867 sur la représentation de l'Empire.
4. Demombynes, *Constitutions européennes*, t. II, p. 164.
5. Voyez sur cette période L. Léger, *Histoire de l'Autriche-Hongrie*, p. 570 et suiv.

époque élisaient les députés au Reichsrath [1]. A la diète de Bohême,
le gouvernement renouvela ses promesses et fit procéder à la rédaction
d'articles fondamentaux que les députés votèrent à l'unanimité : ils
établissaient l'autonomie de la Bohême et de la Moravie. Mais ce
projet souleva des protestations en Allemagne; François-Joseph et
Guillaume Ier, M. de Bismarck et le comte Andrassy eurent, dans le
cours de l'été, de nombreuses entrevues où les revendications tchèques
furent condamnées. L'empereur décida que le projet de compromis
serait soumis au Reichsrath, ce qui était le conduire à un échec certain, puis sacrifia M. de Beust et le comte Ch. Hohenwart; le nouveau
ministre des affaires étrangères, comte Andrassy, et le nouveau chef du
cabinet autrichien, M. Auersperg, étaient tous deux hostiles aux revendications tchèques et maintinrent le dualisme en vigueur.

Les luttes de nationalité n'ont jamais cessé au Reichsrath et ont
conduit au morcellement des 353 députés en dix-sept groupes différents. Le 23 janvier 1891, le gouvernement prononça la dissolution de
la seconde Chambre pour arriver à constituer une majorité plus compacte, plus disposée à soutenir une politique de conciliation et de
juste milieu entre les tendances fédéralistes des nationalités slaves et
l'opinion libérale allemande [2]. Les élections n'aboutirent pas au
résultat demandé : le parti jeune-tchèque se fortifia encore, la nouvelle chambre se fractionna immédiatement en une douzaine de
groupes et la lutte des partis se renouvela plus chaude qu'auparavant.
M. Taaffe, chef du cabinet autrichien, dut continuer « à porter l'axe
de sa politique, selon les besoins, d'un côté ou de l'autre, souriant à
la fois à tous les groupes et à toutes les nationalités [3] ».

M. Badeni n'a pas réussi davantage à condenser les divers partis et
à créer une majorité de gouvernement : le renouvellement du compromis, la question des langues ont été l'occasion de discussions
tumultueuses qui ont atteint leur comble au mois de novembre 1897 ;
des troubles, sans précédents peut-être dans les annales parlementaires, ont éclaté à la Chambre des députés, transformée en salle de

1. Jusqu'en 1873.
2. Voyez sur cette dissolution la notice générale de M. Boivin-Champeaux dans
l'*Annuaire de Législation étrangère* de 1892.
3. Sentupéry, *l'Europe politique*, p. 210.

pugilat et de grosse farce ; ils ont été suivis d'émeutes dans la rue, à Vienne et à Prague, et le comte Badeni a dû céder le pouvoir à deux de ses lieutenants, MM. Tautsch et Thun ; ceux-ci n'ont pu gouverner qu'en ajournant de suite les Chambres.

A la rentrée du Reichsrath, le 21 mars 1898, de nouveaux tumultes ont mis encore obstacle au travail parlementaire ; dans les cercles politiques, « la dissolution de la chambre paraissait être l'inévitable expédient auquel il faudrait recourir » [1] ; un calme relatif s'est établi qui a permis de conserver la Chambre, mais on peut se demander quelle en sera la durée et s'il sera possible de gouverner avec une assemblée aussi morcelée et mal ordonnée.

Il est impossible d'analyser ici la constitution des quinze diètes provinciales et le rôle qu'a joué leur dissolution. Nous ne pouvons en donner qu'un rapide aperçu. Ces diètes sont d'ailleurs toutes formées sur les mêmes bases et ont été organisées par une patente de février 1861, alors que MM. de Goluchowski et de Schmerling essayaient de sortir du régime d'oppression. Elles se composent de membres de droit, non élus, tels qu'archevêques, évêques, recteurs d'universités, et de membres nommés par les quatre catégories d'électeurs qui élisent les députés au Reichsrath ; comme certains landtage allemands, elles ont un comité permanent chargé d'assurer l'exécution de leurs décisions. Le pouvoir impérial est représenté à la diète par un Statthalter ou Président, qui est le gouverneur de la province.

Les Diètes, nommées en général pour six années, se réunissent tous les ans. L'empereur a le droit de les dissoudre, mais doit en même temps ordonner de nouvelles élections ; comme après dissolution du Reichsrath, le délai de ces élections n'est pas déterminé par la loi et résulte des nécessités de fait [2].

L'histoire de ces diètes présente de nombreux exemples de dissolutions faites dans le but non dissimulé d'amener une autre majorité [3]. Les plus importantes se sont toujours produites sur les questions de

---

1. Journal *L'Éclair*, du 23 mars.

2. L'article 10, § 3, du statut provincial pour l'archiduché d'Autriche au-dessous de l'Ems, s'exprime en ces termes : « Le Landtag peut être aussi dissous par l'Empereur en tout temps, même pendant la session, mais de nouvelles élections doivent être en même temps ordonnées ».

3. Voyez Gumplowiz, *OEsterreichische Reichsgeschichte*, Berlin, 1896.

nationalité, d'une discussion si irritante et d'une importance capitale. Mentionnons la dissolution de la Diète de Hongrie en 1861, alors que M. de Schmerling essayait de faire du royaume une simple province soumise au droit commun d'Autriche, et de la Diète une simple assemblée provinciale réunie conformément à la patente du mois de février 1861 : on s'abstint de convoquer les électeurs, et la Hongrie, privée de représentation depuis 1848, attendit jusqu'en 1865 pour en avoir une. En 1871, à la suite des discussions sur l'autonomie tchèque dont nous avons parlé, la diète de Prague fut dissoute parce que, s'appuyant sur les promesses du précédent cabinet, elle refusait de reconnaître le ministère autrichien et de traiter avec personne autre que le roi de Bohême : malgré une vigoureuse pression électorale, la nouvelle assemblée se réunit dans le même esprit.

Ces exemples pourraient être multipliés sans grand intérêt.

CHAPITRE IX

LES MONARCHIES PARLEMENTAIRES HISTORIQUES
L'ANGLETERRE

I. Les traditions. La lutte du Parlement contre la prérogative royale. — II. Les principes actuels. Applications du droit de dissolution dans le courant du siècle. — III. Formes et effets de la dissolution. — IV. Les colonies anglaises.

L'Angleterre est le pays natal du régime parlementaire; là il a trouvé ses origines, il s'est lentement développé et perfectionné, et il a conservé, dans les formes tout au moins[1], sa parfaite correction. C'est, en particulier, dans ce pays que le droit de dissolution a reçu ses règles les plus conformes à sa nature, et il est indispensable d'étudier soigneusement la théorie et les applications qui en ont été faites. Pour comprendre exactement les institutions anglaises, il faut se pénétrer de l'esprit du pays, tout de génie pratique et de vieux usages : les anciennes institutions ont été conservées, mais on les a adaptées aux besoins modernes; les mots et parfois même les formes se sont maintenues, mais le fond des choses s'est transformé.

I

Le droit de dissolution, disent tous les auteurs, anciens et modernes, est une branche de la prérogative royale. D'après la vieille théorie des juristes, « le roi est la source de la force gouvernementale, aussi bien dans la forme du pouvoir législatif que dans celle du pou-

1. Depuis quinze ans, le morcellement des partis a quelque peu altéré la pureté du régime parlementaire.

voir réglementaire, aussi bien comme chef de tout organe de gouvernement que de l'administration directe ou indirecte du pays.
Toutes les faces de ce pouvoir se réunissent dans l'expression « la
prérogative royale », qui comprend, selon Coke : « all powers, prehemencies and privileges, wich the law giveth to the crown [1] ». Custance
disait plus brièvement : « C'est la prééminence que la dignité royale
donne au souverain sur toutes les autres personnes de ses États [2]. »
Elle affecte ses rapports avec Dieu, dont il est le seul représentant
sur terre, seul chef de son église; avec les nations étrangères, qui
ne connaissent que lui en Angleterre dans les négociations diplomatiques, l'envoi d'ambassadeurs, la paix ou la guerre; avec son
peuple enfin que seul il gouverne et juge. Au point de vue législatif,
cette prérogative s'exerce de nombreuses façons : nomination des
pairs et du conseil privé dont le cabinet est une émanation
purement officieuse, convocation, prorogation et dissolution des
Chambres, approbation des lois. Ainsi, en droit, cette prérogative
contient des pouvoirs immenses. « On lui trouve, disait-on à la fin
du siècle dernier en parlant du roi, au premier coup d'œil tous les
pouvoirs qu'ont jamais revendiqués les monarques les plus absolus
et l'on cherche cette liberté dont les Anglais se glorifient [3]. »

Mais si les mots et le droit pur existent encore, les choses et la
pratique se sont transformées. Toute l'histoire de l'Angleterre est
celle de la lutte du Parlement contre la prérogative royale, lutte
traversée d'incidents de toutes natures, de révolutions et de restaurations, où chaque parti a successivement remporté la victoire.
Mais lutte qui s'est terminée à l'avantage du Parlement, et, dans le
Parlement, de la Chambre des Communes, par là même à l'avantage de la nation qu'elle représente. Cette lutte a eu pour objet
principal la périodicité, la durée du Parlement. Il est nécessaire de
montrer, par un rapide examen de ses péripéties, comment s'est
émoussée la prérogative, s'est implantée la périodicité des Parlements, et s'est réglementé le droit de dissolution.

1. Rudolf Gneist, *Das englische Verwaltungrecht*, Berlin, 1883, t. I, p. 150.
2. G. Custance, *Tableau de la Constitution d'Angleterre*, traduction anonyme,
Paris, 1817, p. 153.
3. De Lolme, *Constitution of England*, Londres, 1785, t. I, chap. v.

L'origine du Parlement doit être recherchée dans les temps lointains des rois saxons : ils consultaient l'assemblée des guerriers et des clercs, le *witenagemot*, et le conquérant normand, subissant la loi du saxon vaincu, promit d'observer les coutumes d'Édouard le Confesseur[1]. Ses successeurs signèrent des chartes qui les confirmèrent et jurèrent de les maintenir.

C'est d'un parjure, à ce serment, d'une révolte des barons que naquit la Grande Charte ; le roi Jean fut obligé de la subir, après l'avoir discutée avec leurs délégués. En somme, cette charte n'offrait rien de nouveau, mais aux phrases vagues des premiers textes les barons avaient substitué des termes clairs et précis, afin de tenir en bride l'ambition des princes de la maison d'Anjou que les vieilles coutumes ne suffisaient pas à contenir[2]. Nul homme libre ne peut être arrêté, ou emprisonné, ou dépossédé de ses biens, ou mis hors la loi ou spolié, de quelque façon que ce soit ; aucun escuage ou aide ne peut être mis dans le royaume si ce n'est de l'avis du Grand Conseil. Voilà l'essence de la Grande Charte. Ainsi le Grand Conseil devient forcément périodique ; mais il ne comprend encore que les prélats, les pairs et les grands vassaux.

En janvier 1265, les lettres de convocation envoyées par Simon de Montfort ordonnent aux shérifs de choisir et d'envoyer deux chevaliers par comté, deux citoyens par ville et deux bourgeois par bourg du comté[3]. Sous Édouard Ier, le Grand Conseil s'organise au point qu'on a pu écrire que « les Parlements de la fin du règne sont identiques à ceux qui siègent aujourd'hui à Westminster[4] ». En 1295, Édouard y convoque deux bourgeois « de chaque cité, bourg et ville notable » ; au commencement, clergé, barons, chevaliers et bourgeois se réunissent, délibèrent et prennent leurs décisions isolément ; mais, dans le courant du xive siècle, les deux derniers contractent l'habitude de s'unir étroitement, et, à l'avènement d'Édouard III, ces deux ordres ne forment qu'un seul groupe, sous le nom de *Communes*. Au commencement du xive siècle, la puissance royale est amoindrie : la

1. Comte de Franqueville, *Le Gouvernement et le Parlement britanniques*, t. p. 31.
2. Green, *Histoire du Peuple anglais*, trad. Monod, t. I, p. 147.
3. Laugel, *L'Angleterre politique et sociale*, Paris, 1873, p. 154.
4. Green, *loc. cit.*, p. 196.

longue minorité de Henri IV, l'incapacité dont il fait preuve plus tard, laissent le gouvernement au Parlement; celui-ci est entre les mains des représentants des barons.

Mais la royauté prend sa revanche : d'Édouard IV à Élisabeth, elle s'empare d'un pouvoir absolu, qu'elle voudrait sans contrôle. Les barons ont perdu leur autorité primordiale; pour s'efforcer de la recouvrer, ils vont rallier d'un bout du royaume à l'autre ceux que la tyrannie du souverain peut atteindre. « Un roi fort, — un baronnage faible, — un royaume homogène, voilà les trois points qu'il faut avoir devant les yeux pour comprendre comment la liberté politique est née de si bonne heure en Angleterre et y a revêtu sa forme la plus parfaite, un Parlement national, alors que les autres pays élaboraient péniblement le mécanisme grossier et compliqué des États généraux et des États provinciaux [1]. »

Ces deux éléments sont désormais en antagonisme : la royauté, le Parlement. Au XVIe siècle même, quelque effort que fasse le premier, trois principes demeurent en vigueur : le roi ne fait pas la loi sans le Parlement, il ne lève pas d'impôt sans son concours, ses agents sont responsables de la non-exécution des lois. Mais le Parlement perd sa périodicité régulière : sous Édouard IV, quatre années s'écoulent sans qu'il soit réuni.

Avec Jacques Ier commence la lutte acharnée entre les deux pouvoirs rivaux. En 1604, les Communes rédigent une adresse de revendication : « Nous avons, disent-elles, négligé de nous occuper de ces questions pendant les dernières années de la feue Reine, mais nous voulons aujourd'hui affirmer notre droit. Permettez donc à vos communes réunies en Parlement d'avertir votre Majesté des abus qui se commettent, tant dans l'Église que dans l'administration et le gouvernement. » Elles s'attaquent de toutes façons au pouvoir royal, dans les affaires ecclésiastiques et financières, douanières et judiciaires. Pour les mater, Jacques les dissout, mais les élections de 1614 renvoient aux communes les chefs de l'opposition. Jacques s'efforce alors de gouverner pendant sept ans sans Parlement.

Charles Ier rêve la royauté selon la théorie romaine, de droit

1. Boutmy, *Developpement de la Constitution anglaise*, p. 49.

divin [1]; il laisse s'écouler un espace de douze ans sans convoquer le Parlement; mais il s'est aliéné son peuple, a excité contre lui la colère des pairs et des Communes, et lorsqu'il les réunit, il ne peut plus les séparer; le *Long Parlement* ne se dissoudra qu'après la mort du roi; il vote, peu après sa réunion, une loi portant que la Chambre des Communes ne pourra être dissoute que de son propre consentement; et lorsqu'un membre objecte qu'ainsi le Parlement pourra durer sept ou huit ans, Saint-John lui répond : « A Dieu ne plaise que nous soyons seulement forcés de siéger un an [2]. » La loi votée par les Communes et les Pairs est sanctionnée par le roi; mais elle porte comme tempérament que tout parlement devra être dissous à l'expiration du délai de trois années à partir de sa première réunion, sauf s'il est réuni à ce moment; en ce cas la dissolution devra avoir lieu lors de la plus prochaine prorogation [3].

La révolution, d'abord défensive et faite au nom de la Constitution, renverse bientôt le Parlement; le 30 avril 1653, Cromwell signifie aux Communes ordre de se séparer et fait envahir par les mousquetaires la salle de leurs délibérations; le pays approuve sa conduite qui ne soulève de protestations que chez les juristes : « Vous vous trompez, Monsieur, lui écrit John Bradshaw, si vous vous imaginez que le Parlement est dissous. Aucun pouvoir au monde ne peut le dissoudre que lui-même. »

Cromwell forme d'abord une Convention puritaine qui entreprend de remanier la constitution entière avec une telle hardiesse, que sa dissolution en décembre 1653 est un soulagement pour tous, même pour le Protecteur. A l'automne de 1654, se réunit un nouveau Parlement composé d'une seule Chambre, élue par les trois royaumes unis, représentant avec exactitude l'opinion de l'Angleterre; mais elle porte ombrage à Cromwell qui prononce sa dissolution en 1655. En 1658, la division du Parlement en deux Chambres est rétablie, Cromwell songe à restaurer les prérogatives royales en sa faveur, et pour la troisième fois il prononce la dissolution des Communes,

---

1. Laugel, *loc. cit.*, p. 157.
2. Walker, *Historical Discourses*, p. 359.
3. De Franqueville, *loc. cit.*, t. I, p. 282; cette loi fut d'ailleurs formellement abrogée à la Restauration, acte XVI, Charles II, chap. i.

y ajoutant cette fois le renvoi des Lords eux-mêmes. Sa mort seule met fin à sa tyrannie.

Richard Cromwell essaie de s'emparer des pouvoirs de son père, et successivement convoque et dissout le Parlement; mais il n'a pas la vigueur de l'ancien Protecteur, la nation est lasse du régime militaire et la Restauration se fait au cri de : « Un Parlement libre! » Charles II rétablit les Chambres selon leurs anciennes formes, mais il ne peut se garder et empêcher le pays d'être entraîné dans une réaction féroce, dont les Communes donnent le premier exemple. Cette réaction l'amène à mépriser les règles constitutionnelles; il conserve son premier Parlement pendant dix-sept ans et lorsqu'enfin il prononce sa dissolution, il reste quatre ans sans convoquer le suivant. L'espoir que le peuple mettait en Jacques II est bientôt déçu; s'il réunit à nouveau le Parlement pour percevoir les revenus de la couronne, il le dissout par deux fois et tente de gouverner avec l'armée et les magistrats. Il se trouve complètement isolé dans son royaume. « Les lords, la petite noblesse, le haut et le bas clergé, les universités, la magistrature, les gens de négoce, les fermiers propriétaires, tous se tenaient à l'écart [1].» Guillaume d'Orange débarque, et le Parlement, à la demande des whigs, décide que Jacques II a rompu le pacte primitif conclu entre le roi et son peuple, et prononce sa déposition.

La révolution de 1688 est une restauration, le rétablissement des vieux pactes méprisés. « Ses auteurs se bornèrent à confirmer par un statut solennel toutes les anciennes libertés de l'Angleterre et à protester contre les violations particulières qui avaient eu lieu sous le règne précédent [2] ». Comme le roi Jean en 1215, Guillaume III signe avec l'Angleterre un contrat qui garantit les droits du peuple représenté par le Parlement; le 13 février 1690, dans la salle des banquets de Whitehall, les deux Chambres présentent à Guillaume et à Marie le *bill des droits* que les souverains acceptent en s'engageant « à respecter les lois et à gouverner avec les conseils du Parlement ». Après avoir rappelé la tyrannie de Jacques et son abdication

---

1. Green, *Histoire du Peuple anglais*, t. II, p. 250.
2. Lord John Russel, *La Constitution et le Gouvernement anglais*, trad. Roy, Paris, 1821, p. 90.

P. MATTER.   12

forcée, le bill des droits refuse au Roi le droit de suspendre les lois ou de dispenser quelqu'un de leur exécution, d'imposer des taxes ou de lever une armée sans l'autorisation du Parlement ; il pose en principe la fréquence des Parlements, la liberté des élections, le droit de pétition, la liberté de discussion aux Chambres.

Instruit par le passé, le Parlement veillera à toute usurpation du pouvoir royal ; c'est à partir de 1688 que s'organise le régime actuel, par une lutte incessante des Chambres pour obtenir leur suprématie sur le pouvoir exécutif. Le Roi en perd peu à peu l'exercice, le pouvoir passe en fait, sinon en droit, au cabinet, responsable devant les Chambres. Pour assurer sa périodicité, le Parlement remet en vigueur une loi votée sous Charles II et décidant que sa prorogation ne peut dépasser trois ans [1] ; bientôt cela ne lui suffira plus et pour obtenir une réunion annuelle il ne votera les lois de finance et les actes sur l'armée que pour un an. C'est là un événement décisif dans l'histoire parlementaire de l'Angleterre, car il entraîne la nécessité de réunir chaque année les Chambres ; pour que l'armée ait une discipline légale, pour que les percepteurs puissent lever les taxes, il est indispensable que la royauté convoque le Parlement ; celui-ci a donc acquis la périodicité et le contrôle régulier.

La succession des rois favorise d'ailleurs les efforts du Parlement : Guillaume III, profondément anglais, arrivé au pouvoir par la complicité des Chambres, accepte tout de leur part ; sous l'influence de Sunderland, les ministres se constituent en cabinet, représentant la majorité aux communes. La reine Anne, au milieu des guerres européennes, ne peut vaincre au Parlement le parti whig qu'elle exècre ; comme les partis se sont morcelés, Marlborough essaie de gouverner par le système des concentrations, il n'y réussit qu'à moitié, et après dix ans de gouvernement, les whigs sont complètement évincés du pouvoir.

Sous les deux premiers Georges, la royauté est en tutelle ; tous deux sont des étrangers parmi leur peuple, et ils n'ont pas le don de s'en faire aimer. Georges Ier, débauché, ignorant presque la langue anglaise,

---

1. Acte 16, Charles II, chap. i, et actes 6 et 7, Guillaume et Marie, chap. ii. Cette loi est toujours théoriquement en vigueur, mais est abrogée en fait par le vote annuel de l'impôt.

vit avec des femmes rapaces et des courtisans qui préfèrent l'argent au pouvoir; c'est une espèce d'huissier du Palais qui ne songe qu'à thésauriser pour ses favorites et pour lui-même. Georges II, flegmatique et lourd, laisse régner Chatham; il ressemble à un sergent instructeur, et se croit maître de son royaume parce qu'il répète les leçons de sa femme, qui, elle-même, les a apprises du ministre [1]. L'influence des deux Georges est à peu près nulle sur le gouvernement, ils ne font aucun obstacle à l'omnipotence du Parlement. De leur avènement datent véritablement l'organisation parlementaire et la responsabilité du cabinet devant les Chambres; depuis la mort de la reine Anne, le souverain ne prend plus part au conseil des ministres et ne refuse plus son assentiment à un acte du Parlement. Le pouvoir vient aux whigs sous la direction de Walpole, retourne aux tories, avec la régularité des votes de confiance ou de défiance aux communes. La durée et la périodicité du Parlement ont leurs lois, et les dissolutions viennent seules interrompre la vie des Chambres.

Georges III, plus anglais et moins allemand, combat pour sa prérogative avec l'obstination d'un esprit borné; l'Angleterre a eu peu de souverains d'une intelligence aussi mesquine et étroite; mais lorsqu'il s'est mis une idée en tête, il s'y tient envers et contre tous. Il considère que la docilité de ses deux prédécesseurs est un abandon de leurs devoirs de roi, et il réagit par tous les moyens en son pouvoir. Par la distribution des places, d'argent, de pensions et de faveurs, il arrive à faire du Parlement un marché public, qu'il tient en mains par la corruption et le mépris; en 1784, il entre en lutte, par l'organe de Pitt, contre la *coalition* au Parlement, et il l'emporte [2]; il acquiert une réelle influence sur les députés et sur son peuple, mais sa folie en 1810 entraîne la fin de son pouvoir, et de tout pouvoir personnel des rois anglais. Georges IV est méprisable, impopulaire, honni de son peuple, en lui le prince de Galles a par avance tué le roi; Guillaume IV est faible; avec Victoria le pouvoir passe en quenouille; très jeune aux débuts de son règne, elle ne peut

---

1. Laugel, *loc. cit.*, p. 194; Green, *loc. cit.*, t. II, p. 295.
2. Sur cette lutte, voyez infra, p. 190.

gouverner, et, lorsque le prince-consort essaie d'agir par lui-même, l'opinion publique le rappelle avec énergie à ses devoirs de premier sujet de la reine.

Ainsi, depuis la chute des Stuarts, tout a contribué à amoindrir la prérogative royale; le peuple anglais, fidèle à ses traditions, en conserve la théorie juridique; mais on l'a justement remarqué, les auteurs ne disent plus « le roi peut », mais « le roi pourrait, par le simple exercice de sa prérogative, arrêter net le fonctionnement de la machine gouvernementale [1] ». Lord Derby déclarait en 1860 que « le souverain n'est pas un automate, une poupée entre les mains du gouvernement du jour..., s'il n'est pas satisfait des tendances des ministres, s'il ne veut pas accepter leurs conseils, il peut leur demander leur démission [2] ». Rien n'est plus exact, mais ce droit de contrôle du roi est lui-même soumis à un contrôle supérieur, celui du Parlement. « Les chambres, écrit M. Erskine May, ont toujours le droit de contrôler l'exercice de la prérogative royale [3]. » — « Il ne faut pas supposer, dit également M. Austin, que le roi est sans pouvoir parce que son pouvoir de contrôle est rarement exercé. Comme ce pouvoir dépend à la longue de l'attachement rationnel du peuple au trône, la permanence de ce pouvoir serait mise en danger s'il était exercé avec abus [4]. »

Instruits par les expériences de 1214, de 1649, de 1688, les monarques anglais évitent toute intervention directe et personnelle dans les affaires de l'État, surtout dans ce qui pourrait heurter la susceptibilité légitime du Parlement. Un rapide examen de l'histoire constitutionnelle anglaise l'a montré, quand les rois ont voulu atteindre la périodicité des parlements, soit en s'abstenant de les convoquer, soit en les frappant de dissolutions répétées, le peuple s'est révolté et les a renversés. Ce rapide examen était indispensable parce que seul il pouvait faire comprendre la prudence dont les monarques anglais devront user dans l'exercice du droit de dissolu-

---

1. Ph. Daryl, *La Vie publique en Angleterre*; Journal *Le Temps* du 1er septembre 1883, qui cite une longue énumération des droits que, d'après Bagehot, la reine « pourrait » exercer.

2. Hansard, *Parliamentary Debates*, t. CXXX, p. 103.

3. Erskine May, *The Constitutional History of England*, t. II, p. 86.

4. Austin, *Plea for the Constitution*, p. 5.

tion, le passage du pouvoir de leurs mains à celles du cabinet, et leur effacement raisonné devant les actes de celui-ci. Le roi a toujours le droit de refuser aux ministres la dissolution qu'ils sollicitent et de les renvoyer ; mais ce droit, la couronne l'envisage avec une telle prudence, qu'elle ne l'a pas exercé depuis le commencement du siècle [1].

Dans ce régime tout de pratique et d'usages, le cabinet n'a pas de place légale ; des auteurs de pure théorie ne le mentionnent pas ; mais il a mieux que le texte d'une constitution, il a toute la puissance de la majorité aux Communes dont il est le représentant. Par un progrès continu, la Chambre des Communes a pris la première place dans le gouvernement. « Le Parlement peut tout, disait déjà Delolme, sauf faire d'un homme, une femme. » Des trois éléments du Parlement, l'un, le roi, s'est effacé ; l'autre, la Chambre des Pairs, amoindri par le contre-coup des trois réformes électorales de 1832, 1867 et 1885, évite de heurter de front la majorité des Communes, et ne le fait, comme sur la question irlandaise, que s'il se sent appuyé par le pays. Le pouvoir a passé à la seconde Chambre [2].

Le respect de la majorité aux Communes, voilà donc le principe de gouvernement forgé par l'histoire. Il se résout dans le respect de la volonté populaire. Le roi, — le cabinet, s'efforcera toujours de s'y conformer dans l'exercice du droit de dissolution. Pitt, dans sa grande lutte contre la coalition, n'a dissous le Parlement en 1784 que lorsqu'il a obtenu la majorité aux Communes, et nous allons retrouver partout ce principe dans les cas divers de dissolution qu'il importe maintenant d'examiner. Cet exposé historique en était le préambule nécessaire.

II

Le roi, déclarent les anciens juristes, est la tête, le principe et la fin du Parlement [3] ; c'est lui qui le convoque et dissout, sa mort entraîne la dissolution de plein droit des Communes. Cette sépara-

---

1. Georges III en 1807. Cpr. Anson, *Law and Custom of the constitution*, t. I, p. 254 et suiv.

2. Laugel, *L'Angleterre politique et sociale*, p. 146 ; Saint-Girons, *la Séparation des pouvoirs*, p. 59 et 63.

3. *Caput, principium et finis*, dit Sir E. Coke, 4, *Inst.*, 6.

tion des députés, au moment de la transmission du pouvoir, présentait de grands inconvénients. On commença par décider que le Parlement en charge lors de la mort du souverain subsisterait pendant six mois encore, à moins d'une dissolution formelle prononcée par le nouveau monarque [1]. Plus tard, des statuts des règnes de Guillaume III, d'Anne et de Georges III disposèrent que le Parlement ajourné ou prorogé au moment du décès du souverain, devrait se réunir immédiatement; et, qu'au cas où il aurait été dissous avant ce décès, sans qu'il y eût convocation d'une nouvelle assemblée, il ressusciterait pour six mois [2]. Aujourd'hui cette réunion de plein droit est le seul effet légal de la mort du souverain [3]; à la mort de Georges IV et de Guillaume IV l'usage s'était conservé de prononcer la dissolution de la Chambre des Communes; à l'avènement de la reine Victoria, la Chambre subsista pendant quatre années et ne fut dissoute qu'en 1841 sur la question des céréales.

En principe rien ne limite la prérogative de la Couronne de dissoudre les Communes; vainement, en 1754, Fox a-t-il soutenu que le roi ne pouvait dissoudre un Parlement au milieu d'une session; cette théorie n'a jamais été acceptée et le droit du monarque est absolu. En fait, cependant, une dissolution n'est considérée comme justifiée que lorsqu'elle est opérée dans certaines circonstances.

Le cas le plus fréquent et le plus simple est l'approche des élections. La durée des Parlements a été fixée à sept ans par un statut de 1716 [4]. C'est un long espace de temps, les Chambres comme les ministères s'usent à la durée; avant d'arriver à son terme, l'assemblée est souvent fatiguée, divisée, énervée, et la position respective des divers partis n'est plus nette [5]. Aussi a-t-il été fréquemment critiqué, et, dès 1734, proposait-on de le réduire; ce projet, souvent reproduit, n'a jamais abouti; le discours du trône de janvier 1893 renfermait dans son programme l'abréviation de la durée des Parlements [6].

---

1. Custance, *Tableau de la Constitution du royaume d'Angleterre*, p. 112.
2. Fischel, *Constitution d'Angleterre*, t. II, p. 211.
3. De Franqueville, *Le Gouvernement et le Parlement britanniques*, t. I, p. 262.
4. Acte I, Georges Ier, chap. 38.
5. Esmein, *Droit constitutionnel*, p. 121.
6. Sous le dernier cabinet Gladstone, *Annuaire de législation étrangère*, 1894, p. 1.

Pendant la dernière session, les députés, préoccupés de leur réélection, apparaissent à peine aux séances ; il importe donc de brusquer leur comparution devant les électeurs. Une période électorale soudainement ouverte donnera d'ailleurs au cabinet l'avantage des premiers combats contre l'opposition surprise, et nul ne le lui a jamais contesté. Il est de tradition depuis plus d'un siècle de ne laisser jamais un Parlement épuiser ses pouvoirs et plusieurs dissolutions n'ont pas eu d'autre motif que l'expiration plus ou moins prochaine du délai de sept ans[1]. Le Parlement qui a le plus longtemps siégé est celui de 1835, qui, élu au commencement de l'année, n'a été dissous que le 23 juin 1841. De 1783 à 1896, vingt-sept dissolutions ont été prononcées pour des motifs divers ; la durée moyenne de chaque Parlement est d'environ quatre ans deux mois[2].

Il se pourrait que le morcellement des partis rende la Chambre incapable de constituer une majorité de gouvernement ; ce cas de dissolution, si fréquent dans certains pays tels que l'Italie, est rare au contraire en Angleterre, où la discipline parlementaire est fidèlement observée ; l'existence deux fois séculaire de deux partis nettement tranchés s'est presque toujours opposée à la création de petits groupes ou à la séparation de députés isolés, tels que les « sauvages » du Parlement allemand[3]. Il en est pourtant des exemples : la Chambre des Communes élue en 1852 était d'une telle nervosité, modifiait ses opinions avec une telle rapidité, qu'elle usa trois cabinets en cinq ans et que lord Palmerston fut heureux de pouvoir la dissoudre en 1857 pour consulter le pays sur une question de politique étrangère. La dissolution de 1895 a eu, en partie, pour cause la formation du parti unioniste, whig d'origine, mais opposé au projet de home rule.

Un autre obstacle au gouvernement peut naître d'un conflit entre

---

1. Notamment les dissolutions de 1790, 1796, 1802, 1818, 1826, 1847, 1865, 1874, 1880.

2. On trouvera dans le *Parliamentary Government* de Todd, t. I, pp. 161 et suivantes, la liste des dissolutions de 1784 à 1865 ; il y a lieu d'y ajouter celles de 1868, 1874, 1880, 1885, 1886, 1892 et 1895, dont M. de Mazade, dans ses chroniques de la *Revue des Deux Mondes*, a clairement exposé les causes et les effets.

3. Depuis une quinzaine d'années, cependant, les partis sont moins nettement tranchés, et le cabinet est obligé de compter avec les groupes.

les deux Chambres ; en telle occurrence, deux voies sont ouvertes au monarque : modifier par une fournée de pairs la majorité de la Chambre des lords, dissoudre les Communes. Depuis près de deux siècles le « droit de fournée » n'a pas été exercé par les rois d'Angleterre ; Pitt a fait de très nombreuses nominations de pairs qui ont modifié quelque peu la physionomie de la Chambre haute, mais elles n'avaient pas le caractère d'une mesure brusque, instantanée [1]. Pour trouver une « fournée » réelle, il faut remonter au temps de la reine Anne : la majorité de la Chambre des lords avait présenté à la couronne une adresse pour l'inviter à ne point conclure la paix avec l'Espagne ; le ministère obtint de la reine le droit de créer un nombre de pairs suffisant pour déplacer la majorité [2].

Si cette prérogative n'a pas été fréquemment exercée, son existence seule suffit pour assurer la prudence des lords et leur déconseiller tout conflit avec les Communes soutenues par le pays. On ne peut taxer de « conflit » le rejet par la Chambre haute du projet de home rule de M. Gladstone : les communes ne l'avaient voté que par fidélité à la personne du grand vieillard ; l'Angleterre se refusait à devenir « l'associé principal » ; les lords se sentaient soutenus par le peuple. Mais un conflit beaucoup plus grave a éclaté entre les Chambres en 1852 sur la réforme électorale. Le ministère whig du comte Grey s'appuyait à la Chambre des Communes sur une forte majorité qui s'était retrempée par une dissolution récente. Il n'ignorait pas que les lords étaient hostiles à la réforme proposée, et il avait obtenu de Guillaume IV la nomination de seize nouveaux pairs, autant pour augmenter son parti que pour avertir les pairs de la mesure redoutée. Cependant le bill voté aux Communes fut rejeté à la Chambre haute par une majorité de 41 voix. Immédiatement la Chambre des Communes vota un ordre du jour de confiance au

---

1. De nombreuses tentatives ont été faites pour limiter le droit de fournée ; on proposa en 1718 de limiter à six le nombre des pairs que la couronne pourrait désormais nommer ; le chiffre atteint, on ne pourrait créer de nouvelles pairies qu'à l'extinction d'anciennes ; la Chambre haute aurait ainsi eu cent quatre-vingt-quatre membres. Cette proposition fut rejetée en 1719 sur l'opposition des Communes, parce qu'elles craignaient de perdre désormais toute influence sur la Chambre haute.

2. De Franqueville, *Le Gouvernement et le Parlement britanniques*, t. I, p. 257.

ministère pour se solidariser avec lui, et passa un nouveau bill de
réforme électorale. L'opinion publique se prononça énergiquement
contre la Chambre des lords, les journaux, des pétitions réclamèrent
une fournée de nouveaux pairs. On organisa des réunions et des
processions monstres à Londres, à Birmingham et dans les grands
centres industriels.

Le comte Grey usa de patience et présenta une seconde fois le bill
à la Chambre haute : la discussion en comité révéla une majorité de
35 voix contre le ministère. A l'unanimité le cabinet décida de proposer au roi la nomination de pairs en nombre suffisant pour modifier la majorité de la Chambre haute[1]. Sur le refus de Guillaume IV,
le comte Grey donna sa démission, mais les protestations des Communes et du peuple contraignirent le roi à le conserver et à se soumettre à sa demande : la création de pairs nouveaux fut décidée,
mais avant leur nomination Guillaume IV exerça son influence personnelle sur plusieurs lords et leur persuada de s'abstenir pour éviter
à la Chambre l'introduction d'éléments nouveaux; son secrétaire
particulier adressa à tous les pairs opposants une carte les invitant
« à ne plus s'opposer au bill de réformes ». L'attachement à la personne du souverain détermina des pairs en nombre suffisant et,

---

1. Les ministres remirent au roi une note conçue en ces termes d'un vif
intérêt : « Il faut admettre qu'il y a des cas où la Chambre des lords continuant
à se mettre en opposition avec les vœux généraux de la nation et avec le sentiment déclaré de la Chambre des Communes, les plus grands dangers seraient
à craindre s'il n'y avait aucun moyen de mettre fin aux collisions que peuvent
produire des circonstances de cette nature. Leur prolongation amènerait infailliblement les plus grands malheurs et pourrait même finalement avoir des conséquences fatales, d'une part aux libertés publiques, et de l'autre au pouvoir et à
la sécurité du gouvernement. C'est en prévision d'un danger de cette espèce
que la Constitution a donné à la Couronne le pouvoir de dissoudre la Chambre
des Communes ou d'augmenter la Chambre des lords, en exerçant la haute
prérogative de créer des pairs, qui a été reconnue au roi dans ce but, comme
pour d'autres motifs non moins importants. Dans le premier cas, s'il y a dissentiment entre les deux Chambres et que la Chambre des Communes ne soit pas
appuyée par le corps électoral, la nomination de députés qui partagent l'opinion
publique peut maintenir cette harmonie et cet accord qui sont si nécessaires
à la sûreté générale. Le second ne peut être employé que pour amener la
Chambre des lords à changer sa ligne de conduite, lorsque l'opinion du peuple
fortement et généralement exprimée et identifiée avec celle des représentants
ne laisse aucun espoir de terminer le conflit existant. C'est seulement dans un
cas aussi extrême que, dans l'opinion des serviteurs de Sa Majesté, peut se
justifier l'exercice de la prérogative royale de créer des pairs. ».

grâce à leur abstention, le Reform bill fut voté avant l'exercice de la prérogative [1].

Les pairs et le parti tory avaient vu cette fournée avec terreur : « Si ce projet avait pu aboutir, disait Wellington, pas de doute que ce fût la fin de cette Chambre, de la constitution et du pays ». La « fournée » a été depuis lors une épée de Damoclès suspendue sur la tête des lords pour leur enseigner que la crainte des conflits est le commencement de la sagesse : en 1835 et 1836, une difficulté s'éleva entre les deux Chambres sur la question de l'église irlandaise, mais elle s'aplanit rapidement par la prudence des pairs. C'est en sachant céder à temps que la Chambre haute a dû de conserver son existence, la grande influence qu'exercent ses membres dans les conseils du pays [2], et la réelle popularité dont elle jouit : quand, en 1895, le parti whig a inscrit dans son programme la réforme de la Chambre des lords, il n'a créé aucun courant d'enthousiasme dans le pays et a été mis en déroute. « Durant ce siècle, a-t-on écrit, les lords n'ont jamais joui d'une plus grande popularité qu'à l'heure actuelle [3] » ; à plusieurs reprises, le home rule en est un exemple, le peuple les a soutenus plutôt que les Communes. En 1857, le ministère Palmerston avait été censuré par celles-ci sur les mesures qu'il avait prises à Canton dans l'affaire de l'*Arrow*; la Chambre haute approuvait, au contraire, sa conduite. Pour couper court à ce commencement de conflit, lord Palmerston décida de s'en rapporter au jugement du pays et obtint de la couronne la dissolution des Communes; les élections lui donnèrent une forte majorité [4]. La Chambre haute est assurée de conserver son existence tant que ses leaders auront souci de l'opinion populaire et sauront s'incliner devant les résultats d'une dissolution.

1. Erskine May, *Constitutional History of England*, t. I, p. 308.

2. A l'heure actuelle les deux leaders whig et tory sont tous deux membres de la Chambre haute.

3. Pasquet, *La défaite du Parti libéral en Angleterre, Revue de Paris* du 16 août 1895.

4. A. Todd, *On Parliamentary Government in England*, t. II, p. 151. Depuis lors, quatre conflits de moindre gravité se sont soulevés entre les deux assemblées : en 1860 à propos de l'impôt sur le papier, en 1868 au sujet de la suppression de l'église établie d'Irlande, en 1871 lors du bill sur l'achat des grades dans l'armée, et en 1884 lors de la réforme électorale. Chaque fois les pairs ont eu la sagesse de céder.

Le respect des électeurs a entraîné une dissolution des Communes
après chacune des réformes électorales de 1832, 1867 et 1884; le
gouvernement a jugé qu'une Chambre, élue en vertu d'une loi désormais abrogée, ne représentait plus l'opinion du nouveau corps électoral et ne jouissait pas de l'autorité nécessaire à ses fonctions. Cette
considération était légitime : elle était digne d'un régime fondé sur
le respect de la volonté populaire. Dans ces trois conjonctures, on a
simplement attendu le temps nécessaire pour la confection des nouvelles listes [1] et, dès leur rédaction finie, on a appelé les nouveaux
électeurs à exprimer leur opinion sur les affaires du pays.

Il peut être utile, conforme aux mêmes idées, de consulter le pays
avant de statuer sur quelque mesure d'intérêt général ou lorsque
le gouvernement est en présence de quelque question de politique
générale. Cette consultation n'est pas nécessaire, car aucun principe
constitutionnel n'exige un appel au peuple avant de légiférer sur une
question, quelle que soit son importance. Le Parlement est tout-puissant, voilà la règle de droit : il est compétent pour statuer sur toutes
les difficultés qui se soulèveront, sur toutes les mesures qui lui seront
proposées. « Son autorité souveraine et sans contrôle, dit Blackstone,
peut faire confirmer, étendre, restreindre, abroger, révoquer, renouveler et interpréter les lois sur les matières de toutes dénominations,
ecclésiastiques, temporelles, civiles, militaires, maritimes et criminelles. » C'est ainsi que le Parlement a voté, sans se renouveler, le
bill de 1716 sur la septennalité des sessions, les bills d'union entre
l'Angleterre et l'Écosse, la Grande-Bretagne et l'Irlande, l'abrogation de la loi sur les céréales en 1846, etc. Dans ces diverses occurrences, des propositions ont été émises par divers députés soutenant
la nécessité d'un appel au peuple par voie de dissolution; elles ont
été taxées, par les whigs et les tories les plus considérables de « dangereuses, ultra-démocratiques et sans précédents [2] ». Le dernier
mot est exagéré. Il existe, au contraire, de nombreux cas dans le
courant de ce siècle où, se trouvant en présence d'une Chambre indé-
cise, le cabinet a cru devoir consulter le pays sur quelque question

1. Voyez cependant infra, p. 196, une difficulté soulevée en 1868.
2. Todd, *On Parliamentary government in England*, t. II, p. 407.

d'intérêt national : c'est même une des causes les plus fréquentes de dissolution et la simple énumération des diverses questions posées aux électeurs depuis cent ans suffira pour montrer combien est habituelle cette consultation des électeurs [1].

En 1807, c'est une question de politique religieuse qui est posée aux électeurs; le roi avait renvoyé le ministère Grenville, — c'est un des derniers usages qui aient été faits de cette prérogative, — sur la politique à l'égard de l'église catholique romaine; le nouveau ministère avait obtenu la confiance des Chambres et les Communes étaient dans leur première session; cependant le roi déclara qu'il était « anxieux de recourir à l'avis du peuple, parce que les événements qui avaient récemment eu lieu étaient maintenant tout frais dans ses souvenirs [2] ». La dissolution fut prononcée et l'on invita nettement le peuple à se prononcer sur les prérogatives de l'église protestante. Par l'envoi d'une forte majorité, il approuva la politique du roi et du cabinet Portland, qui venait d'arriver au pouvoir. Près d'un siècle s'est passé depuis cette dissolution, et il est peu probable que le souverain prenne désormais l'initiative de Georges III, de renvoyer le ministère et consulter le pays sur une question politique. Il craindrait de se « découvrir » et de risquer une désapprobation populaire, véritable danger qu'il doit éviter à tout prix [3].

Il peut se présenter quelque difficulté de politique étrangère sur laquelle le gouvernement désire connaître l'opinion du pays. Nous avons déjà parlé de la dissolution de 1857 sur les affaires de Chine; en octobre 1806, lord Grenville venait de rompre les négociations de paix avec la France; il demanda à Georges III de prononcer la dissolution des Communes pour consulter le pays sur la politique étrangère et « pour affermir le gouvernement dans sa persévérance à la guerre [4] ». Les électeurs approuvèrent sa conduite et la guerre reprit avec la France.

1. De Franqueville, *Le gouvernement et le Parlement britanniques,* t. I, p. 285.
2. Erskine May, *The constitutional History of England,* t. I, p. 116.
3. M. Anson, *Law and Custom of the Constitution,* t. I, p. 254 sq., indiquait récemment à juste titre que la reine a le droit strict de renvoyer ses ministres et de demander au Parlement d'appuyer ceux qu'elle a choisis; et si le Parlement s'y refusait, d'en appeler au pays par la dissolution. Mais il est peu probable que le pouvoir royal ait recours de longtemps à ces mesures.
4. Todd, *loc. cit.,* t. II, p. 162.

En Angleterre, pays d'industrie et de commerce, les questions économiques prennent une importance particulière. Le gouvernement aura parfois intérêt à consulter les électeurs sur une question de taxe douanière ou d'impôt. C'est ainsi qu'en 1841 lord John Russell fit prononcer par la reine la dissolution de la Chambre des Communes après un vote de réduction des droits sur les sucres étrangers : dans le cours du débat, la discussion entre les ministres et leurs adversaires s'était transformée purement et simplement en une question de libre-échange ou de protection. Lord John Russell et lord Palmerston appuyèrent de tout le poids de leur éloquence les principes en vertu desquels M. Cobden et ses amis avaient depuis longtemps demandé l'abolition totale des lois sur les céréales [1]. Les protectionnistes l'emportèrent devant les électeurs, et leur chef, sir Robert Peel, forma immédiatement un nouveau ministère. Il est à remarquer que, cinq ans après, le même cabinet fit adopter par la même chambre l'abrogation des lois sur les céréales.

Enfin à deux reprises, en 1886 et en 1892, M. Gladstone et lord Salisbury ont obtenu de la reine de dissoudre la Chambre des Communes sur la question irlandaise, qui passionnait — et passionnera si longtemps encore le pays.

Organisation constitutionnelle, politique religieuse, étrangère, économique, tout a été soumis à l'appréciation des électeurs, et chaque fois le cabinet s'est religieusement incliné devant leur décision.

Cet appel au peuple par voie de dissolution peut aussi être rendu nécessaire par un changement dans l'opinion du pays. En Angleterre, cette opinion populaire s'exprime de nombreuses façons, journaux, meetings, pétitions, et il est du devoir du premir ministre de rechercher soigneusement quelle est son orientation. S'il estime que le Parlement ne représente plus exactement l'état d'esprit des électeurs, il est de son devoir de demander au monarque la dissolution de la Chambre des Communes, quand même la modification dans l'esprit des électeurs se ferait à son détriment. En 1874, après une dissolution et des élections qui avaient été une déroute pour le parti

____

1. Th. Martin, *Le Prince Albert*, trad. Craven, t. I, p. 61.

whig alors au pouvoir, M. Gladstone exprimait à la Chambre des
Communes son regret de n'avoir pas compris la modification qui
s'était produite dans l'opinion du corps électoral, et déclarait que
s'il s'en était aperçu plus tôt, il n'aurait pas hésité à provoquer le
renouvellement de la Chambre; car le Parlement ne peut exercer
légalement son pouvoir sans bornes que s'il représente exactement
la volonté du pays.

Plusieurs dissolutions n'ont pas eu d'autre motif. C'est ainsi qu'en
1831, des meetings, des pétitions reclamaient avec instance la réforme
électorale. La presque unanimité de la Chambre des pairs, la majorité de la Chambre des Communes, le roi Guillaume IV lui-même y
étaient opposés; lord Grey, alors au pouvoir, lui demanda pourtant
de dissoudre les Communes, et comme le roi semblait d'abord s'y
refuser, il lui représenta que « l'existence de la Chambre actuelle
était incompatible avec la paix de l'Angleterre et la sûreté de la
couronne, et que, sans dissolution, le cabinet ne resterait pas au
pouvoir [1] ». Le roi céda, les élections se firent preque immédiatement, et l'appel au pays fut couvert de succès pour le ministère; le
reform bill passa aux Communes par cent voix de majorité.

En 1784, Pitt, premier ministre de l'initiative du roi Georges III,
n'avait pas aux Communes la majorité; l'opposition était formée de
l'alliance des partisans de Fox avec les nombreux tories demeurés
fidèles à lord North. Cette *coalition* s'était rendue impopulaire par
une série d'actes arbitraires et surtout par les mesures qu'elle se
proposait de prendre contre la compagnie des Indes. Pitt avait compris la poussée d'opinion publique qui se produisait contre la coalition et la majorité aux Communes qui lui était fidèle. Il n'hésita
pas à recevoir le pouvoir des mains de Georges III, à le conserver
malgré plusieurs votes hostiles de la Chambre des Communes.
Ses adversaires, et quelques-uns de ses amis lui conseillaient de se
retirer ou de dissoudre les députés; il préféra différer, afin de
laisser à l'opinion publique le temps de s'affermir. Par son tact, son
courage, son éloquence, il parvint à ramener à lui une partie des
députés; la majorité alla sans cesse en diminuant, et lorsqu'enfin

---

1. Todd, *On parliamentary Government in England*, t. I, p. 119.

elle fut réduite à une voix, il réclama l'appel au peuple. L'opinion
publique avait sans cesse grandi en sa faveur, et les élections
furent pour lui un triomphe ; cent quatre-vingt-dix de ses opposants
perdirent leur siège et une forte majorité lui fut assurée [1]. Il est vraisemblable qu'aujourd'hui les événements se précipiteraient davantage : si le roi, persuadé du changement de l'opinion populaire, prenait l'initiative du renvoi du ministère, le nouveau cabinet n'oserait
probablement pas gouverner pendant plusieurs mois avec une
Chambre des Communes hostile et consulterait immédiatement le
pays. Le fond des choses serait identique : s'assurer que les députés
aux Communes sont les représentants exacts de leurs électeurs, ne
gouverner qu'avec une Chambre conforme à l'esprit du pays. C'est
une application de ce principe qui forme la base du régime anglais :
respect, par le cabinet, de la majorité qui représente l'opinion
publique.

Une question très délicate a été soulevée à maintes reprises : le
cabinet mis en minorité à la Chambre des Communes a-t-il le droit
de faire appel devant les électeurs sans que rien d'autre ne l'y autorise que le désir de constituer une majorité et de conserver le pouvoir. Après des solutions diverses, la tendance actuelle est de refuser
ce droit au cabinet qui perd la majorité, et elle s'est affirmée à deux
reprises, en 1835 et en 1868. Sir Robert Peel, qui n'était pas encore
le parfait modèle du parlementaire anglais, venait de constituer un
ministère sur le désir de Guillaume IV ; la majorité était peu nette,
mais semblait contraire au nouveau cabinet : sans convoquer le Parlement, sir Robert Peel obtint du roi la dissolution de la Chambre des
Communes dans le but de constituer une majorité favorable à son
ministère. Les élections lui furent hostiles, et, à la rentrée, la dissolu-
lution fut attaquée en termes énergiques par lord John Russell, lord
Stanley, etc., qui contestèrent au cabinet le droit de renouveler la
Chambre uniquement dans l'espoir de se constituer une majorité.
Leur théorie a été approuvée par les auteurs qui depuis lors ont
unanimement condamné la dissolution de 1834 [2].

1. Erskine May, *The Constitutional History of England*, t. I, pp. 71 et suiv.
2. Todd, *On Parliamentary Government in England*, t. II, p. 406. E. May, *Edin-
burgh Review*, CXV, p. 236.

Cette théorie a été reprise en 1868 par lord Grey et M. Gladstone dans une discussion restée célèbre avec M. Disraëli. A la Chambre des lords, le premier refusa aux ministres mis en minorité « le droit de réclamer de la couronne la dissolution du Parlement, à moins qu'il n'y eût sérieuse raison de penser que la Chambre des Communes avait mal interprété l'opinion du pays [1] ». A la Chambre des Communes, M. Gladstone combattit avec éloquence ce qu'il appelait une « dissolution pénale » et dénia la légalité d'une dissolution destinée uniquement à déterminer si un ministère pourrait conserver le pouvoir ; il affirma qu'une large majorité aux Communes, reposant sur un nombre de voix suffisant pour la rendre indiscutable, était « une preuve évidente du jugement du pays » et écartait par là même la raison d'être d'une dissolution [2]. D'ailleurs cette théorie a reçu deux applications du cabinet intéressé lui-même : en 1848, sir Robert Peel, en 1852, lord John Russel se retirèrent devant un vote hostile des Communes et, malgré les conseils très vifs de leurs partisans, ils ne sollicitèrent pas une dissolution du souverain (qui la leur aurait accordée), parce que la majorité était nette et indiscutable et que rien ne permettait de croire qu'elle n'avait pas l'approbation du pays.

M. Fischel, auteur en général exact, nous paraît donc commettre une erreur, en affirmant « qu'il y a réellement lieu à l'exercice de la prérogative dès que le ministère et le Parlement ne sont pas d'accord [3] ». Cette théorie suppose un conflit entre les pouvoirs exécutif et législatif, or il est de l'essence du régime parlementaire anglais, qu'aucun conflit de cette nature ne puisse exister ; dès qu'il y a désaccord entre le cabinet et sa majorité, le strict devoir du premier est de se retirer. C'est le principe du respect dû à la majorité, mais, nous l'avons indiqué, il comporte cette restriction que la majorité au Parlement doit représenter la majorité des électeurs. S'il y a, selon l'expression de lord Grey, « de sérieuses raisons de penser que la Chambre des communes a mal interprété l'opinion du

---

1. Hansard, *Parliamentary Debates*, CXCI, p. 1687.
2. Hansard, *loc. cit.*, p. 1708-1713.
3. Fischel, *Constitution d'Angleterre*, t. II, p. 383. Cpr. Esmein, *Droit constitutionnel*, p. 102.

pays », si un mouvement d'opinion se manifeste par des élections partielles, des pétitions, des meetings, les journaux, alors le cabinet mis en minorité peut légitimement espérer que le pays est pour lui, contre la majorité des députés, et il a le droit de recourir à la dissolution. Proposer une dissolution sans qu'une question de principe se trouve engagée, sans qu'il y ait de sérieux motifs de penser qu'un appel au pays donnera au cabinet une majorité suffisante pour gouverner, c'est un expédient que les hommes d'État sont à peu près unanimes à condamner [1]. Si des manifestations visibles de l'opinion publique ne lui donnent cet espoir, il doit se retirer.

M. Disraëli émit en 1868 une théorie voisine de celle que nous venons de condamner, et qui n'eut comme elle aucun succès ; il soutint qu'il était « du droit d'un cabinet nouvellement *appointé*, d'engager la couronne à dissoudre le Parlement élu sous l'influence de ses adversaires politiques [2] ». M. Gladstone combattit vivement l'opinion du premier ministre et les théoriciens lui ont donné raison : la thèse de M. Disraëli était inconstitutionnelle et dangereuse ; car reposant sur l'intervention du gouvernement dans les élections, elle conduirait aux candidatures officielles et à la pression électorale ; ce serait presque toujours son but réel. Aussi cette thèse est-elle unanimement blâmée [3].

Cet examen des divers cas de dissolution l'a montré, il est difficile de poser un principe général autrement qu'en ces termes un peu vagues : le respect de la majorité aux Communes pourvu qu'elle représente la majorité dans le pays. C'est avant tout une question de tact et de prudence. « Des dissolutions fréquentes ou brusques du Parlement, écrivait sir Robert Peel dans ses *Mémoires*, émoussent le tranchant d'un instrument donné à la couronne pour sa protection, et quand elles ont été employées, ont toujours mal tourné pour l'État [4]. » Il le savait par expérience personnelle, la dissolution la plus incorrecte du siècle avait été prononcée en 1834 à sa demande ;

1. De Franqueville, *Le gouvernement et le parlement britanniques*, t. I, pp. 286 et 287.

2. Hansard, *Parliamentary Debates*, CXCI, p. 1695, 1702.

3. Todd, *On Parliamentary government in England*, t. II, pp. 409, 412 ; de Franqueville, *loc. cit.*, p. 287.

4. Peel, *Mémoires*, t. II, pp. 44 et 294.

elle n'avait abouti qu'à sa défaite ; en 1846 plutôt que de recommencer, il s'était sagement retiré devant un vote hostile.

III

Par suite des nombreuses dissolutions prononcées depuis deux siècles, il s'est établi des traditions sur la forme dont elles sont revêtues, et les ministères s'y soumettent scrupuleusement. Il ne manque pas d'intérêt de rechercher rapidement ces traditions.

Il appartient au premier ministre seul de décider s'il y a lieu de solliciter du roi de nouvelles élections, et le plus souvent il en garde soigneusement le secret ; en 1880, la dissolution fut prononcée à la demande de lord Beaconsfield si subitement, que « l'opposition en demeura abasourdie ; quelques jours après M. Gladstone n'en était pas revenu et dans un discours à Édimbourg se plaignait de ce coup soudain [1] ». Ce n'était d'ailleurs qu'un artifice oratoire : en 1874, M. Gladstone avait infligé la même surprise à ses adversaires et M. Disraëli avait exhalé les mêmes plaintes.

La raison de ce secret est double : la Chambre menacée de dissolution ne fournirait plus aucun travail, et elle pourrait adopter des décisions désagréables au ministère. Il est en effet admis que le Parlement a le droit de protester contre une dissolution dont il entrevoit la proximité ; la Chambre des Communes n'a pas manqué d'user de ce droit, notamment en 1784 lors de la lettre de Pitt contre la coalition. En 1831, le projet de dissolution s'était répandu à la Chambre le jour même où le cabinet décida le roi Guillaume IV à la prononcer ; une adresse était même en discussion pour demander au monarque de s'y refuser ; le cabinet se hâta de faire prononcer la prorogation des Chambres, car une motion défavorable adoptée par le Parlement aurait rendu très difficile l'exercice de la prérogative royale. Cependant les hommes d'État les plus avisés déconseillent ces adresses destinées à s'opposer à la dissolution [2] : elles risquent de rendre l'opposition impopulaire, de faire croire à sa crainte de

---

1. De Mazade, *Revue des Deux Mondes* du 1ᵉʳ avril 1880.
2. Erskine May, *The constitutional History of England*, t. I, p. 85 ; t. II, p. 89.

reparaître devant les électeurs. Depuis soixante ans, il s'est élevé quelques discussions sur la forme de la dissolution, aucune sur le droit du cabinet de choisir son heure.

Le Parlement a d'ailleurs le droit opposé, de solliciter du monarque une dissolution : en 1675, la Chambre des lords vota une adresse priant Charles II de dissoudre les Communes, et tous les théoriciens admettent que ce droit est demeuré entier, s'il a été rarement exercé. En 1895, un député, M. Redmond, proposa un amendement à l'adresse pour demander à la reine de dissoudre le Parlement[1].

Pareil pouvoir appartient d'ailleurs au peuple par voie de pétitions ou de réunions et l'histoire en cite plusieurs exemples. En 1701, durant un furieux conflit entre whigs et tories, de nombreuses pétitions furent présentées à Guillaume III pour demander la dissolution du Parlement. Le caractère constitutionnel de ces adresses ayant été mis en question, la Chambre des Communes affirma que « c'était le droit indiscutable du peuple anglais d'adresser une pétition au roi sur la réunion et la dissolution du Parlement[2] ». De semblables pétitions ont été signées en 1710, 1769[3], 1784, 1831 et la légitimité en a toujours été reconnue.

Conformément à un vieil usage, souvent encore suivi, la dissolution est précédée d'une prorogation : jadis le roi se rendait en personne au Parlement et prorogeait les Chambres, *with a view of immediate dissolution*. Hors le respect dû aux traditions, il est d'ailleurs assez difficile de justifier cette prorogation couverte peu de jours après par une dissolution[4].

Il est contraire aux usages parlementaires que le premier ministre annonce une dissolution éventuelle autrement que pour inviter le

1. *Daily News* du 12 février 1895.
2. Grenville, *Papers*, t. IV, p. 446.
3. En 1769, la Chambre refusait de recevoir le serment du député Wilkes. Londres et Westminster déposèrent une adresse réclamant la dissolution et se terminant en ces termes : « Il arrive un moment où l'on voit clairement que les « hommes ont cessé d'être des représentants. Nous sommes à ce moment-là. « La Chambre des communes ne représente pas le peuple. » Green, *Histoire du Peuple anglais*, t. II, p. 353.
4. En 1841, la dissolution fut prononcée le lendemain de la prorogation du Parlement; en 1852, le jour même.

Parlement à voter les *bills* urgents. Ce principe a été affirmé en 1852 et en 1868 par plusieurs hommes d'État. Au printemps de 1852, lord Derby laissa entendre aux communes qu'il demanderait leur dissolution à l'automne. Lord John Russell, lord Palmerston, M. Gladstone, le duc de Newcastle protestèrent avec énergie contre ce délai exagéré, et déclarèrent que « conformément à la constitution, les ministres devaient donner l'assurance que la dissolution aurait lieu dès que les intérêts publics le permettraient ». Lord Derby se conforma en partie à ces réclamations. En 1868, même discussion se souleva, et M. Disraëli annonça dès le mois de mai la dissolution qu'il ne prononça qu'en automne ; mais il fut vivement critiqué : « On vit, dit M. Todd, pendant plusieurs mois, ce spectacle sans précédent et contraire à la constitution, d'un ministère gardant le pouvoir par tolérance et incapable d'exercer quelque contrôle effectif sur les actes des Communes ; cette situation était, sans contredit, en désaccord avec les premiers principes du gouvernement parlementaire[1] ».

Souvent, toutefois, la dissolution projetée ne peut être immédiatement prononcée ; il peut être nécessaire de voter des crédits ou des bills urgents, et, par une sorte de trêve des partis, ministériels et opposants s'empressent de « déblayer » en commun l'ordre du jour de la Chambre. Nous ne connaissons rien d'aussi correct et loyal que l'accord passé à ce sujet entre le chef du cabinet et le leader de l'opposition. Mettant de côté pour quelques jours leurs discussions, tous deux recherchent d'un commun accord quelles mesures sont réclamées instamment par les services publics et doivent être adoptées par la Chambre avant sa dissolution. « Il est contraire à tous les usages et à l'esprit de la constitution, disait un homme d'État, qu'un gouvernement puisse choisir, sans le concours de l'opposition, les mesures qu'il convient de soumettre à un Parlement condamné[2]. » Il serait aussi incorrect pour le chef de l'opposition d'apporter quelque embarras au chef du cabinet : son rôle est au contraire d'aider le gouvernement pour hâter les nouvelles élections[3].

---

1. Todd, *On parliamentary government in England*, t. II, p. 412.
2. Hansard, *Parliamentary Debates*, vol. CXCII, p. 1126.
3. Sir Robert Peel à la Chambre des Communes, juin 1841.

S'il est nécessaire de voter des crédits, il est inconstitutionnel d'en proposer le montant pour une année entière, et d'engager ainsi le pays sur la demande de ministres et le vote de députés dont l'existence doit être mise en péril par les élections prochaines. Il n'appartient qu'à la nouvelle Chambre de statuer sur l'ensemble du crédit, la Chambre condamnée n'en doit voter que la portion exigée par les services publics jusqu'à la réunion du nouveau Parlement, et ce vote d'attente n'oblige nullement la Chambre nouvelle à l'approbation des crédits entiers[1].

Par suite de la dissolution des Communes, le Parlement entier est censé dissous et se renouveler; il y a là une sorte de fiction juridique, car la Chambre des lords ne subit aucune modification et il a été exposé que la mise en accusation des ministres était maintenue[2]; mais ce seul détail suffit pour montrer quelle place prépondérante a pris la Chambre des Communes. A la suite de la dissolution et des élections de 1895, le nouveau Parlement a pris rang et titre de quatorzième Parlement de la reine Victoria.

Les élections procèdent toujours dans le plus bref délai, six semaines environ, moins encore si le budget n'est pas voté et si l'adoption de quelque grande loi est exigée par l'intérêt public. En 1880, la dissolution avait été annoncée le 8 mars; les bills urgents furent expédiés en quinze jours; la dissolution fut prononcée le 24 mars, les électeurs convoqués pour la période du 31 mars au 11 avril et le Parlement réuni le 29 avril. Cette rapidité n'est d'ailleurs pas toujours nécessaire. En 1841, lord Derby prononça la dissolution le 1er juillet et ne convoqua le nouveau Parlement que pour le 4 novembre : ce laps de quatre mois ne souleva pas de critique.

La dissolution constitue un appel au peuple; son jugement est définitif; il décide du sort du cabinet; les lords s'inclinent devant lui : leur tentative de résistance en 1832 les eût conduits à leur perte, ils l'ont compris et se sont soumis. Jusqu'il y a trente ans, les ministres restaient en fonctions même si la nation s'était prononcée

1. Todd, *loc. cit.*, t. I, p. 486.
2. Voyez supra, p. 40.

contre eux; l'opinion de la Chambre des Communes ne pouvait être affirmée que par les députés; il était d'usage de saisir la première occasion d'obtenir un vote décisif sur le sort du ministère; en réponse au discours du trône, une adresse proposée par l'opposition déclarait que les conseillers de la Couronne n'avaient pas la confiance de la Chambre[1]. Une nouvelle tradition semble se former par le départ des ministres avant même la réunion du Parlement. En 1880, les nouvelles élections ont été fatales aux tories; lord Beaconsfield s'est retiré immédiatement, et le Parlement réuni trente-six jours après la dissolution du précédent, s'est trouvé en présence du cabinet whig présidé par M. Gladstone. Pareil procédé a été employé en 1885 et 1886.

Il est d'ailleurs à remarquer que la dissolution entraîne très fréquemment la chute du ministère; c'est l'ordre logique des choses; dans le parlementarisme anglais pur, reposant sur l'antagonisme de deux partis, une Chambre des Communes doit rester fidèle au cabinet tant qu'elle n'est pas dissoute; pour peu que la majorité soit importante, les éléments nouveaux introduits par les élections partielles ne suffiront pas pour la modifier. Or, six années, durée ordinaire des Parlements[2], constituent un long espace de temps, et les partis au pouvoir s'usent facilement; il est à redouter que, par le seul fait de leur gouvernement, ils aient soulevé dans le pays des craintes et des haines qui se feront place au jour des élections et entraîneront leur chute. On a d'ailleurs observé que plus un cabinet retarde la dissolution, plus son échec est certain. Lord Melbourne ne donnait pas d'autre cause de sa chute en 1841[3].

Dans le courant du siècle, ce balancement des partis s'est reproduit presque périodiquement. Rien ne pourrait mieux faire comprendre l'importance du rôle joué par la dissolution. Le Parlement étant tout-puissant, les nouvelles élections remettent tout en question, et de leur sort dépendra peut-être la constitution même du

1. Todd, *loc. cit.*, p. 413.
2. Nous avons indiqué que la durée moyenne est de quatre ans deux mois, mais cette moyenne a été fortement abaissée par plusieurs Parlements qui n'ont duré qu'un ou deux ans.
3. De 1867 à 1892, à quatre reprises le ministère a dû se retirer parce que les élections après dissolution lui avaient été défavorables.

royaume. Il s'agit, en tout cas, de savoir quel parti, pendant de longues années, détiendra le pouvoir, dans quel sens sera orientée la politique intérieure et extérieure de l'Angleterre. Ainsi chaque grande réforme se trouve liée à une dissolution : la réforme électorale de 1832, les lois sur le libre-échange de 1853, la politique « impériale » de lord Beaconsfield, l'échec définitif du Home rule, procèdent tous d'une dissolution récente. Voilà pourquoi les principes de la dissolution sont exposés avec un soin particulier par les auteurs de droit public anglais; pourquoi les Chambres ont été témoins de tant de débats à leur sujet; et pourquoi chaque dissolution soulève en Angleterre une profonde et légitime émotion.

IV

« Lorsque l'Anglais voyage, a-t-on écrit, il emporte avec lui une petite portion de son pays. » Lorsqu'il se fixe dans un pays nouveau et fonde une colonie, son souci est de reproduire les institutions de la vieille patrie.

Après avoir débuté par le gouvernement direct de la métropole, les colonies anglaises ont partout obtenu une large autonomie[1]. Leur gouvernement est toujours calqué sur celui de l'Angleterre. Nous y trouvons la même trinité de pouvoirs; un gouverneur nommé par la couronne et qui la représente, — un cabinet responsable devant les Chambres, — un Parlement composé presque toujours de deux assemblées; les membres de la Chambre haute sont tantôt nommés par la couronne (Canada, Queensland, Nouvelle-Zélande, etc.), tantôt élus par les mêmes électeurs que l'autre chambre (le Cap), mais souvent alors au scrutin de liste pour toute la colonie (South Australia, etc.). Le régime parlementaire fonctionne comme en Angleterre[2]; le droit de dissolution est partout accordé au gouverneur, mais il est à remarquer qu'il n'a ce droit

---

1. Cf. A. Todd, *Parliamentary government in the british colonies*, London, 1894. Paul Matter, *L'organisation constitutionnelle dans les colonies anglaises* (*Annales de l'École des sciences politiques* du 15 sept. 1897).

2. La Chambre haute a presque partout la situation secondaire de la Chambre des Pairs en Angleterre; le cabinet ne se retire pas devant ses votes hostiles.

que sur la seconde Chambre; il ne peut dissoudre la Chambre haute même quand elle est élective[1].

Le rôle du gouverneur dans l'exercice du droit de dissolution est singulièrement délicat et l'impartialité doit être sa loi. Nommé par la couronne, responsable envers elle des actes de son administration sous peine de révocation, il ne peut jouir de la situation personnelle d'un roi. Cependant la distance souvent immense qui le sépare de la métropole, l'oblige à toutes les initiatives et l'empêche de prendre les ordres directs de la Couronne. Il doit avant tout éviter de s'inféoder à un parti[2]; il a le droit et le devoir de refuser aux ministres une dissolution, lorsqu'il estime qu'elle n'est demandée que dans l'intérêt d'un parti et non dans le but d'obtenir l'avis du pays sur une question de politique générale. En 1883, le lieutenant gouverneur Wilmot, du New-Brunswick, refusa la dissolution au ministère Hannington mis en minorité à l'Assemblée, parce que celle-ci était élue depuis moins d'un an et que « les circonstances n'étaient pas assez sérieuses pour exiger le trouble et la dépense d'une élection générale ». Le cabinet donna sa démission et un nouveau ministère fut constitué sans difficulté[3].

Son pouvoir d'appréciation est souverain, et il ne relève de ce chef que de la couronne; c'est une branche de sa prérogative, issue elle-même de la prérogative royale, et les Anglais la désignent par l'expression pittoresque de « constitutional discretion ». Le gouverneur doit en être jaloux, et, s'il la laissait usurper par le cabinet ou le Parlement, il serait certainement révoqué par la couronne;

---

1. L'acte de la colonie de Victoria, dans son article 28, dispose que « le gou-« vernement peut dissoudre l'assemblée par voie de proclamation quand il le « juge utile. Toutefois aucune disposition du présent acte ne peut autoriser le « gouvernement à dissoudre le Conseil. » Ce Conseil, c'est la Chambre haute et elle est élective. Dareste, *Constitutions modernes*, t. II, p. 568.

2. La situation personnelle du gouverneur lui donne toujours un rang à part dans la colonie; on n'appelle à ces fonctions que de hauts personnages, jouissant en Angleterre d'une grande situation, et, par là même, indépendants des partis. A l'heure actuelle (fin 1897), le comte de Glasgow est gouverneur de la Nouvelle-Zélande; le vicomte Germanston, de Tasmanie; lord Lamington, du Queensland, etc. Les grandes colonies, le Canada, le Cap, les Indes, sont toujours gouvernées par un membre du « peerage ». Malte et Gibraltar ont à leur tête un officier. Cpr. *The Statesman Year-Book*, London, 1897.

3. Todd, *loc. cit.*, p. 800.

ainsi il ne doit pas se laisser influencer par les adresses que l'une ou l'autre des Chambres pourraient lui adresser sur l'exercice du droit de dissolution. En 1871, sir James Fergusson, gouverneur de l'Australie du Sud, sollicité par le cabinet de dissoudre la seconde Chambre, reçut une adresse du Parlement le priant de renvoyer les ministres et de refuser la dissolution. Le gouverneur répondit qu'à son grand regret, il estimait juste, dans les circonstances en cours, d'accorder l'appel au peuple que demandait le cabinet : le jour même il prononça la dissolution [1].

Le pouvoir du gouverneur est de telle étendue, qu'il peut prendre l'initiative de cette mesure lorsqu'il l'estime nécessaire aux intérêts publics. En 1855, le gouverneur du Nouveau-Brunswick était persuadé qu'une nouvelle législation sur les liqueurs, à la veille d'être adoptée par la Chambre, heurtait les vœux du pays; il mit en demeure le cabinet de dissoudre la seconde Chambre ou de se retirer. Le cabinet préféra se démettre; le gouverneur forma un nouveau ministère et prononça la dissolution; le pays se rangea à son avis et envoya une nouvelle Chambre hostile au projet de loi [2]. — Il est certain qu'une pareille initiative est dangereuse, frise le pouvoir personnel et découvre le gouverneur; le monarque anglais n'oserait peut-être la prendre à l'heure actuelle, les gouverneurs feront sagement de s'en abstenir [3].

La durée des Parlements coloniaux est en général moindre que celle du Parlement de Londres et ne motive pas un renouvellement anticipé. Au Canada, par exemple, la Chambre des Communes est élue pour cinq ans [4].

Les dissolutions sont assez fréquentes, le morcellement des partis les rend nécessaires. Sauf au Canada, l'instabilité ministérielle est la règle. Un cabinet d'un an n'est pas loin de son terme. En 1873, en

1. Todd, *loc. cit.*, p. 771.
2. Todd, *loc. cit.*, p. 762.
3. Ces quelques exemples suffisent pour prouver l'inexactitude de l'opinion courante : le gouverneur n'est qu'un « mannequin de luxe », chargé de représenter la couronne dans les cérémonies publiques, et d'encaisser un gros traitement. Le gouverneur, au contraire, a des initiatives à prendre, et, selon le mot de M. Todd, « il doit être la sauvegarde contre tous les abus de pouvoirs, la garantie de toutes les libertés ».
4. Acte du 29 mars 1867, article 50. Dareste, *Constitutions modernes*, t. II, p. 314.

Tasmanie, cinq ministères se sont succédé dans un espace de sept mois. Dans ces jeunes et vigoureuses communautés, nouvellement dotées du « self government », il est naturel que les luttes des partis et le combat pour le pouvoir aient exigé autant d'énergie et de temps des assemblées populaires. Il ne serait pas juste d'attribuer ces luttes uniquement au désir vulgaire d'une place ou d'un profit, au lieu de l'ambition légitime de prendre la direction des affaires politiques.

Les usages sur la forme de la dissolution sont ceux de l'Angleterre et nous ne pouvons qu'y renvoyer

CHAPITRE X

LES MONARCHIES PARLEMENTAIRES HISTORIQUES

(Suite.)

I. La Suède. — II. Le Danemark. — III. La Hongrie.

Tandis que dans les États du centre et du midi de l'Europe, s'établissait le pouvoir absolu et que tout gouvernement se condensait en la personne du roi, les pays du nord conservaient des assemblées représentatives qui contre-balançaient l'autorité de la couronne : ces pays sont l'Angleterre, les Pays-Bas, la Pologne, la Hongrie, la Suède et le Danemark; le régime de l'Angleterre a déjà été examiné; les Pays-Bas ont vu leur constitution profondément bouleversée, le système républicain des Provinces-Unies transformé à l'époque de la Révolution française et remplacé en 1814 par la monarchie : le régime parlementaire de Hollande ne procède donc pas directement de l'ancienne constitution. L'anarchie de la Pologne a entraîné la fin de cet État; l'examen de ses institutions ne présente plus qu'un intérêt historique. Mais le régime de la Suède, du Danemark et de la Hongrie repose au contraire sur des traditions séculaires; leurs assemblées sont les vieilles diètes, souvent modifiées, parfois supprimées, au Danemark abrogées pendant deux siècles, adaptées aux besoins modernes, mais conservant la marque du passé. Ainsi les régimes de ces trois pays devaient former, avec celui de l'Angleterre, une classe spéciale dans les constitutions actuellement en vigueur.

I

Les origines de la Diète suédoise sont presque aussi lointaines que celles du Parlement anglais [1]; il faut les chercher dans les assemblées de guerriers ou de nobles qui, au XIIIe siècle, élisaient encore le roi; dans le courant des XIVe et XVe siècles, les diètes se régularisent, de nouveaux éléments s'y introduisent dans la personne des délégués des bourgs et des campagnes. En montant sur le trône et conformément aux antiques coutumes, Gustave-Adolphe souscrit un acte de garantie, une capitulation précisant les prérogatives de la Diète [2]. A cette époque se constituent définitivement les trois pouvoirs qui seront en présence pendant plus de deux siècles : le Roi, le Sénat, la Diète; celle-ci se compose des représentants des quatre ordres de l'État : noblesse, clergé, bourgeois, paysans; son concours est nécessaire pour l'établissement des lois nouvelles, la fixation des impôts, les déclarations de guerre ou les traités de paix. Elle ne se réunit point à dates fixes, mais quand il plaît au roi de la convoquer; comme il la réunit, il la dissout. Le Sénat, tout ensemble conseil de gouvernement et Chambre haute, se compose de quelques hauts fonctionnaires et des chefs des plus grandes familles : il approuve les impôts, contribue à la rédaction des lois, doit être consulté sur la paix ou la guerre; il n'est pas permanent, le roi le réunit et le dissout à sa volonté.

Lorsque ces assemblées seront en présence d'un roi énergique tel que Gustave-Adolphe ou Charles XII, leur influence diminuera, leurs réunions seront rares ; Gustave-Adolphe se dispense presque de les convoquer. Mais sitôt que le pouvoir royal s'affaiblira, elles relèveront la tête et reprendront de l'importance, jusqu'au jour où un souverain sera de nouveau de taille à les rejeter dans l'ombre [3]. Ainsi, lors de la minorité de la reine Christine, par un acte de 1634, le Sénat

1. Une étude des plus intéressantes, qui n'a pas encore été faite en France, pourrait porter sur le développement comparé du Parlement de Suède et d'Angleterre; nous ne pouvons ici l'esquisser qu'au point de vue de la durée des assemblées et de leur dissolution.

2. Lavisse et Rambaud, *Histoire générale*, t. VI, p. 611.

3. Lavisse et Rambaud, *loc. cit.*, p. 613.

devient permanent ; plus tard la Diète devient périodique, le monarque
est obligé de la convoquer tous les trois ans.

A la mort de Charles XII, le pouvoir suprême passa à la Diète : se
réunissant de plein droit tous les trois ans, elle prononçait elle-
même sa dissolution [1] ; et non contente du pouvoir législatif elle
usurpait sur le pouvoir exécutif. Les querelles du parti des chapeaux
(noble) et du parti des bonnets (populaire), les séances désordon-
nées de la Diète, les changements continuels d'orientation dans la
politique conduisirent à une réaction [2]. Gustave III d'une main vigoureuse rétablit l'ordre, et rédige l'acte de 1772, signé par les États,
et qui contient toute la constitution du royaume. C'est un retour au
gouvernement personnel, que l'anarchie avait rendu indispensable.
Le roi est chef unique et suprême de la nation. Les sénateurs,
nommés par le roi, responsables envers lui seul, seront ses conseillers. Le pouvoir législatif est exercé par l'accord du roi et des États.
La Diète est composée du roi et des quatre ordres, la noblesse, le
clergé, la bourgeoisie et les « paysans »; la bourgeoisie est représentée par les députés des villes : Stockholm en a 10, les villes
moyennes 2 ou 3, les petites un seul; les « paysans » élisent un
député par bailliage [3]. La Diète donne l'autorisation de déclarer la
guerre, vote les impôts, examine les comptes des finances publiques.
Elle ne peut s'assembler que sur convocation de la couronne; « les
assemblées des États ne dureront au plus que trois mois, et pour
que le royaume ne soit pas grevé par de longues Diètes, le roi pourra
vers ce terme dissoudre la Diète et renvoyer les députés chacun dans
son lieu » (article 46).

Cette constitution, confirmée par un acte de 1789, fut modifiée par
une série d'ordonnances et enfin par la constitution du 6 juin 1809
qui est encore l'acte fondamental de la Suède. Celle-ci avait conservé
la Diète divisée en quatre assemblées qui discutaient séparément. Ce
régime archaïque a été transformé par la loi du 22 juin 1866 [4] : la

1. Catteau, *Tableau de la Suède*, Paris, 1790, p. 74.
2. Sorel, *L'Europe et la Révolution française*, t. I, p. 506.
3. Catteau, *loc. cit.*, pages 78, 91 et suiv.
4. Voyez, sur la Revision de 1866, C. E. Ljungberg, *La Suède*, trad. de Lil-
lienhook, Paris, 1867, p. 34.

représentation nationale consiste désormais en une Diète (Riksdag), divisée en deux Chambres, toutes deux issues du suffrage populaire. Ces lois organiques de 1809 et de 1866 forment, avec la loi de 1810 sur l'ordre de succession au trône et la loi de 1812 sur la liberté de la Presse, le corps du droit public de la Suède.

A s'attacher au sens strict des mots, on pourrait croire au pouvoir absolu du roi [1]; c'est le propre des vieilles constitutions, écrites ou traditionnelles, de conserver les antiques formules; mais l'usage a modifié cette prérogative royale. En Angleterre aussi, les ministres sont traités de *queen's servants*, et les Communes d'humbles sujets de Sa Majesté.

Le roi de Suède [2] est investi de l'autorité suprême, il gouverne seul, son pouvoir n'est limité que par les lois, et s'il doit sur presque toutes les affaires prendre l'avis du Conseil d'État (le ministère), il n'est nullement lié par cet avis et prend sa décision comme il l'entend. Voilà le droit strict; en réalité il n'en est point ainsi; le Conseil d'État, dont presque tous les membres font partie de la Diète, est un véritable cabinet, divisé en départements ministériels, responsable devant les Chambres et tombant sur un vote hostile conformément aux règles du régime parlementaire. Le baron de Geer quitta le ministère en 1880 parce qu'il était en minorité, et le comte de Posse, chef de l'opposition, le remplaça [3].

Les membres de la première Chambre du Riksdag sont élus pour neuf ans par les conseils généraux de chaque province et par les conseils municipaux des grandes villes. Ceux de la seconde Chambre sont nommés pour trois ans dans les districts électoraux par des élections à deux degrés [4]. Les deux Chambres ont égalité de pouvoirs

---

1. Voyez, sur l'organisation actuelle de la Suède, Berencreutz, *Précis du droit constitutionnel de la Suède*, Stockholm, 1886, et Aschehoug, *Das Staatsrecht der vereinigten Königreiche Schweden und Norwegen*, Freiburg, 1886.

2. Nous n'étudions dans ce chapitre que la constitution suédoise, la Norvège est en droit constitutionnel, entièrement indépendante de la Suède; ses institutions procèdent d'un principe tout différent; elles n'admettent pas le droit de dissolution et doivent être examinées séparément.

3. D'Olivecrona. Notice dans l'*Annuaire de Législation étrangère*, 1884, p. 672. La couronne cherche pourtant à se réserver la politique étrangère. Le ministre d'État a refusé de répondre à une interpellation sur les affaires étrangères par ce motif qu'elles étaient de la compétence exclusive du roi.

4. En 1895, la première Chambre comprenait 150 députés, la seconde 225.

et sont dotées de tous les droits habituels aux assemblées parlementaires ; elles ont une session ordinaire et nécessaire de quatre mois qui peut être prolongée ou renouvelée en session extraordinaire. Le roi ne peut prononcer la clôture de la session ordinaire qu'en cas de dissolution ou sur la demande du Riksdag ; il peut au contraire clore la session extraordinaire dès qu'il le veut. Le pouvoir législatif est exercé en commun par le roi et le Riksdag, mais, selon les termes de la Constitution : « L'ancien droit qu'a le peuple suédois de s'imposer lui-même est exercé exclusivement par le Riksdag ».

Ainsi les deux Chambres procèdent d'un esprit différent : « la première représente l'opinion mûre et consolidée ; elle est douée d'expérience, de sang-froid, de circonspection et doit être essentiellement conservatrice ; la seconde au contraire exprime les opinions variables au jour le jour ; là surgissent les projets de réforme [1] ». Il pourrait naître entre elles des conflits ; une procédure parlementaire spéciale, souvenir des anciennes diètes, a été organisée pour les éviter. Les deux Chambres élisent cinq commissions ordinaires, communes aux deux assemblées, pour les questions de constitution, de finances, d'impôts extraordinaires, les affaires de la Banque nationale, et la législation. Les Chambres peuvent en outre nommer des commissions extraordinaires pour les affaires qui ne rentrent pas dans la compétence des commissions ordinaires. Les projets de lois, discutés d'abord dans les Commissions, le sont ensuite dans les Chambres ; si les résolutions des Chambres présentent des divergences, la commission compétente rédige un projet de conciliation ; si les Chambres le rejettent, le projet de loi est abandonné. Toutefois, en cas de divergence sur les affaires indispensables [2] et de rejet du projet de conciliation, les députés des deux Chambres sont appelés à un nouveau vote, et la majorité est calculée sur l'ensemble des votes émis par les députés du Riksdag entier ; ainsi un projet de loi peut être adopté contre la majorité d'une des Chambres, si sa minorité jointe à la majorité de l'autre constitue la majorité du Riksdag.

Le roi peut prononcer la dissolution de l'une ou l'autre

1. Berencreutz, *loc. cit.*, p. 60.
2. Les dépenses de l'État, les impôts extraordinaires (les ordinaires sont permanents), les affaires de la Banque nationale ou du comptoir de la Dette publique.

Chambre [1]; la décision de la couronne est communiquée au Riksdag convoqué à cet effet dans la salle du Trône; les députés se séparent immédiatement; la dissolution de l'une des Chambres entraîne la prorogation de l'autre.

Quand le roi prononce la dissolution du Riksdag ordinaire ou de l'une des deux Chambres avant l'expiration de la session de quatre mois, il doit réunir un nouveau Riksdag dans les trois mois après la dissolution; en ce cas, la session reprend le caractère de session ordinaire et ne peut être close avant que quatre mois se soient écoulés depuis la nouvelle réunion. S'il s'agit, au contraire, de la dissolution d'un Riksdag extraordinaire, il n'est pas nécessaire que les Chambres nouvellement élues soient réunies avant le 15 janvier de l'année suivante [2].

En cas de dissolution de la seconde Chambre, des nouveaux députés sont élus seulement pour le temps que cette Chambre avait encore à rester en fonction. Les élections générales sont fixées par périodes triennales à partir de 1869.

Tout, dans le régime suédois, tend à rendre rare l'usage du droit de dissolution : il n'y a pas de conflit possible entre le Riksdag et le pouvoir exécutif, le cabinet devrait se retirer; les conflits entre les deux Chambres trouvent presque toujours une solution grâce à l'organisation des commissions communes et au vote commun. Les grandes questions exigeant une consultation immédiate des électeurs sont peu fréquentes dans ce pays calme et prudent. Les partis, assez tranchés, sont peu nombreux et ont un caractère économique plutôt que politique; leur morcellement n'est pas à redouter comme obstacle à l'activité du Riksdag [3]. Aussi depuis trente ans ne s'est-il présenté qu'une occasion pour le roi d'exercer le droit de dissolution : il l'a fait, au mois de mars 1887, sur une question d'économie politique. La seconde Chambre avait adopté à une faible majorité un projet de loi établissant des droits de douane sur les denrées alimentaires; la première Chambre rejeta, à une majorité plus faible encore, cette

1. Articles 3, 5, 36 de la loi organique du Riksdag du 22 juin 1866.
2. Aschehoug, *Das Staatsrecht der Vereinigten Konigreiche Schweden und Norwegen*, p. 55.
3. Voyez Sentupéry, *L'Europe politique*, p. 1072 et suiv.

proposition. Comme l'opinion publique paraissait hostile à ces droits, le roi voulut faire trancher la question par le pays, et prononça la dissolution de la seconde Chambre. Le résultat fut conforme aux prévisions et, malgré une vive campagne protectionniste, les électeurs envoyèrent à la nouvelle Chambre une forte majorité de libre-échange. Peu de temps après, d'ailleurs, le pays modifia son opinion, les protectionnistes obtinrent la majorité aux Chambres, et firent modifier le système douanier [1]. Cette dissolution de 1887 avait évidemment une cause légitime, le désir de soumettre au pays une question de haute importance sur laquelle les Chambres n'étaient pas d'accord.

II

Le gouvernement danois avait eu des débuts identiques à celui de la Suède; au XVIIe siècle, le roi était encore élu par la Diète et gouvernait avec l'aide de celle-ci et du Sénat. Mais, dans les Assemblées, la noblesse avait pris une prépondérance qui devait amener la perte du régime représentatif; Frédéric III s'appuie habilement pour l'abattre sur la bourgeoisie et le clergé; à la fin de 1660, la couronne devient héréditaire, et, grâce aux dissenssions des trois ordres à la Diète, un acte du 10 janvier 1661 organise le pouvoir absolu du monarque [2]. La Diète est dissoute pour deux siècles.

Sous l'influence de la révolution de Juillet 1830, une commission est réunie par le roi Frédéric VI pour donner son avis sur une constitution et une ordonnance du 15 mai 1834 organisa quatre assemblées d'états pour les provinces du royaume. Ce n'était là qu'une représentation incomplète, mais la nation reprit l'habitude de se voir représentée [3]. On fit appel aux vieux souvenirs, on chercha à reprendre dans le passé les traditions du régime représentatif; c'est en quoi le Danemark mérite d'être classé parmi les monarchies parlementaires historiques. La révolution de 1848 fit éclater la révolte des duchés

---

1. Ces renseignements nous ont été obligeamment fournis par M. Montan, publiciste à Stockholm.

2. Lavisse et Rambaud, *Histoire générale*, t. IV, p. 615.

3. A. Geffroy, *Les réformes et la dernière crise en Danemark*, *Revue des Deux Mondes* du 15 novembre 1853.

P. Matter. 14

et passer le Danemark d'un gouvernement absolu à un régime constitutionnel fondé sur le suffrage universel. Une constitution fut promulguée le 5 juin 1849 pour un Danemark unitaire; les événements politiques empêchèrent qu'elle fût jamais mise en vigueur dans les duchés. Un rescrit du 28 janvier 1852 en annonça le remaniement; la nouvelle constitution fut édictée le 2 octobre 1855; mais sur la demande de la Prusse, elle dut être rapportée le 6 novembre 1858. Enfin la guerre de 1864 donna une solution malheureuse à la question des duchés et permit l'introduction d'un régime unitaire dans un Danemark amputé; la constitution, définitivement revisée, fut promulguée le 28 juillet 1866.

Cette constitution est construite sur le modèle courant des monarchies parlementaires [1]. Le pouvoir législatif est exercé à la fois par le roi et par le Rigsdag composé de deux Chambres : le Landsthing, première Chambre, comprend douze membres nommés par le roi et cinquante-quatre élus par le suffrage à deux degrés suivant un mode assez compliqué où les électeurs censitaires jouent un rôle important; le Folkething, deuxième Chambre, est composé de membres élus directement par le suffrage universel. Le roi gouverne avec l'aide d'un conseil d'État composé de sept ministres qui ont entrée dans les Chambres et peuvent en faire partie. « Il peut dissoudre le Rigsdag entier, ou l'une des deux Chambres seulement; en cas de dissolution d'une seule Chambre, les séances de l'autre sont suspendues jusqu'à la nouvelle réunion du Rigsdag. Cette réunion a lieu de droit dans les deux mois qui suivent la dissolution [2]. »

La Constitution contient un cas de dissolution de plein droit. Lorsqu'une proposition de revision constitutionnelle a été adoptée par les deux Chambres, si le gouvernement veut y donner suite, le Rigsdag est dissous, et il est procédé à de nouvelles élections au Folkething et au Landsthing.

La différence d'origine des deux Chambres permettant de redouter des conflits entre elles, la constitution a organisé une procédure d'entente. Quand les deux Assemblées ne peuvent se mettre d'accord,

—————

1. Demombynes, *Les constitutions européennes*, t. I, p. 153 et suiv.
2. Article 22 de la Constitution revisée.

chaque Chambre, sur la demande de l'une d'elles, nomme un nombre égal de ses membres qui se réunissent en commission commune (Fœllesudvolg) et rédigent un projet sur lequel chacune des Chambres devra se prononcer d'une façon définitive. Cette procédure n'a pourtant pu empêcher les conflits ; les dissolutions ont été fréquentes et ont joué un certain rôle dans l'histoire parlementaire du Danemark, notamment en 1853 et en 1881.

En 1853, un grave conflit se souleva entre le roi et son conseil d'une part, le Folkething d'autre part [1] ; la cause de ce conflit était très complexe, tout ensemble politique, économique et social ; l'invasion des duchés par les armées prussiennes, leur reprise par les Danois, avaient amené une réaction « absolutiste » de la part du gouvernement ; le conflit, débutant sur une question de douane, se transforma bientôt en une lutte politique, la lutte pour le droit de l'assemblée de discuter la revision constitutionnelle qu'avaient rendu nécessaire les négociations diplomatiques relatives aux duchés ; le roi Frédéric III prononça une première dissolution du Folkething et les électeurs ayant renvoyé la même majorité pour appuyer le droit exclusif de l'assemblée de reviser la constitution de 1849, le roi n'hésita pas à prononcer en octobre 1854 une seconde dissolution de cette Chambre ; par des « lettres ouvertes » adressées aux Chambres et aux électeurs il intervint personnellement dans les élections ; leur résultat contraignit la Diète à accepter la restriction de ses pouvoirs ; le gouvernement proclama en 1855 une constitution commune, qui n'eut d'ailleurs que trois ans d'existence [2].

Le second conflit s'éleva entre le Folkething d'une part, le Landsthing et le gouvernement de l'autre [3]. Les questions en jeu étaient encore nombreuses : augmentation des traitements des fonctionnaires, subvention à l'Université de Copenhague, construction d'un grand cuirassé ; le Folkething voulait diminuer les crédits que réclamait le gouvernement appuyé sur le Landsthing. En avril 1881, le

1. Geffroy, *loc. cit.*, et *la Réaction absolutiste en Danemark*, *Revue des Deux Mondes* du 1ᵉʳ nov. 1854.

2. Geffroy, *L'agitation allemande et le Danemark*, *Revue des Deux Mondes* du 15 mars 1861.

3. Notices de M. Klubien, dans les *Annuaires de législation étrangère* de 1882 et 1883.

ministère obtint une première dissolution, mais les élections donnèrent la même majorité ; malgré une réunion de la commission commune, le budget ne put être voté, et l'on dut se contenter d'une loi de finances provisoire. Le 6 juillet, le Folkething fut à nouveau dissous ; les mœurs parlementaires ne s'étaient pas encore introduites complètement, car malgré le jugement porté par les précédentes élections, « la dissolution devait être considérée comme une mise en demeure adressée aux électeurs de déclarer s'ils consentaient à voir une loi de finances échouer définitivement devant la résistance opiniâtre du Folkething ». Les électeurs envoyèrent d'ailleurs la même majorité, mais renforcée, et pourtant le Landsthing ni le cabinet ne cédèrent. En 1882, enfin, le Landsthing finit par consentir des concessions aux représentants du suffrage universel, et, grâce au comité des deux Chambres, le budget put être voté.

L'examen de ces deux conflits démontre que, jusqu'en 1884, le gouvernement n'avait pas acquis la correction parlementaire. Ces luttes n'avaient d'ailleurs nullement écarté le Danois de son prince. Depuis lors, il ne s'est élevé aucun conflit de cette gravité, et la couronne n'a pu qu'accroître ses profondes attaches dans le pays.

Il n'y a qu'un mot à dire de l'Islande, colonie douée d'une large autonomie, administrée par un gouvernement local muni de pouvoirs étendus, et dotée d'une diète appelée Althing. Le roi peut la dissoudre à condition de réunir les électeurs dans le délai de deux mois et l'assemblée dans l'année immédiatement suivante. Un vote de revision constitutionnelle, émis par l'Althing, entraîne sa dissolution. Cette éventualité s'est produite en 1885, mais sur l'intervention du roi il n'a pas été donné de suite au projet de revision.

III

« Il n'y a pas en Europe, s'écrie avec orgueil un jurisconsulte hongrois, de constitution plus vieille que la constitution millénaire de la Hongrie [1]. » A peu près à la même époque qu'en Angleterre, peut-

1. *Annuaire de Législation étrangère* de 1886, notice de M. P. Dareste.

être même avant celle-ci, s'établissent dans le royaume magyar des habitudes de représentation nationale et provinciale qui se transforment en traditions et en lois. Mais si la formation des institutions anglaises et hongroises est contemporaine, leur développement procède, à leurs débuts tout au moins, d'un principe différent. L'organisation politique de l'Angleterre, à la différence de l'organisation administrative, est centralisée à Londres dans le parlement; les Assemblées de comté n'existent que peu ou pas. Il n'en est pas de même en Hongrie : la pierre angulaire des institutions hongroises avant 1848, c'était l'organisation provinciale, la constitution des comitats [1]. La diète de Pesth ne procédait que des assemblées de provinces.

L'assemblée comitale comprenait un nombre excessif de membres [2] : tous les nobles de la province, les veuves ou leurs mandataires, les députés des villes et des couvents, et les *honoratiores*, vaste catégorie de capacitaires : professeurs, médecins, avocats, etc. Une pareille assemblée, dont la plupart des membres l'étaient de droit, ne comportait pas de dissolution à proprement parler. Elle se réunissait tous les trois mois et avait des fonctions multiples : nomination des fonctionnaires et magistrats, vote du budget, administration de la province, nomination des délégués à la diète de Pesth [3].

Jusqu'à la fin du xvie siècle, la Diète réunissait tous les nobles et présentait un caractère exclusivement militaire. Vers 1575, elle se divisa en deux Chambres, la Table des magnats et la Table des députés. La Table des magnats réunissait les membres du haut clergé, les grands dignitaires du royaume et tous les nobles de

1. *Les institutions constitutionnelles de Hongrie* (anonyme), Bruxelles, 1860. L'origine des comitats est fort ancienne; quelques historiens hongrois veulent la faire remonter aux marches établies par Charlemagne; il est certain qu'au xive siècle, le royaume avait déjà cette division, et, en partie, cette organisation.

2. V. Paul Matter, *La Constitution hongroise*; Schuler Libloy, *Das hungarische Staatsrecht*, p. 73.

3. Elle se survivait par deux commissions, nommées par elle-même : l'une de ces commissions recevait toutes les plaintes contre les abus du pouvoir exécutif et rédigeait un rapport qu'elle renvoyait à la diète; — l'autre examinait toutes les propositions tendant à introduire un progrès dans l'administration, la justice, les travaux publics, le commerce. L'assemblée du comitat en délibérait et communiquait ses projets de réforme aux autres assemblées comitales..

l'aristocratie tirée ; elle comportait ainsi sept ou huit cents membres, une cinquantaine assistaient aux séances. La Table des députés se composait des délégués des comitats et des villes ; ces délégués avaient un caractère de plénipotentiaires ; on peut les comparer aux députés envoyés par les cantons suisses au conseil des États ; l'assemblée comitale leur donnait un mandat impératif, et chaque comitat, non chaque représentant, avait une voix.

La nature même de la Table des magnats, Chambre héréditaire, excluait le droit de dissolution. Quant à la Table des députés, si elle était par nature susceptible d'une dissolution, son caractère d'assemblée plénipotentiaire en rendait l'application difficile. Il n'y avait plus alors un appel au pays, mais tout au plus une consultation des assemblées comitales. Aussi, l'usage de ce droit ne paraît-il pas avoir été réglementé par la loi ou les traditions, et il semble avoir été employé surtout comme une mesure de coercition par des monarques forts et autoritaire contre des diètes gênantes.

Par une lente transformation, le pouvoir se porta toujours plus à la Diète. Les lois de 1848, qui forment la constitution actuelle de la Hongrie, ont consacré définitivement cette évolution. Le 14 mars, dans un de ces mouvements d'enthousiasme auxquels les grandes assemblées se laissent parfois entraîner, la diète vote un programme libéral transformant la condition sociale de la nation et apportant au régime politique vieilli les modifications des idées nouvelles [1]. Le régime parlementaire est définitivement organisé ; la Table des magnats demeure sans modifications, mais la Table des Députés devient une assemblée nationale nommée directement par les électeurs ; chaque député jouit d'une voix ; le mandat impératif des assemblées comitales est remplacé par la délégation directe des électeurs.

Le roi a le droit de dissoudre la Table des députés ; mais il doit, en ce cas, ordonner immédiatement de nouvelles élections, de façon

---

1. Le régime moderne de la Hongrie date tout entier de 1848 ; un ministère se constitua au mois de mars sous la présidence du comte Batthyanyi, et comprenant les meilleurs esprits de la Hongrie, Deak, Paul Esterhazy, Kossuth... ; il rédigea et soumit à la diète un ensemble de lois s'étendant à presque toute l'organisation sociale : régime constitutionnel, administratif, social, judiciaire et financier.

que la nouvelle diète se réunisse dans les trois mois qui suivent la séparation de la précédente [1].

L'assemblée de comitat perd la majeure partie de ses attributions; elle cesse, sauf sur certains points secondaires (hygiène, etc.), d'être une assemblée parlémentaire. Le pouvoir royal a le droit de prononcer sa dissolution à condition de faire procéder dans un bref délai à de nouvelles élections.

Ce régime nouveau ne devait entrer en vigueur que dix-huit ans plus tard. La diète dissoute; la Hongrie en révolution, envahie par les armées russes et autrichiennes; la constitution abrogée, remplacée par le régime du sabre; le royaume magyar mis au rang d'une simple province; les tentatives de conciliation de M. Goluchowski; les nouvelles brutalités de M. de Schmerling; la dissolution de l'assemblée provinciale de Pesth en 1861, tout devait échouer devant la résistance opiniâtre des Hongrois [2]. La sagesse de François-Joseph et du comte de Beust devait seule aboutir. A la fin de 1865, la Diète de Pesth est reconstituée. A la suite des événements de 1866, les lois constitutionnelles de 1848 entrent en vigueur.

Depuis trente ans, le roi de Hongrie a été appelé, à deux reprises, à user de sa prérogative de dissoudre la Table des députés. La première dissolution n'avait qu'une importance de partis; elle portait, non sur une grande question politique, mais sur le morcellement des groupes à la Table des députés. Le comte Szapary, chef du cabinet, n'était pas arrivé à faire voter, en son entier, un projet de loi sur l'organisation des comitats. Cet insuccès ébranla tellement sa situation, que le 4 janvier 1892 il provoqua la dissolution de la seconde Chambre; un décret royal convoqua la nouvelle assemblée pour le 28 janvier [3]. Les élections donnèrent au cabinet une majo-

---

1. Article 5, loi IV de 1848, modifiée par la loi I de 1886. Les deux chambres devant être réunies en même temps, la dissolution de l'une entraîne la prorogation de l'autre.

2. Cette résistance prit une forme juridique très intéressante. Dans les traités entre la Maison d'Autriche et la Hongrie, il a été invariablement stipulé que rien ne pourrait se faire sans la diète; que la Hongrie serait à jamais dirigée par des ministres hongrois suivant les lois votées par la diète. Donc tout ce qu'a pu faire la couronne depuis 1848 est nul de plein droit; aussi en 1866, aucun texte n'a-t-il mis en vigueur les lois de 1848, elles ont été réputées en exercice depuis leur vote.

3. *Annuaire de législation étrangère*, 1892, p. 408.

rité peu compacte et M. Szapary dut se retirer dans le courant de l'année 1892.

La seconde application de la prérogative royale a été faite le 3 octobre 1896 dans des circonstances particulièrement intéressantes. Le compromis de 1867 était près de son terme; renouvelé à plusieurs reprises, il allait à nouveau expirer. La Hongrie voulait le renouveler sans modification; la Cislethanie, au contraire, exigeait une augmentation de la quote-part hongroise dans les dépenses communes; le développement pris par les affaires financières et commerciales du royaume magyar rendaient légitime cette réclamation, mais le Parlement de Pesth s'y montrait formellement opposé. Le baron Banffy, chef du cabinet hongrois, comprit qu'il importait d'en appeler au pays et obtint de François-Joseph la dissolution de la seconde table; les élections du mois de novembre établirent qu'il avait sagement agi.

La diète de Croatie a reçu une vie autonome en 1870 [1]. Le roi a le droit de la proroger ou de la dissoudre avant l'expiration de la période législative; mais, en ce cas, il doit être procédé aussitôt à de nouvelles élections, et la nouvelle diète doit se réunir trois mois au plus tard après la dissolution de la précédente [2].

---

1. Certaines affaires sont communes à la Hongrie et à la Croatie, et dépendent des pouvoirs législatif et exécutif de Pesth; la diète d'Agram envoie 29 députés à la Table des députés et 2 députés à la Table des magnats; le cabinet hongrois comprend un ministre pour la Croatie. D'autres affaires appartiennent exclusivement à la Croatie; ce sont l'administration intérieure, les cultes, l'instruction publique et la justice à tous les degrés; pour ces affaires, le pouvoir législatif appartient exclusivement à la diète croate, l'exécutif à un ban (gouverneur) nommé par la couronne.

2. Article 3 de la loi croate II de 1870.

CHAPITRE XI

LES MONARCHIES PARLEMENTAIRES MODERNES

I. La Belgique. — II. La Hollande. — III. L'Italie. — IV. L'Espagne et le Portugal. — V. Les petites monarchies de la péninsule des Balkans.

La constitution anglaise a eu une singulière fortune : adoptée par le gouvernement français en 1814, elle est devenue le type du régime libéral, réclamé par tous les peuples opprimés, acclamé à chaque révolution. Chacun des États nouveaux qui se sont formés dans le courant du xixe siècle, l'ont copiée plus ou moins fidèlement, et les révolutions de 1830 et 1848 ont abouti à son adoption par plusieurs gouvernements jusqu'alors absolus. A l'heure actuelle, dans les pays de représentation sans responsabilité ministérielle devant les Chambres, les partis libéraux luttent pour acquérir le régime anglais, mais se heurtent à une résistance perpétuelle de la royauté.

Par cela même que les différentes monarchies parlementaires dérivent de la constitution anglaise, leur étude présente peu d'intérêt. Elles se confondent forcément avec le type dont elles dérivent, et l'étude du régime d'Angleterre, sur lequel nous avons insisté, nous dispensera de longues dissertations. Il importe simplement d'examiner dans quelles conditions le droit de dissolution a été accordé au monarque dans chacun de ces États, et quel rôle y a joué son exercice.

I

Au lendemain de la révolution qui faisait de la Belgique un État indépendant, le congrès national réuni à Bruxelles adopta à une immense majorité comme forme de gouvernement la monarchie parlementaire. La constitution fut longuement et consciencieusement discutée : la lecture de ses travaux préparatoires, où chaque difficulté est examinée, mérite encore à l'heure actuelle un examen attentif [1].

« Le pouvoir législatif s'exerce collectivement par le roi, la Chambre des représentants et le Sénat; l'initiative appartient à chacune des trois branches du pouvoir législatif; le roi sanctionne et promulgue la loi [2]. » Ce sont là les purs principes du régime anglais. Le rapporteur de la Commission centrale disait à la séance du 23 décembre 1830 : « Le pouvoir législatif ne réside pas uniquement dans les Chambres, le chef de l'État n'est pas borné à l'exercice du pouvoir exécutif; il participe au pouvoir législatif [3]. »

Les deux Chambres sont électives. Les sénateurs sont élus pour huit ans par moitié tous les quatre ans, les représentants pour quatre ans, par moitié tous les deux ans.

Dans cette organisation, le droit de dissolution trouvait sa place naturelle. Son principe fut adopté sans difficulté aucune. Le projet de la commission ne l'accordait qu'à l'égard de la Chambre des représentants, parce que les sénateurs étaient nommés uniquement par le roi; mais au cours des débats, le sénat devint électif comme l'autre Chambre, et le droit de dissolution fut étendu aux deux assemblées [4].

---

1. Huytens, *Discussion du Congrès national*, 4 vol. — *Exposé des motifs de la Constitution belge par un Docteur en droit*, Bruxelles, 1864.
2. Articles 26, 27 et 69 de la constitution.
3. Exposé des Motifs, *loc. cit.*, p. 285.
4. La dissolution du Sénat fut l'objet d'une assez vive discussion, et elle ne fut votée qu'après un discours de M. Nothomb dont voici les passages essentiels : « Un Sénat à l'abri de la dissolution et des fournées serait un corps tout-puissant, maître de la royauté et de la deuxième Chambre. Dans l'hypothèse d'un Sénat, il n'y a que deux systèmes possibles, celui qui fait élire la première Chambre par le Chef de l'État, sans limitation de nombre, et celui qui la fait élire par le peuple en la rendant dissoluble. L'idée fondamentale dont il faut partir est celle-ci : il n'y a dans l'État qu'un pouvoir politique permanent, c'est la royauté héréditaire et inviolable. Il est de l'intérêt du pays que les autres pouvoirs puissent se modifier et ne s'immobilisent jamais.
« Si vous permettez au Sénat d'exister pendant six années hors de toute atteinte, ce corps sera maître de la royauté et de la deuxième Chambre. Un exemple expliquera ma pensée : la deuxième Chambre se déclare contre la première, pour le ministère. Le roi dissout la deuxième Chambre, la nouvelle

Quelques difficultés furent soulevées sur l'exercice de ce droit. On se demanda si le roi pourrait dissoudre les Chambres simultanément, s'il pourrait les dissoudre séparément : « Les deux Chambres étant nommées par les mêmes électeurs, disait le rapporteur, lorsqu'il y aura lieu de les dissoudre, le cas le plus ordinaire sera celui où ni l'une ni l'autre ne représentera l'opinion du pays. Cependant il peut arriver que l'une des deux Chambres ne représente plus l'opinion, tandis que l'autre la représente fidèlement [1]. »

Quelques députés cherchèrent à restreindre le droit de dissolution entre les mains du monarque pour éviter tout abus. M. Defacqz proposa notamment de lui interdire de dissoudre, pendant sa première session, la Chambre qui succède à une Chambre dissoute, « afin d'empêcher le Chef de l'État de paralyser la représentation nationale en prononçant la dissolution des Chambres au fur et à mesure qu'elles seraient composées par de nouvelles élections ». Cette restriction fut combattue et rejetée « dans l'intérêt même des libertés publiques. La dissolution n'a pas lieu seulement dans l'intérêt du pouvoir, souvent elle est réclamée dans l'intérêt des libertés populaires... Si l'équilibre n'existe pas entre les Chambres, il faudra avoir recours à la dissolution jusqu'à ce qu'il soit rétabli [2]. »

A la suite de ces débats fut voté l'article 71 de la constitution. « Le roi a le droit de dissoudre les Chambres, soit simultanément, soit séparément. L'acte de dissolution contient convocation des élec-

se prononce également contre les ministres : cette volonté doit être un arrêt suprême, elle ne le sera pas, car le ministère peut se maintenir malgré le pays en s'appuyant sur la première Chambre qui lui est favorable et qui est indissoluble. Tout ce qu'on peut dire pour établir la nécessité de dissoudre la deuxième Chambre s'applique à la première. Je ne pense pas que la mesure doive dans tous les cas être commune aux deux Chambres, c'est au prince à décider si les circonstances exigent la dissolution de l'une et de l'autre Chambre à la fois ou la dissolution de l'une et le maintien de l'autre. Si la double dissolution était toujours nécessaire, la mesure pourrait présenter des inconvénients, produire quelquefois une commotion trop violente et entraîner les deux Chambres dans un mouvement difficile à maîtriser.

« Le système des fournées étant rejeté, j'adopterai le seul remède qui nous reste pour déplacer les majorités, la dissolution. » Congrès belge, séance du 17 décembre 1830, Huytens, *loc cit.*, t. III, p. 533.

1. Huytens, *loc. cit.*, t. IV, p. 285.

2. MM. Van Snick et Lebeau au Congrès national, *Exposé des Motifs*, pp. 571 et suiv.

teurs dans les quarante jours et des Chambres dans les deux mois. » On remarquera la précision de la formule sur la convocation des électeurs et des Chambres; la constitution belge a été votée peu après les ordonnances de Charles X; ses auteurs en ont eu souvenir.

La dissolution d'une des Chambres entraîne de plein droit la prorogation de l'autre, aucune assemblée ne pouvant siéger hors session de l'autre (article 59).

Les deux assemblée étant soumises à des renouvellements partiels, leur dissolution a des effets spéciaux sur l'ordre des séries sortantes. L'article 222 du code électoral du 17 mai 1878 conservant un ordre antérieurement déterminé par le sort, place dans la première série les provinces d'Anvers, Brabant, Flandre occidentale, Luxembourg et Namur; dans la seconde, la Flandre orientale, le Hainaut, Liège, le Limbourg. L'article 224 ajoute que cet ordre sera successivement suivi, même en cas de dissolution [1].

La constitution prévoit deux cas de dissolution forcée. En cas de vacance du trône, les Chambres pourvoient provisoirement à la régence, puis elles sont intégralement renouvelées et les nouvelles Assemblées doivent se réunir au plus tard dans les deux mois. D'autre part, si le pouvoir législatif déclare qu'il y a lieu de reviser une disposition constitutionnelle, les deux Chambres sont dissoutes de plein droit et il en est convoqué de nouvelles dans les délais de droit commun. Ces nouvelles Chambres votent la revision à la majorité des deux tiers.

A la mort du roi, les Chambres s'assemblent de plein droit dans les dix jours après le décès. Si elles ont été antérieurement dissoutes, et que la convocation de leurs remplaçantes ait été faite dans l'acte de dissolution pour une époque postérieure au dixième jour, les anciennes Chambres reprennent leurs fonctions jusqu'à la réunion de celles qui doivent leur succéder.

De longues discussions ont été soulevées sur la valeur des projets de lois adoptés par une seule Chambre avant la dissolution de l'une ou l'autre assemblée. A la suite de la dissolution de la Chambre en

---

1. Thonissen, *La Constitution belge*, n° 324.

1892, le Parlement chercha à s'entourer d'avis et de traditions[1], et, mécontent de ce qui lui était offert, vota la loi du 1er juillet 1893 dont nous avons déjà[2] exposé l'économie[3].

Le régime parlementaire a été pratiqué en Belgique depuis 1830 avec une rare correction. L'exercice du droit de dissolution, en particulier, a toujours été empreint de sagesse politique. Les dissolutions, peu nombreuses, avaient toujours une cause légitime et les deux Léopold n'ont jamais employé à la légère cette branche de leur prérogative. Ils n'ont pas hésité à refuser au ministère une dissolution qu'ils jugeaient mal fondée.

En 1841 le cabinet Lebeau-Rogier, qui n'avait qu'une faible majorité à la Chambre des représentants, fut mis en minorité au Sénat sur le vote de l'adresse. Il demanda au roi la dissolution des deux Chambres : Léopold Ier la refusa, en considérant qu'une simple mise en minorité du cabinet ne devait pas nécessairement entraîner la dissolution des Chambres ou de l'une d'elles; les ministres se retirèrent de suite et les événements donnèrent raison au monarque, car le nouveau ministère trouva pendant quatre années une majorité stable dans les Chambres. En 1846, le ministère Van de Weyer composé de catholiques et de libéraux se retira; Rogier accepta de prendre la direction des affaires en formant un cabinet libéral homogène, à la condition de pouvoir dissoudre les Chambres au cas où elles ne voteraient pas les principales parties de son programme. Le roi refusa de consentir à accorder ce blanc-seing, faute de quoi le ministère Rogier ne se constitua pas. En 1864, M. Deschamps posa les mêmes conditions à son acceptation de constituer un cabinet; le roi n'y voulut pas accéder et le ministère ne fut pas formé[4].

1. Notamment le greffier en chef de la présidence de la Chambre belge s'adressa à M. Pierre, secrétaire général de la présidence de la Chambre française, qui lui répondit par une lettre insérée dans son *Traité de droit polit. et parlem.*, p. 728.

2. Voyez supra, p. 39.

3. Récemment, M. Bernaert a proposé l'introduction du referendum législatif; on lui répliquait que le droit de dissolution rendait inutile l'introduction de ce nouveau rouage constitutionnel, il a fort justement démontré que ces deux institutions diffèrent par leur but et leur portée (*Le Courrier national* du 24 novembre 1897). Néanmoins l'existence du droit de referendum rendrait plus rare l'exercice du droit de dissolution.

4. Voïnesco, *De la Dissolution des assemblées législatives en France, en Angleterre et en Belgique* (thèse de doctorat), p. 152.

En 1833, au contraire, Léopold Ier a prononcé la dissolution de la Chambre des représentants qui venait de mettre en minorité le cabinet Goblet-Lebeau-Rogier, parce qu'il lui était impossible de trouver une nouvelle combinaison ministérielle qui présentait quelque chance de stabilité : après d'infructueux efforts pour trouver un ministère, le monarque décida d'en appeler au pays ; les élections donnèrent au cabinet démissionnaire une faible majorité qui lui permit de gouverner encore pendant un an [1].

En 1857, le motif de la dissolution est le respect de l'opinion populaire qui venait de se manifester dans des élections communales. Le parti catholique, jusqu'alors au pouvoir, avait été mis en minorité dans la plupart des conseils municipaux ; le ministère se retira, le roi prononça la dissolution de la Chambre, et les électeurs envoyèrent une majorité considérable de libéraux. Sage emploi d'une institution qu'un Belge appelait « l'instrument de torture du suffrage populaire ».

En 1864, la mort d'un représentant libéral égalisa d'une manière complète les deux partis à la Chambre des représentants. Aucun vote ne pouvait dorénavant être passé par cette assemblée ; l'opposition refusa d'assister aux séances et la dissolution fut sagement prononcée.

C'est le plus souvent lors d'un conflit d'opinion entre les deux Chambres que la dissolution est plus utilement intervenue : en 1851, alors que le Sénat rejetait une loi d'impôt sur les successions en ligne directe que venait de voter la Chambre, Léopold prononce la dissolution du Sénat ; en 1870, des élections partielles ayant modifié la majorité de la Chambre des représentants et l'ayant faite hostile à celle du Sénat, les deux Chambres sont dissoutes ; en 1884, pour un même motif, le ministère clérical de M. Malon obtient la dissolution du Sénat, alors libéral, mais où les électeurs envoient une majorité cléricale conforme à celle de la Chambre. Ces exemples montrent à quel point est nécessaire le droit de dissolution dans un pays où les Chambres, de pouvoirs presque égaux, ont même origine, mais ne se renouvellent pas à la même époque.

---

1. E. Discailles, *Charles Rogier*, t. II, p. 255 et suiv.

Des deux cas de dissolution de plein droit, un seul a été mis en application, la dissolution par suite de vote sur la revision. Diverses propositions de revision avaient été déposées aux Chambres; d'accord avec le gouvernement, celles-ci ont déclaré qu'il y avait lieu à revision et cette déclaration du pouvoir législatif, datée du 23 mai 1892, a été suivie immédiatement d'un arrêté royal constatant la dissolution de plein droit et convoquant les collèges électoraux pour le renouvellement intégral des deux Chambres pour le 14 juin 1892 [1].

Ainsi dans ce pays de pur parlementarisme, le droit de dissolution a reçu les plus utiles et les plus correctes applications.

II

Ainsi que nous l'avons déjà indiqué [2], la constitution des Pays-Bas ne procède pas de l'ancienne organisation des Provinces-Unies, le principe même en est différent. Elle résulte d'une loi fondamentale de 1815, modifiée successivement en 1840, 1848, 1884, 1887. Elle présente, dans ses grandes lignes mais avec une tendance moins démocratique, de grandes analogies avec la constitution belge; ce que nous avons dit de celle-ci nous permettra un examen rapide [3].

Le pouvoir législatif est exercé simultanément par le pouvoir royal et les deux Chambres des États généraux. La première Chambre se compose de membres élus par les États provinciaux pour neuf ans et renouvelables par tiers tous les trois ans. Les députés à la seconde Chambre sont nommés directement par les électeurs pour quatre ans et renouvelables par moitié tous les deux ans.

Le roi a le droit de dissoudre les Chambres, chacune séparément ou toutes deux ensemble. L'arrêté qui prononce la dissolution ordonne en même temps l'élection de nouvelles Chambres ou de l'une d'elles dans les quarante jours, et la réunion des Chambres dans les deux mois. Le conseil d'État, lorsqu'il exerce l'autorité

1. *Annuaire de Législation étrangère*, 1893, p. 472.
2. Voyez supra, p. 201.
3. Demombynes, *Constitutions européennes*, t. II, p. 231 et suiv.; G. Tripels, *Code politique des Pays-Bas*, Maestricht, 1888.

royale, par exemple en cas de vacance du trône, n'a pas le droit de dissolution.

Lorsque les Chambres, d'accord avec le gouvernement, ont adopté une proposition de revision, elles sont dissoutes de plein droit, et les États généraux nouvellement élus examinent à nouveau le projet qui doit réunir la majorité des deux tiers pour être adopté. Cette dissolution de plein droit s'est effectuée lors des diverses revisions. En 1884, il s'agissait de modifier les articles sur la régence, le roi était âgé, le prince héritier venait de mourir, sa sœur la princesse Wilhelmine était très jeune. Le projet de revision fut déposé par le gouvernement, une loi du 5 octobre 1884 déclara qu'il y avait lieu de le prendre en considération, et un arrêté du même jour constata la dissolution des Chambres. Réunies à la fin de novembre, elles votèrent la modification constitutionnelle le 5 décembre [1].

Depuis quelques années surtout, le droit de dissolution a joué un certain rôle dans la vie parlementaire des Pays-Bas. Les partis, assez morcelés, se balancent en nombre de voix, libéraux et conservateurs, catholiques et protestants sont souvent de force égale, et l'impossibilité d'arriver à constituer une majorité de gouvernement oblige souvent à avancer les élections : elles ne donnent même pas toujours une solution satisfaisante [2].

Signalons une dissolution de 1894 qui a constitué une véritable consultation du pays. La revision de 1887 avait élargi le droit électoral, mais on était d'accord pour reconnaître que ce n'était là qu'une mesure transitoire, et qu'il fallait aller plus loin. M. Tak, ministre de l'Intérieur, déposa une proposition très libérale, mais qui fut amendée profondément par la seconde Chambre. Le cabinet fit prononcer le 20 mars 1894 la dissolution de celle-ci, mais les élections tournèrent contre lui, et il se retira immédiatement. Cette dissolution a été approuvée de tous, comme faite dans l'intérêt du pays et du pouvoir royal. « En faisant appel au peuple, la reine ne se départissait pas de l'attitude libérale qu'elle avait prise en autorisant l'introduction de la réforme démocratique du droit de suffrage,

---

1. *Annuaire de Législation étrangère*, 1885, p. 382.
2. Voyez notamment sur la dissolution de 1886, une chronique de M. de Mazade, *Revue des Deux Mondes* du 1er juillet 1886.

tandis qu'elle laissait la responsabilité aux électeurs eux-mêmes si les élections amenaient au pouvoir un ministère qui ne serait pas prêt à défendre l'extension finale du suffrage[1]. »

III

Il se présente en Italie un singulier contraste dans la connaissance du droit public. L'enseignement, la doctrine en ont poussé la science aussi loin qu'en aucun autre pays de l'Europe; les travaux de MM. Casanova, Palma, Pierantoni, Brusa, ne trouvent d'équivalents qu'en France ou en Allemagne et sont bien supérieurs à ceux publiés en Angleterre, en Belgique, en Suisse. Pourtant, en pratique, le droit parlementaire est singulièrement méconnu; députés et sénateurs ne paraissent en avoir qu'une idée rudimentaire. Aussi le droit de dissolution, dont la théorie a été parfaitement développée par les auteurs, a-t-il été exercé à maintes reprises pour essayer d'organiser le régime parlementaire.

Le roi, constatent tous les auteurs, participe personnellement à tous les pouvoirs de l'État, mais n'en exerce aucun par lui seul : « Les pouvoirs ne sont pas divisés, ils sont coordonnés, le roi est à la tête de tous, mais tous les grands pouvoirs sont limités et aucun n'agit par lui seul[2]... Le but de la royauté, c'est d'exercer une autorité neutre et de rétablir l'harmonie entre les autres pouvoirs de

1. Notice de M. Macalesler Loup dans la *Revue Politique et Parlementaire*, t. I, p. 469 et suiv.

2. Palma, *Corso di Diretto Costituzionale*, t. I, p. 350. « Le roi, ajoute cet auteur, a un pouvoir propre de modérer la majorité, de tenir à sa place propre chacun des pouvoirs divers de l'État. Il participe personnellement à tous les pouvoirs divers de l'État, mais n'en exerce aucun par lui seul... La Chambre des députés ne peut faire les lois sans l'assentiment du Sénat et l'approbation du roi; elle contrôle le pouvoir exécutif, mais n'administre ni ne nomme les fonctionnaires; elle peut accuser les ministres, non les juger. Le Sénat participe au grand pouvoir de la Chambre des députés, mais elle ne gère pas l'État. Les juges sont indépendants dans l'application de la loi, mais ne la font pas. Les ministres ont une grande action, mais ils ont besoin de la confiance de la Chambre, du Sénat, de la Couronne. La Chambre est sujette du roi par la dissolution, des électeurs par sa réélection... En cas de conflit entre ces divers pouvoirs, la Chambre doit, dans certaines conditions, avoir le dernier mot; de même en Angleterre, la Chambre des Communes est la force motrice, les Pairs et la Couronne sont les modérateurs. »

l'État. L'action du pouvoir exécutif, pour mieux dire, du ministère, est-elle irrégulière? Le roi le congédie. L'action du pouvoir législatif devient-elle funeste? Le roi oppose son veto, et, s'il ne suffit pas, dissout la Chambre élective ou nomme d'autres membres pour modifier la majorité du Sénat. Enfin l'action du pouvoir judiciaire devient-elle contraire à l'équité et à la justice naturelle par l'application de lois trop sévères, le roi use de son droit de grâce[1]. »

On retrouve ainsi la théorie de la prérogative royale des vieux auteurs anglais : la couronne intervient dans le pouvoir législatif par l'initiative, la sanction et la publication des lois, la convocation, la prorogation, la clôture du Parlement, la nomination des sénateurs, la dissolution de la Chambre des députés. Le pouvoir royal, héréditaire et toujours existant; le Sénat, composé de membres à vie; la Chambre, dont les députés sont élus pour cinq ans; voilà les trois branches du pouvoir législatif.

Ces principes sont ceux du statut du 4 mars 1848, rédigé pour le royaume de Piémont mais qu'une série de décrets a mis en vigueur dans les divers États dont la réunion a formé le royaume d'Italie. L'article 9 donne au roi le droit de dissoudre la Chambre des députés, à condition d'en convoquer une autre dans le délai de quatre mois.

Il faut remarquer que les auteurs italiens s'écartent de la pratique anglaise dans la détermination des cas de dissolution ; moins sévères que celle-ci, ils l'accordent au roi lorsqu'un désaccord grave s'élève entre les députés et le ministère [2]; nous avons vu qu'en Angleterre ce n'est là un cas de dissolution que si le cabinet a des motifs très sérieux de croire à un revirement d'opinion dans le pays, motifs fondés sur des faits et non sur de simples espérances. Par contre ces auteurs trouvent dans le respect des minorités un cas de dissolution non prévu par les publicistes des autres pays, et qui est

---

1. Casanova, *Del Diretto Costituzionale*, t. II, 3ᵉ éd., p. 37. « Le roi, continue M. Casanova, se trouve au milieu de ces pouvoirs, autorité neutre et intermédiaire sans aucun intérêt à troubler leur équilibre et ayant au contraire intérêt à les maintenir; c'est la grande différence entre les monarchies absolues et les monarchies constitutionnelles. »

Nous avons déjà étudié la théorie des auteurs italiens sur le pouvoir « neutre du roi », et les conséquences qu'ils en tirent sur la responsabilité des dissolutions prononcées. Voyez supra, p. 43.

2. Casanova, *loc. cit.*, p. 105.

tout à leur éloge; on sait que ce respect des minorités est un des soucis des parlementaires italiens, et qu'on trouve sa trace dans la loi électorale de 1882.

Le droit de dissolution a joué un rôle considérable depuis vingt-sept ans que les Chambres siègent au Monte Citorio. En aucun autre pays peut-être il n'a été aussi fréquemment employé, mais, sauf une exception, son rôle a été toujours le même, un remède contre le morcellement des partis. C'est là le grand mal dont souffre la Chambre des députés d'Italie : au lieu de deux ou trois grands partis formés sur des idées, un programme communs, on y rencontre une dizaine de groupes, composés de trente, quarante, cinquante membres, serrés autour d'un chef de valeur, auquel le ministère doit offrir des gages, et, s'il le peut, un portefeuille, pour obtenir les votes dont il dispose. A feuilleter les annuaires de législation et d'histoire, on constate qu'en un quart de siècle rien n'a changé et qu'un discours célèbre, prononcé par Minghetti en 1874, est toujours à refaire. Dans la Chambre dissoute, « la majorité était paresseuse, pointilleuse, prompte à se diviser sur les affaires de finances, sur des questions d'intérêts provinciaux ou des mesures de sécurité publique nécessaires en Sicile ou à Naples. Majorité traversée d'antipathies ou de rivalités personnelles, et M. Minghetti demandait au pays d'envoyer des députés animés d'un esprit de discipline, résolus à soutenir une politique [1]. » On croirait entendre M. di Rudini en 1896

Pour remédier à ce mal, tous les cabinets ont essayé de l'appe au pays par voie de dissolution de la Chambre : en 1874, en 1876, en 1880, en 1886, en 1890, en 1892, en 1895, en 1897, leurs chefs ont reproduit sans variante le discours de Minghetti; sauf en 1876 ils n'ont jamais complètement réussi. En 1895, la majorité semblait

---

1. De Mazade, Chronique de la *Revue des Deux Mondes*, des 15 octobre et 1ᵉʳ décembre 1874. Dans une chronique du 15 octobre 1876, parlant de la nouvelle dissolution, M. de Mazade s'exprimait en ces termes : « Le ministère (Depretis) n'avait pas une majorité suffisante, surtout assez sûre, pour pouvoir se promettre une existence facile. Il était dans l'alternative de mourir comme il était né, par une coalition de circonstance, par une surprise du scrutin parlementaire, ou de demander à des élections générales une majorité moins incertaine... La vraie lutte est entre les diverses fractions libérales qui ont été ou qui sont au pouvoir; entre eux ce n'est qu'une affaire de nuances, car tous soutiennent la politique de la monarchie constitutionnelle. »

plus ferme. M. Crispi pouvait compter sur deux cents voix de plus que ses adversaires ; les désastres d'Afrique ont réduit à néant ses espoirs de gouvernement.

Ces dissolutions se sont toujours présentées dans des circonstances identiques. Sur une question de confiance, presque toujours une question financière, souvent le vote d'un cinquième ou sixième douzième de budget, le cabinet a obtenu une faible minorité, ou une majorité plus faible encore [1] prête à se transformer en minorité. De suite il obtient un décret prononçant la dissolution de la Chambre et la convocation des électeurs dans le délai d'un mois [2]. La campagne électorale s'ouvre immédiatement, animée toujours, agitée parfois ; mais elle n'atteint pas les masses électorales, et avant comme après la loi électorale de 1882, le nombre des votants n'a guère dépassé la moitié des inscrits. Sans exception, le ministère au pouvoir remporte une victoire, plus ou moins triomphante, mais toujours certaine, semble-t-il. Ses journaux la constatent à grands cris, mais bientôt les mêmes groupes se forment, se séparent les uns des autres et leur dislocation amène la chute du cabinet. A moins que cette division des partis politiques, qui rend difficile l'existence du ministère, ne l'entraîne à conserver le pouvoir par suite de l'impossibilité de le remplacer [3].

Notons cependant, en 1882, une dissolution toute différente et d'une correction remarquable. Les lois du 22 janvier et du 7 mai avaient modifié profondément le régime électoral en étendant largement le droit de suffrage, et en établissant le scrutin de liste. Quoique ayant une belle majorité à la Chambre, M. Depretis estima que la Chambre ne représentait plus exactement les masses électorales modifiées par les nouvelles lois. Un décret du 2 octobre prononça sa dissolution. Le résultat fut favorable au ministère, ou à peu près.

Il n'y a qu'un mot à dire du Sénat, dont il n'est pas ironique de

---

1. Par exemple en 1892 une majorité de 9 voix dans laquelle il fallait comprendre quatorze ministres ou sous-secrétaires d'État, *Annuaire de législation étrangère*, 1893, p. 382.

2. C'est le délai d'usage, presque toujours suivi.

3. *Annuaire de législation étrangère* de 1885. Cpr. Mazade, *Revue des Deux Mondes* du 15 mai 1880.

constater le peu d'influence [1]; nommé par le roi, il est naturellement indissoluble; le nombre des sénateurs étant illimité, le ministère pourrait, par une nomination en fournée, briser leur résistance, — si jamais elle se produisait.

IV

Après quelques années de république sans liberté, après des pronunciamientos et des dissolutions répétées, l'Espagne fait un nouvel essai de monarchie parlementaire, mais ce régime, tout de régularité et de pondération, n'arrive à s'implanter que difficilement dans un pays de mœurs nerveuses.

La constitution de 1876 [2] s'est conformée au type courant des institutions parlementaires. « Le pouvoir législatif réside dans les Cortès d'accord avec le roi. Les Cortès se composent de deux assemblées législatives dont les pouvoirs sont égaux : le Sénat et la Chambre des députés » (art. 18 et 19). Cette constitution ne présente de particularité que dans la composition du Sénat qui comprend des membres de droit, des membres à vie nommés par le roi, et des membres élus par le clergé, les universités, les sociétés savantes et économiques, les délégués des municipalités et des plus imposés des communes, et les députations provinciales : les deux premières catégories réunies et la dernière comprennent chacune 180 sénateurs. Cette composition mixte entraîne une différence parmi les sénateurs au moment d'une dissolution. L'article 32 de la constitution dispose en effet que « le roi a le droit de dissoudre simultanément ou séparément la partie élective du Sénat et la Chambre des députés avec l'obligation d'en convoquer et d'en réunir d'autres dans l'espace de trois mois à partir du moment de la dissolution ». Dans presque tous les cas de dissolution, le monarque a provoqué les nouvelles élections, aussi bien au Sénat qu'à la Chambre.

1. Il suffit de lire les ouvrages politiques, les journaux et même les romans pour constater le peu de place que tient le Sénat dans la vie publique de l'Italie.
. 2. Le 1er janvier 1875, la monarchie avait été rétablie par un *pronunciamiento* du général Martinez Campos, et Alphonse XII proclamé roi d'Espagne. Pendant toute l'année 1875, le nouveau monarque avait gouverné sans convoquer les Cortès, par des décrets provisoires. Par décret du 31 décembre 1875, les électeurs ont été convoqués pour le 20 janvier, les Cortès pour le 15 février 1876.   .

Si Alphonse XII avait vécu plus longtemps, le régime parlementaire aurait peut-être été encore une fois détrôné avec le roi : « Livré aux conservateurs qui avaient excité contre eux l'opinion publique, animé du désir de satisfaire les aspirations germaniques de préférence aux aspirations espagnoles..., il s'était écarté chaque jour de la volonté nationale, au point de compromettre sa couronne à certains moments [1] ». Les dissolutions — trois en dix ans [2] — qu'il avait prononcées, l'avaient été dans le but avéré de maintenir au pouvoir un cabinet qui n'avait pas l'appui des Cortès et les élections qui en étaient résultées avaient été faussées par une vigoureuse pression administrative.

La main d'une femme semble mieux réussir. La reine régente a dû débuter par une dissolution, de tradition au lendemain de la mort du roi [3]; mais elle avait rompu avec les habitudes politiques de son époux, et au lieu de s'obstiner à gouverner avec le parti conservateur, elle avait pris des libéraux comme appui et fait appel à M. Sagasta. Aux élections de 1886, le gouvernement obtint une forte majorité.

Depuis lors, trois dissolutions ont été prononcées, en 1890, en 1893 et en 1898; les deux premières ont eu un même but, le maintien du ministère au pouvoir, et l'on peut critiquer notamment celle de 1890, provoquée par le général Martinez Campos et destinée à appuyer un changement de cabinet que ne réclamait pas le pays [4]. La troisième a été motivée par les questions complexes soulevées en Espagne, et les élections ont eu lieu à la veille même de la guerre avec les États-Unis. Mais ces dissolutions n'ont pourtant porté préjudice ni au régime parlementaire ni au gouvernement qui l'incarne; malgré les inextricables difficultés financières et coloniales, il semble que tous deux prennent toujours plus de racines dans le pays, — si l'on peut prédire quelque chose en Espagne.

---

1. Notice de M. Torres Campos, professeur à l'Université de Grenade, *Annuaire de législation étrangère* de 1885, p. 230.

2. 10 mars 1879, 9 février 1881, 31 mars 1884.

3. Le roi Alphonse XII est mort le 25 novembre 1885, laissant sa femme enceinte; son fils posthume est le roi actuel.

4. Notice de M. Torres Campos, *Annuaire de législation étrangère* de 1890 et 1891.

Quelle sera la conséquence des événements qui se déroulent au commencement de l'été de 1898?

Le Portugal possède une des plus anciennes constitutions des pays latins : la Charte est datée du 29 avril 1826, elle a été revisée en 1852 et en 1885. Elle présente les plus grandes analogies avec celle d'Espagne. Le pouvoir législatif appartient aux Cortès et au roi. Les Cortès comprennent deux Chambres, la Chambre des pairs composée de cent membres nommés à vie par le roi, de cinquante membres élus et de membres de droit (hauts fonctionnaires laïques et ecclésiastiques), — et la Chambre des députés élue directement pour quatre ans par un corps électoral très étendu [1]. « Le roi, porte l'article 74 modifié en 1885, exerce le pouvoir modérateur, sous la responsabilité de ses ministres... en dissolvant la Chambre des députés et la partie élective de la Chambre des pairs, lorsque le bien de l'État l'exige. En pareil cas, les nouvelles Cortès générales doivent être convoquées et réunies dans les trois mois, et, tant qu'une session d'égale durée n'aura pas eu lieu, il ne pourra être ordonné de nouvelle dissolution. » Cette dernière disposition, que l'on rencontre dans peu d'autres constitutions, semble inspirée de l'exemple français de 1830.

Depuis une vingtaine d'années, les dissolutions ont été fréquentes au Portugal[2], l'une d'elles a eu une importance considérable. A la suite de la nouvelle loi électorale du 21 mai 1884, la Chambre des députés a été dissoute, et les élections ont assuré au ministère libéral une forte majorité qui lui a permis de faire voter et promulguer la revision de la Constitution. Les autres dissolutions ont presque toutes eu pour but de remédier aux inconvénients résultant de l'émiettement des partis et aux débats stériles que provoque cette situation. Notons cependant une dissolution de 1890, prononcée à l'occasion d'un incident diplomatique qui fit grand bruit à cette

---

1. Midosi, Notice dans l'*Annuaire de législation étrangère* de 1886, p. 316; David, Les Chambres portugaises, *Bulletin de la société de Législation comparée*, 1876, p. 273.

2. Dissolutions des 28 août 1879, 4 juin 1881, 24 mai 1884, 7 janvier 1886, 20 janvier 1890, 7 décembre 1893, 28 novembre 1894, février 1897.

époque. A propos d'un traité de chemin de fer au Chiré, une mission portugaise fut attaquée par la tribu sauvage des Makololos : l'Angleterre prit fait et cause pour ceux-ci ; des protestations violentes s'élevèrent partout en Portugal, et prirent un caractère tel que le ministère progressiste dut se retirer ; le cabinet conservateur demanda la dissolution de la Chambre des députés et de la partie élective du Sénat, gouverna par décrets pendant deux mois, obtint une forte majorité aux élections — car « en Portugal le parti au pouvoir obtient toujours la majorité[1] » — et parvint à signer une convention honorable avec l'Angleterre.

Signalons la dissolution du 7 décembre 1893, qui avait fixé la réunion des Chambres au 7 mars ; à la suite de conflits avec les associations syndicales, le gouvernement a, par un acte de véritable dictature, reculé de deux mois les élections et gouverné dix mois sans les Chambres. Il violait ainsi formellement la constitution qui fixe la réunion des Chambres à trois mois après la dissolution[2]. A la rentrée des Chambres, trouvant que les choses n'étaient pas meilleures, il a ajourné le Parlement sans délai et s'est arrogé le pouvoir législatif en se constituant en dictature. Il a rendu de nombreux décrets qui ont tout bouleversé jusqu'à la constitution politique de l'État, les pouvoirs du roi, le régime électoral, l'organisation de la Chambre des pairs. De nouvelles élections ont eu lieu le 17 novembre ; les groupes de l'opposition se sont abstenus de voter et les députés étaient désignés par le gouvernement aux électeurs qui n'ont eu que le soin de les élire. On le voit, le régime parlementaire est encore au Portugal à l'état rudimentaire.

V

Les quatre monarchies modernes taillées dans la péninsule des Balkans ont toutes admis le régime parlementaire, mais elles sont loin d'en avoir toujours adopté les mœurs. Si la Roumanie, parfois la Grèce ont pu s'y conformer, dans la Serbie et dans la Bulgarie le

1. Notice de M. Midosi, dans l'*Annuaire de Législation étrangère* de 1890.
2. Notice de M. Midosi, *Annuaire de Législation étrangère* de 1894.

parlementarisme est encore primitif et les dissolutions ressemblent principalement à des congés en due forme.

En Grèce, la constitution de 1864 confie le pouvoir législatif au roi et à la Chambre des députés; le monarque a le droit de dissoudre celle-ci, « mais l'ordonnance de dissolution, contresignée par le ministère, doit aussi contenir la convocation des électeurs dans les deux mois » (art. 37). Si, à la mort du roi, son successeur est mineur, la Chambre se réunit pour nommer un « tuteur », même si sa dissolution a été prononcée; il en est de même en cas de vacance du trône, mais alors des représentants, en nombre égal à celui des députés, sont élus dans les deux mois et se réunissent aux députés pour élire le roi.

Depuis l'année 1865, « toutes les Chambres, sauf une, sont mortes de mort violente et ont été dissoutes avant l'expiration de la quatrième année[1] », leur terme naturel. Ces dissolutions ont toutes été prononcées sur des questions politiques, et lors de la longue lutte, toute dans les mœurs parlementaires, de MM. Deliyanis et Tricoupis, elles ont rappelé le mouvement régulier du pendule. Il importe pourtant de remarquer, en août 1890, une dissolution prononcée sur une question de droit public. De vives discussions s'élevaient pour déterminer si la Charte permettait une cinquième session extraordinaire; divers arguments étaient présentés dans les deux sens. Au lieu de se prononcer, le cabinet préféra dissoudre le Parlement. Il subit d'ailleurs un rude échec et dut se retirer : au contraire du Portugal, ce résultat est fréquent en Grèce[2].

En Roumanie, le pouvoir législatif est attribué par la Constitution de 1866[3] au roi et aux Chambres, toutes deux élues; le monarque a le droit de dissoudre les Chambres soit simultanément, soit séparément; l'acte de dissolution doit contenir convocation des électeurs dans les deux mois. En cas de mort du roi ou de vacance du trône,

---

1. Notice de M. Philaretos, dans l'*Annuaire de Législation étrangère* de 1890, p. 768.
2. Notamment en 1881, 1884, 1895, etc.
3. Modifiée en 1879 et en 1884.

les Chambres même dissoutes se réunissent de plein droit et reprennent leurs fonctions jusqu'à la réunion de celles qui doivent les remplacer. Enfin l'adoption par le pouvoir législatif et à trois reprises d'un projet de revision entraîne la dissolution des deux Chambres; le nouveau Parlement adopte ou rejette ce projet : cette conjoncture s'est produite à deux reprises, en 1879 et en 1884.

Outre ces deux dissolutions légales, le roi Charles a dû à plusieurs reprises user de sa prérogative. Pendant douze ans le parti libéral est resté au pouvoir, époque fructueuse pour la Roumanie. Mais, depuis 1888, les partis se sont morcelés en plusieurs groupes, aucun n'ayant une majorité suffisante pour conserver le pouvoir sans recourir à une combinaison, à une alliance avec un autre tronçon. Enfin, en 1891, un conflit s'éleva entre les deux Chambres sur des questions d'instruction publique et de finances. De là quatre dissolutions prononcées en quatre ans, soit du Parlement entier, soit de la Chambre des députés seulement [1]. Comme tant d'autres pays, la Roumanie souffre de l'instabilité résultant du morcellement des groupes, et de l'absence de discipline parlementaire. Il est à souhaiter pour ce pays, doué de tant de force vitale, qu'il puisse retrouver le calme et les fécondes discussions qui ont fait sa force pendant douze ans.

En Serbie, le roi a le droit de dissoudre la Skouptchina nationale, à condition de réunir les électeurs dans le délai de deux mois et la nouvelle Skouptchina dans le délai de trois mois. Le décret de dissolution doit être contresigné par tous les ministres qui tous ainsi en assurent la responsabilité. En cas de vacance du trône, ou de mort du roi, les Chambres, même dissoutes, se réunissent de plein droit. La constitution ne prévoit pas la dissolution de la grande Skouptchina nationale : mais cette assemblée s'occupe exclusivement des questions qui lui ont été soumises aux termes de la constitution, et se dissout immédiatement après avoir rendu sa décision. Les dissolu-

_____

1. Ces renseignements nous sont donnés par Mlle Bilcesco, docteur en droit à Bucarest.

tions n'ont pas été très fréquentes en Serbie; elles ne présentent d'ailleurs pas d'intérêt doctrinal [1].

Même organisation en Bulgarie où le prince a le droit de dissoudre l'assemblée, à condition de réunir les électeurs dans le délai de deux mois et la nouvelle Chambre dans le délai de quatre mois à partir de la dissolution.

Faut-il ajouter que la Constitution turque de 1876 donne au sultan le droit de dissoudre la Chambre des députés à charge d'en convoquer une nouvelle dans les six mois? Le Parlement que prévoyait cette constitution a été réuni une fois, puis Chambre et Sénat ont été également renvoyés.

---

1. Voyez, sur la constitution serbe, deux intéressants articles de M. Morel dans les *Annales de l'École des Sciences Politiques* de 1895, p. 1 et 141; la Constitution, qui date de 1888, a été provisoirement suspendue par le gouvernement en 1894, puis remise en vigueur, mais si les institutions changent, l'esprit du pouvoir demeure.

CHAPITRE XII

UNE MONARCHIE SANS DROIT DE DISSOLUTION
LA NORVÈGE

Seul de tous les monarques européens, le roi de Norvège n'a pas le droit de dissoudre le corps législatif; comme d'ailleurs il ne possède pas le droit de sanctionner les lois, mais de leur opposer un veto simplement suspensif, il se trouve souvent désarmé devant un Storthing énergique, et sa situation est inférieure à celle de tous les autres souverains. La raison de cette infériorité est toute historique.

Jusqu'en 1814, la Norvège était un royaume annexe du Danemark; le congrès de Vienne la donna à Bernadotte, roi de Suède, en compensation de la perte de la Finlande et en récompense de son intervention dans la guerre contre Napoléon. La Norvège commença par se révolter contre cette annexion; le 17 mai 1814, une assemblée réunie à Eidsvold vota une constitution, et choisit pour roi le prince Christian Frédéric de Danemark, gouverneur du pays. Après une courte guerre, le nouveau roi abdiqua la couronne, un Storthing extraordinaire se réunit, modifia sur quelques points la constitution à laquelle Charles XIII jura fidélité : elle prit la date du 4 novembre 1814 [1].

Cette constitution est un singulier mélange de dispositions empruntées à divers pays, notamment aux États-Unis d'Amérique et à la France dans le régime adopté par la Constituante en 1791.

---

1. Voyez, sur la constitution norvégienne, *Das Staatsrecht der vereinigten Königreiche Schweden und Norwegen*, par Aschehoug, professeur à Christiania, Fribourg, collection Marquardsen, 1886. Nous sommes en outre redevables d'intéressants détails à M. Montan, publiciste à Stockholm.

Elle leur emprunte comme idée essentielle le principe de la séparation des pouvoirs, par crainte d'un gouvernement trop fort porté à opprimer l'assemblée législative : la méfiance des Norvégiens pour le roi de Suède ne pouvait qu'accroître cette crainte et c'est ainsi que l'absence, dans les constitutions de 1791 et de Washington, du droit de dissolution se retrouve dans le régime norvégien.

Le Storthing, pouvoir législatif, comprend deux Chambres ; mais elles proviennent d'une seule élection ; les députés au Storthing sont nommés au suffrage à deux degrés et désignent un quart d'entre eux pour former la première Chambre, le Lagthing ; les trois quarts restants constituent la seconde Chambre, l'Odelsthing. On comprend que cette même origine, cette corrélation par nomination réciproque, écartent toute divergence de fond entre les deux Chambres : d'ailleurs tout conflit entre elles est vidé en séance plénière du Storthing à la majorité des deux tiers des voix ; le droit de dissolution ne paraît donc pas nécessaire à cette fin.

Le Storthing se réunit à jour légal pour une session ordinaire de deux mois au moins ; le roi peut le réunir en outre en session extraordinaire. Il ne peut clore la session ordinaire du Storthing ordinaire que quand elle a duré deux mois ; il peut au contraire clore à sa volonté la session du Storthing extraordinaire [1].

Comme le roi n'a pas le droit de dissolution, les élections se reproduisent régulièrement tous les trois ans et nul ne peut porter obstacle à cette périodicité.

Le Storthing est doué des plus larges pouvoirs : la législation lui appartient dans presque tous ses détails, le pouvoir réglementaire du monarque est bien plus étroit qu'en Suède ; les assemblées contrôlent les comptes de l'État, naturalisent les étrangers, ont le droit de se faire remettre tous les documents publics et « de faire comparaître à leur barre qui que ce soit dans les affaires d'État, excepté le

---

1. Plusieurs auteurs français ont commis une confusion entre la clôture d'une session et la dissolution d'une Chambre et ont écrit que le roi peut dissoudre le Storthing ordinaire quand il a duré deux mois, le Storthing extraordinaire dès qu'il le veut. Demombynes, *Constitutions européennes*, t. I, p. 134 ; Seutupéry, *L'Europe politique*, p. 1015. Il y a là une confusion entre deux choses toutes différentes, la clôture qui termine seulement la session d'une assemblée toujours en vie, et la dissolution qui tue l'assemblée et entraîne de nouvelles élections.

roi et la famille royale, lorsque les princes de la famille ne sont pas revêtus d'emplois publics » (art. 75).

Le pouvoir exécutif appartient au roi ; il n'a qu'un droit de veto conditionnel : le projet adopté par trois Storthings ordinaires prend force de loi malgré l'opposition du monarque [1]. Enfin le roi n'a pas le droit de dissolution : la constitution méfiante de 1814 n'a pas voulu lui donner ce mode d'action sur le Parlement, redoutant pour les députés norvégiens un coup de main du monarque suédois.

Le roi gouverne à l'aide d'un ministre d'État et d'un conseil d'État qui jusqu'au 1884 n'avait nullement le caractère d'un ministère. Ses membres étaient de simples conseillers du roi ; ils ne pouvaient être députés au Storthing ou même assister à ses séances, restaient en fonctions tant qu'ils gardaient la confiance du monarque et n'avaient souci des opinions du Parlement. Ce système de séparation présentait maints désavantages et était une gêne autant pour le gouvernement que pour les députés : le premier y perdait toute influence sur la représentation nationale, les seconds tout contrôle effectif et direct sur la politique du conseil d'État ; on était donc d'accord sur ses inconvénients, mais on différait sur son remplacement.

Le gouvernement, frappé des avantages que présenterait pour lui le droit de dissolution, n'aurait voulu admettre la responsabilité ministérielle qu'à condition de voir ce droit inscrit dans la constitution. Le Storthing voulait la responsabilité des ministres devant les Chambres, mais écartait le droit de dissolution. A trois reprises, il vota une résolution attribuant aux conseillers du roi le droit de prendre part aux délibérations du Storthing : et comme le monarque refusait de sanctionner les décisions du Storthing, il prétendit qu'ils valaient comme loi d'État, le veto royal étant sans force devant un triple vote. Le pouvoir exécutif soutint que ce principe ne s'appliquait pas à la revision constitutionnelle, le pouvoir législatif s'irrita, vota en 1883 la mise en accusation des conseillers d'État qui furent déchus de leurs fonctions. Enfin le roi céda, changea son conseil et en 1884 la constitution fut partiellement revisée et donna « au ministre et aux conseillers d'État le droit d'assiter aux séances du

---

1. Cette éventualité s'est présentée à quatre reprises dans le courant du siècle.

Storthing ou de ses deux subdivisions, mais sans prendre part au vote » (article 74). Du droit de dissolution, il n'était mot.

Depuis lors et malgré cette revision, le régime parlementaire ne s'est pas entièrement introduit en Norvège ; le gouvernement n'a pas encore admis, en théorie tout au moins, la responsabilité ministérielle, le droit de la majorité au Parlement de forcer le cabinet à se retirer. En 1894, lors d'un conflit entre le ministère conservateur de M. Stang et les radicaux en majorité au Storthing, le Roi n'ayant pu s'entendre avec les chefs de la majorité pour la formation d'un nouveau conseil, a prié M. Stang et ses collègues de rester aux affaires bien qu'ils fussent mis en minorité au Parlement [1]. Pourtant le régime parlementaire tend à s'établir insensiblement. Les élections générales de l'automne 1897 ayant été défavorables au ministère Hagerup, M. Steen a été chargé, dès la rentrée du Parlement, de fournir un nouveau cabinet. M. Steen est le chef reconnu de la gauche et tous ses efforts seront d'accroître encore les droits du Storthing [2].

Il est encore souvent question, dans les projets ou les espoirs de revision, du droit de dissolution ; « le parti conservateur considère son absence comme un mal auquel il faut remédier [3] » et ne désespère pas de le faire inscrire dans la constitution ; il aura peut-être du mal, les races du Nord sont tenaces dans leurs traditions et dans le peuple norvégien la tendance n'est pas à augmenter les pouvoirs de la couronne ; malgré tout, il existe une certaine défiance envers un roi plus suédois que norvégien ; la masse du peuple redoute une fusion plus intime des deux monarchies et résiste à créer de nouveaux droits en faveur de la royauté, par crainte qu'elle en use pour amoindrir l'autonomie de la Norvège.

---

1. Sentupéry, *L'Europe politique*, pp. 1013 et 1015.

2. Voyez un article très documenté sur le nouveau ministère norvégien, dans le *Journal des Débats* du 19 février 1898.

3. M. Montan, *loc. cit.*

CHAPITRE XIII

LES RÉPUBLIQUES FÉDÉRATIVES

Les temps modernes n'ont connu que deux républiques unitaires, ce que l'on a appelé finement des Républiques consolidées, et c'est la France qui leur en a fourni le double exemple ; en 1848, sous l'influence des idées de M. de Tocqueville et par crainte du pouvoir exécutif, on s'est attaché à rendre indépendants les pouvoirs exécutif et législatif, si indépendants que l'un a écrasé l'autre ; en 1875, par une transaction entre deux partis, on a introduit dans le régime républicain les institutions parlementaires, et vingt-trois ans d'exercice ont prouvé tout au moins la viabilité de cette combinaison. Nous n'avons pas à revenir sur ces deux exemples de·république unitaire, elles ont été seules en leur genre : les républiques d'Espagne ou d'Italie n'ont vécu qu'un moment. Les institutions de la Convention et du Directoire ont été si troublées de coups d'État qu'elles n'ont jamais eu qu'un caractère provisoire ; nous n'aurons qu'un mot à dire en terminant des petites républiques allemandes. Dans les États fédératifs, au contraire, la République s'est établie à plusieurs reprises, et a longuement duré ; les États-Unis de l'Amérique du Nord depuis cent ans, la Suisse depuis des siècles, y sont fermement attachés et, par imitation des premiers, tous les États de l'Amérique du Sud ont adopté ce régime [1]. Type américain ou type suisse, toutes ces républiques ont refusé au chef du pouvoir exécutif le droit de dissoudre les assemblées législatives, et les causes de ce refus sont puisées dans la nature même de leurs institutions.

LES ÉTATS-UNIS.

I

Pour comprendre exactement les institutions américaines, il est indispensable de se pénétrer de cette idée que le gouvernement des États reste le droit commun, le gouvernement fédéral n'est que l'exception. Il ne s'agit pas d'un État unitaire, il s'agit d'une confédération où la règle commune est l'indépendance des États particuliers. Pour avoir perdu ce point de vue, de nombreux auteurs ont faussement apprécié l'ensemble des institutions américaines, et les rapports de la confédération avec les États. « Il faut dire, remarque très justement M. Boutmy, non que les constitutions des États sont le complément de la constitution fédérale, mais que la constitution fédérale est le complément des constitutions des États. Ces dernières sont la base de l'édifice même, dont l'autre est seulement le couronnement... Les vraies analogues de nos constitutions d'Europe par l'essence et par le genre, ce sont les constitutions des États particuliers, les seules qui créent des pouvoirs généraux de gouvernement, les seules d'où émanent dans leur ensemble le droit civil, le droit criminel, le droit administratif, la législation industrielle [2]... » On comprend de suite l'influence qu'aura ce principe sur les rapports du Président de la Confédération avec le Congrès.

Sans doute, dans le courant de ce siècle, une tendance s'est produite à centraliser les pouvoirs publics dans le gouvernement fédéral, à augmenter en fait sinon en droit ses attributions : bien des hommes politiques, membres du Congrès, s'efforcent de substituer au régime

---

1. Pour être complet, il serait nécessaire d'ajouter les Provinces Unies de Hollande, mais leur étude ne présenterait qu'un intérêt historique et sortirait du cadre de ce travail.
2. Boutmy, *Études de droit constitutionnel*, p. 109 et 111.

fédéral lés institutions d'une République unitaire. Leur but « est de miner… les pouvoirs réservés aux États…, pour concentrer de plus en plus le pouvoir souverain dans le Congrès des États-Unis[1] ». Jusqu'ici ces efforts ont été presque vains, et pour longtemps encore, ils se heurteront à la résistance des États, à l'esprit de la race, et à la disposition géographique du pays. Le gouvernement des États est demeuré la règle commune; le gouvernement de la Confédération s'étend seulement aux pouvoirs qui lui sont confiés par disposition spéciale.

Un principe régit les institutions fédérales, c'est la séparation des pouvoirs, leur parfaite indépendance les uns envers les autres[2]. C'est là véritablement le caractère fondamental du gouvernement américain, et ce qui lui donne sa physionomie propre. Les constitutions européennes pratiquent elles aussi, dans une certaine mesure, ce principe de la séparation des pouvoirs; mais à tous moments les exceptions abondent, le pouvoir exécutif prend part au législatif par l'initiative, la discussion des lois; le pouvoir législatif à l'exécutif par la responsabilité ministérielle. Ici rien de tel : la constitution américaine, sous l'influence de Montesquieu, s'est efforcée de tenir les pouvoirs aussi séparés qu'il était possible. « Les routes qu'elle leur a tracées sont invariablement parallèles; elles ne se croisent jamais. »

Trois pouvoirs, législatif, exécutif, judiciaire; trois organes, le Congrès, le Président, la Cour suprême, voilà l'organisation qu'adopte la convention de Philadelphie[3]. Du pouvoir judiciaire, il ne nous appartient pas de parler ici; s'il dépend des deux autres par sa nomination, il en est entièrement indépendant par l'inamovibilité, par les fonctions, par les traditions. Il n'a donc aucune influence sur les conflits qui pourraient éclater entre eux; tout au plus devons-nous constater qu'ayant le droit de déclarer inconstitutionnelles les lois votées par le Congrès, il peut parer aux inconvénients d'assem-

1. Ezra Seaman, *Système du Gouvernement américain*, p. 38; Saint-Girous, *Séparation des Pouvoirs*, p. 298.

2. Cpr. Fuzier Hermann, *La séparation des pouvoirs*; comte de Chambrun, *Le pouvoir exécutif aux États-Unis*.

3. C'est l'ordre même que suit la constitution des États-Unis dans ses trois premiers articles.

blées sortant de leurs attributions. Le Président n'a pas le droit de dissoudre un congrès qui empiéterait sur les attributions du pouvoir exécutif, mais il peut soulever l'inconstitutionnalité de ses *bills* et il appartiendra à la cour suprême de trancher le différend entre les deux autres pouvoirs. Si elle déclare inconstitutionnelles les mesures prises par le Congrès, le Président n'en tiendra aucun compte; si elle les reconnaît conformes au pacte fédéral, il sera tenu de s'y conformer; s'insurge-t-il contre cette décision, le Congrès aura le droit de le mettre en accusation.

Les deux assemblées du Congrès — Chambre des représentants et Sénat — sont profondément différentes par l'origine et l'esprit qu'elles représentent. Toute fédération offre deux caractères : l'un unitaire, — les diverses parties réunies dans un intérêt commun; l'autre particulariste, — chaque État conservant son indépendance. De là deux assemblées, douées chacune d'un de ces caractères.

La Chambre est nommée pour deux ans, directement par les électeurs au suffrage universel, à raison d'un député par 154 000 électeurs : elle représente l'ensemble de la nation unie dans un but de protection commune; elle n'a que des pouvoirs législatifs. Le Sénat au contraire est élu par les législatures de chaque État à raison de deux sénateurs par État pour six ans et renouvelable par tiers tous les deux ans, il représente le caractère individualiste des États, chacun conservant la plénitude de ses pouvoirs, sauf ceux qu'il a délégués à la Confédération; outre ses attributions législatives, il participe dans une certaine mesure au pouvoir exécutif par la signature des traités et la nomination de quelques fonctionnaires.

Remarquons, dès maintenant, que ce caractère de représentant des législatures écarte le droit pour le Président de dissoudre le Sénat. Ce qu'il faudrait renvoyer devant les électeurs, ce n'est pas lui, mais les législatures dont il émane; or comment le président de la Confédération pourrait-il avoir le droit de dissoudre les assemblées propres à chaque État? elles sont entièrement indépendantes du gouvernement fédéral, et n'ont pas plus d'influence sur lui qu'il n'en peut avoir sur elles.

A ses débuts, le Sénat s'est considéré comme une véritable assemblée de plénipotentiaires, discutant sur mandat impératif de ses commettants, et, en 1828, un sénateur du Kentucky, M. Rowan, après avoir discuté les termes d'une proposition protectionniste, ajoutait : « On pourrait supposer d'après ce que j'ai dit que je voterai contre le bill; mais je n'ai pas le droit de substituer mon opinion individuelle à celle de mon État [1] ». A cette époque le Sénat se regardait moins comme une branche de la législature que comme une sorte de Conseil d'État associé à l'exercice du pouvoir présidentiel [2]. « Il faisait son occupation principale de collaborer avec le chef de l'État pour la nomination des ministres, le choix des ambassadeurs, et la rédaction des traités. Il laissait à la Chambre des représentants presque toute l'activité législative ou proprement parlementaire [3]. » On conçoit aisément qu'à cette époque les conflits fussent rares entre les deux assemblées; chacune avait ses attributions propres et la cause même d'une lutte entre elles n'existait pas.

L'esprit du Sénat s'est complètement transformé; par une lente évolution, le caractère d'assemblée législative s'est développé en lui, et il a pris à côté de la Chambre des représentants une place d'égal qui n'est limitée par le droit de priorité de la Chambre en matière financière; encore a-t-il, par son droit d'amender les projets de lois financières, énervé ce droit de priorité de la Chambre à tel point qu'on a prétendu à l'intérêt pour celle-ci de renoncer à un privilège dont le bénéfice effectif appartient au Sénat. On désire plus encore, et, au commencement de 1896, un sénateur proposait de substituer l'élection directe par le peuple à l'élection par les législatures : « Cette mesure, ajoutait le rapport, tendra à élever le caractère, accroître la dignité, augmenter l'utilité, étendre l'influence, enfin grandir justement le pouvoir du Sénat et, en même temps, assurer le bien-être de tout le peuple de la république [4] ».

Avec cette conception nouvelle de l'égalité des deux Chambres, les conflits devaient fréquemment s'élever entre elles : tout y poussait, l'esprit différent qu'elles représentent, leurs origines diverses, les époques non identiques de leurs élections, la durée inégale de leurs

1. Benton, *Thirty years in Congress*.
2. Welling, cité par Francis Lieber, *On civil liberty*.
3. Boutmy, *Études de Droit constitutionnel*, p. 121.
4. Rapport sur les élections, déposé au Sénat le 20 mars 1896.

pouvoirs. Aussi les batailles ont-elles été fréquentes entre elles.
« Chacune est jalouse et combattive, chacune est disposée à modifier
les bills qui lui viennent de l'autre, et le Sénat en particulier fait
tomber sans pitié les enfants favoris de la Chambre, les ouvertures
de crédits. Le fait qu'une assemblée a adopté un bill, n'engage que
très peu l'autre à le voter; le Sénat rejetterait vingt bills de la
Chambre aussi facilement qu'un seul[1]. »

C'est en particulier sur le terrain financier que se sont portées ces
luttes[2]; le Sénat, usant d'un droit incontestable, relève ou rétablit
les dépenses réduites ou supprimées par la Chambre; celle-ci
résiste, vote de nouvelles réductions; il semble que les deux assemblées soient butées chacune à son opinion. Une telle situation s'est
à maintes reprises présentée depuis cinquante ans : en 1871,
la Chambre des représentants proposait une réduction d'impôts
d'environ cent millions, et votait la suppression des droits de
douanes sur le thé, le café, le sel et la houille; le Sénat voulait au contraire une refonte des contributions directes et modifia en ce sens la
loi de finance. La Chambre prétendit alors considérer comme proposition nouvelle le bill du Sénat; puis, après une session deux fois prolongée, on arriva à une transaction. En 1883, un différend analogue
s'éleva entre les deux Chambres; les excédents de recettes étaient
tels, qu'ils apportaient un véritable trouble dans les relations économiques et monétaires; le Sénat saisi d'un projet de réduction des
impôts intérieurs y annexa comme amendement la réforme complète
du régime douanier; la Chambre protesta énergiquement contre cette
violation de son droit de priorité. — Ces exemples de conflit pourraient être multipliés sans autre intérêt que d'en montrer la fréquence.

Ces conflits excitent peu d'alarme en dehors de Washington, car le
plus souvent après un grand luxe de discours ils s'apaisent d'eux-
mêmes; sénateurs et représentants savent qu'ils discutent devant le
peuple qui les juge et condamnerait tout entêtement préjudiciable
au bien commun. Parfois, pourtant, ils durent et s'enveniment; en

---

1. James Bryce, *The american Commonwealth*, t. I, p. 249.
2. Voyez, sur ces conflits, Ch. Morizot-Thibault, *Des droits du Sénat fédéral
américain en matière de lois de finance*, p. 26 et suiv.

l'absence du droit de dissolution qui permet de soumettre le différend aux électeurs, la situation pourrait être grave, dangereuse pour l'État. On a remédié à l'absence de l'appel au peuple par la création des conférences communes.

Quand chaque Chambre persiste dans son opinion, et n'en veut rien céder, d'un commun accord on renvoie le bill à un « comité de conférence » composé de trois représentants et de trois sénateurs : les six commissaires se réunissent, discutent en secret, et généralement terminent le conflit par un compromis qui permet à chaque parti de se retirer avec honneur [1]. S'agit-il par exemple d'un bill financier, on adopte un chiffre intermédiaire entre le plus élevé demandé par le Sénat et le moindre, réclamé par la Chambre. Conformément aux règlements des assemblées, ce compromis est voté en bloc, chacune doit accepter ou rejeter le tout, tel qu'il est sorti de la délibération de la conférence [2]. Si l'une des assemblées refuse d'y souscrire, une nouvelle conférence se réunit, et il peut se produire que l'on n'arrive pas à une entente nouvelle. Le conflit se continuera jusqu'aux élections [3].

Tels sont les rapports des assemblées et grâce à cette création du comité de conférence, on a paré, en une certaine mesure, aux inconvénients résultant de ce qu'aucune Chambre ne peut être dissoute.

Le pouvoir exécutif repose entre les mains du Président élu par la nation pour quatre ans et au second degré [4]. Il gouverne à l'aide de ministres qu'il nomme de l'assentiment du Sénat; ce ne sont pas les agents politiques des cabinets européens, prenant une part directe et responsable aux affaires de l'État : les ministres américains sont de véritables directeurs généraux, ils dépendent unique-

---

1. James Bryce, *The american Commonwealth*, t. I, p. 251.

2. Boutmy, *loc. cit.*, p. 129.

3. Les conflits en matière de finances trouvent toujours une solution avant l'expiration de l'exercice; le pays serait sévère aux Chambres qui refuseraient le vote du budget.

4. Si aucune majorité ne se forme au premier tour de scrutin, la Chambre des représentants choisit le président parmi les candidats les plus favorisés, et dans ce cas il représente la majorité de l'assemblée; mais une telle occurrence est très rare. Nous n'entrons dans aucun détail sur l'élection présidentielle, renvoyant à l'ouvrage classique de M. de Tocqueville, *De la démocratie en Amérique*, t. I, p. 221 et suiv.

ment du Président et travaillent sous sa direction, non sous l'influence du Parlement.

Le Président a, dans le domaine exécutif, les mêmes attributions que le Congrès dans le domaine législatif, c'est-à-dire les pouvoirs qui lui ont été expressément remis par la constitution; le Congrès vote les lois sur l'armée, le Président la commande; le Congrès établit les taxes, le Président les fait percevoir et gère les deniers publics; s'il a la direction des affaires étrangères, le Sénat en a le contrôle.

On le voit les deux pouvoirs sont parallèles, mais la constitution s'est efforcée d'établir entre eux une séparation absolue, d'éviter le moindre contact, partant le moindre frottement. Les constituants de Philadelphie avaient la terreur d'un pouvoir exécutif trop fort; anglais d'origine, ils savaient que le gouvernement trop puissant tend à étouffer les représentants du peuple. Pour amoindrir son influence, ils avaient le choix entre deux procédés : confier aux assemblées législatives la nomination et la révocation du Président, — ou séparer les pouvoirs exécutif et législatif de telle façon que le premier fût empêché par la loi d'empiéter sur le second. C'est à ce deuxième procédé qu'ils se sont arrêtés. Ils ont compris que cette division des pouvoirs ne devait qu'amoindrir à l'avantage du Congrès la puissance du Président. Peu leur importait de rendre moins fort le pouvoir exécutif, la situation géographique du pays le leur permettait. « Séparés du reste du monde par l'Océan, trop faibles encore pour vouloir dominer la mer, ils n'avaient point d'ennemis et leurs intérêts n'étaient que rarement en contact avec les autres nations du globe [1]. » Ils n'avaient point à se préoccuper de fortifier le pouvoir central pour qu'il pût résister aux efforts de l'étranger; aucune invasion n'était à craindre; un ennemi l'eût-il tentée, il aurait trouvé comme premier adversaire l'immensité du territoire.

Tout dans la constitution de 1789 tend donc à séparer les deux pouvoirs : s'ils ont même origine, — la votation populaire directe ou indirecte, — chacun reçoit son investiture distincte, est l'objet d'une

____

1. Tocqueville, *loc. cit.*, p. 210.

élection spéciale. Dans son domaine, chaque pouvoir a ses attributions propres, et il ne peut empiéter sur celles de l'autre ; au Président l'exécution, au Congrès la législation et le vote des lois de finances ; jamais le Président ne prend part au pouvoir législatif, jamais le Congrès au pouvoir exécutif [1].

La date de la réunion du Congrès est déterminée par la constitution même et ne peut être modifiée que par une loi, ou, dans les occasions extraordinaires par un acte du Président ; mais, s'il ne peut dissoudre les assemblées, il a le droit de les ajourner en cas de dissentiments entre elles sur l'époque de leur ajournement [2]. La constitution ne lui interdit pas l'entrée au Congrès, Washington parut à plusieurs reprises aux séances et y donna son opinion ; mais, en fait, depuis le commencement du siècle le Président n'y est plus apparu, et il n'a avec le Congrès que des relations écrites : la tradition est constante, et il serait difficile de la modifier. Elle est identique pour les ministres, qui ne peuvent être membres du Congrès, et souvent n'y ont jamais pris place. Le Président n'a pas l'initiative des lois et s'il désire l'adoption d'une mesure législative, il n'a que la ressource de prier un sénateur ou un représentant, ami politique, d'en prendre l'initiative. Le droit de veto lui a été accordé dans une certaine limite, tout au moins : tout projet voté par le Congrès doit lui être présenté ; s'il le désapprouve, dans les dix jours il doit le renvoyer au Congrès qui discute à nouveau : se forme-t-il dans chaque assemblée une majorité des deux tiers, le bill a force de loi comme si le président l'avait signé ; s'il ne réunit pas cette majorité, le projet est ajourné [3].

Enfin le président n'a pas le droit de dissolution et c'est le point sur lequel nous devons insister ; mais il est tellement lié à l'économie même de la constitution fédérale, à l'ensemble des dispositions, que, pour le comprendre, il nous fallait examiner cet ensemble. Le refus du droit de la dissolution n'est pas un hasard, il tient à la crainte des empiétements du gouvernement sur les assemblées, au

---

1. Sauf deux exceptions pour les droits du Sénat de nommer certains fonctionnaires et de s'ingérer dans les affaires étrangères.

2. Article 2, section 3 de la constitution. Voyez Story et Odent, *Constitution fédérale des États-Unis*, t. I, p. 346.

3. Article 1, section 7 de la Constitution.

respect de l'indépendance du pouvoir législatif. Pour le Sénat, il a une cause spéciale, le caractère de réunion plénipotentiaire de cette assemblée, caractère plus net en 1789 que de nos jours. Pour la Chambre des représentants, il a une raison toute historique et théorique. Nous avons montré que la théorie de la dissolution parlementaire s'est formée en Angleterre seulement à la fin du XVIIIe siècle et au commencement du XIXe. Au XVIIe siècle surtout, la dissolution n'a été employée par Charles Ier, par Cromwell, par Jacques II que pour opprimer, pour annihiler le Parlement[1]. De là, chez les Américains de la fin du XVIIIe siècle, le principe catégorique de la séparation des pouvoirs, ce besoin de mettre le Congrès à l'abri de tout coup de main du Président. Ce principe de séparation, on le retrouve partout dans la constitution de 1789, mais nulle part mieux que dans le refus du droit de dissolution ; nous allons en voir bientôt les inconvénients.

Il était impossible de supprimer complètement les rapports du Président et du Congrès, mais on s'efforce de les rendre aussi rares qu'il est possible. « En Amérique, disait M. Jules Ferry, le rôle du Congrès c'est de faire des lois et de laisser à l'exécutif la plénitude de l'administration[2]. » Le Président peut perdre l'appui de la majorité dans le corps législatif sans être obligé d'abandonner le pouvoir[3]. Chacun travaille de son côté, à sa tâche distincte.

En époque tranquille, ce système a déjà de grands inconvénients : absence de contrôle sur les administrations ; discontinuité dans la politique du Congrès, le pouvoir exécutif n'ayant pas le droit de lui donner une impulsion, une direction prolongée ; projets de lois confiés uniquement à l'initiative parlementaire et déposés souvent au hasard[4]. La confiance résultant des rapports prolongés ne pourra pas s'établir entre les deux pouvoirs, et, en temps de trouble, cette séparation exagérée amènera des conflits.

La force même des choses produira des situations où les tâches des deux pouvoirs se rapprocheront au point de se confondre ; s'ils

---

1. Voyez supra, pp. 175 et suiv.
2. Jules Ferry à la Chambre des députés, 4 juillet 1884, *Journal officiel* du 5.
3. Tocqueville, *loc. cit.*, t. I, p. 211.
4. James Bryce, *On American Commonwealth*, t. I, p. 400.

sont de même esprit, ils travailleront d'accord, mais on a pris tan t de soin pour les rendre indépendants et étrangers, que leur diver- gence devient possible, presque probable ; au lieu de s'entendre pour le bien de l'État, ils entreront en conflit.

A quatre reprises, dans le courant du siècle, cette situation étrange s'est présentée d'un désaccord profond, essentiel, entre le Président et le Congrès, sans qu'aucun moyen légal permette de lui donner une solution. Dans trois de ces conflits, Jackson, Tyler et Hayes l'em- portèrent parce qu'une majorité des deux tiers ne parvint pas à se former contre eux au Congrès et qu'ils purent impunément oppos er leur veto aux bills votés coup sur coup par les Chambres. Au contraire le président Johnson succomba, parce que ses adversaires obtinrent la majorité des deux tiers au Congrès par suite de la déchéance des droits politiques prononcés contre la plupart des États sudistes. Mais quelque pouvoir qui l'emporte, c'est une longue perturbation pour l'État, un trouble profond et général. Si c'est le Président qui triomphe, sa victoire n'est que négative, il s'oppose simplement au vote des lois, il ne peut faire prévaloir son opinion [1]. C'est alors une série de bills ajournés, peut-être de graves intérêts en souffrance.

On a tenté d'y remédier par divers moyens. Le moins compromet- tant est l'audition des ministres dans les comités permanents des deux assemblées. Chaque Chambre nomme des comités permanents, correspondant à chaque département ministériel, et dont l'influence est considérable ; les ministres peuvent y être entendus ; si quelque conflit se prépare entre les pouvoirs exécutif et législatif, des expli- cations loyales entre le ministre et le comité compétents permettent parfois de le résoudre par un compromis ; le principe de séparation absolu des pouvoirs est par là quelque peu énervé, la force des choses l'a voulu. Ce qu'une tradition avait créé, — l'absence des ministres aux séances du Congrès, — une autre tradition l'a émoussé.

Le Congrès aurait un moyen de contraindre le Président, c'est de lui refuser le vote du budget : mais ce refus ne l'atteindrait pas per- sonnellement, son traitement étant déterminé à son entrée en fonc-

1. Cependant, Jackson parvint, à la suite de nouvelles élections, à obtenir une majorité d'opinion conforme à la sienne.

tions, et le Congrès pourrait redouter la colère du pays, où tout serait en désarroi.

Aussi a-t-il essayé un autre moyen plus détourné qui consistait à introduire dans les bills indispensables des articles additionnels (riders), se rapportant parfois à un tout autre objet. Le Président était obligé, soit de s'opposer à l'adoption d'une loi réclamée par le pays, soit d'accepter le bill avec ses annexes. Le dilemme était embarrassant. C'est ainsi que, lors du grand conflit avec le président Johnson, le Congrès parvint à lui enlever le commandement de l'armée pour le remettre au général Grant, en introduisant cette disposition comme annexe à une loi sur les crédits militaires. Lors du conflit de 1879, le congrès introduisit dans trois bills financiers des dispositions concernant les provinces du Sud qui heurtaient les opinions du président Hayes; celui-ci opposa son veto, et, sur la nouvelle discussion, ses adversaires ne purent constituer la majorité des deux tiers nécessaire pour passer outre à son opposition.

Ce procédé, qui a parfois été aussi employé par la Chambre contre le Sénat, est tombé dans le discrédit; récemment le Président de la Confédération exprimait son désir d'une revision constitutionnelle lui permettant de promulguer la loi en s'opposant à ses annexes [1].

Enfin une arme suprême est entre les mains du Congrès, c'est de mettre le Président ou ses ministres en accusation : ordonnée par la Chambre, la mise en accusation est jugée par le Sénat; elle aboutit indirectement au résultat qu'obtient, dans les pays de régime parlementaire, une mise en minorité; mais c'est un remède héroïque, qui, sauf le cas de trahison certaine, n'est pas d'un usage facile. Depuis 1789, il n'a été employé que contre le président Johnson qui avait véritablement défié le Congrès; la Chambre vota sa mise en accusation, mais le Sénat refusa de le condammer parce qu'il n'avait commis aucun des crimes prévus par la constitution [2].

La seule énumération des moyens employés pour tenter de résoudre ces conflits montre à quels dangers expose une séparation exagérée des pouvoirs, et permet de se demander si le refus au Pré-

1. Bryce, *loc. cit.*, t. I, p. 287.
2. Article 2, section 4 de la Constitution.

sident du droit de dissolution n'est point une erreur des constituants de 1789. La critique en a été faite par M. Boutmy avec beaucoup de pénétration : « Lié pendant un long intervalle à des assemblées malveillantes, exposé à voir tous ses actes pris en mauvaise part, obligé de se passer des lois qu'il juge les plus nécessaires, le Président se résigne généralement à vivre de régime ; il calcule tous ses mouvements de manière à ne pas soulever d'orages ; il renonce aux projets pour lesquels un gouvernement a besoin qu'on lui fasse d'abord un peu de crédit et qu'on lui accorde le bénéfice du temps. Sa politique devient pâle, expectante, de courte portée [1] ». Et, comparant cette impasse à la dissolution anglaise, l'éminent professeur montre tous les inconvénients de l'une, tous les avantages de l'autre.

D'ailleurs, d'autres situations qu'un conflit peuvent rendre utile une dissolution des assemblées : c'est la position nécessaire d'une grande question, une Chambre que rend impuissante le morcellement des partis. Ici encore les gouvernants d'Amérique doivent attendre patiemment le renouvellement des assemblées, et deux ans peut-être s'écouleront sur ce conflit, cette question non posée au pays, ce piétinement des Chambres. La dissolution des assemblées ne serait-elle pas préférable?

II

Quelque différentes que soient les constitutions des quarante-quatre républiques dont se compose la Confédération, elles sont conçues dans un esprit identique, et comportent pour principe essentiel la séparation des pouvoirs ; ce que nous avons dit à ce sujet des institutions fédérales nous permettra d'abréger nos explications [2]. Cette indépendance des trois pouvoirs, législatif, exécutif et judiciaire, est un dogme qui inspire toutes ces constitutions : il semble même que, dans le courant de ce siècle, il ait été développé et serré de plus près, car les gouverneurs nommés jadis par les législatures sont maintenant partout élus par le peuple ; à quelques exceptions

1. Boutmy, *Études de Droit constitutionnel*, p. 141.
2. Voyez, sur les constitutions des États, James Bryce, *On American Commonwealth*, le second volume ; Tocqueville, *la Démocratie en Amérique*, t. I, p. 93 et suiv.

près, le pouvoir législatif réside dans deux assemblées, le Sénat et la Chambre des représentants, élues au suffrage universel dans les mêmes circonscriptions, mais pour une période inégale : les sénateurs, en général plus âgés, sont nommés pour plus longtemps que les représentants. Les deux assemblées ont des pouvoirs identiques et la Chambre n'a de priorité en matière financière que dans dix-neuf États. Les mêmes conflits sont à redouter, et se soulèvent entre elles, qu'entre le Sénat et la Chambre des représentants de Washington.

En face des assemblées, l'organe du pouvoir exécutif, le gouverneur, élu au suffrage universel pour une période variant d'une à quatre années. Ses pouvoirs sont analogues, dans le domaine de l'État particulier, à ceux du Président dans le domaine fédéral, et s'étendent à toutes les branches du pouvoir exécutif. Sauf dans quatre États, il a le droit de veto, mais les Chambres peuvent passer outre à son opposition par un nouveau vote à la majorité des deux tiers ou des trois cinquièmes.

Assemblées d'une part, gouverneur de l'autre, les constitutions cantonnent chaque pouvoir dans son domaine. Le gouverneur n'a pas le droit de dissoudre les assemblées, ni même de les ajourner, à moins que, d'accord sur cet ajournement, les assemblées ne le soient pas sur les dates de départ et de réunion nouvelle. Le gouverneur et les fonctionnaires de l'État ne peuvent siéger dans les Chambres et ils n'ont aucune influence sur leurs délibérations. Dans plusieurs États cependant, la législature a le droit d'exercer un certain contrôle sur les agissements du gouverneur ou des fonctionnaires par voie d'enquêtes parlementaires [1] : ces enquêtes sont faites par des commissions émanant des assemblées ; mais, en dehors d'injonctions toutes platoniques, il ne semble pas que les enquêtes aient d'autre sanction que la mise en accusation : les législations reculeront le plus souvent devant ce moyen extrême.

On le voit, ce sont les idées de la constitution de 1789 transportées dans les institutions particulières à chaque État ; les mêmes éventualités qui se produisent à Washington se renouvelleront ici : con-

----

1. James Bryce, *loc. cit.*, t. II, p. 98.

flits entre les Chambres, fortes chacune de leur origine populaire ; conflits entre les deux pouvoirs, tous deux élus, mais souvent à des époques différentes, dans un esprit différent ; et rien n'existe pour apaiser ces conflits, que le temps et les élections nouvelles. Pourtant les inconvénients de ce système sont moindres pour les États que pour la Confédération : dans ceux-là, législateurs et gouvernants sont plus près des électeurs que le Président et le Congrès de Washington ; ils peuvent plus facilement comprendre leurs tendances, par cela même que les électeurs sont moins nombreux et se font entendre plus aisément. Il est presque impossible de supputer le vote de toute la Confédération, parce qu'il est malaisé de discerner les mouvements d'opinion publique dans un territoire de cette étendue et parmi des électeurs de ce nombre ; chaque parti peut se croire en majorité. Dans un État plus restreint, les pouvoirs publics peuvent mieux connaître les désirs de leurs concitoyens, et par là-même s'y conformer, car leur réelection est à ce prix, aussi les conflits seront-ils plus rares, les électeurs étant peu éloignés pour les apaiser.

III

Il semble qu'avant de s'essayer sur le domaine politique, la doctrine de Monroë se soit introduite tout naturellement dans les deux Amériques par la propagande des lois constitutionnelles. L'un après l'autre, chacun des États de l'Amérique du Sud ont adopté un régime copié sur celui de la Confédération du Nord. A mesure que les républiques se formaient, qu'au Mexique, au Brésil, les rois disparaissaient, on voyait s'établir des États fédératifs, chaque province tenant à avoir son autonomie, sa vie locale. Souvent cette indépendance provinciale ne répondait à rien, mais on l'admettait par esprit d'imitation. Aussi les quatorze républiques de l'Amérique Centrale ou du Sud ont-elles maintenant un régime identique.

Leurs institutions ne présentent à ce point de vue rien d'original. Elles sont d'ailleurs peu stables et dans plusieurs États le droit de dissolution a été remplacé par le pronunciamiento ; le coup d'État y règne à l'état endémique. Une rapide vue d'ensemble suffira donc pour examiner ces constitutions [1].

Tous ces États se sont constitués en républiques fédératives : le droit commun, c'est l'indépendance des provinces, le gouvernement fédéral n'a que les attributions qui lui sont spécialement données. Le pouvoir législatif est exercé par le Congrès, divisé en deux assemblées, Chambre des députés et Sénat, nommés par les mêmes collèges électoraux : pour pallier en quelque mesure au danger de conflits entre deux assemblées égales, plusieurs constitutions décident que l'élection des sénateurs et des députés se fera simultanément dans tout le pays [2].

Le pouvoir exécutif appartient au Président de la République élu par le peuple tantôt au suffrage direct (Brésil), tantôt à deux degrés (République Argentine); il gouverne à l'aide de ministres qu'il désigne librement; il a le droit de veto contre les projets votés par le Congrès, mais, s'il entend l'opposer, il doit retourner aux Assemblées leurs propositions dans les dix jours de leur réception : le Congrès passe à une nouvelle délibération, et, si le projet réunit dans chaque assemblée la majorité des deux tiers, il est adopté définitivement.

Les deux pouvoirs sont indépendants et les principes de séparation admis à Washington sont partout adoptés. Le Congrès se réunit de plein droit à date fixe, il proroge et ajourne ses sessions; le Président peut toutefois le convoquer extraordinairement. Dans quelques républiques (Mexique), le Congrès laisse, pendant ses vacances, une députation de permanence, c'est-à-dire de méfiance. Les ministres ne peuvent être membres du Congrès ni assister à ses séances; ils ne peuvent communiquer avec lui que par écrit, ou personnellement en conférence avec les commissions des Chambres. Ils ne sont pas responsables devant le Congrès de la politique du gouvernement [3].

Il était conforme à l'esprit de ces institutions de refuser au Prési-

---

1. Voyez les textes de ces constitutions dans Dareste, *Constitutions modernes*, t. II, et dans les *Annuaires de législation étrangère*.
2. Constitution du Brésil, article 16, § 3.
3. Brésil, articles 51 et 52.

dent le droit de dissolution : aucune des constitutions n'y a manqué [1] et toutes excluent par omission ce mode d'action; mais les mœurs y ont trop souvent suppléé, et, « par nécessité de pourvoir à la sûreté des institutions nationales », le Président a souvent proclamé « un interrègne constitutionnel [2] », pour gouverner à coups de décrets. C'est la dissolution par pronunciamiento.

La Suisse.

I

La Constitution suisse ne présente pas la même importance que la constitution des États-Unis et n'exige pas le même développement. Non à raison de la petitesse du pays, un État de médiocre étendue peut avoir influence sur les institutions de ses voisins plus peuplés. Mais le régime helvétique est intimement lié à la nature même du pays : il s'explique par des raisons historiques, géographiques, religieuses, linguistiques même, qui sont toutes spéciales à la Suisse et ne se reproduisent dans aucun autre État. Aussi la constitution suisse, toute ancienne qu'elle soit, n'a jamais été adoptée par un autre peuple qui n'aurait pas les mêmes raisons de s'y conformer. Elle est « primaire », originale, comme celles d'Angleterre ou des États-Unis, mais elle est unique en son genre, et probablement le restera toujours. Pour intéressante, elle est donc moins importante que la constitution américaine, adoptée dans quatorze États, ou anglaise suivie dans une vingtaine.

Jusqu'en 1848, les cantons étaient réunis par un lien très ténu, et ne constituaient guère plus qu'une association d'États [3] : une Diète

---

1. La Constitution d'Haïti, d'un esprit assez différent, porte dans son article 73 : « En cas de dissentiment grave survenu entre le pouvoir exécutif et la Chambre des communes, l'exécutif pourra, sur l'avis conforme du Sénat et à la majorité des deux tiers de ses membres en séance, dissoudre la Chambre et il sera tenu d'en convoquer une nouvelle dans le délai d'un mois au plus. »

2. Notice sur la Colombie, par M. Demetrio Porras, conseiller d'État, professeur à l'Université catholique de Bogota, *Annuaire de législation étrangère*, 1885, p. 652.

3. Voyez Paul Matter, Le Sonderbund, extrait des *Annales de l'École des Sciences Politiques*, 1895-1896.

dotée de maigres attributions, un pouvoir exécutif confié au gouvernement d'un canton, à tour de rôle, telles en étaient les peu puissantes autorités. A la suite des événements de 1847, les pouvoirs publics se sont profondément modifiés. Si le droit commun est toujours la souveraineté des cantons, les constitutions de 1848 et 1874 ont, en fait, attribué la prépondérance à la confédération [1].

Le principe essentiel de ces constitutions, osera-t-on dire leur leitmotiv, c'est la souveraineté du peuple [2]. L'idéal, pour un petit pays, c'est le gouvernement direct par les citoyens. « Toutes les formes que l'on pourra imaginer, disait le landamann Heer, ne seront jamais que des palliatifs pour remplacer l'institution que nous possédons dans la landsgemeind où nous pouvons parler les uns après les autres, où toutes les propositions faites par l'autorité sont débattues et motivées devant le peuple tout entier, et où le peuple assemblé, après une libre discussion, juge en dernier ressort [3]. » Cette souveraineté a d'ailleurs un double aspect, nationale et cantonale, le peuple souverain dans la nation et dans le canton : ce double point de vue a une profonde influence dans l'organisation des pouvoirs publics.

L'organe essentiel de la Confédération, c'est l'assemblée fédérale divisée en deux Chambres, le conseil national et le conseil des États. Le premier, élu directement par les citoyens, à raison d'un député par 20 000 habitants, représente l'ensemble de la nation suisse, l'élément fédératif. Le conseil des États représente au contraire la souveraineté cantonale, l'individualisme des confédérés; il se compose de deux députés par chaque canton, élus par les cantons selon le mode et pour la durée que déterminent leurs constitutions : les unes — les plus nombreuses — confient leur nomination aux conseils cantonaux, les autres au peuple dans les landsgemeinde ou selon le suffrage habituel.

---

1. Cpr. Tocqueville, *Mélanges et fragments historiques*, t. IX, p. 111; Bluntschli, *Geschichte des Schweizerischen Bundesrechts*, t. I, p. 513.

2. « La Souveraineté réside dans le Peuple, énonce la constitution de Genève; tous les pouvoirs politiques et toutes les fonctions publiques ne sont qu'une délégation de la suprême autorité. »

3. Discours prononcé à Glaris le 2 mai 1869; Daguet, *Histoire du peuple suisse*, t. II, p. 532.

P. MATTER. 17

Ces deux assemblées ayant mêmes pouvoirs et étant indissolubles, sauf le cas de revision, la loi a soigneusement réglé leurs rapports pour éviter tout conflit entre elles [1]. Ils se réunissent à la même époque et délibèrent en commun sur toutes les affaires qui leur incombent. Si leurs votes ne sont pas identiques, on remet le projet en délibération, mais seulement sur les points que les assemblées ont traités différemment, et l'on essaie de s'entendre par concessions. « A la fin des sessions où la navette législative passe et repasse fiévreusement, les hommes à principes stricts ont des heures pénibles, car les derniers jours d'une assemblée fédérale ressemblent plutôt à un marché de friperies qu'à une assemblée législative [2]. »

En fait, les conflits sont très rares, car le conseil national a pris une place prépondérante pour des raisons nombreuses : presque tous les hommes d'État préfèrent une place à cette Chambre plutôt qu'à l'autre : la courte durée, fixée le plus souvent à une année, des pouvoirs des membres du deuxième conseil, les débats plus passionnés et plus intéressants du conseil national, la tendance actuelle à la centralisation, tout les y pousse, et ils ne considèrent une nomination au conseil des États que comme un stage, un début. Le conseil des États cède donc le plus souvent devant la volonté du conseil national.

Dans certains cas, où un conflit serait particulièrement dangereux, les deux conseils se réunissent et délibèrent en assemblée fédérale ; elles procèdent ainsi pour la nomination des conseillers et juges fédéraux, du général en chef en cas de guerre, pour l'exercice du droit de grâce, en cas de conflit entre les autorités, etc.

Le pouvoir exécutif n'existait qu'à l'état rudimentaire avant les événements du Sonderbund : la constitution de 1848 l'a organisé, mais timidement, et ne l'a pas complètement dégagé du pouvoir législatif. Il réside dans un conseil fédéral de sept membres nommés par l'Assemblée fédérale : ceci est très caractéristique dans un pays où la votation populaire est un dogme. Le Président de la Confédération est choisi dans son sein, chaque année, par l'Assemblée fédé-

---

1. Voyez, pour les détails, Dubs, *Droit public de la Suisse*, t. II, p. 89 et suiv.
2. Dubs, *loc. cit.*, p. 91.

rale. Chacun des conseillers est à la tête d'un département ministériel, et la répartition des départements est faite tous les ans par le conseil lui-même.

Cette élection des conseillers, le renouvellement annuel de leur président mettaient déjà le conseil fédéral dans une situation dépendante de l'assemblée fédérale. On l'aggrava en décidant qu'on pourrait recourir de certaines décisions du conseil à l'assemblée, du pouvoir exécutif au pouvoir législatif; lorsqu'il s'agit de déterminer quelles décisions pourraient ainsi être frappées d'appel, l'assemblée fédérale se montra large dispensatrice de ses propres pouvoirs, et, même depuis la création du tribunal fédéral, se réserva d'assez nombreux conflits. « Cet état de choses, que l'on peut désigner du nom de *confusion organique des pouvoirs*, est nuisible dans la pratique, parce qu'en général il dénature la position des deux corps politiques, fait du conseil fédéral une instance inférieure de l'assemblée fédérale, développe chez celle-ci d'une manière tout à fait anormale le sentiment de sa puissance et rend douteuse la responsabilité du conseil fédéral qu'il paralyse [1]. »

Ce régime excluait naturellement le droit de dissolution : le conseil fédéral, le Président même de la Confédération, dépendaient trop étroitement des assemblées législatives pour avoir le droit de les renvoyer devant leurs électeurs. La dissolution du conseil des États, en particulier, était rendue difficile par son caractère fédératif, de représentant des cantons et le plus souvent des législatures des cantons. La dissolution du conseil national n'était pas plus facile par un président, élu depuis quelques mois seulement, dépendant encore des assemblées à plusieurs points de vue et chef actif du pouvoir exécutif. Dans les monarchies parlementaires, le roi a une situation d'arbitre qui lui donne l'autorité nécessaire pour dissoudre le corps législatif; en France, le président élu il est vrai par le Congrès, mais pour sept ans, est indépendant et des Chambres, pouvoir législatif, et du ministère, pouvoir exécutif; il n'en était pas de même ici, et l'on ne peut s'étonner de constater l'absence du droit de dissolution dans la constitution.

1. Dubs, *loc. cit.*, p. 104.

Quelques publicistes ont proposé de le donner au peuple qui pourrait révoquer l'assemblée fédérale, comme il a, dans quelques cantons, le droit de révoquer le conseil cantonal. D'autres ont émis l'avis de donner le droit de dissolution à l'assemblée fédérale elle-même, plus apte que personne à saisir le moment nécessaire pour comparaître devant les électeurs ; mais ce remède est héroïque, le suicide est redouté de tous, même des assemblées, et il ne faut pas trop demander aux députés, ils sont hommes. D'autres, enfin, ont conseillé de remettre au gouvernement le droit de présenter au peuple une proposition de revision. Aucun de ces systèmes n'a été sérieusement discuté, car la constitution suisse a trouvé dans le referendum et l'initiative populaire en matière de revision un remède aux inconvénients que présente l'absence du droit de dissolution.

Le referendum, c'est-à-dire le droit pour le peuple de demander dans certaines conditions la consultation des électeurs sur les votes des conseils législatifs, permet de soumettre au pays une question d'intérêt général et pare, dans une certaine mesure, aux conflits qui pourraient se produire entre les conseils et le pouvoir exécutif ; en réunissant trente mille signatures ou huit cantons, les amis du pouvoir exécutif feraient appel des décisions législatives. Le conflit entre les deux pouvoirs est d'ailleurs bien peu probable.

L'initiative sur la revision remédierait au danger d'un désaccord entre le pays et les conseils. La revision peut être demandée par cinquante mille citoyens : la nécessité de cette revision est soumise au peuple, et, s'il la vote, l'assemblée fédérale est renouvelée intégralement pour préparer un projet de revision que le peuple adoptera définitivement ; il y a là un cas véritable de dissolution, un moyen facile au pays de renouveler la représentation nationale si elle n'est plus d'accord avec lui. On n'est pas loin de cette révocation par le peuple que prônent quelques publicistes ; car le peuple peut prendre l'initiative d'une revision dans le seul but de modifier des conseils législatifs dont la tendance politique lui déplaît, quitte à ne pas suivre sur le projet de revision.

Dans ces conditions le droit de dissolution ne paraissait point indispensable et il ne semble pas nécessaire de l'établir.

II

Dans les constitutions cantonales règne le même dogme de la souveraineté populaire que dans la constitution fédérale, mais l'application en est différente, car dans la majorité des cantons le pouvoir exécutif est élu directement par le peuple : une assemblée cantonale, élue au scrutin direct et unique, un conseil d'État dont les membres, variant de 3 à 9, sont également les élus directs du peuple, voilà le régime habituel. Dans des États plus considérables, cette investiture égale des deux pouvoirs prêterait à des conflits : ils sont moins à redouter dans des cantons dont le moindre a 20 000 habitants. Enfin une série de mesures ont été mises en œuvre pour leur donner solution.

Ce que nous avons dit du referendum nous dispense de revenir sur ce sujet : sauf trois, toutes les constitutions cantonales admettent cette consultation populaire, et elle aura un avantage d'autant plus sérieux que l'égalité d'origine des deux pouvoirs rend les luttes entre eux plus vraisemblables.

Les quelques cantons qui ont conservé l'usage des landsgemeinde y trouvent le procédé le plus simple de consulter le peuple : se soulève-t-il quelque question urgente? quelque conflit? la landsgemeind est réunie, donne son avis, le peuple a parlé, les autorités s'inclinent [1].

A Genève, le pouvoir exécutif possède une sorte de veto suspensif. Le Conseil d'État peut, avant de promulguer une loi, la représenter au Grand Conseil (pouvoir législatif) avec ses observations dans le délai de six mois [2]. Si, après en avoir délibéré à nouveau, le Grand Conseil adopte le projet, le Conseil d'État est tenu de promulguer la loi ainsi votée et de la rendre exécutoire sans nouveau délai.

1. Voyez, sur les Landsgemeinde, Ch. Benoist, Une Démocratie historique : la Suisse, *Revue des Deux Mondes* du 15 janvier 1895, et un curieux article illustré dans le recueil *Das Alphorn*, du 13 janvier 1894.

2. Ce délai de six mois était suffisant en 1847, date de la constitution genevoise, parce que l'élection du Grand Conseil alternait d'année en année avec celle du Conseil d'Etat; ainsi, avec ce délai, on arrivait au moment de la réélection de l'un ou l'autre de ces deux corps; ce qui permettait au peuple, souverain juge, de trancher le différend. Depuis une modification constitutionnelle, chacun de ces deux corps est élu pour trois ans; mais leur élection alterne avec celle des députés aux Conseils de la Confédération; de sorte qu'en cas de conflit les électeurs peuvent encore, en une certaine mesure, manifester leur volonté. Ces détails nous sont donnés par M. G. Fazy, avocat à Genève.

Enfin dans sept cantons, et non des moindres [1], le peuple a le droit de révoquer le conseil cantonal s'il trouve sa politique contraire aux intérêts généraux : dans le canton de Berne, par exemple, le Grand Conseil doit être renouvelé dès que le demandent 8000 citoyens. Ce n'est là autre chose que le droit de dissolution confié au peuple.

Hambourg, Brême et Lubeck.

Les villes libres allemandes ont conservé leur régime ancien, à peine rajeuni dans le courant du siècle. Le pouvoir souverain est exercé par deux Chambres, la *Bourgeoisie*, assemblée législative élue pour un temps par un suffrage assez compliqué, et le *Sénat* nommé à vie par la Bourgeoisie, directement ou indirectement. Le Sénat est, tout ensemble, conseil législatif et exécutif, il discute les lois en même temps que l'autre assemblée et il est chargé de leur exécution; il représente l'État dans les rapports extérieurs; ses membres se partagent les administrations publiques.

La Bourgeoisie ne peut être dissoute; on n'a pas voulu remettre le droit de dissolution au Sénat et pour une double raison : il est élu par la Bourgeoisie, et il est son égal; en cas de désaccord il est trop intéressé pour émettre un jugement sincère; dans le différend, lui-même est en cause. Pour remédier aux conflits qui pourraient naître entre les deux conseils, on a créé une procédure soigneuse et assez pratique. Les conseils commencent par nommer une commission de conciliation qui cherche un terrain d'entente. Si elle n'y arrive pas, le conflit est porté tantôt devant la Cour suprême de l'empire (constitution de Hambourg), ou la Cour d'appel de Hambourg (constitution de Brême et Lubeck), tantôt devant une « députation de décision », composée de membres des deux conseils en nombre égal. Cette députation statue en dernier ressort.

Pour de très petits États, ce système est possible et parvient à remplacer la dissolution.

---

1. Plus exactement dans six cantons et demi : Berne, Argovie, Soleure, Bâle campagne, Lucerne, Thurgovie et Schaffouse.

CONCLUSION

Il est nécessaire, en terminant ce volume, de rechercher les conclusions qui se peuvent tirer de l'étude des institutions politiques et de l'histoire constitutionnelle ; si le mot n'est pas trop ambitieux, c'est la philosophie du droit de dissolution qu'il s'agit d'esquisser.

Une première conclusion semble s'imposer : le droit de dissolution est incompatible avec le régime conventionnel ; il est au contraire essentiel à la monarchie représentative et au régime parlementaire ; il est enfin utile dans tous les pays qui admettent un gouvernement distinct du parlement et la dualité des Chambres. Nous ne parlons naturellement pas des monarchies absolues ; le conseil d'État n'est pas une assemblée parlementaire, et la révocation de ses membres n'a rien de commun avec la dissolution d'une Chambre législative.

Le régime conventionnel a pour base la toute-puissance d'une assemblée unique ; il part de ce principe que le peuple doit se gouverner lui-même, mais qu'il lui est matériellement impossible de le faire personnellement et directement ; pour ses partisans, l'idéal du gouvernement serait la réunion périodique et régulière des comices populaires, les citoyens statuant par eux-mêmes sur toutes les difficultés politiques. Mais ce gouvernement idéal se heurte à des impossibilités de fait : le nombre des citoyens, leur dispersion, la nécessité de décisions rapides s'opposent forcément à leur consultation journalière. Si le peuple ne peut se régir lui-même, il doit le faire tout au moins par ses représentants ; moins nombreux que lui-même, réunis en une seule salle, prêts à toutes délibérations, ces députés doivent exercer tous les pouvoirs qu'ils tiennent du peuple et ne les déléguer à personne; leur assemblée rédigera les lois, les exécutera, et en jugera les infractions; voilà le régime conventionnel.

Dans cette organisation, le droit de dissolution ne trouve pas de place, faute d'une autorité pour l'exercer. La Chambre exerçant le pouvoir exécutif, les ministres, s'il en existe, ne sont que de simples secrétaires, aux ordres de l'Assemblée, dénués de tout pouvoir propre. La durée de la période législative est déterminée par la constitution, et en l'absence de disposition sur ce point, il appartient à l'assemblée seule de déterminer la fin de ses pouvoirs; la Convention de 1792, la Constituante de 1848 ont fixé elles-mêmes le jour de leur départ.

Le droit de dissolution pourrait donc, à la rigueur, se comprendre exercé par l'assemblée elle-même : est-elle vers la fin de sa période législative et près d'entreprendre quelque grande étude? se sent-elle en désaccord avec le pays? éprouve-t-elle la nécessité de consulter les électeurs? on conçoit qu'en prévision de telles occurrences, le droit lui soit remis de prononcer sa propre dissolution. Mais ce droit serait le plus souvent dérisoire, l'assemblée ne se déciderait qu'avec peine à l'exercer. Enfin le peuple pourrait avoir le droit de demander lui-même cette dissolution dans des formes et sous des conditions déterminées par la loi; des publicistes ont prôné ce système[1], et il existe dans quelques cantons suisses[2].

D'ailleurs le régime conventionnel ne paraît capable que d'une explication restreinte et transitoire; l'histoire en fournit quelques exemples, ils sont de deux sortes : si l'assemblée douée de tous pouvoirs n'a qu'un but déterminé, tel que le vote d'une constitution, elle se sépare sitôt son œuvre achevée; si, au contraire, l'assemblée conventionnelle est élue pour un long espace de temps, moins pour un objet déterminé que pour exercer d'une façon générale le gouvernement, elle ne tarde pas à devenir le plus despotique et le plus capricieux des pouvoirs, et le plus souvent ses abus aboutissent à

1. Voyez supra, p. 23, la théorie de M. Bagehot.
2. Voyez supra, p. 262.

une révolution. Une telle organisation ne se conçoit que dans de très petits pays, avec des électeurs et des assemblées peu nombreuses.

Le droit de dissolution paraît essentiel dans les monarchies représentatives; nous entendons désigner par cette expression les monarchies douées d'un parlement, mais où le ministère n'est pas responsable devant les Chambres[1]; ce régime est à mi-chemin entre le pouvoir absolu et le gouvernement parlementaire; le peuple a le droit d'exprimer son opinion par ses députés, mais il ne peut contraindre le gouvernement à modifier la législation en cours, à adopter une mesure qu'il croit de son intérêt; ses représentants se heurtent sans cesse à ces deux barrières constitutionnelles, le veto royal, l'irresponsabilité du ministère. Ils peuvent voter et rewter un projet de loi, il demeure lettre morte devant l'impassibilité du monarque; ils peuvent émettre à coups répétés des votes de défiance envers le cabinet; les ministres conservent leurs portefeuilles tant qu'ils gardent la confiance du souverain. Avec un monarque autoritaire et absolu, la représentation nationale fera figure de mannequin; avec un souverain libéral et éclairé, le régime parlementaire s'introduira dans les mœurs politiques, sinon dans la loi.

Il est facile de comprendre que le droit de dissolution est inséparable de ce régime : le gouvernement veut conserver une arme contre l'empiétement des Chambres impatientes de diriger la politique du pays. Sans doute, la constitution a restreint leurs pouvoirs, le chef de l'État exerce par l'organe de son ministère le pouvoir exécutif dans sa plénitude et sans contrôle, les Chambres n'ont qu'un pouvoir législatif et n'ont pas le droit de surveiller la politique générale du gouvernement; mais ce n'est là que pure théorie . Sans cesse, sur des questions budgétaires, commerciales, économiques, diplomatiques, militaires, etc., les Chambres peuvent être appelées à statuer sur la politique du gouvernement; soucieuses d'augmenter leurs pouvoirs, de transformer le régime simplement représentatif en monarchie parlementaire, les assemblées rechercheront soigneusement ces occasions de contrôle et au besoin les

---

1. Voyez, sur la formation de ce régime, supra, p. 143.

feront naître ; ce sont occasions de luttes où le vote du budget peut leur assurer la victoire.

En présence d'assemblées audacieuses et actives, le gouvernement a le choix entre deux alternatives, se soumettre ou prononcer leur dissolution.

Il peut accepter les usurpations des Chambres et s'incliner devant leurs majorités : c'est la retraite du cabinet qui a perdu la confiance des représentants du pays ; la responsabilité ministérielle s'introduit de fait sinon de droit et le régime parlementaire se substitue au régime représentatif. Ce n'est là autre chose que l'histoire constitutionnelle de l'Angleterre et de la Suède, on pourrait ajouter, mais moins exactement, de la Hongrie. Dans ces pays, la lutte s'est prolongée entre la couronne et le Parlement, fertile en incidents, en actions et réactions ; mais, par un effort de plusieurs siècles, la représentation nationale a forgé la responsabilité du cabinet, a étouffé le veto royal. En Angleterre, les ministres sont encore réputés « queens servants », en fait ils sont les représentants de la majorité aux Communes ; la constitution écrite de Suède, la constitution coutumière d'Angleterre attribuent encore au monarque le droit de veto ; il n'en use que très rarement dans le premier pays, jamais dans le second. Tantôt forcé et contraint, comme Charles Ier, Jacques II et Guillaume, tantôt de son plein gré, comme Édouard Ier, le souverain s'est dépossédé de sa souveraineté au profit du Parlement ; or, le Parlement n'est que le représentant du peuple ; le souverain, c'est celui-ci.

A ces assemblées audacieuses et impatientes, le gouvernement peut au contraire opposer une résistance opiniâtre ; l'histoire en présente de nombreux exemples, et la représentation nationale ne l'a pas toujours emporté, l'histoire de Prusse de 1862 à 1866 en fait preuve. Pour se débarrasser d'une Chambre rétive, le gouvernement prononcera sa dissolution et prendra ses mesures pour avoir de « bonnes élections » ; il y a là un talent spécial où certains hommes d'État sont passés maîtres. Si les élections lui sont favorables, la crise est terminée. Lui sont-elles hostiles ? il peut brutalement n'en tenir aucun compte, ainsi que fit M. de Bismarck en Prusse lors du grand conflit ; il peut, plutôt, chercher à s'arranger avec elle, à faire les moindres concessions, à louvoyer entre les partis, à administrer par expédients et compromis; telle fut la conséquence de nombreuses dissolutions allemandes et autrichiennes. D'ailleurs le gouvernement ne perdra pas espoir de se débarrasser au premier jour de cette Chambre insuffisamment docile, de profiter d'une occasion pour prononcer une nouvelle dissolution et d'obtenir enfin l'assemblée de ses rêves; M. de Bismarck, chancelier de l'Empire, s'est exprimé avec netteté dans ce sens et à plusieurs reprises [1].

Le droit de dissolution est non moins essentiel dans les pays de régime parlementaire; ce régime consacre le gouvernement du pays non par le Parlement, mais par le ministère responsable devant le Parlement; les Chambres font la loi, le pouvoir exécutif l'applique, sous le contrôle du Parlement, qui, par le vote du budget, le droit d'interpellation, la libre proposition des lois peut sans cesse mettre en minorité le cabinet et par là même le renverser. Le régime parlementaire est donc fondé sur l'accord des divers pouvoirs, l'accord des diverses assemblées, l'accord enfin du Parlement et du pays. L'apologue des membres et de l'estomac est applicable à juste titre en droit constitutionnel; le désaccord des organes constitutionnels produit leur anémie :

> Bientôt les pauvres gens tombèrent en langueur;
> Il ne se forma plus de nouveau sang au cœur,
> Chaque membre en souffrit, les forces se perdirent.

Et l'on peut ajouter, avec une très légère variante au texte de La Fontaine :

> Ceci peut s'appliquer à la chose publique.

Survient-il quelque conflit entre les pouvoirs ou les assemblées? tout est entravé, tout est en suspens et le régime lui-même est faussé. Dans un pays où le parlementarisme est pratiqué dans toute sa pureté, il ne peut être question d'un conflit entre le pouvoir exécutif et le pouvoir législatif, car sitôt que le premier a perdu la confiance du second, il doit laisser place à des hommes d'une opinion con-

---

1. Voyez supra, pp. 149 et suiv.

forme ; mais le régime parlementaire n'est pas pratiqué partout avec cette précision, et souvent le ministère entrera en lutte avec les assemblées ou l'une d'elles. Il peut s'agir d'un conflit entre les deux assemblées, d'origines et de tendances souvent différentes, l'une cherchant à éclipser l'autre, celle-ci s'opposant à tout progrès. La lutte peut naître dans une même Chambre entre deux ou plusieurs partis, égaux en nombre, de telle sorte qu'aucun ne puisse conserver le pouvoir. Le conflit peut se présenter même entre le pouvoir législatif et le pouvoir judiciaire, si le premier prétend usurper les fonctions du second et évoquer les causes de justice, directement ou indirectement. Enfin le désaccord peut exister entre le Parlement et le pays même, celui-là ne prenant garde aux transformations qui s'opèrent dans le peuple, aux nécessités nouvelles, aux exigences de la nation.

Dans ces diverses hypothèses, le danger est grand pour l'État. Le conflit se prolonge-t-il? Le désaccord se creuse-t-il plus profond entre les pouvoirs, les assemblées, le pays? La Révolution n'est pas loin, s'il n'y a pas dans la loi un moyen simple, rapide et pratique de lui donner une solution.

Ce remède c'est le droit de dissolution qui remet au peuple le soin de trancher le différend ; juge en unique et dernier ressort, il donne sa décision devant laquelle gouvernement et parlement s'inclinent. Il n'y a plus de lutte ni de combat possible, le procès est à jamais terminé, car le jugement est sans appel ni pourvoi.

Examiné de près, ce droit constitutionnel apparaît comme singulièrement conforme au principe essentiel du régime parlementaire, la souveraineté du peuple. Tout pouvoir émane de lui : le pouvoir législatif, car les députés sont élus par lui directement et sont ses délégués ; — le pouvoir exécutif, car si le peuple ne nomme pas les ministres, ceux-ci sont, en fait, désignés par la majorité dans les assemblées, ils sont soumis au contrôle journalier des chambres qui représentent la nation ; — le pouvoir judiciaire, enfin, car les magistrats rendent la justice au nom du peuple et appliquent les loi votées par ses représentants.

Souverain dans l'État, le peuple doit donc être appelé à statue toutes les fois que se présente un conflit de nature à constituer u danger pour la nation. Il est impossible de laisser ce conflit se perpétuer jusqu'à l'expiration de la période législative, peut-être lointaine, de paralyser toute action dans les Chambres, de permettre la formation dans le pays d'une agitation séditieuse et dangereuse. Il faut un moyen d'en sortir, il appartient aux électeurs de se prononcer.

Vainement dira-t-on qu'exercé par le pouvoir exécutif, le droit de dissolution constitue un mépris de la représentation nationale, partant des électeurs qui l'ont constituée. Nous croyons avoir fait justice de ce raisonnement. Ce n'est point mépriser quelqu'un de prendre non seulement son avis, mais son jugement catégorique et définitif. Loin de constituer une violation des droits des électeurs, le droit de dissolution n'est autre chose qu'un appel au peuple. Qu'il s'agisse de résoudre un conflit, de se prononcer sur quelque grande mesure législative, les électeurs statuent en connaissance de cause et lorsqu'ils ont rendu leur décision, nulle discussion n'est possible. La clarté dans son résultat, tel est le grand mérite de la dissolution.

Pour ces raisons, le droit de dissolution paraît essentiel au régime parlementaire.

Enfin certains pays ne se sont arrêtés à aucune de ces formes de gouvernement et ont cherché dans la séparation des pouvoirs le principe essentiel de leurs institutions. Ils ont été effrayés de l'oppression que le pouvoir exécutif peut exercer sur le législatif, et ils se sont efforcés de dresser entre eux une barrière légale : toute relation leur paraissant une cause de conflit, ils ont essayé de supprimer tout rapport entre le gouvernement et les législateurs. Ces pays étaient pris entre la crainte d'un pouvoir exécutif trop fort qui écraserait les Chambres, et d'un gouvernement trop faible qui serait opprimé par elle et présenterait de nombreux dangers pour la politique extérieure et intérieure : ils ont donc cherché à créer deux pouvoirs de force égale, et partant de ce principe que les parallèles ne se rencontrent jamais, ils ont espéré qu'aucun conflit ne naîtrait entre eux, faute de point de contact.

L'expérience n'a pas toujours justifié leurs prévisions : pour la plupart de ces pays, elle a amené de cruelles déceptions. La séparation des pouvoirs est un principe excellent, mais il ne faut pas le pousser à l'extrême. Pour agir utilement, les pouvoirs doivent s'entendre. La préparation, le vote et l'exécution des lois ont des rapports si serrés, qu'il est difficile d'en confier la charge à des autorités entièrement isolées. L'application de la loi en vigueur indique ses insuffisances ou ses inconvénients, et montre au gouvernement qui l'exécute les modifications nécessaires à y apporter. Les députés peuvent, de leur côté, exercer un contrôle utile sur la façon dont le pouvoir exécutif applique les lois. Une difficulté se soulève dans l'État, quelles qu'en soient l'origine et la nature, intérieure ou extérieure, elle entraînera presque infailliblement l'intervention des deux pouvoirs, fût-ce pour en régler la dépense. L'accord du gouvernement et des législateurs est donc une nécessité; la séparation absolue des pouvoirs est un inconvénient, parfois même un danger.

L'étude de l'histoire confirme ces données théoriques. La France a connu à deux époques le régime de séparation des pouvoirs, sous la Révolution et en 1848. L'expérience de la Révolution ne peut guère être donnée comme preuve : cette période a été traversée de tant d'événements tragiques, bouleversée de tant de coups d'État, qu'il est difficile de la considérer comme normale et régulière; la Révolution a posé les grands principes dont la France vit et vivra, mais chacune de ses phases a été de courte durée, presque transitoire et provisoire; noblement imbue de liberté, elle s'est enlisée dans le despotisme. La République de 1848 n'a guère mieux réussi; ses partisans avaient une haute idée de la liberté, mais ils se sont arrêtés à quelques principes de pure théorie et n'ont pas donné une part assez large aux nécessités de la pratique; ils avaient trop foi dans les « sentinelles invisibles », et, dans leur pensée, le respect dû à la loi devait assurer son inviolabilité. Ils avaient séparé l'Assemblée et le Président et ne s'étaient pas préoccupés des difficultés que la force même des choses soulèverait entre ces deux pouvoirs. En 1851, le prince Louis-Napoléon se trouvait en présence d'une chambre hostile. Que serait-il advenu s'il avait pu la dissoudre? Peut-être n'aurait-il pu s'insurger contre les députés récemment élus, puisant une force nouvelle dans une consultation du pays. Même si les électeurs s'étaient prononcés en sa faveur, et avaient envoyé des représentants favorables à ses projets, la dissolution aurait évité au pays les

violences et l'immoralité d'un coup d'État ; une revision constitutionnelle aurait remplacé la brutalité du 2 décembre.

Pour les États-Unis de l'Amérique du Nord, l'indissolubilité du
Congrès présente de véritables inconvénients. Nous les avons exposés
avec assez de détails pour n'y point revenir ici [1] : conflits entre les
deux assemblées, lutte sourde ou éclatante entre le Congrès et le
Président, piétinement sur place d'une Chambre faute de majorité,
tout est à redouter et presque tout est arrivé. On a essayé de parer
aux inconvénients de ce système par une série d'expédients : comités
de conférence, audition des ministres en commissions spéciales ; les
partisans les plus convaincus du régime américain sont contraints
de reconnaître qu'on n'y est parvenu que médiocrement : ces expédients permettent de résoudre certaines difficultés, mais il en est
d'autres auxquelles remédie le droit de dissolution, et pour lesquelles
ils sont sans effets. Devant un conflit persistant comme celui du
président Johnson et du Congrès, ils sont tout à fait insuffisants.

Aussi certains publicistes ont-ils pensé au droit de dissolution,
non pour le Sénat, qui a le caractère d'une assemblée plénipotentiaire, mais pour la Chambre des représentants ; l'opinion publique
ne paraît pas favorable à cette proposition ; elle ne semble d'ailleurs
pas indispensable ; la conformation même du pays, le caractère de
ses habitants, l'absence de tout danger extérieur permettent à la
nation d'apporter aux conflits éclatant à Washington un intérêt
moins vif que les autres peuples.

L'exportation n'a rien valu au régime américain ; admis par tous
les États de l'Amérique du Centre et du Sud, ce régime a eu des effets
déplorables où les mœurs des gouvernements et des électeurs ont
leur large part. Il n'y a pas à regretter l'absence du droit de dissolution dans ces pays, car il s'est trop souvent introduit sous forme
de pronunciamiento ; il serait tout au moins désirable qu'il trouve
place dans les constitutions, car il prendrait le rang d'un droit au
lieu d'avoir le caractère d'une mesure de violence, dépendance d'un
coup d'État.

Le caractère spécial de la constitution suisse ne permettait guère

1. Voyez supra, pp. 248 et suiv.

d'y introduire le droit de dissolution; il ne se serait compris d'ailleurs que pour le Conseil national, car le Conseil des États a conservé sa qualité de comité plénipotentiaire. Il était difficile de le remettre au Président de la Conféderation qui n'a pas la situation du chef du pouvoir exécutif dans les autres États; on a proposé de le confier au peuple; ce n'est peut-être pas indispensable, car on a pallié à son absence par l'organisation du referendum populaire, et cette mesure suffit pour donner solution à la plupart des difficultés qui peuvent se soulever.

Dans la seule monarchie où le droit de dissolution ne soit point admis par la constitution, en Norvège, son absence s'explique par des raisons d'histoire et de méfiance nationale. Un parti important voit les avantages qu'il présenterait et désire son adoption; mais il a lutté jusqu'ici en vain pour le faire remettre à la couronne; la crainte de la suprématie suédoise a prévalu malgré tout.

Ainsi les pays qui n'admettent pas le droit de dissolution sont presque tous d'anciennes confédérations, où le lien plus lâche de la nation explique la faiblesse ou l'isolement du pouvoir exécutif. Dans plusieurs, cependant, son absence présente de réels dangers, et a été la cause de difficultés dont le pays n'a pu sortir, parfois, que par une révolution et un coup d'État; lorsque les circonstances n'ont pas conduit le gouvernement à ces mesures extrêmes, il s'est tout au moins produit des conflits de nature à entraver pour longtemps les progrès de l'État. Nous pouvons donc en tirer cette conclusion : dès que la constitution admet un pouvoir exécutif distinct du Parlement et la dualité des Chambres, le droit de dissolution présente des avantages incontestables; il n'est pas essentiel, mais il est utile.

L'histoire permet une autre constatation; la masse des dissolutions correctes et fertiles l'emporte de beaucoup sur le nombre des dissolutions stériles et de mauvaise foi. Le caractère pratique, que la théorie constitutionnelle attribue à ce droit, est confirmé par l'étude de son histoire dans les pays qui l'admettent.

Certes on peut relever quelques exemples de dissolutions illégales, prononcées en violation flagrante de la loi : telle, en France, la dis·

solution de 1830; telles encore certaines dissolutions au Portugal; on pourrait même ajouter celle du Seize Mai où les élections ont été tardives; mais de pareils cas sont très rares et leur nombre très restreint; ils sont, tôt ou tard, soulignés d'une révolution, et cela suffit pour rendre prudents les gouvernements.

Plus nombreuses sont les dissolutions incorrectes, prononcées sans motif légitime, dans le seul but de congédier une Chambre portée au progrès, et dans l'espoir d'influencer le pays par une vigoureuse pression électorale; elles se rencontrent surtout dans les monarchies simplement représentatives, et cela est naturel, car dans les gouvernements parlementaires le contrôle des Chambres est plus sévère, la loi de la majorité soigneusement suivie. De telles dissolutions se rencontrent fréquemment dans l'histoire du gouvernement prussien, — celles du grand conflit ont bien ce caractère, — et de l'empire allemand : M. de Bismarck a profité d'événements divers pour se débarrasser d'un Reichstag gênant. En Espagne, les dissolutions d'Alphonse XII, au Danemark celles de 1853 et 1854, de 1881, présentent un pareil caractère.

Mais, en revanche, combien de dissolutions loyales et correctes, édictées dans le seul intérêt du pays, par franchise et probité politiques : dissolutions après un changement dans la loi électorale; l'histoire d'Angleterre et d'Italie en présente plusieurs exemples; — dissolutions fondées sur une modification probable dans les sentiments du pays; en Belgique, les élections communales de 1857 avaient donné aux libéraux la majorité dans les conseils communaux; le parti catholique était alors au ministère; le roi prononça la dissolution de la Chambre, et les électeurs envoyèrent une forte majorité libérale; — dissolution à raison de l'émiettement des partis à la Chambre, d'un résultat souvent moins heureux, mais ayant cependant abouti, à plusieurs reprises, à la constitution d'un gouvernement homogène; — dissolutions faites pour consulter le pays sur une question d'intérêt général ou une tendance politique, innombrables en Angleterre, en Italie, en France, en Belgique, etc.

De même, combien de dissolutions fructueuses et utiles à la vie politique de la nation, qui ont tranché un conflit entre deux assemblées butées dans leurs opinions; substitué à une chambre nerveuse et incapable d'un travail suivi, une assemblée active et laborieuse; permis l'adoption de lois indispensables au pays. D'aucunes ont joué dans l'existence même de l'État un rôle direct et ont eu sur ses destinées la meilleure influence : en France, la dissolution de la Chambre introuvable a évité un cataclysme politique, permis l'évacuation rapide du territoire, et donné à la France quelques belles années; en Angleterre, la réforme de 1832, premier coup de pioche dans un régime électoral vieilli, n'a été possible que grâce à une dissolution.

Le jugement de l'histoire est donc favorable au droit de dissolution, car les applications correctes et utiles dépassent de beaucoup les emplois déloyaux et stériles; il a fait quelquefois du mal, mais plus souvent du bien. On ne peut guère demander davantage à une institution humaine.

Mais l'histoire enseigne encore qu'il ne faut user de ce droit qu'avec sagesse et prudence, et seulement quand une consultation nationale paraît nécessaire. Rien n'est plus dangereux pour les libertés publiques et pour le gouvernement lui-même que des dissolutions répétées et abusives. L'institution, excellente en elle-même, devient pleine de périls par son abus; il en est ainsi de toutes choses.

Cet abus aboutirait d'abord à l'instabilité du pouvoir législatif et rendrait impossible un travail parlementaire suivi. L'instabilité ministérielle est un mal dont souffrent maints gouvernements parlementaires : il ne faudrait pas, pour y remédier, tomber dans ce mal presque pire, l'instabilité législative; les assemblées passeraient leur existence à la vérification des pouvoirs et aux discussions inséparables de leurs débats; projets et propositions seraient hachés d'interruptions et n'aboutiraient pas; les premiers jours, presque la première année d'une Chambre, sont consacrés à son installation et aux travaux préparatoires, et une dissolution trop prompte rendrait inutile ce labeur du commencement.

Cet emploi à la légère ne serait pas moins dangereux pour le gouvernement lui-même : en usant trop fréquemment de sa prérogative, le chef de l'État ferait preuve d'un singulier mépris du pouvoir législatif et ébranlerait profondément la confiance qu'il doit inspirer au pays. Le peuple s'irriterait, et bientôt surgirait, entre le gouvernement et la nation, un de ces conflits qui ne trouvent leur solution que dans une révolution. L'histoire en cite de nombreux exemples.

En France, la chute de la monarchie légitime a eu pour cause une dissolution illégale : les journées de Juillet ont été faites au cri de « vive la Charte », et Charles X est mort en exil pour avoir méconnu les droits de la représentation nationale. Sans aller aussi loin, la dissolution incorrecte du Seize Mai a apporté un trouble profond dans le pays et a donné un coup mortel au parti qui l'a fait prononcer; c'est la justice immanente des choses : le parti de M. de Broglie a été tué par sa propre arme de combat.

En Angleterre, mêmes leçons historiques. Cromwell est mort à temps : son mépris des Communes, la façon brutale dont il les a dissoutes, a produit une réaction qui a, deux ans après sa disparition, abouti au retour des Stuarts. A voir la manière dont il traitait les élus, partant les électeurs, le pays s'est irrité contre ses procédés, et est revenu sans secousse au régime ancien. Trente ans plus tard, Jacques II traitait le Parlement avec pareil sans-gêne; ses dissolutions incorrectes et répétées facilitaient, si elles ne causaient, la révolution de 1688. Plus récemment, en Espagne, les dissolutions prononcées par Alphonse XII avaient sérieusement ébranlé son trône, et la reine régente n'a rétabli le prestige de la couronne que par beaucoup de prudence et de respect envers les Cortès.

Il est à noter, enfin, que l'emploi abusif par un ministère du droit de dissolution, en rend dans l'avenir l'emploi très difficile, quelque normal soit-il alors. Il s'est formé dans le pays un sentiment de défiance contre l'institution même, et il n'est pas facile de surmonter cette impression populaire. Depuis vingt ans, chaque fois que l'on parle en France de dissoudre la Chambre des députés, les souvenirs du Seize Mai reviennent dans les cercles politiques et dans la presse et sont parfois exploités par les adversaires du cabinet qui demanderait la dissolution.

Tout donc recommande un emploi prudent et correct de ce droit;

la constitution elle-même doit l'entourer de toutes garanties nécessaires aux libertés publiques. Dans une constitution soigneusement
faite, les conditions de cette prérogative doivent être sévèrement
déterminées; traditionnelle ou écrite, elle doit offrir au pays une
absolue sécurité par la rapidité des élections et de la réunion du
nouveau Parlement; il faut éviter toute clause ambiguë, qui per-
mettrait dans l'époque de fermentation des élections, une interprétation abusive, prêtant à des discussions envenimées; quelquefois on
insérera d'autres garanties encore, comme en France l'avis favorable
du Sénat. Surtout, enfin, dans un pays où règnent de saines traditions parlementaires, le chef de l'État ne prononcera la dissolution
que si le bien de la nation l'exige, et le pays trouvera dans ces traditions la meilleure des garanties. Ainsi le droit de dissolution ira
toujours en se perfectionnant, dans sa théorie et dans sa pratique,
son emploi sera toujours correct, et il justifiera les belles paroles de
Rossi : « Dissoudre une Chambre ce n'est pas satisfaire un caprice,
c'est faire un acte de haute politique, c'est faire un appel au pays. »

Versailles, juin 1898.

FIN

TABLE DES MATIÈRES

CHAPITRE III

EFFETS DE LA DISSOLUTION

CHAPITRE IV

HISTOIRE DU DROIT DE DISSOLUTION EN FRANCE
1789-1814

CHAPITRE V

HISTOIRE DU DROIT DE DISSOLUTION EN FRANCE
(Suite.)
1814-1848

CHAPITRE VI

HISTOIRE DU DROIT DE DISSOLUTION EN FRANCE

(Suite.)

1848-1870

CHAPITRE VII

LE DROIT DE DISSOLUTION
DANS LA CONSTITUTION FRANÇAISE DE 1875

CHAPITRE VIII

LES MONARCHIES REPRÉSENTATIVES

CHAPITRE IX

LES MONARCHIES PARLEMENTAIRES HISTORIQUES
L'ANGLETERRE

CHAPITRE X

LES MONARCHIES PARLEMENTAIRES HISTORIQUES
(Suite.)

CHAPITRE XI

LES MONARCHIES PARLEMENTAIRES MODERNES

CHAPITRE XII

UNE MONARCHIE SANS DROIT DE DISSOLUTION

CHAPITRE XIII

LES RÉPUBLIQUES FÉDÉRATIVES

CONCLUSION

FÉLIX ALCAN, ÉDITEUR

BIBLIOTHÈQUE D'HISTOIRE CONTEMPORAINE

Volumes in-12 à 3 fr. 50. Cartonnés : 4 fr. — Volumes in-8 à 5 et à 7 fr. Cartonnés : 6 et 8 fr.

EUROPE

HISTOIRE DE L'EUROPE PENDANT LA RÉVOLUTION FRANÇAISE, par *H. de Sybel*. Trad. par Mlle Dosquet. 6 vol. in-8. 42 fr. »
Chaque volume séparément. 7 fr. »

HISTOIRE DIPLOMATIQUE DE L'EUROPE (1814-1878), par *A. Debidour*. 2 vol. in-8. 18 fr.

FRANCE

LA RÉVOLUTION FRANÇAISE, résumé historique, par *H. Carnot*. In-12. . 3 fr. 50

ETUDES ET LEÇONS SUR LA RÉVOLUTION FRANÇAISE, par *A. Aulard*. 2 vol. in-12. Chacun. . . . . 3 fr. 50

NAPOLÉON ET LA SOCIÉTÉ DE SON TEMPS, par *P. Bondois*. 1 vol. in-8. . . 7 fr. »

HISTOIRE DE DIX ANS, par *Louis Blanc*. 5 vol. in-8. . . . . 25 fr. »

HISTOIRE DE HUIT ANS (1840-1848), par *Elias Regnault*. 3 vol. in-8. . 15 fr. »

HISTOIRE DU SECOND EMPIRE (1848-1870), par *Taxile Delord*. 6 vol. in-8. 42 fr. »

HISTOIRE PARLEM. DE LA SECONDE RÉPUBLIQUE, par *E. Spuller*. 2e éd. 1 v. in-12. 3 fr. 50

HISTOIRE DE LA TROISIÈME RÉPUBLIQUE, par *Edg. Zevort* : I. La présidence de M. Thiers. 1 vol. in-8. . . . . 7 fr. »

II. La présidence du maréchal de Mac-Mahon. 1 vol. in-8. . . . . . 7 fr. »

III et IV terminant l'ouvrage : La présidence de M. Grévy et la présidence de M. Carnot (*sous presse*).

HISTOIRE DES RAPPORTS DE L'ÉGLISE ET DE L'ETAT EN FRANCE, par *A. Debidour*. 1 vol. in-8. . . . . 12 fr.

LES COLONIES FRANÇAISES, par *Paul Gaffarel*. 1 vol. in-8. 5e édition. . . 5 fr. »

L'ALGÉRIE, par *M. Wahl*. 3e édition. 1 vol. in-8. . . . . 5 fr. »

LES CIVILISATIONS TUNISIENNES, par *P. Lapie*. 1 vol. in-12. . . . 3 fr. 50

L'EXPANSION COLONIALE DE LA FRANCE, par *J.-L. de Lanessan*. 1 vol. in-8 avec 19 cartes hors texte. . . . . . 12 fr. »

L'INDO-CHINE FRANÇAISE, par *J.-L. de Lanessan*. 1 vol. in-8 avec 5 cartes en couleurs hors texte. . . . . 15 fr. »

LA COLONISATION FRANÇAISE EN INDO-CHINE, par *J.-L. de Lanessan*, 1895, 1 vol. in-12 avec 1 carte hors texte. . . . 3 fr. 50

L'EMPIRE D'ANNAM ET LE PEUPLE ANNAMITE par *J. Silvestre*. 1 vol. in-12. 3 fr. 50

ANGLETERRE

HISTOIRE DE L'ANGLETERRE, depuis la reine Anne jusqu'à nos jours, par *H. Reynald*, 1 vol. in-12. 2e édition. . . . . 3 fr. 50

LE SOCIALISME EN ANGLETERRE, par *A. Métin* 1 vol. in-12. . . . 3 fr. 50

ALLEMAGNE

HISTOIRE DE LA PRUSSE, depuis la mort de Frédéric II jusqu'à la bataille de Sadowa, par *Eug. Véron*. 1 vol. in-12, 6e éd., revue par *P. Bondois* . . . . . 3 fr. 50

HISTOIRE DE L'ALLEMAGNE, depuis la bataille de Sadowa jusqu'à nos jours, par *Eug. Véron*. 1 vol. in-12. 3e édition revue par *P. Bondois*. . . . . 3 fr 50.

ORIGINES DU SOCIALISME D'ÉTAT EN ALLEMAGNE, par *Ch. Andler*. 1 vol. in-8. 7 fr.

AUTRICHE-HONGRIE

HISTOIRE DE L'AUTRICHE, depuis la mort de Marie-Thérèse jusqu'à nos jours, par *L. Asseline*. 1 vol. in-12. 3ᵉ édition. . 3 fr. 50

LES RACES ET LES NATIONALITÉS EN AUTRICHE-HONGRIE, par *B. Auerbach*. 1 vol. in-8. . . . . 5 fr. »

LES TCHÈQUES ET LA BOHÈME CONTEMPORAINE, par *J. Bourlier*. 1 vol. in-12. 3 fr. 50

ESPAGNE

HISTOIRE DE L'ESPAGNE, depuis la mort de Charles III jusqu'à nos jours, par *H. Reynald*. 1 vol. in-12. . . . . . . 3 fr. 50

RUSSIE

HISTOIRE CONTEMPORAINE DE LA RUSSIE, JUSQU'A LA MORT D'ALEXANDRE II, par *G. Créhange*. 1 vol. in-12. 2ᵉ éd. 3 fr. 50

SUISSE

HISTOIRE DU PEUPLE SUISSE, par *Daendliker*. 1 vol. in-8. . . . . 5 fr. »

AMÉRIQUE

HISTOIRE DE L'AMÉRIQUE DU SUD, depuis sa conquête jusqu'à nos jours, par *Alfred Deberle*. 1 vol. in-12. 3ᵉ édit., revue par *A. Milhaud*. . . . . 3 fr. 50

ITALIE

HISTOIRE DE L'ITALIE, depuis 1815 jusqu'à la mort de Victor-Emmanuel, par *E. Sorin*. 1 vol. in-12. . . . . 3 fr. 50

TURQUIE

LA TURQUIE ET L'HELLÉNISME CONTEMPORAIN, par *V. Bérard*. 1 vol. in-12. 4ᵉ édition . . . . 3 fr. 50

Eug. Despois. LE VANDALISME RÉVOLUTIONNAIRE. Fondations littéraires, scientifiques et artistiques de la Convention. 1 vol. in-12. 5ᵉ édit. . . . . 3 fr. 50

E. de Laveleye. LE SOCIALISME CONTEMPORAIN. 10ᵉ édit. 1 vol. in-12. . . 3 fr. 50

Eug. Spuller. FIGURES DISPARUES. 3 vol. in-12, chacun . . . . 3 fr. 50

— L'ÉDUCATION DE LA DÉMOCRATIE. 1 vol. in-12. . . . . 3 fr. 50

— L'ÉVOLUTION POLITIQUE ET SOCIALE DE L'EGLISE. 1 vol. in-12. . . . . 3 fr. 50

— HOMMES ET CHOSES DE LA RÉVOLUTION. 1 vol. in-12. . . . . 3 fr. 50

Aulard. LE CULTE DE LA RAISON ET DE L'ÊTRE SUPRÊME. 1 vol. in-12. . 3 fr. 50

Hector Depasse. TRANSFORMATIONS SOCIALES. 1 vol. in-12. . . . . . 3 fr. 50

— DU TRAVAIL ET DE SES CONDITIONS. 1 v. in-12. . . . . 3 fr. 50

Eug. d'Eichthal. SOUVERAINETÉ DU PEUPLE ET GOUVERNEMENT. 1 vol. in-12. . 3 fr. 50

G. Isambert. LA VIE A PARIS PENDANT UNE ANNÉE DE LA RÉVOLUTION (1791-1792). 1 vol. in-12 . . . . 3 fr. 50

G. Weill. L'ÉCOLE SAINT-SIMONIENNE. 1 vol. in-12. . . . . 3 fr. 50

A. Lichtenberger. LE SOCIALISME UTOPIQUE. 1 vol. in-12. . . . . 3 fr. 50

P. Matter. LA DISSOLUTION DES ASSEMBLÉES PARLEMENTAIRES. 1 vol. in-8. 5 fr.

ANCIENNE LIBRAIRIE GERMER BAILLIÈRE ET Cie

FÉLIX ALCAN, Éditeur

PHILOSOPHIE — HISTOIRE

CATALOGUE

DES

Livres de Fonds

On peut se procurer tous les ouvrages qui se trouvent dans ce Catalogue par l'intermédiaire des libraires de France et de l'Étranger.

On peut également les recevoir franco par la poste, sans augmentation des prix désignés, en joignant à la demande des TIMBRES-POSTE FRANÇAIS *ou un* MANDAT *sur Paris.*

PARIS

108, BOULEVARD SAINT-GERMAIN, 108

Au coin de la rue Hautefeuille.

FÉVRIER 1898

Les titres précédés d'un *astérisque* sont recommandés par le Ministère de l'Instruction publique pour les Bibliothèques des élèves et des professeurs et pour les distributions de prix des lycées et collèges.

BIBLIOTHÈQUE
DE
PHILOSOPHIE CONTEMPORAINE

Volumes in-12, brochés, à 2 fr. 50.

Cartonnés toile, 3 francs. — En demi-reliure, plats papier, 4 francs.

ALAUX, professeur à la Faculté des lettres d'Alger. **Philosophie de M. Cousin.**

ALLIER (R.). *La Philosophie d'Ernest Renan. 1895.

ARRÉAT (L.). * La Morale dans le drame, l'épopée et le roman. 2e édition.
— *Mémoire et imagination (Peintres, Musiciens, Poètes, Orateurs). 1895.
— Les Croyances de demain. 1898.

AUBER (Ed.). **Philosophie de la médecine.**

BALLET (G.), professeur agrégé à la Faculté de médecine. **Le Langage intérieur** et les diverses formes de l'aphasie, avec figures dans le texte. 2e édit.

BEAUSSIRE, de l'Institut. * **Antécédents de l'hégélianisme dans la philosophie française.**

BERSOT (Ernest), de l'Institut. * **Libre philosophie.**

BERTAULDT. **De la Philosophie sociale.**

BERTRAND (A.), professeur à l'Université de Lyon. **La Psychologie de l'effort** et les doctrines contemporaines.

BINET (A.), directeur du lab. de psych. physiol. de la Sorbonne. **La Psychologie du raisonnement,** expériences par l'hypnotisme. 2e édit.

BOST. **Le Protestantisme libéral.**

BOUGLÉ, agrégé de l'Université. **Les Sciences sociales en Allemagne,** les méthodes actuelles. 1895.

BOUTROUX, professeur à la Sorbonne. * **De la contingence des lois de la nature.** 2e édit. 1896.

BRIDEL (Louis), professeur à la Faculté de droit de Genève. **Le Droit des Femmes** et le Mariage.

CARUS (P.). * **Le Problème de la conscience du moi,** avec gravures, traduit de l'anglais par M. A. Monod.

COIGNET (Mme). **La Morale indépendante.**

CONTA (B.). * **Les Fondements de la métaphysique,** trad. du roumain par D. TESCANU.

COQUEREL Fils (Ath.). **Transformations historiques du christianisme.**
— **Histoire du Credo.**
— **La Conscience et la Foi.**

COSTE (Ad.). * **Les Conditions sociales du bonheur et de la force.** 3e éd.

CRESSON (A.), agrégé de philosophie. **La Morale de Kant.** 1897.

DAURIAC (L.), professeur au lycée Lakanal. **La Psychologie dans l'Opéra français** (Auber, Rossini, Meyerbeer). 1897.

DANVILLE (Gaston). **Psychologie de l'amour.** 1894.

DELBŒUF (J.), prof. à l'Université de Liège. **La Matière brute et la Matière vivante.**

DUGAS, docteur ès lettres. * **Le Psittacisme et la pensée symbolique.** 1896.
— **La Timidité.** 1898.

DUMAS (G.), agrégé de philosophie. *Les états intellectuels dans la Mélancolie. 1894.

DUNAN, docteur ès lettres. **La théorie psychologique de l'Espace.** 1895.

DURKHEIM (Émile), prof. à la Faculté des lettres de Bordeaux. * **Les règles de la méthode sociologique.** 1895.

ESPINAS (A.), professeur à la Sorbonne. * **La Philosophie expérimentale en Italie.**

FAIVRE (E.). **De la Variabilité des espèces.**

Suite de la *Bibliothèque de philosophie contemporaine*, format in-12, à 2 fr. 50 le vol.

FÉRÉ (Ch.). **Sensation et Mouvement.** Étude de psycho-mécanique, avec figures.
— **Dégénérescence et Criminalité**, avec figures. 2ᵉ édit.
FERRI (E.). Les Criminels dans l'Art et la Littérature. 1897.
FIERENS-GEVAERT. Essai sur l'Art contemporain. 1897. (Couronné par l'Académie française.)
FONSEGRIVE, professeur au lycée Buffon. **La Causalité efficiente.** 1893.
FONTANÈS. **Le Christianisme moderne.**
FONVIELLE (W. de). **L'Astronomie moderne.**
FRANCK (Ad.), de l'Institut. * **Philosophie du droit pénal.** 4ᵉ édit.
— **Des Rapports de la Religion et de l'État.** 2ᵉ édit.
— **La Philosophie mystique en France au XVIIIᵉ siècle.**
GAUCKLER. **Le Beau et son histoire.**
GREEF (de). **Les Lois sociologiques.** 2ᵉ édit.
GUYAU. ***La Genèse de l'idée de temps.**
HARTMANN (E. de). **La Religion de l'avenir.** 4ᵉ édit.
— **Le Darwinisme,** ce qu'il y a de vrai et de faux dans cette doctrine. 5ᵉ édit.
HERCKENRATH (C.-R.-C.), professeur au lycée de Groningue. **Problèmes d'Esthétique et de Morale.** 1897.
HERBERT SPENCER. * **Classification des sciences.** 6ᵉ édit.
— **L'Individu contre l'État.** 4ᵉ édit.
JAELL (Mᵐᵉ). *La Musique et la psycho-physiologie. 1895.
JANET (Paul), de l'Institut. * **Le Matérialisme contemporain.** 6ᵉ édit.
— * **Philosophie de la Révolution française.** 5ᵉ édit.
— *Les Origines du socialisme contemporain. 3ᵉ édit. 1896.
— *La Philosophie de Lamennais.
LACHELIER, de l'Institut. Du fondement de l'induction, suivi de **psychologie et métaphysique**. 3ᵉ édit. 1898.
LANESSAN (J.-L. de). La Morale des philosophes chinois. 1896.
LANGE, professeur à l'Université de Copenhague. **Les émotions,** étude psycho-physiologique, traduit par G. DUMAS. 1895.
LAUGEL (Auguste). **L'Optique et les Arts.**
— * **Les Problèmes de la vie.**
— * **Les Problèmes de l'âme.**
— **Problème de la nature.**
LE BLAIS. **Matérialisme et Spiritualisme.**
LEBON (le Dʳ G.). * **Les lois psychologiques de l'évolution des peuples.** 2ᵉ édit. 1895
— *Psychologie des foules. 3ᵉ édit. 1898.
LÉCHALAS. *Étude sur l'espace et le temps. 1895.
LE DANTEC, docteur ès sciences. **Le Déterminisme biologique et la Personnalité consciente.** 1897.
— L'Individualité et l'Erreur individualiste. 1898.
LEFÉVRE, docteur ès lettres. Obligation morale et idéalisme. 1895.
LEOPARDI. Opuscules et Pensées, traduit de l'italien par M. Aug. Dapples.
LEVALLOIS (Jules). **Déisme et Christianisme.**
LIARD, de l'Institut. * **Les Logiciens anglais contemporains.** 3ᵉ édit.
— **Des définitions géométriques et des définitions empiriques.** 2ᵉ édit.
LICHTENBERGER (Henri), professeur adjoint à la Faculté des lettres de Nancy. **La philosophie de Nietzsche.** 1898.
LOMBROSO. L'Anthropologie criminelle et ses récents progrès. 3ᵉ édit. 1896.
— Nouvelles recherches d'anthropologie criminelle et de psychiatrie. 1892.
— Les Applications de l'anthropologie criminelle. 1892.
LUBBOCK (Sir John). * **Le Bonheur de vivre.** 2 volumes. 4ᵉ édit.
— *L'Emploi de la vie. 2ᵉ éd. 1897.
LYON (Georges), maître de conférences à l'École normale. * **La Philosophie de Hobbes.** 1893.
MARIANO. **La Philosophie contemporaine en Italie.**

Suite de la *Bibliothèque de philosophie contemporaine*, format in-12, à 2 fr. 50 le vol.

MARION, professeur à la Sorbonne. *J. Locke, sa vie, son œuvre. 2ᵉ édit.

MAUS (I.), avocat à la Cour d'appel de Bruxelles. De la Justice pénale.

MILHAUD (G), chargé de cours à la Faculté des lettres de Montpellier. **Essai sur les conditions et les limites de la Certitude logique.** 2ᵉ édition. 1898.

— Le Rationnel. 1898.

MOSSO. *La Peur. Étude psycho-physiologique (avec figures). 2ᵉ édit.

— * La fatigue intellectuelle et physique, traduit de l'italien par P. LANGLOIS. 2ᵉ édit. 1896, avec grav.

NORDAU (Max). *Paradoxes psychologiques, trad. DIETRICH. 3ᵉ édit. 1898.

— Paradoxes sociologiques, trad. DIETRICH. 2ᵉ éd. 1898.

— Psycho-physiologie du Génie et du Talent. 2ᵉ édition. 1898.

NOVICOW (J.). L'Avenir de la Race blanche. 1897.

PAULHAN (Fr.). Les Phénomènes affectifs et les lois de leur apparition.

— * Joseph de Maistre et sa philosophie. 1893.

PILLON (F.). La Philosophie de Ch. Secrétan. 1898.

PILO (Mario), prof. au lycée de Bellune. *La psychologie du Beau et de l'Art. 1895.

PIOGER (Dr Julien). Le Monde physique, essai de conception expérimentale. 1893.

QUEYRAT (Fr.), professeur de l'Université. * L'imagination et ses variétés chez l'enfant. 2ᵉ édit. 1896.

— *L'abstraction, son rôle dans l'éducation intellectuelle. 1894.

— Les Caractères et l'éducation morale. 1896.

REGNAUD (P.), professeur à la Faculté des lettres de Lyon. Logique évolutionniste. *L'Entendement dans ses rapports avec le langage.* 1897.

— Comment naissent les mythes. 1897.

RÉMUSAT (Charles de), de l'Académie française. * Philosophie religieuse.

RENARD (Georges), professeur à l'Université de Lausanne. Le régime socialiste, son organisation politique et économique. 1898.

RIBOT (Th.), professeur au Collège de France, directeur de la *Revue philosophique*. La Philosophie de Schopenhauer. 6ᵉ édition.

— * Les Maladies de la mémoire. 11ᵉ édit.

— * Les Maladies de la volonté. 11ᵉ édit.

— * Les Maladies de la personnalité. 6ᵉ édit.

— * La Psychologie de l'attention. 4ᵉ édit.

RICHARD (G.), docteur ès lettres. *Le Socialisme et la Science sociale. 1897.

RICHET (Ch.). Essai de psychologie générale (avec figures). 3ᵉ édit. 1898.

ROBERTY (E. de). L'Inconnaissable, sa métaphysique, sa psychologie.

— L'Agnosticisme. Essai sur quelques théories pessim. de la connaissance. 2ᵉ édit.

— La Recherche de l'Unité. 1 vol. 1893.

— Auguste Comte et Herbert Spencer. 2ᵉ édit.

— * Le Bien et le Mal. 1896.

— Le Psychisme social. 1897.

ROISEL. De la Substance.

— L'Idée spiritualiste. 1897.

SAIGEY. La Physique moderne. 2ᵉ édit.

SAISSET (Émile), de l'Institut. * L'Ame et la Vie.

— * Critique et Histoire de la philosophie (fragm. et disc.).

SCHOEBEL. Philosophie de la raison pure.

SCHOPENHAUER. *Le Libre arbitre, traduit par M. Salomon Reinach. 7ᵉ édit.

— * Le Fondement de la morale, traduit par M. A. Burdeau. 6ᵉ édit.

— Pensées et Fragments, avec intr. par M. J. Bourdeau. 13ᵉ édit.

SELDEN (Camille). La Musique en Allemagne, étude sur Mendelssohn.

SIGHELE. La Foule criminelle, essai de psychologie collective.

STRICKER. Le Langage et la Musique, traduit de l'allemand par M. Schwiedland.

STUART MILL. *Auguste Comte et la Philosophie positive. 4ᵉ édit.

— * L'Utilitarisme. 2ᵉ édit.

TAINE (H.), de l'Académie française. * Philosophie de l'art dans les Pays-Bas. 2ᵉ édit.

F. ALCAN.

Suite de la *Bibliothèque de philosophie contemporaine*, format in-12, à 2 fr. 50 le vol.

TARDE. **La Criminalité comparée.** 4e édition. 1898.
— * **Les Transformations du Droit.** 2e édit. 1894.
THAMIN (R.), prof. à la Faculté des lettres de Lyon. * **Éducation et positivisme.**
 2e éd. 1895. Ouvrage couronné par l'Académie des sciences morales et politiques.
THOMAS (P. Félix), prof. au lycée de Versailles, docteur ès lettres. * **La sugges-
tion,** son rôle dans l'éducation intellectuelle. 1895.
TISSIÉ. * **Les Rêves,** avec préface du professeur Azam. 2e éd. 1898.
VIANNA DE LIMA. **L'Homme selon le transformisme.**
WUNDT. **Hypnotisme et suggestion.** Étude critique, traduit par M. Keller.
ZELLER. **Christian Baur et l'École de Tubingue,** traduit par M. Ritter.
ZIEGLER. **La Question sociale est une Question morale,** traduit par M. Palante.
 2e éd. 1894.

BIBLIOTHÈQUE DE PHILOSOPHIE CONTEMPORAINE
Volumes in-8.

Br. à 5 fr., 7 fr. 50 et 10 fr.; Cart. angl., 1 fr. en plus par vol.; Demi-rel. en plus 2 fr. par vol.

ADAM (Ch.), recteur de l'Académie de Clermont. * **La Philosophie en France**
 (première moitié du XIXe siècle). 7 fr. 50
AGASSIZ.* **De l'Espèce et des Classifications.** 5 fr.
ARRÉAT. * **Psychologie du peintre.** 5 fr.
AUBRY (le Dr P.). **La contagion du meurtre.** 1896. 3e édit. 5 fr.
BAIN (Alex.). **La Logique inductive et déductive.** Traduit de l'anglais par
 M. G. Compayré. 2 vol. 3e édition. 20 fr.
— * **Les Sens et l'Intelligence.** 1 vol. Traduit par M. Cazelles. 3e édit. 10 fr.
— * **Les Émotions et la Volonté.** Trad. par M. Le Monnier. 10 fr.
BALDWIN (Mark), professeur à l'Université de Princeton. **Le Développement men-
tal chez l'enfant et dans la race.** Trad. Nourry, préface de L. Marillier.
 1897. 7 fr. 50
BARNI (Jules). * **La Morale dans la démocratie.** 2e édit. 5 fr.
BARTHÉLEMY-SAINT-HILAIRE, de l'Institut. **La Philosophie dans ses rapports
 avec les sciences et la religion.** 5 fr.
BERGSON (H.), docteur ès lettres. **Matière et mémoire.** Essai sur les relations du
 corps à l'esprit. 1896. 5 fr.
BERTRAND, professeur à l'Université de Lyon. **L'Enseignement intégral.**
 1898. 5 fr.
BOIRAC (Émile), professeur à la Faculté de lettres de Dijon. * **L'idée du Phéno-
mène.** 1894. 5 fr.
BOURDEAU (L.). **Le Problème de la mort,** ses solutions imaginaires et la science
 positive. 2e édition. 1896. 5 fr.
BOURDON, professeur à l'Université de Rennes. * **L'expression des émotions et
 des tendances dans le langage.** 1892. 7 fr. 50
BOUTROUX (Em.), professeur à la Faculté des lettres de Paris. **Etudes d'histoire
 de la philosophie.** 1898. 7 fr. 50
BROCHARD (V.), professeur à la Sorbonne. **De l'Erreur.** 1 vol. 2e édit. 1897. 5 fr.
BRUNSCHWICG (E.), agrégé de philosophie, docteur ès lettres. * **Spinoza.**
 1894. 3 fr. 75
— **La modalité du jugement.** 5 fr.
CARRAU (Ludovic), professeur à la Sorbonne. **La Philosophie religieuse en
 Angleterre,** depuis Locke jusqu'à nos jours. 5 fr.
CHABOT (Ch.), docteur ès lettres. **Nature et Moralité.** 1897. 5 fr.
CLAY (R.). * **L'Alternative,** *Contribution à la psychologie.* 2e édit. Trad. Bur-
deau. 10 fr.
COLLINS (Howard). * **La Philosophie de Herbert Spencer,** avec préface de
 M. Herbert Spencer, traduit par H. de Varigny. 2e édit. 1895. 10 fr.
COMTE (Aug.). **La Sociologie,** résumé par E. Rigolage. 1897. 7 fr. 50

Suite de la *Bibliothèque de philosophie contemporaine*, format in-8.

CONTA (B.). **Théorie de l'ondulation universelle.** Traduction du roumain et notice biographique par D. ROSETTI TESCANU, préface de Louis BUCHNER. 1894. 3 fr. 75

CRÉPIEUX-JAMIN. **L'Écriture et le Caractère.** 4e édit. 1897.   7 fr. 50

DEWAULE, docteur ès lettres. *** Condillac et la Psychologie anglaise contemporaine.** 1892.   5 fr.

DUPROIX (P.), professeur à l'Université de Genève. *** Kant et Fichte et le problème de l'éducation.** 1897. (Ouvrage couronné par l'Académie française.)   5 fr.

DURKHEIM, professeur à la Faculté des lettres de Bordeaux. *** De la division du travail social.** 1893.   7 fr. 50

— Le Suicide, *étude sociologique.* 1897.   7 fr. 50

FERRERO (G.). **Les lois psychologiques du symbolisme.** 1895.   5 fr.

FERRI (Louis), professeur à l'Université de Rome. **La Psychologie de l'association**, depuis Hobbes jusqu'à nos jours.   7 fr. 50

FLINT, professeur à l'Université d'Edimbourg. *** La Philosophie de l'histoire en Allemagne.**   7 fr. 50

FONSEGRIVE, professeur au lycée Buffon. *** Essai sur le libre arbitre.** Ouvrage couronné par l'Académie des sciences morales et politiques. 2e éd. 1895.   10 fr.

FOUILLÉE (Alf.), de l'Institut. *** La Liberté et le Déterminisme.** 1 vol. 2e édit.   7 fr. 50

— **Critique des systèmes de morale contemporains.** 2e édit.   7 fr. 50

— *** La Morale, l'Art, la Religion,** d'après GUYAU. 2e édit.   3 fr. 75

— **L'Avenir de la Métaphysique fondée sur l'expérience.**   5 fr.

— *** L'Évolutionnisme des idées-forces.**   7 fr. 50

— *** La Psychologie des idées-forces.** 2 vol. 1893.   15 fr.

— *** Tempérament et caractère,** suivant les individus, les sexes et les races. 1895.   7 fr. 50

— Le Mouvement positiviste et la conception sociologique du monde. 1896.   7 fr. 50

— Le Mouvement idéaliste et la réaction contre la science positive. 1896.   7 fr. 50

FRANCK (A.), de l'Institut. **Philosophie du droit civil.**   5 fr.

FULLIQUET. **Essai sur l'Obligation morale.** 1898.   7 fr. 50

GAROFALO, agrégé de l'Université de Naples. **La Criminologie,** 4e édit.   7 fr. 50

— **La superstition socialiste.** 1895.   5 fr.

GODFERNAUX (A.), docteur ès lettres. *** Le sentiment et la pensée et leurs principaux aspects physiologiques.** 1894.   5 fr.

GORY (G.), docteur ès lettres. **L'Immanence de la raison dans la connaissance sensible.** 1896.   5 fr.

GREEF (de), prof. à la nouvelle Université libre de Bruxelles. **Le transformisme social.** Essai sur le progrès et le regrès des sociétés. 1895.   7 fr. 50

GURNEY, MYERS et PODMORE. **Les Hallucinations télépathiques,** traduit et abrégé des « *Phantasms of The Living* » par L. MARILLIER, préf. de CH. RICHET. 2e éd.   7 fr. 50

GUYAU (M.). *** La Morale anglaise contemporaine.** 4e édit.   7 fr. 50

— **Les Problèmes de l'esthétique contemporaine.**   5 fr.

— **Esquisse d'une morale sans obligation ni sanction.** 3e édit.   5 fr.

— **L'Irréligion de l'avenir,** étude de sociologie. 5e édit.   7 fr. 50

— *** L'Art au point de vue sociologique.**   7 fr. 50

— *** Hérédité et Education,** étude sociologique. 3e édit.   5 fr.

HERBERT SPENCER. *** Les Premiers principes.** Traduc. Cazelles. 8e éd.   10 fr.

— *** Principes de biologie.** Traduit par M. Cazelles. 4e édit. 2 vol.   20 fr.

— *** Principes de psychologie.** Trad. par MM. Ribot et Espinas. 2 vol.   20 fr.

— *** Principes de sociologie.** 4 vol., traduits par MM. Cazelles et Gerschel : Tome I. 10 fr. — Tome II. 7 fr. 50. — Tome III. 15 fr. — Tome IV.   3 fr. 75

— *** Essais sur le progrès.** Traduit par M. A. Burdeau. 5e édit.   7 fr. 50

— **Essais de politique.** Traduit par M. A. Burdeau. 3e édit.   7 fr. 50

— **Essais scientifiques.** Traduit par M. A. Burdeau. 2e édit.   7 fr. 50

— *** De l'Education physique, intellectuelle et morale.** 10e édit.   5 fr.

(Voy. p. 3, 20 et 21.)

F. ALCAN.

Suite de la *Bibliothèque de philosophie contemporaine*, format in-8.

HIRTH (G.). *Physiologie de l'Art. Trad. et introd. de M. L. Arréat.   5 fr.

HUXLEY, de la Société royale de Londres. * Hume, sa vie, sa philosophie. Traduit de l'anglais et précédé d'une introduction par M. G. COMPAYRÉ.   5 fr.

IZOULET (J.), professeur au Collège de France. * La Cité moderne, métaphysique de la sociologie. 4e édit. 1897.   10 fr.

JANET (Paul), de l'Institut. * Les Causes finales. 3e édit.   10 fr.

— * Histoire de la science politique dans ses rapports avec la morale. 2 forts vol. 3e édit., revue, remaniée et considérablement augmentée.   20 fr.

— * Victor Cousin et son œuvre. 3e édition.   7 fr. 50

JANET (Pierre), professeur au lycée Condorcet. * L'Automatisme psychologique, essai sur les formes inférieures de l'activité mentale. 2e édit. 1894.   7 fr. 50

LANG (A.). * Mythes, Cultes et Religion. Traduit par MM. MARILLIER et DURR, introduction de MARILLIER. 1896.   10 fr.

LAVELEYE (de), correspondant de l'Institut. * De la Propriété et de ses formes primitives. 4e édit. revue et augmentée.   10 fr.

— * Le Gouvernement dans la démocratie. 2 vol. 3e édit. 1896.   15 fr.

LÉVY-BRUHL, docteur ès lettres. * La Philosophie de Jacobi. 1894.   5 fr.

LIARD, de l'Institut. * Descartes.   5 fr.

— * La Science positive et la Métaphysique. 2e édit.   7 fr. 50

LOMBROSO. * L'Homme criminel (criminel-né, fou-moral, épileptique), précédé d'une préface de M. le docteur LETOURNEAU. 3e éd. 2 vol. et atlas. 1895.   36 fr.

LOMBROSO ET FERRERO. La Femme criminelle et la prostituée. Avec planches hors texte. 1896.   15 fr.

LOMBROSO et LASCHI. Le Crime politique et les Révolutions. 2 vol. avec 13 planches hors texte.   15 fr.

LYON (Georges), maître de conférences à l'École normale supérieure. * L'Idéalisme en Angleterre au XVIIIe siècle.   7 fr. 50

MALAPERT (P.), docteur ès lettres. Les Eléments du caractère et leurs lois de combinaison. 1897.   5 fr.

MARION (H.), professeur à la Sorbonne. * De la Solidarité morale. Essai de psychologie appliquée. 5e édit. 1895.   5 fr.

MARTIN (Fr.), docteur ès lettres. La perception extérieure et la science positive, essai de philosophie des sciences. 1894.   5 fr.

MATTHEW ARNOLD. La Crise religieuse.   7 fr. 50

MAUDSLEY. *La Pathologie de l'esprit. Trad. de l'ang. par M. Germont.   10 fr.

NAVILLE (E.), correspond. de l'Institut. La physique moderne. 2e édit.   5 fr.

— * La Logique de l'hypothèse. 2e édit.   5 fr.

— * La définition de la philosophie. 1894.   5 fr.

NORDAU (Max). * Dégénérescence, traduit de l'allemand par Aug. Dietrich. 4e éd. 1896. 2 vol. Tome I. 7 fr. 50. Tome II.   10 fr.

— Les Mensonges conventionnels de notre civilisation, trad. DIETRICH. Nouvelle édition. 1897.   5 fr.

NOVICOW. Les Luttes entre Sociétés humaines et leurs phases successives. 1893.   10 fr.

— * Les gaspillages des sociétés modernes. 1894.   5 fr.

OLDENBERG, professeur à l'Université de Kiel. * Le Bouddha, sa Vie, sa Doctrine, sa Communauté, trad. par P. Foucher. Préf. de Lucien Lévy. 1894.   7 fr. 50

PAULHAN (Fr.). L'Activité mentale et les Éléments de l'esprit.   10 fr.

— Les types intellectuels : esprits logiques et esprits faux. 1896.   7 fr. 50

PAYOT (J.), inspecteur d'Académie, docteur ès lettres. * L'Éducation de la volonté. 7e édit. 1898.   5 fr.

— De la croyance. 1896.   5 fr.

PÉREZ (Bernard). Les Trois premières années de l'enfant. 5e édit.   5 fr.

— L'Enfant de trois à sept ans. 3e édit.   5 fr.

— L'Éducation morale dès le berceau. 3e édit. 1896.   5 fr.

— * L'éducation intellectuelle dès le berceau. 1896.   5 fr.

PIAT (l'abbé C.), docteur ès lettres. La Personne humaine. 1898.   7 fr. 50

Suite de la *Bibliothèque de philosophie contemporaine*, format in-8.

PICAVET (E.), maître de conférences à l'École des hautes études. *** Les Idéologues**, essai sur l'histoire des idées, des théories scientifiques, philosophiques, religieuses, etc., en France, depuis 1789. (Ouvr. couronné par l'Académie française.)   10 fr.

PIDERIT. **La Mimique et la Physiognomonie.** Trad. de l'allemand par M. Girot. Avec 95 figures dans le texte.   5 fr.

PILLON (F.), ***L'Année philosophique**, 7 années : 1890, 1891, 1892, 1893, 1894, 1895 et 1896. 7 vol. Chaque vol. séparément.   5 fr.

PIOGER (J.). **La Vie et la Pensée**, essai de conception expérimentale. 1894.   5 fr.

— **La vie sociale, la morale et le progrès.** 1894.   5 fr.

PREYER, prof. à l'Université de Berlin. **Éléments de physiologie.**   5 fr.

— ***L'Ame de l'enfant.** Développement psychique des premières années.   10 fr.

PROAL. ***Le Crime et la Peine.** 2ᵉ édit. 1894. (Ouvrage couronné par l'Académie des sciences morales et politiques.)   10 fr.

— ***La criminalité politique.** 1895.   5 fr.

RIBOT (Th.), prof. au Collège de France, dir. de la *Revue philosophique*. ***L'Hérédité psychologique.** 5ᵉ édit.   7 fr. 50

— *** La Psychologie anglaise contemporaine.** 3ᵉ édit.   7 fr. 50

— *** La Psychologie allemande contemporaine.** 2ᵉ édit.   7 fr. 5

— **La psychologie des sentiments.** 2ᵉ édit. 1897.   7 fr. 5

— **L'Evolution des idées générales.** 1897.   5 fr.

RICARDOU (A.), docteur ès lettres. ***De l'Idéal**, étude philosophique. (Ouvrag couronné par l'Institut.)   5 fr

RICHET (Ch.), professeur à la Faculté de médecine de Paris. **L'Homme et l'Intelligence.** Fragments de psychologie et de physiologie. 2ᵉ édit.   10 fr.

ROBERTY (E. de). **L'Ancienne et la Nouvelle philosophie.**   7 fr. 5

— ***La Philosophie du siècle** (positivisme, criticisme, évolutionnisme).   5 fr

ROMANES. ***L'Evolution mentale chez l'homme.**   7 fr. 5

SAIGEY (E.). ***Les Sciences au XVIIIᵉ siècle.** La Physique de Voltaire.   5 fr

SCHOPENHAUER. **Aphorismes sur la sagesse dans la vie.** 6ᵉ édit. Traduit pa M. Cantacuzène.   5 fr

— ***De la Quadruple racine du principe de la raison suffisante**, suivi d'un *Histoire de la doctrine de l'idéal et du réel.* Trad. par M. Cantacuzène.   5 fr

— *** Le Monde comme volonté et comme représentation.** Traduit par M. A. Burdeau. 2ᵉ éd. 3 vol. Chacun séparément.   7 fr. 5

SÉAILLES (G.), maître de conférences à la Sorbonne. **Essai sur le génie dan l'art.** 2ᵉ édit. 1897.   5 fr

SERGI, professeur à l'Université de Rome. **La Psychologie physiologique**, tradui de l'italien par M. Mouton. Avec figures.   7 fr. 5

SOLLIER (Dʳ P.). ***Psychologie de l'idiot et de l'imbécile.**   5 fr

SOURIAU (Paul), professeur à l'Université de Nancy. **L'Esthétique du mouvement.**   5 fr

— *** La suggestion dans l'art.**   5 fr

STUART MILL. *** Mes Mémoires.** Histoire de ma vie et de mes idée 3ᵉ édit.   5 fr

— *** Système de logique déductive et inductive.** 4ᵉ édit. 2 vol.   20 fr

— *** Essais sur la religion.** 2ᵉ édit.   5 fr

SULLY (James). **Le Pessimisme.** Trad. Bertrand. 2ᵉ édit.   7 fr. 5

— **Études sur l'enfance.** Trad. A. Monod, préface de G. Compayré. 1898.   10 fr

TARDE (G.). ***La logique sociale.** 2ᵉ édit. 1898.   7 fr. 5

— ***Les lois de l'imitation.** 2ᵉ édit. 1895.   7 fr. 5

— **L'Opposition universelle.** *Essai d'une théorie des contraires.* 1897.   7 fr.

THOUVEREZ (Émile), docteur ès lettres. **Le Réalisme métaphysique.** 1894. Co ronné par l'Institut.   5 f

VACHEROT (Et.), de l'Institut. ***Essais de philosophie critique.**   7 fr.

— **La Religion.**   7 fr.

WUNDT. **Éléments de psychologie physiologique.** 2 vol. avec figures.   20 f

COLLECTION HISTORIQUE DES GRANDS PHILOSOPHES

PHILOSOPHIE ANCIENNE

ARISTOTE (Œuvres d'), traduction de J. BARTHÉLEMY-SAINT-HILAIRE, de l'Institut.
— *Rhétorique. 2 vol. in-8. 16 fr.
— *Politique. 1 v. in-8... 10 fr.
— La Métaphysique d'Aristote. 3 vol. in-8. .... 30 fr.
— De la Logique d'Aristote, par M. BARTHÉLEMY-SAINT-HILAIRE. 2 vol. in-8 .... 10 fr.
— Table alphabétique des matières de la traduction générale d'Aristote, par M. BARTHÉLEMY-SAINT-HILAIRE, 2 forts vol. in-8. 1892 .... 30 fr.
— L'Esthétique d'Aristote, par M. BÉNARD. 1 vol. in-8. 1889. 5 fr.
SOCRATE. * La Philosophie de Socrate, par Alf. FOUILLÉE. 2 vol. in-8 .... 16 fr.
— Le Procès de Socrate, par G. SOREL. 1 vol. in-8 ...... 3 fr. 50
PLATON. Études sur la Dialectique dans Platon et dans Hegel, par Paul JANET. 1 vol. in-8. 6 fr.
— *Platon, sa philosophie, sa vie et de ses œuvres, par CH. BÉNARD. 1 vol. in-8. 1893 .... 10 fr.
— La Théorie platonicienne des Sciences, par ÉLIE HALÉVY. In-8. 1895. .... 5 fr.
PLATON. Œuvres, traduction VICTOR COUSIN revue par J. BARTHÉLEMY-SAINT-HILAIRE : Socrate et Platon ou le Platonisme — Eutyphron — Apo-

logie de Socrate — Criton — Phédon. 1 vol. in-8. 1896. 7 fr. 50
ÉPICURE. * La Morale d'Épicure et ses rapports avec les doctrines contemporaines, par M. GUYAU. 1 volume in-8. 3e édit...... 7 fr. 50
BÉNARD. La Philosophie ancienne, histoire de ses systèmes. 1re partie : *La Philosophie et la Sagesse orientales. — La Philosophie grecque avant Socrate. — Socrate et les socratiques. — Etudes sur les sophistes grecs.* 1 v. in-8 ...... 9 fr.
FABRE (Joseph). * Histoire de la philosophie, antiquité et moyen âge. 1 vol. in-18. .... 3 fr. 50
FAVRE (Mme Jules), née VELTEN. La Morale des stoïciens. 1 volume in-18 .... 3 fr. 50
— La Morale de Socrate. 1 vol. in-18 .... 3 fr. 50
— La Morale d'Aristote. 1 vol. in-18 .... 3 fr. 50
OGEREAU. Système philosophique des stoïciens. In-8 ..... 5 fr.
RODIER (G.). * La Physique de Straton de Lampsaque. In-8. 3 fr.
TANNERY (Paul), Pour l'histoire de la science hellène (de Thalès à Empédocle). 1 v. in-8. 1887 .... 7 fr. 50
MILHAUD (G.). * Les origines de la science grecque. 1 vol. in-8. 1893 .... 5 fr.

PHILOSOPHIE MODERNE

* DESCARTES, par L. LIARD. 1 vol. in-8 .... 5 fr.
— Essai sur l'Esthétique de Descartes, par E. KRANTZ. 1 vol. in-8. 2e éd. 1897 .... 6 fr.
SPINOZA. Benedicti de Spinoza opera, quotquot reperta sunt, recognoverunt J. Van Vloten et J.-P.-N. Land. 2 forts vol. in-8 sur papier de Hollande. .... 45 fr.
Le même en 3 volumes élégamment reliés. .... 18 fr.
— Inventaire des livres formant sa bibliothèque, publié d'après un document inédit avec des notes biographiques et bibliographi-

ques et une introduction par A.-J. SERVAAS VAN ROOIJEN. 1 v. in-4 sur papier de Hollande. .... 15 fr.
GEULINCK (Arnoldi). Opera philosophica recognovit J.-P.-N. LAND, 3 volumes, sur papier de Hollande, gr. in-8. Chaque vol... 17 fr. 75
GASSENDI. La Philosophie de Gassendi, par P.-F. THOMAS. In-8. 1889 .... 6 fr.
LOCKE. * Sa vie et ses œuvres, par MARION. In-18. 3e éd... 2 fr. 50
MALEBRANCHE. * La Philosophie de Malebranche, par OLLÉ-LAPRUNE, de l'Institut. 2 volumes. in-8 .... 16 fr.

PASCAL. **Études sur le scepticisme de Pascal**, par DROZ. 1 vol. in-8............ 6 fr.

VOLTAIRE. **Les Sciences au XVIII⁰ siècle**. Voltaire physicien. par Em. SAIGEY. 1 vol. in-8. 5 fr.

FRANCK (Ad.), de l'Institut. **La Philosophie mystique en France au XVIII⁰ siècle**. 1 volume in-18............... 2 fr. 50

DAMIRON. **Mémoires pour servir à l'histoire de la philosophie au XVIII⁰ siècle**. 3 vol. in-8. 15 fr.

J.-J. ROUSSEAU. **Du Contrat social**, édition comprenant avec le texte définitif les versions primitives de l'ouvrage d'après les manuscrits de Genève et de Neuchâtel, avec introduction, par EDMOND DREYFUS-BRISAC. 1 fort volume grand in-8. 12 fr.

PHILOSOPHIE ÉCOSSAISE

DUGALD STEWART. *** Éléments de la philosophie de l'esprit humain**. 3 vol. in-12..... 9 fr.

HUME. *** Sa vie et sa philosophie**, par Th. HUXLEY. 1 vol. in-8. 5 fr.

BACON. **Étude sur François Bacon**, par J. BARTHÉLEMY-SAINT-HILAIRE. In-18........ 2 fr. 50

BACON. *** Philosophie de François Bacon**, par CH. ADAM. (Couronné par l'Institut). In-8..... 7 fr. 50

BERKELEY. **Œuvres choisies**. *Essai d'une nouvelle théorie de la vision. Dialogues d'Hylas et de Philonoüs.* Traduit de l'anglais par MM. BEAULAVON (G.) et PARODI (D.) In-8. 1895............. 5 fr.

PHILOSOPHIE ALLEMANDE

KANT. **La Critique de la raison pratique**, traduction nouvelle avec introduction et notes, par M. PICAVET. 1 vol. in-8. .... 6 fr.

— **Éclaircissements sur la Critique de la raison pure**, trad. TISSOT. 1 vol. in-8....... 6 fr.

— *** Principes métaphysiques de la morale**, et *Fondements de la métaphysique des mœurs*, traduct. TISSOT. In-8............ 8 fr.

— **Doctrine de la vertu**, traduction BARNI. 1 vol. in-8........ 8 fr.

— *** La Logique**, traduct. TISSOT. 1 vol. in-8............ 4 fr.

— *** Mélanges de logique**, traduction TISSOT. 1 v. in-8..... 6 fr.

— *** Prolégomènes à toute métaphysique future** qui se présentera comme science, traduction TISSOT. 1 vol. in-8........ 6 fr.

— *** Anthropologie**, suivie de divers fragments relatifs aux rapports du physique et du moral de l'homme, et du commerce des esprits d'un monde à l'autre, traduction TISSOT. 1 vol. in-8....... 6 fr.

— **Traité de pédagogie**, trad. J. BARNI; préface et notes par M. Raymond THAMIN. 1 vol. in-12. 1 fr. 50

KANT et FICHTE et **le problème de l'éducation** par PAUL DUPROIX. 1 vol. in-8. 1897....... 5 fr.

SCHELLING. **Bruno, ou du principe divin**. 1 vol. in-8....... 3 fr. 50

HEGEL. *** Logique**. 2 vol. in-8. 14 fr.

— *** Philosophie de la nature**. 3 vol. in-8............ 25 fr.

— *** Philosophie de l'esprit**. 2 vol. in-8............... 18 fr.

— *** Philosophie de la religion**. 2 vol. in-8............ 20 fr.

— **La Poétique**, trad. par M. Ch. BÉNARD. Extraits de Schiller, Gœthe, Jean-Paul, etc., 2 v. in-8. 12 fr.

— **Esthétique**. 2 vol. in-8, trad. BÉNARD................ 16 fr.

— **Antécédents de l'hégélianisme dans la philosophie française**, par E. BEAUSSIRE. 1 vol. in-18........... 2 fr. 50

— **Introduction à la philosophie de Hegel**, par VÉRA. 1 vol. in-8, 2ᵉ édit............. 6 fr. 50

— **La logique de Hegel**, par EUG. NOEL. In-8. 1897........ 3 fr.

HERBART. **Principa'es œuvres pédagogiques**, trad. A. PINLOCHE. In-8. 1894.......... 7 fr. 50

HUMBOLDT (G. de). **Essai sur les limites de l'action de l'État**. in-8................. 3 fr. 50

MAUXION (M.). **La métaphysique de Herbart et la critique de Kant**. 1 vol. in-8..... 7 fr. 50

RICHTER (Jean-Paul-Fr.). **Poétique ou Introduction à l'Esthétique**. 2 vol. in-8. 1862...... 15 fr.

SCHILLER. **Son esthétique**, par FR. MONTARGIS. In-8..... 4 fr.

PHILOSOPHIE ANGLAISE CONTEMPORAINE

(Voir *Bibliothèque de philosophie contemporaine*, pages 2 et 5.)

ARNOLD (Matt.). — BAIN (Alex). — CARRAU (Lud.). — CLAY (R.). — COLLINS (H.). — CARUS. — FERRI (L.). — FLINT. — GUYAU. — GURNEY, MYERS et PODMOR. — HERBERT-SPENCER. — HUXLEY. — LIARD. — LANG. — LUBBOCK (Sir John). — LYON (Georges). — MARION. — MAUDSLEY. — STUART-MILL (JOHN). — ROMANES. — SULLY (James).

PHILOSOPHIE ALLEMANDE CONTEMPORAINE

(Voir *Bibliothèque de philosophie contemporaine*, pages 2 et 5.)

BOUGLÉ — HARTMANN (E. de). — NORDAU (Max). — NIETZSCHE. — OLDENBERG. — PIDERIT. — PREYER. — RIBOT (Th.). — SCHMIDT (O.). — SCHŒBEL. — SCHOPENHAUER. — SELDEN (C.). — STRICKER. — WUNDT. — ZELLER. — ZIEGLER.

PHILOSOPHIE ITALIENNE CONTEMPORAINE

(Voir *Bibliothèque de philosophie contemporaine*, pages 2 et 5.)

ESPINAS. — FERRERO. — FERRI (Enrico). — FERRI (L.). — GAROFALO. — LÉOPARDI. — LOMBROSO. — LOMBROSO et FERRERO. — LOMBROSO et LASCHI. — MARIANO. — MOSSO. — PILO (Marco). — SERGI. — SIGHELE.

LES GRANDS PHILOSOPHES
Publié sous la direction de M. l'Abbé PIAT

Sous ce titre, M. L'ABBÉ PIAT, agrégé de philosophie, docteur ès lettres, professeur à l'Ecole des Carmes, va publier, avec la collaboration de savants et de philosophes connus, une série d'études consacrées aux grands philosophes : *Socrate, Platon, Aristote, Philon, Plotin et Saint Augustin; Saint Anselme, Saint Bonaventure, Saint Thomas d'Aquin et Dunsscot, Malebranche, Pascal, Spinoza, Leibniz, Kant, Hégel, Herbert Spencer*, etc.

Chaque étude formera un volume in-8° carré de 300 pages environ, du prix de 5 francs.

PARAITRONT DANS LE COURANT DES ANNÉES 1898 ET 1899 :

Aristote, par M. OLLÉ-LAPRUNE, membre de l'Institut, maître de conférences à l'Ecole normale supérieure.

Saint Anselme, par M. DOMET DE VORGES, ancien ministre plénipotentiaire.

Socrate — Saint Augustin, par M. l'abbé PIAT.

Descartes, par M. le baron Denys COCHIN, député de Paris.

Saint Thomas d'Aquin, par Msr MERCIER, directeur de l'Institut supérieur de philosophie de l'Université de Louvain, et par M. DE WULF, professeur au même Institut.

Malebranche, par M. Henri JOLY, ancien doyen de la Faculté des lettres de Dijon.

Saint Bonaventure, par Mgr DADOLLE, recteur des Facultés libres de Lyon.

Maine de Biran, par M. Marius COUAILHAC.

BIBLIOTHÈQUE GÉNÉRALE

DES

SCIENCES SOCIALES

SECRÉTAIRE DE LA RÉDACTION :

DICK MAY, Secrétaire général du Collège libre des Sciences sociales.

L'éditeur de la *Bibliothèque de philosophie contemporaine* a toujours réservé dans cette collection une place à la science sociale : les rapports de celle-ci avec la psychologie des peuples et avec la morale justifient ce classement et, à ces titres divers, elle intéresse les philosophes.

Mais, depuis plusieurs années, le cercle des études sociales s'est élargi : elles sont sorties du domaine de l'observation pour entrer dans celui des applications pratiques et de l'histoire, qui s'adressent à un plus nombreux public.

Aussi ont-elles pris leur place dans le haut enseignement; elles ont leurs représentants dans les Facultés des lettres et de droit, au Collège de France, à l'École libre des sciences politiques. La récente fondation du *Collège libre des sciences sociales* a montré la diversité et l'utilité des questions qui font partie de leur domaine; les nombreux auditeurs qui en suivent les cours et conférences prouvent par leur présence que cette nouvelle institution répond à un besoin de curiosité générale.

C'est pour répondre à ce même besoin que l'éditeur de la *Bibliothèque de philosophie contemporaine* fonde la *Bibliothèque générale des sciences sociales*. Les premiers volumes de cette *Bibliothèque* seront la reproduction des leçons professées dans ces deux dernières années au Collège libre. La collaboration de son distingué secrétaire général assure à la *Bibliothèque* la continuation du concours de ses professeurs et conférenciers.

La *Bibliothèque générale des sciences sociales* sera d'ailleurs ouverte à tous les travaux intéressants, quelles que soient les opinions des sociologues qui leur apporteront leur concours, et l'école à laquelle ils appartiendront.

Les volumes, dont les titres suivent, seront publiés dans le courant de l'année 1898, les trois premiers devant paraître aux mois de mars et avril prochains :

L'individualisation de la peine, par M. SALEILLES, professeur agrégé à la Faculté de droit de l'Université de Paris.

La méthode historique appliquée aux sciences sociales, par M. Charles SEIGNOBOS, maître de conférences à la Faculté des lettres de l'Université de Paris.

La formation de la démocratie socialiste en France, par M. Albert MÉTIN, agrégé de l'Université.

Le mouvement social catholique depuis l'encyclique *Rerum novarum*, par M. Max TURMANN.

La méthode géographique appliquée aux sciences sociales, par M. Jean BRUNHES, professeur à l'Université de Fribourg (Suisse).

Théorie des enquêtes, par M. P. DU MAROUSSAN, docteur en droit.

Esquisse d'une sociologie, par M. J. TARDE, chef de la statistique au Ministère de la Justice.

Les Bourses, par M. THALLER, professeur à la Faculté de droit de l'Université de Paris.

La décomposition du Marxisme, par M. Ch. ANDLER, maître de conférences à l'École normale supérieure.

La statique sociale, par le Dr DELBET, député, directeur du Collège libre des sciences sociales.

Chaque volume in-8° carré de 300 pages environ, cartonné à l'anglaise..... **6 fr.**

BIBLIOTHÈQUE
D'HISTOIRE CONTEMPORAINE

Volumes in-12 brochés à 3 fr. 50. — Volumes in-8 brochés de divers prix

Cartonnage anglais, 50 cent. par vol. in-12; 1 fr. par vol. in-8.

Demi-reliure, 1 fr. 50 par vol. in-12; 2 fr. par vol. in-8.

EUROPE

SYBEL (H. de). * Histoire de l'Europe pendant la Révolution française, traduit de l'allemand par Mlle DOSQUET. Ouvrage complet en 6 vol. in-8. 42 fr.

DEBIDOUR, inspecteur général de l'Instruction publique. * Histoire diplomatique de l'Europe, de 1815 à 1878. 2 vol. in-8. (Ouvrage couronné par l'Institut.)   18 fr.

FRANCE

AULARD, professeur à la Sorbonne. * Le Culte de la Raison et le Culte de l'Être suprême, étude historique (1793-1794). 1 vol. in-12.   3 fr. 50
— * Études et leçons sur la Révolution française. 2 vol. in-12. Chacun.   3 fr. 50

DESPOIS (Eug.). * Le Vandalisme révolutionnaire. Fondations littéraires, scientifiques et artistiques de la Convention. 4e édition, précédée d'une notice sur l'auteur par M. Charles BIGOT. 1 vol. in-12.   3 fr. 50

DEBIDOUR, inspecteur général de l'instruction publique. Histoire des rapports de l'Église et de l'État en France (1789-1870). 1 fort vol. in-8. 1898.   12 fr.

ISAMBERT (G.). * La vie à Paris pendant une année de la Révolution (1791-1792). 1 vol. in-12. 1896.   3 fr. 50

MARCELLIN PELLET, ancien député. Variétés révolutionnaires. 3 vol. in-12, précédés d'une préface de A. RANC. Chaque vol. séparém. 3 fr. 50

BONDOIS (P.), agrégé de l'Université. * Napoléon et la société de son temps (1793-1821). 1 vol. in-8.   7 fr.

CARNOT (H.), sénateur. * La Révolution française, résumé historique. 1 volume in-12. Nouvelle édit.   3 fr. 50

BLANC (Louis). * Histoire de Dix ans (1830-1840). 5 vol. in-8.   25 fr.
— 25 pl. en taille-douce. Illustrations pour l'*Histoire de Dix ans*.   6 fr.

ÉLIAS REGNAULT. Histoire de Huit ans (1840-1848). 3 vol. in-8.   15 fr.
— 14 planches en taille-douce. Illustrations pour l'*Histoire de Huit ans*.   4 fr.

GAFFAREL (P.), professeur à l'Université de Dijon. * Les Colonies françaises. 1 vol. in-8. 5e édit.   5 fr.

LAUGEL (A.). * La France politique et sociale. 1 vol. in-8.   5 fr.

ROCHAU (de). Histoire de la Restauration. 1 vol. in-12.   3 fr. 50

SPULLER (E.), sénateur, ancien ministre de l'Instruction publique. * Figures disparues, portraits contemporains, littéraires et politiques. 3 vol. in-12. Chacun séparément.   3 fr. 50
— Histoire parlementaire de la deuxième République. 1 volume in-12. 2e édit.   3 fr 50
— Hommes et choses de la Révolution. 1 vol. in-12. 1896.   3 fr. 50

TAXILE DELORD. * Histoire du second Empire (1848-1870). 6 v. in-8. 42 fr.

ZEVORT (E.), recteur de l'Académie de Caen. Histoire de la troisième République :
    Tome I. * La présidence de M. Thiers 1 vol. in-8. 1896.   7 fr.
    Tome II. * La présidence du Maréchal. 1 vol. in-8. 1897.   7 fr.
    Tome III. La présidence de M. Grévy. 1 vol. in-8 (*sous presse*).

WAHL, inspecteur général honoraire de l'Instruction aux colonies. *** L'Algérie.**
1 vol. in-8. 3ᵉ édit. refondue. (Ouvrage couronné par l'Institut.)   5 fr.

LANESSAN (de). **L'Expansion coloniale de la France.** Étude économique,
politique et géographique sur les établissements français d'outre-mer.
1 fort vol. in-8, avec cartes. 1886.   **12 fr.**

— *** L'Indo-Chine française.** Étude économique, politique et administrative
sur *la Cochinchine, le Cambodge, l'Annam et le Tonkin.* (Ouvrage couronné par la Société de géographie commerciale de Paris, médaille Du-
pleix.) 1 vol. in-8, avec 5 cartes en couleurs hors texte.   15 fr.

— *** La colonisation française en Indo-Chine.** 1 vol. in-12, avec une
carte de l'Indo-Chine. 1895.   3 fr. 50

LAPIE (P.), agrégé de l'Université. **Les Civilisations tunisiennes** (Mu-
sulmans, Israélites, Européens). 1 vol. in-12. 1898.   3 fr. 50

SILVESTRE (J.). **L'Empire d'Annam et les Annamites,** publié sous les auspices
de l'administration des colonies. 1 v. in-12, avec 1 carte de l'Annam. 3 fr. 50

WEILL (Georges), agrégé de l'Université, docteur ès lettres. **L'École saint-
simonienne,** son histoire, son influence jusqu'à nos jours. 1 vol. in-12.
1896.   3 fr. 50

ANGLETERRE

BAGEHOT (W.). *** Lombard-street.** Le Marché financier en Angleterre.
1 vol. in-12.   3 fr. 50

LAUGEL (Aug.). *** Lord Palmerston et lord Russell.** 1 vol. in-12. 3 fr. 50

SIR CORNEWAL LEWIS. *** Histoire gouvernementale de l'Angleterre
depuis 1770 jusqu'à 1830.** Traduit de l'anglais. 1 vol. in-8.   7 fr.

REYNALD (H.), doyen de la Faculté des lettres d'Aix. *** Histoire de l'Angleterre,** depuis la reine Anne jusqu'à nos jours. 1 vol. in-12. 2ᵉ éd. 3 fr. 50

MÉTIN (Albert). **Le Socialisme en Angleterre.** 1 vol. in-12. 1897.   3 fr. 50

ALLEMAGNE

SIMON (Ed.). *** L'Allemagne et la Russie au XIXᵉ siècle.** 1 vol. in-12. 3 fr. 50

VÉRON (Eug.). *** Histoire de la Prusse,** depuis la mort de Frédéric II
jusqu'à la bataille de Sadowa. 1 vol. in-12. 6ᵉ édit., augmentée d'un chapitre
nouveau contenant le résumé des événements jusqu'à nos jours, par
P. BONDOIS, professeur agrégé d'histoire au lycée Buffon.   3 fr. 50

— *** Histoire de l'Allemagne,** depuis la bataille de Sadowa jusqu'à nos jours.
1 vol. in-12. 3ᵉ éd., mise au courant des événements par P. BONDOIS. 3 fr. 50

ANDLER (Ch.), maître de conférences à l'École normale. **Les Origines du
Socialisme en Allemagne.** 1 vol. in-8. 1897.   7 fr.

AUTRICHE-HONGRIE

ASSELINE (L.). *** Histoire de l'Autriche,** depuis la mort de Marie-Thérèse
jusqu'à nos jours. 1 vol. in-12. 3ᵉ édit.   3 fr. 50

SAYOUS (Ed.), professeur à la Faculté des lettres de Toulouse. **Histoire des
Hongrois** et de leur littérature politique, de 1790 à 1815. 1 vol. in-18. 3 fr. 50

BOURLIER (J.). *** Les Tchèques et la Bohème contemporaine,** avec
préface de M. FLOURENS, ancien ministre des Affaires étrangères. 1 vol.
in-12. 1897.   3 fr. 50

AUERBACH, professeur à la Faculté des lettres de Nancy. **Les races et
les nationalités en Autriche-Hongrie.** 1 vol. in-8, avec une carte hors
texte. 1898.   5 fr.

ITALIE

SORIN (Élie). *** Histoire de l'Italie,** depuis 1815 jusqu'à la mort de Victor-
Emmanuel. 1 vol. in-12. 1888.   3 fr. 50

GAFFAREL (P.), professeur à la Faculté des lettres de Dijon. *Bonaparte et les Républiques italiennes (1796-1799). 1895. 1 vol. in-8.   5 fr.

ESPAGNE

REYNALD (H.). * **Histoire de l'Espagne,** depuis la mort de Charles III jusqu'à nos jours. 1 vol. in-12.   3 fr. 50

RUSSIE

CRÉHANGE (M.), agrégé de l'Université. ***Histoire contemporaine de la Russie,** depuis la mort de Paul Ier jusqu'à l'avènement de Nicolas II (1801-1894). 1 vol. in-12. 2e édit. 1895.   3 fr. 50

SUISSE

DAENDLIKER. ***Histoire du peuple suisse.** Trad. de l'allem. par Mme Jules FAVRE et précédé d'une Introduction de Jules FAVRE. 1 vol. in-8.   5 fr.

GRÈCE & TURQUIE

BÉRARD (V.), docteur ès lettres. * **La Turquie et l'Hellénisme contemporain.** (Ouvrage cour. par l'Acad. française). 1 v. in-12. 2e éd. 1895. 3 fr. 50

AMÉRIQUE

DEBERLE (Alf.). * **Histoire de l'Amérique du Sud,** depuis sa conquête jusqu'à nos jours. 1 vol. in-12. 3e édit., revue par A. MILHAUD, agrégé de l'Université.   3 fr. 50

BARNI (Jules). * **Histoire des idées morales et politiques en France au XVIIIe siècle.** 2 vol. in-12. Chaque volume.   3 fr. 50
— * **Les Moralistes français au XVIIIe siècle.** 1 vol. in-12 faisant suite aux deux précédents.   3 fr. 50
BEAUSSIRE (Émile), de l'Institut. La Guerre étrangère et la Guerre civile. 1 vol. in-12.   3 fr. 50
BOURDEAU (J.). *Le Socialisme allemand et le Nihilisme russe. 1 vol. in-12. 2e édit. 1894.   3 fr. 50
DEPASSE (Hector). Transformations sociales. 1894. 1 vol. in-12. 3 fr. 50
— Du Travail et de ses conditions (Chambres et Conseils du travail). 1 vol. in-12. 1895.   3 fr. 50
D'EICHTHAL (Eug.). Souveraineté du peuple et gouvernement. 1 vol. in-12. 1895.   3 fr. 50
GUÉROULT (G.). * Le Centenaire de 1789, évolution polit., philos., artist. et scient. de l'Europe depuis cent ans. 1 vol. in-12. 1889.   3 fr. 50
LAVELEYE (E. de), correspondant de l'Institut. Le Socialisme contemporain. 1 vol. in-12. 10e édit. augmentée.   3 fr. 50
REINACH (J.), député. Pages républicaines. 1894. 1 vol. in-12. 3 fr. 50
SPULLER (E.).* Éducation de la démocratie. 1 vol. in-12. 1892. 3 fr. 50
— L'Évolution politique et sociale de l'Église. 1 vol. in-12. 1893. 3 fr. 50

---

*De Saint-Louis à Tripoli
Par le Lac Tchad
Par le Lieutenant-Colonel MONTEIL

1 beau volume in-8 colombier, précédé d'une préface de M. de Vogüé, de l'Académie française, illustrations de RIOU. 1895.   20 fr.

Ouvrage couronné par l'Académie française (Prix Montyon)

BIBLIOTHÈQUE DE LA FACULTÉ DES LETTRES
DE L'UNIVERSITÉ DE PARIS

De l'authenticité des épigrammes de Simonide, par AM. HAUVETTE, professeur adjoint de langue et de littérature grecques à la Faculté. 1 vol. in-8.   5 fr.

* **Antinomies linguistiques**, par VICTOR HENRY, professeur de sanscrit et de grammaire comparée des langues indo-européennes à la Faculté. 1 vol. in-8.   2 fr.

Mélanges d'histoire du moyen âge, par MM. le Prof. LUCHAIRE, Dupont, Ferrier et Poupardin. 1 vol. in-8.   3 fr. 50

Études linguistiques sur la Basse-Auvergne, phonétique historique du patois de Vinzelles (Puy-de-Dôme), par ALBERT DAUZAT, préface de M. le Prof. ANT. THOMAS. 1 vol. in-8.   6 fr.

TRAVAUX DE L'UNIVERSITÉ DE LILLE
LITTÉRATURE ET HISTOIRE

PAUL FABRE. **La polyptyque du chanoine Benoît — Etude sur un manuscrit de la bibliothèque de Cambrai.**   3 fr. 50

MÉDÉRIC DUFOUR. **Etude sur la constitution rythmique et métrique du drame grec.** 1re série, 4 fr. ; 2e série, 2 fr. 50 ; 3e série, 2 fr. 50.

A. PINLOCHE. * **Principales œuvres de Herbart.** (Pédagogie générale. — Esquisse de leçons pédagogiques. — Aphorismes et extraits divers). 7 fr. 50

A. PENJON. **Pensée et réalité**, de A. SPIR, trad. de l'allem. in-8°. 10 fr.

BIBLIOTHÈQUE HISTORIQUE ET POLITIQUE

DESCHANEL (E.), sénateur, professeur au Collège de France. * **Le Peuple et la Bourgeoisie.** 1 vol. in-8, 2e édit.   5 fr.

DU CASSE. **Les Rois frères de Napoléon Ier.** 1 vol. in-8.   10 fr.

LOUIS BLANC. **Discours politiques (1848-1881).** 1 vol. in-8.   7 fr. 50

PHILIPPSON. **La Contre-révolution religieuse au XVIe siècle.** 1 vol. in-8.   10 fr.

HENRARD (P.). **Henri IV et la princesse de Condé.** 1 vol. in-8. 6 fr.

NOVICOW. **La Politique internationale.** 1 fort vol. in-8.   7 fr.

REINACH (Joseph), député. * **La France et l'Italie devant l'histoire.** 1 vol. in-8. 1893.   5 fr.

LORIA (A.). **Les Bases économiques de la constitution sociale.** 1 vol. in-8. 1893.   7 fr. 50

PUBLICATIONS HISTORIQUES ILLUSTRÉES

* **HISTOIRE ILLUSTRÉE DU SECOND EMPIRE**, par Taxile DELORD. 6 vol. in-8 colombier avec 500 gravures de FERAT, Fr. REGAMEY, etc. Chaque vol. broché, 8 fr. — Cart. doré, tr. dorées.   11 fr. 50

HISTOIRE POPULAIRE DE LA FRANCE, depuis les origines jusqu'en 1815. — 4 vol. in-8 colombier avec 1323 gravures. Chaque vol. broché, 7 fr. 50. — Cart. toile, tr. dorées.   11 fr.

HISTOIRE CONTEMPORAINE DE LA FRANCE, depuis 1815 jusqu'à la fin de la guerre du Mexique. — 4 vol. in-8 colombier avec 1033 gravures. Chaque vol. br., 7 fr. 50. — Cart. toile, tr. dorées.   11 fr.

    F. ALCAN.

RECUEIL DES INSTRUCTIONS
DONNÉES
AUX AMBASSADEURS ET MINISTRES DE FRANCE
DEPUIS LES TRAITÉS DE WESTPHALIE JUSQU'A LA RÉVOLUTION FRANÇAISE
Publié sous les auspices de la Commission des archives diplomatiques
au Ministère des Affaires étrangères.
Beaux volumes in-8 raisin, imprimés sur papier de Hollande,
avec Introduction et notes.

I. — **AUTRICHE**, par M. Albert SOREL, de l'Académie française.   20 fr.
II. — **SUÈDE**, par M. A. GEFFROY, de l'Institut............... 20 fr.
III. — **PORTUGAL**, par le vicomte DE CAIX DE SAINT-AYMOUR..... 20 fr.
IV et V. — **POLOGNE**, par M. LOUIS FARGES. 2 vol............. 30 fr.
VI. — **ROME**, par M. G. HANOTAUX, de l'Académie française..... 20 fr.
VII. — **BAVIÈRE, PALATINAT ET DEUX-PONTS**, par M. André LEBON. 25 fr.
VIII et IX. — **RUSSIE**, par M. Alfred RAMBAUD, de l'Institut. 2 vol.
Le 1er vol. 20 fr. Le second vol..................... 25 fr.
X. — **NAPLES ET PARME**. par M. Joseph REINACH.............. 20 fr.
XI. — **ESPAGNE** (1649-1750), par MM. MOREL-FATIO et LÉONARDON
(tome premier) .... 20 fr.
XII. — **ESPAGNE** (1750-1789) (tome second), par les mêmes (*sous presse*).
XIII. — **DANEMARK**, par A. GEFFROY, de l'Institut.............. 14 fr.

---

*INVENTAIRE ANALYTIQUE
DES
ARCHIVES DU MINISTÈRE DES AFFAIRES ÉTRANGÈRES
PUBLIÉ
Sous les auspices de la Commission des archives diplomatiques

I. — **Correspondance politique de MM. de CASTILLON** et de
**MARILLAC, ambassadeurs de France en Angleterre (1538-
1540)**, par M. JEAN KAULEK, avec la collaboration de MM. Louis Farges
et Germain Lefèvre-Pontalis. 1 vol. in-8 raisin............... 15 fr.
II. — **Papiers de BARTHÉLEMY, ambassadeur de France en
Suisse**, de 1792 à 1797 (année 1792), par M. Jean KAULEK. 1 vol.
in-8 raisin.................................... 15 fr.
III. — **Papiers de BARTHÉLEMY** (janvier-août 1793), par M. JEAN
KAULEK. 1 vol. in-8 raisin...................... 15 fr.
IV. — **Correspondance politique de ODET DE SELVE, ambas-
sadeur de France en Angleterre (1546-1549)**, par M. G. LEFÈVRE-
PONTALIS. 1 vol. in-8 raisin................... 15 fr.
V. — **Papiers de BARTHÉLEMY** (septembre 1793 à mars 1794), par
M. Jean KAULEK. 1 vol. in-8 raisin.................. 18 fr.
VI. — **Papiers de BARTHÉLEMY** (avril 1794 à février 1795), par
M. JEAN KAULEK. 1 vol. in-8 raisin................... 20 fr.
VII. — **Papiers de BARTHÉLEMY** (mars 1795 à septembre 1796).
Négociations de la paix de Bâle, par M. Jean KAULEK. 1 volume in-8
raisin.................................... 20 fr.

**Correspondance des Beys d'Alger avec la Cour de France
(1759-1833)**, recueillie p r Eug. PLANTET, attaché au Ministère des Affaires
étrangères. 2 vol. in-8 raisin avec 2 planches en taille-douce hors texte.   30 fr.
**Correspondance des Beys de Tunis et des Consuls de France avec
la Cour (1577-1830)**, recueillie par Eug. PLANTET, publiée sous les auspices
du Ministère des Affaires étrangères. TOME I. In-8 raisin. (*Épuisé.*)
TOME II. 1 fort vol. in-8 raisin..................... 20 fr.
TOME III 1 fort vol. in-8 raisin (*sous presse*).

REVUE PHILOSOPHIQUE
DE LA FRANCE ET DE L'ÉTRANGER

Dirigée par Th. Ribot, Professeur au Collège de France,

(23ᵉ année, 1898.)

Paraît tous les mois, par livraisons de 7 feuilles grand in-8, et forme chaque année deux volumes de 680 pages chacun.

Prix d'abonnement :

Un an, pour Paris, 30 fr. — Pour les départements et l'étranger, 33 fr.

La livraison .... 3 fr.

Les années écoulées, chacune 30 francs, et la livraison, 3 fr.

Première table des matières (1876-1887). 1 vol. in-8............. 3 fr.

Deuxième table des matières (1888-1895). 1 vol. in-8........... 3 fr.

La Revue philosophique n'est l'organe d'aucune secte, d'aucune école en particulier.

Tous les articles de fond sont signés et chaque auteur est responsable de son article. Sans professer un culte exclusif pour l'expérience, la direction, bien persuadée que rien de solide ne s'est fondé sans cet appui, lui fait la plus large part et n'accepte aucun travail qui la dédaigne.

Elle ne néglige aucune partie de la philosophie, tout en s'attachant cependant à celles qui, par leur caractère de précision relative, offrent moins de prise aux désaccords et sont plus propres à rallier toutes les écoles. La *psychologie*, avec ses auxiliaires indispensables, l'*anatomie* et la *physiologie du système nerveux*, la *pathologie mentale*, la *psychologie des races inférieures et des animaux*, les *recherches expérimentales des laboratoires*; — la *logique*; — les *théories générales fondées sur les découvertes scientifiques*; — l'*esthétique*; — les *hypothèses métaphysiques*, tels sont les principaux sujets dont elle entretient le public.

Plusieurs fois par an paraissent des *Revues générales* qui embrassent dans un travail d'ensemble les travaux récents sur une question déterminée: sociologie, morale, psychologie, linguistique, philosophie religieuse, philosophie mathématique, psycho-physique, etc.

La Revue désirant être, avant tout, un organe d'information, a publié depuis sa fondation le compte rendu de plus de quinze cents ouvrages. Pour faciliter l'étude et les recherches, ces comptes rendus sont groupés sous des rubriques spéciales: anthropologie criminelle, esthétique, métaphysique, théorie de la connaissance, histoire de la philosophie, etc., etc. Ces comptes rendus sont, autant que possible, impersonnels, notre but étant de faire connaître le mouvement philosophique contemporain dans toutes ses directions non de lui imposer une doctrine.

En un mot par la variété de ses articles et par l'abondance de ses renseignements elle donne un tableau complet du mouvement philosophique et scientifique en Europe.

Aussi a-t-elle sa place marquée dans les bibliothèques des professeurs et de ceux qui se destinent à l'enseignement de la philosophie et des sciences ou qui s'intéressent au développement du mouvement scientifique.

---

*REVUE HISTORIQUE

Dirigée par G. MONOD

Membre de l'Institut, maître de conférences à l'Ecole normale
Président de la section historique et philologique à l'Ecole des hautes études

(23ᵉ *année*, 1898.)

Paraît tous les deux mois, par livraisons grand in-8° de 15 feuilles et forme par an trois volumes de 500 pages chacun.

CHAQUE LIVRAISON CONTIENT :

I. Plusieurs *articles de fond*, comprenant chacun, s'il est possible, un travail complet. — II. Des *Mélanges et Variétés*, composés de documents inédits d'une étendue restreinte et de courtes notices sur des points d'histoire curieux ou mal connus. — III. Un *Bulletin historique* de la France et de l'étranger, fournissant des renseignements aussi complets que possible sur tout ce qui touche aux études historiques. — IV. Une *Analyse des publications périodiques* de la France et de l'étranger, au point de vue des études historiques. — V. Des *Comptes rendus critiques* des livres d'histoire nouveaux.

Prix d'abonnement :

Un an, pour Paris, 30 fr. — Pour les départements et l'étranger, 33 fr.

La livraison.................... 6 fr.

Les années écoulées, chacune 30 francs, le fascicule, 6 francs.
Les fascicules de la 1ʳᵉ année, 9 francs.

Tables générales des matières.

		pour les abonnés.	
I. — 1876 à 1880...	3 fr.;		1 fr. 50
II. — 1881 à 1885...	3 fr.;	—	1 fr. 50
III. — 1886 à 1890...	5 fr.;	—	2 fr. 50
IV. — 1891 à 1895...	3 fr.;	—	1 fr. 50

ANNALES DE L'ÉCOLE LIBRE
DES
SCIENCES POLITIQUES
RECUEIL BIMESTRIEL
Publié avec la collaboration des professeurs et des anciens élèves de l'École

(Treizième année, 1898)

COMITÉ DE RÉDACTION :

M. Emile Boutmy, de l'Institut, directeur de l'Ecole ; M. Alf. de Foville, de l'Institut, directeur de la Monnaie ; M. R. Stourm, ancien inspecteur des Finances et administrateur des Contributions indirectes ; M. Alexandre Ribot, député, ancien ministre ; M. Gabriel Alix ; M. L. Renault, professeur à la Faculté de droit ; M. André Lebon, député ; M. Albert Sorel, de l'Académie française ; M. A. Vandal, de l'Académie française ; Aug. Arnauné, Directeur au ministère des Finances ; M. A. Rambaud, de l'Institut, professeur à la Sorbonne ; Directeurs des groupes de travail, professeurs à l'Ecole.

Secrétaire de la rédaction : M. A. Viallate.

Les sujets traités dans les *Annales* embrassent tout le champ couvert par le programme d'enseignement de l'Ecole : *Economie, politique, finances, statistique, histoire constitutionnelle, droits international, public et privé, droit administratif, législations civile et commerciale privées, histoire législative et parlementaire, histoire diplomatique, géographie économique, ethnographie, etc.*

CONDITIONS D'ABONNEMENT

Un an (du 15 janvier) : **Paris, 18 fr.** ; départements et étranger, **19 fr.**
La livraison, **3 fr. 50**.

Les trois premières années (1886–1887–1888) se vendent chacune 16 francs, les livraisons, chacune 5 francs, la quatrième année (1889) et les suivantes se vendent chacune 18 francs, et les livraisons, chacune 3 fr. 50.

Revue mensuelle de l'École d'Anthropologie de Paris
(8ᵉ année, 1898)

PUBLIÉE PAR LES PROFESSEURS :

MM. Capitan (Anthropologie pathologique), Mathias Duval (Anthropogénie et Embryologie), Georges Hervé (Ethnologie), J.-V. Laborde (Anthropologie biologique), André Lefèvre (Ethnographie et Linguistique), Ch. Letourneau (Histoire des civilisations), Manouvrier (Anthropologie physiologique), Mahoudeau (Anthropologie zoologique), Adr. de Mortillet (Ethnographie comparée), Gabr. de Mortillet (Anthropologie préhistorique), Schrader (Anthropologie géographique), H. Thulié, directeur de l'Ecole.

Cette revue paraît tous les mois depuis le 15 janvier 1891, chaque numéro formant une brochure in-8 raisin de 32 pages, et contenant une leçon d'un des professeurs de l'Ecole, avec figures intercalées dans le texte et des analyses et comptes rendus des faits, des livres et des revues périodiques qui doivent intéresser les personnes s'occupant d'anthropologie.

ABONNEMENT : France et Étranger, **10 fr.** — Le Numéro, **1 fr.**

ANNALES DES SCIENCES PSYCHIQUES
Dirigées par le Dʳ DARIEX
(8ᵉ année, 1898)

Les ANNALES DES SCIENCES PSYCHIQUES ont pour but de rapporter, avec force preuves à l'appui, toutes les observations sérieuses qui leur seront adressées, relatives aux faits soi-disant occultes: 1º de télépathie, de lucidité, de pressentiment ; 2º de mouvements d'objets, d'apparitions objectives. En dehors de ces chapitres de faits sont publiées des théories se bornant à la discussion des bonnes conditions pour observer et expérimenter ; des analyses, bibliographies, critiques, etc.

Les ANNALES DES SCIENCES PSYCHIQUES paraissent tous les deux mois par numéros de quatre feuilles in-8 carré (64 pages), *depuis le 15 janvier 1891.*

ABONNEMENT : Pour tous pays, **12 fr.** — Le Numéro, **2 fr. 50**.

BIBLIOTHÈQUE SCIENTIFIQUE
INTERNATIONALE
Publiée sous la direction de M. Émile ALGLAVE

La *Bibliothèque scientifique internationale* est une œuvre dirigée par les auteurs mêmes, en vue des intérêts de la science, pour la populariser sous toutes ses formes, et faire connaître immédiatement dans le monde entier les idées originales, les directions nouvelles, les découvertes importantes qui se font chaque jour dans tous les pays. Chaque savant expose les idées qu'il a introduites dans la science et condense pour ainsi dire ses doctrines les plus originales.

On peut ainsi, sans quitter la France, assister et participer au mouvement des esprits en Angleterre, en Allemagne, en Amérique, en Italie, tout aussi bien que les savants mêmes de chacun de ces pays.

La *Bibliothèque scientifique internationale* ne comprend pas seulement des ouvrages consacrés aux sciences physiques et naturelles; elle aborde aussi les sciences morales, comme la philosophie, l'histoire, la politique et l'économie sociale, la haute législation, etc.; mais les livres traitant des sujets de ce genre se rattachent encore aux sciences naturelles, en leur empruntant les méthodes d'observation et d'expérience qui les ont rendues si fécondes depuis deux siècles.

Cette collection paraît à la fois en français, en anglais, en allemand et en italien : à Paris, chez Félix Alcan; à Londres, chez C. Kegan, Paul et Cⁱᵉ; à New-York, chez Appleton.

LISTE DES OUVRAGES PAR ORDRE D'APPARITION

89 VOLUMES IN-8, CARTONNÉS A L'ANGLAISE. CHAQUE VOLUME : 6 FRANCS.

1. J. TYNDALL. *** Les Glaciers et les Transformations de l'eau**, avec figures. 1 vol. in-8. 6ᵉ édition. 6 fr.
2. BAGEHOT. *** Lois scientifiques du développement des nations** dans leurs rapports avec les principes de la sélection naturelle et de l'hérédité. 1 vol. in-8. 5ᵉ édition. 6 fr.
3. MAREY. *** La Machine animale**, locomotion terrestre et aérienne, avec de nombreuses fig. 1 vol. in-8. 5ᵉ édit. augmentée. 6 fr.
4. BAIN. *** L'Esprit et le Corps.** 1 vol. in-8. 6ᵉ édition. 6 fr.
5. PETTIGREW. *** La Locomotion chez les animaux**, marche, natation. 1 vol. in-8, avec figures. 2ᵉ édit. 6 fr.
6. HERBERT SPENCER. *** La Science sociale.** 1 v. in-8. 11ᵉ édit. 6 fr.
7. SCHMIDT (O.). *** La Descendance de l'homme et le Darwinisme.** 1 vol. in-8, avec fig. 6ᵉ édition. 6 fr.
8. MAUDSLEY. *** Le Crime et la Folie.** 1 vol. in-8. 6ᵉ édit. 6 fr.
9. VAN BENEDEN. *** Les Commensaux et les Parasites dans le règne animal.** 1 vol. in-8, avec figures. 3ᵉ édit. 6 fr.
10. BALFOUR STEWART. *** La Conservation de l'énergie**, suivi d'une Étude sur la *nature de la force*, par M. P. de SAINT-ROBERT, avec figures. 1 vol. in-8. 5ᵉ édition. 6 fr.
11. DRAPER. **Les Conflits de la science et de la religion.** 1 vol. in-8. 9ᵉ édition. 6 fr.
12. L. DUMONT. *** Théorie scientifique de la sensibilité.** 1 vol. in-8. 4ᵉ édition. 6 fr.
13. SCHUTZENBERGER. *** Les Fermentations.** 1 vol. in-8, avec fig. 6ᵉ édit. 6 fr.
14. WHITNEY. *** La Vie du langage.** 1 vol. in-8. 4ᵉ édit. 6 fr.
15. COOKE et BERKELEY. *** Les Champignons.** 1 vol. in-8, avec figures. 4ᵉ édition. 6 fr.
16. BERNSTEIN. *** Les Sens.** 1 vol. in-8, avec 91 fig. 5ᵉ édit. 6 fr.

17. BERTHELOT. *La Synthèse chimique. 1 vol. in-8, 8ᵉ édit.　　6 fr.
18. NIEWENGLOWSKI (H.). *La photographie et la photochimie.
　　1 ol. in-8, avec gravures et une planche hors texte.　　6 fr.
19. LUYS. *Le Cerveau et ses fonctions, avec figures. 1 vol. in-8.
　　7ᵉ édition.　　6 fr.
20. STANLEY JEVONS. *La Monnaie et le Mécanisme de l'échange.
　　1 vol. in-8. 5ᵉ édition.　　6 fr.
21. FUCHS. *Les Volcans et les Tremblements de terre. 1 vol. in-8,
　　avec figures et une carte en couleur. 5ᵉ édition.　　6 fr.
22. GÉNÉRAL BRIALMONT. *Les Camps retranchés et leur rôle
　　dans la défense des États, avec fig. dans le texte et 2 plan-
　　ches hors texte. 3ᵉ édit.　　6 fr.
23. DE QUATREFAGES. *L'Espèce humaine. 1 v. in-8. 12ᵉ édit.　　6 fr.
24. BLASERNA et HELMHOLTZ. *Le Son et la Musique. 1 vol. in-8,
　　avec figures. 5ᵉ édition.　　6 fr.
25. ROSENTHAL. *Les Nerfs et les Muscles. 1 vol. in-8, avec 75 figu-
　　res. 3ᵉ édition. *Epuisé.*
26. BRUCKE et HELMHOLTZ. *Principes scientifiques des beaux-
　　arts. 1 vol. in-8, avec 39 figures. 4ᵉ édition.　　6 fr.
27. WURTZ. *La Théorie atomique. 1 vol. in-8. 6ᵉ édition.　　6 fr.
28-29. SECCHI (le père). *Les Étoiles. 2 vol. in-8, avec 63 figures dans le
　　texte et 17 pl. en noir et en couleur hors texte. 3ᵉ édit.　　12 fr.
30. JOLY. *L'Homme avant les métaux. 1 vol. in-8, avec figures. 4ᵉ édi-
　　tion.　　6 fr.
31. A. BAIN. *La Science de l'éducation. 1 vol. in-8. 8ᵉ édit.　　6 fr.
32-33. THURSTON (R.). *Histoire de la machine à vapeur, précédée
　　d'une Introduction par M. HIRSCH. 2 vol. in-8, avec 140 figures dans
　　le texte et 16 planches hors texte. 3ᵉ édition.　　12 fr.
34. HARTMANN (R.). *Les Peuples de l'Afrique. 1 vol. in-8, avec
　　figures. 2ᵉ édition.　　6 fr.
35. HERBERT SPENCER. *Les Bases de la morale évolutionniste.
　　1 vol. in-8. 5ᵉ édition.　　6 fr.
36. HUXLEY. *L'Écrevisse, introduction à l'étude de la zoologie. 1 vol.
　　in-8, avec figures. 2ᵉ édition.　　6 fr.
37. DE ROBERTY. *De la Sociologie. 1 vol. in-8. 3ᵉ édition.　　6 fr.
38. ROOD. *Théorie scientifique des couleurs. 1 vol. in-8, avec
　　figures et une planche en couleur hors texte. 2ᵉ édition.　　6 fr.
39. DE SAPORTA et MARION. *L'Évolution du règne végétal (les Crypto-
　　games). 1 vol. in-8 avec figures.　　6 fr.
40-41. CHARLTON BASTIAN. *Le Cerveau, organe de la pensée chez
　　l'homme et chez les animaux. 2 vol. in-8, avec figures. 2ᵉ éd. 12 fr.
42. JAMES SULLY. *Les Illusions des sens et de l'esprit. 1 vol. in-8,
　　avec figures. 2ᵉ édit.　　6 fr.
43. YOUNG. *Le Soleil. 1 vol. in-8, avec figures.　　6 fr.
44. DE CANDOLLE. *L'Origine des plantes cultivées. 4ᵉ édition. 1 vol.
　　in-8.　　6 fr.
45-46. SIR JOHN LUBBOCK. *Fourmis, abeilles et guêpes. Études
　　expérimentales sur l'organisation et les mœurs des sociétés d'insectes
　　hyménoptères. 2 vol. in-8, avec 65 figures dans le texte et 13 plan-
　　ches hors texte, dont 5 coloriées.　　12 fr.
47. PERRIER (Edm.). *La Philosophie zoologique avant Darwin.
　　1 vol. in-8. 3ᵉ édition.　　6 fr.
48. STALLO. *La Matière et la Physique moderne. 1 vol. in-8, 2ᵉ éd.,
　　précédé d'une Introduction par CH. FRIEDEL.　　6 fr.
49. MANTEGAZZA. *La Physionomie et l'Expression des sentiments.
　　1 vol. in-8. 3ᵉ édit., avec huit planches hors texte.　　6 fr.
50. DE MEYER. *Les Organes de la parole et leur emploi pour
　　la formation des sons du langage. 1 vol. in-8, avec 51 figures,
　　précédé d'une Introd. par M. O. CLAVEAU.　　6 fr.

51. DE LANESSAN. ***Introduction à l'Étude de la botanique** (le Sapin.) 1 vol. in-8, 2e édit., avec 143 figures dans le texte. 6 fr.

52-53. DE SAPORTA et MARION. ***L'Évolution du règne végétal** (les Phanérogames). 2 vol. in-8, avec 136 figures. 12 fr.

54. TROUESSART. ***Les Microbes, les Ferments et les Moisissures.** 1 vol. in-8, 2e édit., avec 107 figures dans le texte. 6 fr.

55. HARTMANN (R.). ***Les Singes anthropoïdes, et leur organisation comparée à celle de l'homme.** 1 vol. in-8, avec figures. 6 fr.

56. SCHMIDT (O.). ***Les Mammifères dans leurs rapports avec leurs ancêtres géologiques.** 1 vol. in-8 avec 51 figures. 6 fr.

57. BINET et FÉRÉ. **Le Magnétisme animal.** 1 vol. in-8. 4e édit. 6 fr.

58-59. ROMANES. ***L'Intelligence des animaux.** 2 v. in-8. 2e édit. 12 fr.

60. F. LAGRANGE. **Physiologie des exercices du corps.** 1 vol. in-8. 7e édition. 6 fr.

61. DREYFUS. ***Évolution des mondes et des sociétés.** 1 vol. in-8. 3e édit. 6 fr.

62. DAUBRÉE. *** Les Régions invisibles du globe et des espaces célestes.** 1 vol. in-8 avec 85 fig. dans le texte. 2e édit. 6 fr.

63-64. SIR JOHN LUBBOCK. *** L'Homme préhistorique.** 2 vol. in-8, avec 228 figures dans le texte. 4e édit. 12 fr.

65. RICHET (Ch.). **La Chaleur animale.** 1 vol. in-8, avec figures. 6 fr.

66. FALSAN (A.). ***La Période glaciaire principalement en France et en Suisse.** 1 vol. in-8, avec 105 figures et 2 cartes. 6 fr.

67. BEAUNIS (H.). **Les Sensations internes.** 1 vol. in-8. 6 fr.

68. CARTAILHAC (E.). **La France préhistorique**, d'après les sépultures et les monuments. 1 vol. in-8, avec 162 figures. 2e édit. 6 fr.

69. BERTHELOT. ***La Révolution chimique, Lavoisier.** 1 vol. in-8. 6 fr.

70. SIR JOHN LUBBOCK. *** Les Sens et l'instinct chez les animaux,** principalement chez les insectes. 1 vol. in-8, avec 150 figures. 6 fr.

71. STARCKE. ***La Famille primitive.** 1 vol. in-8. 6 fr.

72. ARLOING. *** Les Virus.** 1 vol. in-8, avec figures. 6 fr.

73. TOPINARD. *** L'Homme dans la Nature.** 1 vol. in-8, avec fig. 6 fr.

74. BINET (Alf.). *** Les Altérations de la personnalité.** 1 vol. in-8 avec figures. 6 fr.

75. DE QUATREFAGES (A.). ***Darwin et ses précurseurs français.** 1 vol. in-8. 2e édition refondue. 6 fr.

76. LEFÈVRE (A.). *** Les Races et les langues.** 1 vol. in-8. 6 fr.

77-78. DE QUATREFAGES. *** Les Émules de Darwin.** 2 vol. in-8 avec préfaces de MM. E. Perrier et Hamy. 12 fr.

79. BRUNACHE (P.). ***Le Centre de l'Afrique. Autour du Tchad.** 1 vol. in-8, avec figures. 1894. 6 fr.

80. ANGOT (A.). ***Les Aurores polaires.** 1 vol. in-8, avec figures. 6 fr.

81. JACCARD. **Le pétrole, le bitume et l'asphalte** au point de vue géologique. 1 vol. in 8 avec figures. 6 fr.

82. MEUNIER (Stan.). **La Géologie comparée.** 1 vol. in-8, avec fig. 6 fr.

83. LE DANTEC. **Théorie nouvelle de la vie.** 1 vol. in-8, avec fig. 6 fr.

84. DE LANESSAN. **Principes de colonisation.** 1 vol. in-8. 6 fr.

85. DEMOOR, MASSART et VANDERVELDE. **L'évolution régressive en biologie et en sociologie.** 1 vol. in-8 avec gravures. 6 fr.

86. MORTILLET (G. de). **Formation de la Nation française.** 1 vol. in-8, avec 150 gravures et 18 cartes. 6 fr.

87. ROCHÉ (G.). **La Culture des Mers** (piscifacture, pisciculture, ostréiculture). 1 vol. in-8, avec 81 gravures. 6 fr.

88. COSTANTIN (J.). **Les Végétaux et les Milieux cosmiques** (adaptation, évolution). 1 vol. in-8, avec 171 gravures. 6 fr.

89. LE DANTEC. **L'évolution individuelle et l'hérédité.** 1 vol. in-8. 6 fr.

LISTE PAR ORDRE DE MATIÈRES
DES 89 VOLUMES PUBLIÉS
DE LA BIBLIOTHÈQUE SCIENTIFIQUE INTERNATIONALE
Chaque volume in-8, cartonné à l'anglaise..... 6 francs.

SCIENCES SOCIALES

* **Introduction à la science sociale**, par HERBERT SPENCER. 1 vol. in-8. 10ᵉ édit. 6 fr.
* **Les Bases de la morale évolutionniste**, par HERBERT SPENCER. 1 vol. in-8. 4ᵉ édit. 6 fr.
* **Les Conflits de la science et de la religion**, par DRAPER, professeur à l'Université de New-York. 1 vol. in-8. 8ᵉ édit. ◆ 6 fr.
* **Le Crime et la Folie**, par H. MAUDSLEY, professeur de médecine légale à l'Université de Londres. 1 vol. in-8. 5ᵉ édit. 6 fr.
* **La Monnaie et le Mécanisme de l'échange**, par W. STANLEY JEVONS, professeur à l'Université de Londres. 1 vol. in-8. 5ᵉ édit. 6 fr.
* **La Sociologie**, par DE ROBERTY. 1 vol. in-8. 3ᵉ édit. 6 fr.
* **La Science de l'éducation**, par Alex. BAIN, professeur à l'Université d'Aberdeen (Écosse). 1 vol. in-8. 7ᵉ édit. 6 fr.
* **Lois scientifiques du développement des nations** dans leurs rapports avec les principes de l'hérédité et de la sélection naturelle, par W. BAGEHOT. 1 vol. in-8. 5ᵉ édit. 6 fr.
* **La Vie du langage**, par D. WHITNEY, professeur de philologie comparée à Yale-College de Boston (États-Unis). 1 vol. in-8. 3ᵉ édit. 6 fr.
* **La Famille primitive**, par J. STARCKE, professeur à l'Université de Copenhague. 1 vol. in-8. 6 fr.

PHYSIOLOGIE

* **Les Illusions des sens et de l'esprit**, par James SULLY. 1 v. in-8. 2ᵉ édit. 6 fr.
* **La Locomotion chez les animaux** (marche, natation et vol), par J.-B. PETTIGREW, professeur au Collège royal de chirurgie d'Édimbourg (Écosse). 1 vol. in-8, avec 140 figures dans le texte. 2ᵉ édit. 6 fr.
* **La Machine animale**, par E.-J. MAREY, membre de l'Institut, prof. au Collège de France. 1 vol. in-8, avec 117 figures. 4ᵉ édit. 6 fr.
* **Les Sens**, par BERNSTEIN, professeur de physiologie à l'Université de Halle (Prusse). 1 vol. in-8, avec 91 figures dans le texte. 4ᵉ édit. 6 fr.
* **Les Organes de la parole**, par H. DE MEYER, professeur à l'Université de Zurich, traduit de l'allemand et précédé d'une introduction sur l'*Enseignement de la parole aux sourds-muets*, par O. CLAVEAU, inspecteur général des établissements de bienfaisance. 1 vol. in-8, avec 51 grav. 6 fr.
* **La Physionomie et l'Expression des sentiments**, par P. MANTEGAZZA, professeur au Muséum d'histoire naturelle de Florence. 1 vol. in-8, avec figures et 8 planches hors texte. 3ᵉ édit. 6 fr.
* **Physiologie des exercices du corps**, par le docteur F. LAGRANGE. 1 vol in-8. 7ᵉ édit. (Ouvrage couronné par l'Institut.) 6 fr.
* **La Chaleur animale**, par CH. RICHET, professeur de physiologie à la Faculté de médecine de Paris. 1 vol. in-8, avec figures dans le texte. 6 fr.
* **Les Sensations internes**, par H. BEAUNIS, directeur du laboratoire de psychologie physiologique à la Sorbonne. 1 vol. in-8. 6 fr.
* **Les Virus**, par M. ARLOING, professeur à la Faculté de médecine de Lyon, directeur de l'école vétérinaire. 1 vol. in-8, avec fig. 6 fr.
* **Théorie nouvelle de la vie**, par F. LE DANTEC, docteur ès sciences, 1 vol. in-8, avec figures. 6 fr.
* **L'évolution individuelle et l'hérédité**, par *le même*. 1 vol. in-8. 6 fr.

PHILOSOPHIE SCIENTIFIQUE

* **Le Cerveau et ses fonctions**, par J. LUYS, membre de l'Académie de médecine, médecin de la Charité. 1 vol. in-8, avec fig. 7ᵉ édit. 6 fr.
* **Le Cerveau et la Pensée chez l'homme et les animaux**, par CHARLTON BASTIAN, professeur à l'Université de Londres. 2 vol. in-8, avec 184 fig. dans le texte. 2ᵉ édit. 12 fr.
* **Le Crime et la Folie**, par H. MAUDSLEY, professeur à l'Université de Londres. 1 vol. in-8. 6ᵉ édit. 6 fr.
* **L'Esprit et le Corps**, considérés au point de vue de leurs relations, suivi d'études sur les *Erreurs généralement répandues au sujet de l'esprit*, par Alex. BAIN, prof. à l'Université d'Aberdeen (Écosse). 1 v. in-8. 6ᵉ éd. 6 fr.
* **Théorie scientifique de la sensibilité** : *le Plaisir et la Peine*, par Léon DUMONT. 1 vol. in-8. 3ᵉ édit. 6 fr.

* **La Matière et la Physique moderne**, par Stallo, précédé d'une préface par M. Ch. Friedel, de l'Institut. 1 vol. in-8. 2ᵉ édit. 6 fr.

Le Magnétisme animal, par Alf. Binet et Ch. Féré. 1 vol. in-8, avec figures dans le texte. 4ᵉ édit. 6 fr.

* **L'Intelligence des animaux**, par Romanes. 2 v. in-8. 2ᵉ éd. précédée d'une préface de M. E. Perrier, prof. au Muséum d'histoire naturelle. 12 fr.

* **L'Évolution des mondes et des sociétés**, par C. Dreyfus. 1 vol. in-8. 3ᵉ édit. 6 fr.

L'évolution régressive en biologie et en sociologie, par Demoor, Massart et Vandervelde, professeurs des Universités de Bruxelles. 1 vol. in-8, avec gravures. 6 fr.

* **Les Altérations de la personnalité**, par Alf. Binet, directeur du laboratoire de psychologie à la Sorbonne (Hautes études). 1 vol. in-8, avec gravures. 6 fr.

ANTHROPOLOGIE

* **L'Espèce humaine**, par A. de Quatrefages, de l'Institut, professeur au Muséum d'histoire naturelle de Paris. 1 vol. in-8. 12ᵉ édit. 6 fr.

* **Ch. Darwin et ses précurseurs français**, par A. de Quatrefages. 1 v. in-8. 2ᵉ édition. 6 fr.

* **Les Émules de Darwin**, par A. de Quatrefages, avec une préface de M. Edm. Perrier, de l'Institut, et une notice sur la vie et les travaux de l'auteur par E.-T. Hamy, de l'Institut. 2 vol. in-8. 12 fr.

* **L'Homme avant les métaux**, par N. Joly, correspondant de l'Institut. 1 vol. in-8, avec 150 gravures. 4ᵉ édit. 6 fr.

* **Les Peuples de l'Afrique**, par R. Hartmann, professeur à l'Université de Berlin. 1 vol. in-8, avec 93 figures dans le texte. 2ᵉ édit. 6 fr.

* **Les Singes anthropoïdes et leur organisation comparée à celle de l'homme**, par R. Hartmann, professeur à l'Université de Berlin. 1 vol. in-8, avec 63 figures gravées sur bois. 6 fr.

* **L'Homme préhistorique**, par Sir John Lubbock, membre de la Société royale de Londres. 2 vol. in-8, avec 228 gravures dans le texte. 3ᵉ édit. 12 fr.

La France préhistorique, par E. Cartailhac. 1 vol. in-8, avec 150 gravures dans le texte. 2ᵉ édit. 6 fr.

* **L'Homme dans la Nature**, par Topinard, ancien secrétaire général de la Société d'Anthropologie de Paris. 1 vol. in-8, avec 101 gravures. 6 fr.

* **Les Races et les Langues**, par André Lefèvre, professeur à l'École d'Anthropologie de Paris. 1 vol. in-8. 6 fr.

* **Le centre de l'Afrique. Autour du Tchad**, par P. Brunache, administrateur à Aïn-Fezza. 1 vol. in-8 avec gravures. 6 fr.

Formation de la Nation française, par G. de Mortillet, professeur à l'École d'Anthropologie. 1 vol. in-8, avec 150 gravures et 18 cartes. 6 fr.

ZOOLOGIE

* **La Descendance de l'homme et le Darwinisme**, par O. Schmidt, professeur à l'Université de Strasbourg. 1 vol. in-8, avec figures. 6ᵉ édit. 6 fr.

* **Les Mammifères dans leurs rapports avec leurs ancêtres géologiques**, par O. Schmidt. 1 vol. in-8, avec 51 figures dans le texte. 6 fr.

* **Fourmis, Abeilles et Guêpes**, par sir John Lubbock, membre de la Société royale de Londres. 2 vol. in-8, avec figures dans le texte, et 13 planches hors texte dont 5 coloriées. 12 fr.

* **Les Sens et l'instinct chez les animaux**, et principalement chez les insectes, par Sir John Lubbock. 1 vol. in-8 avec grav. 6 fr.

* **L'Écrevisse**, introduction à l'étude de la zoologie, par Th.-H. Huxley, membre de la Société royale de Londres. 1 vol. in-8, avec 82 figures dans le texte. 6 fr.

* **Les Commensaux et les Parasites** dans le règne animal, par P.-J. Van Beneden, professeur à l'Université de Louvain (Belgique). 1 vol. in-8, avec 82 figures dans le texte. 3ᵉ édit. 6 fr.

* **La Philosophie zoologique avant Darwin**, par Edmond Perrier, de l'Institut, prof. au Muséum. 1 vol. in-8. 2ᵉ édit. 6 fr.

* **Darwin et ses précurseurs français**, par A. de Quatrefages, de l'Institut. 1 vol. in-8. 2ᵉ édit. 6 fr.

La Culture des mers en Europe (Pisciculture, piscifacture, ostréiculture), par G. Roché, inspecteur général des pêches maritimes. 1 vol. in-8, avec 81 gravures. 6 fr.

BOTANIQUE — GÉOLOGIE

* **Les Champignons,** par COOKE et BERKELEY. 1 v. in-8, avec 110 fig. 4° éd. 6 fr.
* **L'Évolution du régne végétal,** par G. DE SAPORTA et MARION, prof. à la Faculté des sciences de Marseille :
* I. *Les Crytogames.* 1 vol. in-8, avec 85 figures dans le texte. 6 fr.
* II. *Les Phanérogames.* 2 vol. in-8, avec 136 fig. dans le texte. 12 fr.
* **Les Volcans et les Tremblements de terre,** par FUCHS, prof. à l'Univ. de Heidelberg. 1 vol. in-8, avec 36 fig. 5° éd. et une carte en couleur. 6 fr.
* **La Période glaciaire,** principalement en France et en Suisse, par A. FALSAN. 1 vol. in-8, avec 105 gravures et 2 cartes hors texte. 6 fr.
* **Les Régions invisibles du globe et des espaces célestes,** par A. DAUBRÉE, de l'Institut. 1 vol. in-8. 2° édit., avec 89 gravures. 6 fr.
* **Le Pétrole, le Bitume et l'Asphalte,** par M. JACCARD, professeur à l'Académie de Neuchâtel (Suisse). 1 vol. in-8, avec figures. 6 fr.
* **L'Origine des plantes cultivées,** par A. DE CANDOLLE, correspondant de l'Institut. 1 vol. in-8. 4° édit. 6 fr.
* **Introduction à l'étude de la botanique** (*le Sapin*), par J. DE LANESSAN, professeur agrégé à la Faculté de médecine de Paris. 1 vol. in-8. 2° édit., avec figures dans le texte. 6 fr.
* **Microbes, Ferments et Moisissures,** par le docteur L. TROUESSART. 1 vol. in-8. avec 108 figures dans le texte. 2° édit. 6 fr.
* **La Géologie comparée,** par STANISLAS MEUNIER, professeur au Muséum. 1 vol. in-8, avec figures. 6 fr.
Les Végétaux et les milieux cosmiques (adaptation, évolution), par J. COSTANTIN, maître de conférences, à l'École normale supérieure. 1 vol. in-8 avec 171 gravures. 6 fr.

CHIMIE

* **Les Fermentations,** par P. SCHUTZENBERGER, memb. de l'Institut. 1 v. in-8, avec fig. 6° édit. 6 fr.
* **La Synthèse chimique,** par M. BERTHELOT, secrétaire perpétuel de l'Académie des sciences. 1 vol. in-8. 8° édit. 6 fr.
* **La Théorie atomique,** par Ad. WURTZ, membre de l'Institut. 1 vol. in-8. 6° édit., précédée d'une introduction sur *la Vie et les Travaux* de l'auteur, par M. Ch. FRIEDEL, de l'Institut. 6 fr.
La Révolution chimique (*Lavoisier*), par M. BERTHELOT. 1 vol. in-8. 6 fr.
* **La Photographie et la Photochimie,** par H. NIEWENGLOWSKI. 1 vol., avec gravures et une planche hors texte. 6 fr.

ASTRONOMIE — MECANIQUE

* **Histoire de la Machine à vapeur, de la Locomotive et des Bateaux à vapeur,** par R. THURSTON, professeur de mécanique à l'Institut technique de Hoboken, près de New-York, revue, annotée et augmentée d'une introduction par M. HIRSCH, professeur de machines à vapeur à l'École des ponts et chaussées de Paris. 2 vol. in-8, avec 160 figures dans le texte et 16 planches tirées à part. 3° édit. 12 fr.
* **Les Étoiles,** notions d'astronomie sidérale, par le P. A. SECCHI, directeur de l'Observatoire du Collège Romain. 2 vol. in-8, avec 68 figures dans le texte et 16 planches en noir et en couleurs. 2° édit. 12 fr.
* **Le Soleil,** par C.-A. YOUNG, professeur d'astronomie au Collège de New-Jersey. 1 vol. in-8, avec 87 figures. 6 fr.
* **Les Aurores polaires,** par A. ANGOT, membre du Bureau central météorologique de France. 1 vol. in-8 avec figures. 6 fr.

PHYSIQUE

* **La Conservation de l'énergie,** par BALFOUR STEWART, prof. de physique au collège Owens de Manchester (Angleterre). 1 vol. in-8 avec fig. 4° édit. 6 fr.
* **Les Glaciers et les Transformations de l'eau,** par J. TYNDALL, suivi d'une étude sur le même sujet, par HELMHOLTZ, professeur à l'Université de Berlin. 1 vol. in-8, avec figures dans le texte et 8 planches tirées à part. 5° édit. 6 fr.
* **La Matière et la Physique moderne,** par STALLO, précédé d'une préface par Ch. FRIEDEL, membre de l'Institut. 1 vol. in-8. 2° édit. 6 fr.

THEORIE DES BEAUX-ARTS

* **Le Son et la Musique,** par P. BLASERNA, prof. à l'Université de Rome, prof. à l'Université de Berlin. 1 vol. in-8, avec 41 fig. 4° édit. 6 fr.
* **Principes scientifiques des Beaux-Arts.** par E. BRUCKE, professeur à l'Université de Vienne. 1 vol. in-8, avec fig. 4° édit. 6 fr.
* **Théorie scientifique des couleurs** et leurs applications aux arts et à l'industrie, par O. N. ROOD, professeur à Colombia-College de New-York. 1 vol. in-8, avec 130 figures et une planche en couleurs. 6 fr.

RÉCENTES PUBLICATIONS

HISTORIQUES, PHILOSOPHIQUES ET SCIENTIFIQUES

qui ne se trouvent pas dans les collections précédentes.

AGUILERA. **L'Idée de droit en Allemagne** depuis Kant jusqu'à nos jours. 1 vol. in-8. 1892. 5 fr.

ALAUX. **Esquisse d'une philosophie de l'être.** In-8. 1 fr.

— **Les Problèmes religieux au XIXᵉ siècle.** 1 vol. in-8. 7 fr. 50

— **Philosophie morale et politique,** in-8. 1893. 7 fr. 50

— **Théorie de l'âme humaine.** 1 vol. in-8. 1895. 10 fr. (Voy. p. 2.)

ALGLAVE. **Des Juridictions civiles chez les Romains.** 1 vol. in-8. 2 fr. 50

ALTMEYER (J.-J.). **Les Précurseurs de la réforme aux Pays-Bas.** 2 forts volumes in-8. 12 fr.

AMIABLE (Louis). **Une loge maçonnique d'avant 1789.** (La loge des Neuf-Sœurs.) 1 vol. in-8. 1897. 6 fr.

ANSIAUX (M.). **Heures de travail et salaires,** étude sur l'amélioration directe de la condition des ouvriers industriels. 1 vol. in-8. 1896. 5 fr.

ARNAUNÉ (A.). **La monnaie, le crédit et le change.** in-8. 7 fr.

ARRÉAT. **Une Éducation intellectuelle.** 1 vol. in-18. 2 fr. 50

— **Journal d'un philosophe.** 1 vol. in-18. 3 fr. 50 (Voy. p. 2 et 5.)

Autonomie et fédération. 1 vol. in-18. 1 fr.

AZAM. **Hypnotisme et double conscience,** avec préfaces et lettres de MM. PAUL BERT, CHARCOT et RIBOT. 1 vol. in-8. 1893. 9 fr.

BAETS (Abbé M. de). **Les Bases de la morale et du droit.** In-8. 6 fr.

BALFOUR STEWART et TAIT. **L'Univers invisible.** 1 vol. in-8. 7 fr.

BARBÉ (É.). **Le nabab René Madec.** Histoire diplomatique des projets de la France sur le Bengale et le Pendjab (1772-1808). 1894. 1 vol. in-8. 5 fr.

BARNI. **Les Martyrs de la libre pensée.** 1 vol. in-18. 2ᵉ édit. 3 fr. 50 (Voy. p. 5 ; KANT, p. 10; p. 15 et 31.)

BARTHÉLEMY-SAINT-HILAIRE. (Voy. pages 2, 5 et 9, ARISTOTE.)

— *Victor Cousin, sa vie, sa correspondance. 3 vol. in-8. 1895. 30 fr.

BAUTAIN (Abbé). **La Philosophie morale.** 2 vol. in-8. 12 fr.

BEAUNIS (H.). **Impressions de campagne** (1870-1871). In-18. 3 fr. 50

BÉNARD (Ch.). **Philosophie dans l'éducation classique.** In-8. 6 fr. (Voy. p. 9, ARISTOTE et PLATON; p. 10, SCHELLING et HEGEL.)

BLANQUI. **Critique sociale.** 2 vol. in-18. 7 fr.

BLONDEAU (C.). **L'absolu et sa loi constitutive.** 1 vol. in-8. 1897. 6 fr.

BOILLEY (P.). **La Législation internationale du travail.** In-12. 3 fr.

— **Les trois socialismes :** anarchisme, collectivisme, réformisme. In-12. 3 fr. 50

BOURDEAU (Louis). **Théorie des sciences.** 2 vol. in-8. 20 fr.

— **Les Forces de l'industrie.** 1 vol. in-8. 5 fr.

— **La Conquête du monde animal.** In-8. 5 fr.

— **La Conquête du monde végétal.** In-8. 1893. 5 fr.

— **L'Histoire et les historiens.** 1 vol. in-8. 7 fr. 50

— *Histoire de l'alimentation. 1894. 1 vol. in-8. 5 fr. (V. p. 5.)

BOURDET (Eug.). **Principes d'éducation positive.** In-18. 3 fr. 50

— **Vocabulaire de la philosophie positive.** 1 vol. in-18. 3 fr. 50

BOUTROUX (Em.). *De l'idée de loi naturelle dans la science et la philosophie. 1 vol. in-8. 1895. 2 fr. 50. (V. p. 2 et 5.)

BOUSREZ (L.). **L'Anjou aux âges de la Pierre et du Bronze.** 1 vol. gr. in-8, avec pl. h. texte. 1897. 3 fr. 50

BUNGE (N.-Ch.). **Esquisses de littérature politico-économique.** 1 vol. in-8. 1898. 7 fr. 50

CARDON (G.). ***Les Fondateurs de l'Université de Douai.** In-8. 10 fr.
CASTELAR (Emilio). **La politique européenne.** 1 vol. in-8. 1896. 3 fr.
CLAMAGERAN. **La Réaction économique et la démocratie.** 1 v. in-8.
1891.   1 fr. 25
— **La lutte contre le mal.** 1 vol. in-18. 1897.   3 fr. 50
COIGNET (Mᵐᵉ). ***Victor Considérant**, sa vie et son œuvre. in-8.   2 fr.
COLLIGNON (Albert). ***Diderot, sa vie et sa correspondance.** 1 vol.
in-12. 1895.   3 fr. 50
COMBARIEU (J.). ***Les rapports de la musique et de la poésie** consi-
dérés au point de vue de l'expression. 1893. 1 vol. in-8.   7 fr. 50
COSTE (Ad.). **Hygiène sociale contre le paupérisme.** In-8.   6 fr.
— **Nouvel exposé d'économie politique et de physiologie sociale.**
In-18.   3 fr. 50 (Voy. p. 2 et 32.)
COUTURAT (Louis). ***De l'infini mathématique.** In-8. 1896.   12 fr.
DAURIAC. **Croyance et réalité.** 1 vol. in-18. 1889.   3 fr. 50
— **Le Réalisme de Reid.** In-8.   1 fr. (V. p. 2.)
DELBŒUF. **De la loi psychophysique.** In-18.   3 fr. 50 (V. p. 2.)
DENEUS (Cl.). **De la réserve héréditaire des enfants** Étude histo-
rique, philosophique et économique. 1893. 1 vol. in-8.   5 fr.
DERAISMES (Mˡˡᵉ Maria). **Œuvres complètes:**
— Tome I. **France et progrès. — Conférences sur la noblesse.**
1 vol. in-12. 1895. 3 fr. 50. — Tome II. **Eve dans l'humanité. —
Les droits de l'enfant.** 1 vol. in-12. 1896. 3 fr. 50. — Tome III. **Nos
principes et nos mœurs. — L'ancien devant le nouveau.** 1 vol.
in-12. 1896.   3 fr. 50
DESCHAMPS. **La Philosophie de l'écriture.** 1 vol. in-8. 1892.   3 fr.
DESDOUITS. **La philosophie de l'inconscient.** 1893. 1 vol. in-8.   3 fr.
DOLLFUS (Ch.). **Lettres philosophiques.** In-18.   3 fr.
— **Considérations sur l'histoire.** In-8.   7 fr. 50
— **L'Ame dans les phénomènes de conscience.** 1 vol. in-18. 3 fr. 50
DRANDAR (A.-G.). **Les événements politiques en Bulgarie, depuis
1876 jusqu'à nos jours.** 1 vol. in-8. 1896.   8 fr.
DROZ (Numa). **Etudes et portraits politiques.** 1 vol. in-8. 1895. 7 fr. 50
— **Essais économiques.** 1 vol. in-8. 1896.   7 fr. 50
— **La démocratie fédérative et le socialisme d'État.** 1 vol. in-12.
1896.   1 fr.
DUBUC (P.). ***Essai sur la méthode en métaphysique.** 1 vol. in-8. 5 fr.
DUGAS (L.). ***L'amitié antique**, d'après les mœurs et les théories des phi-
losophes. 1 vol. in-8. 1895.   7 fr. 50 (V. p. 2.)
DUNAN. ***Sur les formes à priori de la sensibilité.** 1 vol. in-8   5 fr.
— **Les Arguments de Zénon d'Élée contre le mouvement.**
1 br. in-8.   1 fr. 50 (V. p. 2.)
DUVERGIER DE HAURANNE (Mᵐᵉ E.). **Histoire populaire de la Révo-
lution française.** 1 vol. in-18. 4ᵉ édit.   3 fr. 50
Éléments de science sociale. 1 vol. in-18. 4ᵉ édit.   3 fr. 50
FABRE (Joseph). **Histoire de la philosophie.** Antiquité et Moyen âge.
in-12.   3 fr. 50
FEDERICI. **Les Lois du progrès.** 2 vol. in-8. Chacun.   6 fr.
FERRIÈRE (Em.). **Les Apôtres**, essai d'histoire religieuse. 1 vol. in-12. 4 fr. 50
— **L'Ame est la fonction du cerveau.** 2 volumes in-18.   7 fr.
— **Le Paganisme des Hébreux jusqu'à la captivité de Babylone.**
1 vol. in-18.   3 fr. 50
— **La Matière et l'énergie.** 1 vol. in-18.   4 fr. 50
— **L'Ame et la vie.** 1 vol. in-18.   4 fr. 50
— **Les Erreurs scientifiques de la Bible.** 1 vol. in-18. 1891. 3 fr. 50
— **Les Mythes de la Bible.** 1 vol. in-18. 1893.   3 fr. 50
— **La cause première d'après les données expérimentales.**
1 vol. in-18. 1896.   3 fr. 50 (Voy. p. 32.)

FLEURY (Maurice de). **Introduction à la médecine de l'Esprit.** 1 vol. in-8, 4ᵉ éd. 1898.   7 fr. 50

FLOURNOY. **Des phénomènes de synopsie.** In-8. 1893.   6 fr.

GAYTE (Claude). **Essai sur la croyance.** 1 vol. in-8.   3 fr.

GOBLET D'ALVIELLA. **L'Idée de Dieu,** d'après l'anthr. et l'histoire. In-8. 6 f.

GOURD. **Le Phénomène.** 1 vol. in-8.   7 fr. 50

GREEF (Guillaume de). **Introduction à la Sociologie.** 2 vol. in-8. 10 fr.

— **L'évolution des croyances et des doctrines politiques.** 1 vol. in-12. 1895.   4 fr. (V. p. 6.)

GRIMAUX (Ed.). *Lavoisier (1748-1794),* d'après sa correspondance et divers documents inédits. 1 vol. gr. in-8, avec gravures. 2ᵉ éd. 1896. 15 fr.

GRIVEAU (M.). **Les Éléments du beau.** Préface de M. SULLY-PRUDHOMME. In-18, avec 60 fig. 1893.   4 fr. 50

GUILLY. **La Nature et la Morale.** 1 vol. in-18. 2ᵉ édit.   2 fr. 50

GUYAU. **Vers d'un philosophe.** In-18.   3 fr. 50 (Voy. p. 3, 6 et 9.)

HAURIOU (M.). **La science sociale traditionnelle.** 1 v. in-8. 1896. 7 fr. 50

HALLEUX (J.). **Les principes du positivisme contemporain,** exposé et critique. (Ouvrage récompensé par l'Institut). 1 vol. in-12. 1895. 3 fr. 50

HIRTH (G.). **La Vue plastique, fonction de l'écorce cérébrale.** In-8. Trad. de l'allem. par L. ARRÉAT, avec grav. et 34 pl.   8 fr. (Voy. p. 7.)

— **Les localisations cérébrales en psychologie. Pourquoi sommes-nous distraits ?** 1 vol. in-8. 1895.   2 fr.

HUXLEY. *La Physiographie,* introduction à l'étude de la nature, traduit et adapté par M. G. LAMY. 1 vol. in-8. 3ᵉ éd., avec fig. 8 fr. (V. p. 7, 21 et 32.)

ICARD (S.). **Paradoxes ou vérités.** 1 vol. in-12. 1895.   3 fr. 50

JOYAU. **De l'Invention dans les arts et dans les sciences.** 1 v. in-8. 5 fr.

— **Essai sur la liberté morale.** 1 vol. in-18.   3 fr. 50

— **La Théorie de la grâce et la liberté morale de l'homme.** 1 vol. in-8.   2 fr. 50

KINGSFORD (A.) et MAITLAND (E.). **La Voie parfaite ou le Christ ésotérique,** précédé d'une préface d'Edouard SCHURE. 1 vol. in-8. 1892. 6 fr.

KLEFFLER (H.). **Science et conscience ou théorie de la force progressive.** 3 vol. in-8. Chacun.   4 fr.

KUMS (A.). **Les choses naturelles dans Homère.** 1 vol. in-8. 1897. 5 fr.

LABORDE. **Les Hommes et les Actes de l'insurrection de Paris** devant la psychologie morbide. 1 vol. in-18.   2 fr. 50

LAURENT (O.). **Les Universités des deux mondes.** Histoire, organisation, étudiants. 1 vol. in-12, avec gravures. 1895.   3 fr. 50

LAVELEYE (Em. de). **De l'avenir des peuples catholiques.** In-8. 25 c.

— **L'Italie actuelle.** In-18.   3 fr. 50

— **L'Afrique centrale.** 1 vol. in-12.   3 fr.

— **Essais et Études.** Première série (1861-1875). 1 vol. in-8. 7 fr. 50. — Deuxième série (1875-1882). 1 vol. in-8. 7 fr. 50. — Troisième série (1892-1894). 1 vol. in-8. 7 fr. 50 (Voy. p. 7 et 15.)

LÉGER (C.). **La liberté intégrale,** esquisse d'une théorie des lois républicaines. 1 vol. in-12. 1896.   1 fr. 50

LEGOYT. **Le Suicide.** 1 vol. in-8.   8 fr.

LETAINTURIER (J.). **Le socialisme devant le bon sens.** in-18. 1 fr. 50

LEVY (Albert). *Psychologie du caractère.* in-8. 1896.   5 fr.

LICHTENBERGER (A.). **Le socialisme au XVIIIᵉ siècle.** Études sur les idées socialistes dans les écrivains français au XVIIIᵉ siècle, avant la Révolution. 1 vol. in-8. 1895.   7 fr. 50

LOURBET (J.). **La femme devant la science contemporaine.** 1 vol. in-12. 1895.   2 fr. 50

MABILLEAU (L.). *Histoire de la philosophie atomistique.* 1 vol. in-8. 1895. (Ouvrage couronné par l'Institut.)   12 fr.

MANACÉINE (Marie de). **L'anarchie passive et le comte Léon Tolstoï.** 1 vol. in-18.   2 fr.

MAINDRON (Ernest). *L'Académie des sciences (Histoire de l'Académie; fondation de l'Institut national; Bonaparte, membre de l'Institut). 1 beau vol. in-8 cavalier, avec 53 gravures dans le texte, portraits, plans, etc. 8 planches hors texte et 2 autographes.   12 fr.

MALON (Benoît). Le Socialisme intégral. Première partie : *Histoire des théories et tendances générales*. 1 vol. grand in-8, avec portrait de l'auteur. 2e éd. 1892. 6 fr. — Deuxième partie : *Des réformes possibles et des moyens pratiques*. 1 vol. grand in-8. 1892.   6 fr.

— Précis théorique, historique et pratique de socialisme (lundis socialistes). 1 vol. in-12. 1892.   3 fr. 50

Manuel d'hygiène athlétique (publ. de la Soc. des Sports athl.). 1895. 1 vol. in-32.   0 fr. 50

MARSAUCHE (L.). La Confédération helvétique d'après la constitution, préface de M. Frédéric Passy. 1 vol. in-18. 1891.   3 fr. 50

MISMER (Ch.). Principes sociologiques. 1 vol. in-8. 2e éd. 1897. 5 fr.

MORIAUD (P.). La question de la liberté et la conduite humaine. 1 vol. in-12. 1897.   3 fr. 50

MOSSO (A.). L'éducation physique de la jeunesse. 1 vol. in-12, cart., préface du commandant Legros. 1895.   4 fr.

NAUDIER (Fernand). Le socialisme et la révolution sociale. 1894. 1 vol. in-18.   3 fr. 50

NETTER (A.) La Parole intérieure et l'âme. 1 vol. in-18.   2 fr. 50

NIVELET. Loisirs de la vieillesse. 1 vol. in-12.   3 fr.

— Gall et sa doctrine. 1 vol. in-8. 1890.   5 fr.

— Miscellanées littéraires et scientifiques. 1 vol. in-18. 1893. 2 fr.

NIZET. L'Hypnotisme, étude critique. 1 vol. in-12. 1892.   2 fr. 50

NOTOVITCH. La Liberté de la volonté. In-18.   3 fr. 50

NOVICOW (J.). La Question d'Alsace-Lorraine, critique du point de vue allemand. in-8. 1895.   1 fr. (V. p. 4, 7 et 16.)

NYS (Ernest). Les Théories politiques et le droit international. 1 vol. in-8. 1891.   4 fr.

PARIS (comte de). Les Associations ouvrières en Angleterre (Trades-unions). 1 vol. in-18. 7e édit. 1 fr. — Édition sur papier fort.   2 fr. 50

PAULHAN (Fr.). Le Nouveau mysticisme. 1 vol. in-18. 1891.   2 fr. 50 (Voy. p. 4, 7 et 32.)

PELLETAN (Eugène). *La Naissance d'une ville (Royan). In-18.   2 fr.

— *Jarousseau, le pasteur du désert. 1 vol. in-18.   2 fr.

— *Un Roi philosophe : Frédéric le Grand. In-18.   3 fr. 50

— Droits de l'homme. 1 vol. in-12.   3 fr. 50

— Profession de foi du XIXe siècle. In-12.   3 fr. 50 (V. p. 31.)

PÉNY (le major). La France par rapport à l'Allemagne. Étude de géographie militaire. 1 vol. in-8. 2e édit.   6 fr.

PEREZ (Bernard). Thiery Tiedmann. Mes deux chats. In-12. 2 fr.

— Jacotot et sa Méthode d'émancipation intellect. In-18. 3 fr.

— Dictionnaire abrégé de philosophie. 1893. in-12. 1 fr. 50 (V.p. 7.)

PHILBERT (Louis). Le Rire. In-8. (Cour. par l'Académie française.) 7 fr. 50

PHILIPPE (J.). Lucrèce dans la théologie chrétienne du IIIe au XIIIe siècle. 1 vol. in-8. 1896.   2 fr. 50

PIAT (Abbé C.). L'Intellect actif ou Du rôle de l'activité mentale dans la formation des idées. 1 vol. in-8.   3 fr. (V. p. 7.)

PICARD (Ch.). Sémites et Aryens (1893). In-18.   1 fr. 50

PICAVET (F.). L'Histoire de la philosophie, ce qu'elle a été, ce qu'elle peut être. In-8.   2 fr.

— La Mettrie et la critique allemande. 1889. In-8. 1 fr. (V. p. 7.)

PICTET (Raoul). Étude critique du matérialisme et du spiritualisme par la physique expérimentale. 1 vol. gr. in-8. 1896. 10 fr.

POEY. Le Positivisme. 1 fort vol. in-12.   4 fr. 50

— M. Littré et Auguste Comte. 1 vol. in-18.   3 fr. 50

PORT. La Légende de Cathelineau. in-8.   5 fr.

POULLET. **La Campagne de l'Est** (1870-1871). In-8, avec cartes.   7 fr.

*** Pour et contre l'enseignement philosophique**, par MM. VANDEREM (Fernand), RIBOT (Th.), BOUTROUX (F.), MARION (H.), JANET (P.) et FOUILLÉE (A.) de l'Institut ; MONOD (G.), LYON (Georges), MARILLIER (L.), CLAMADIEU (abbé), BOURDEAU (J.), LACAZE (G.), TAINE (H.), de l'Académie française. 1894. 1 vol. in-18.   2 fr.

PRÉAUBERT. **La vie, mode de mouvement**, essai d'une théorie physique des phénomènes vitaux. 1 vol. in-8, 1897.   5 fr.

PRINZ (Ad.). **L'organisation de la liberté et le devoir social.** 1 vol in-8. 1895.   4 fr.

PUJO (Maurice). *** Le règne de la grâce. L'idéalisme intégral.** 1894. 1 vol. in-18.   3 fr. 50

RIBOT (Paul). **Spiritualisme et Matérialisme.** 2e éd. 1 vol. in-8.   6 fr.

RUTE (Marie-Letizia de). **Lettres d'une voyageuse.** Vienne, Budapest, Constantinople, 1 vol. in-8 1896.   3 fr.

SANDERVAL (O. de). **De l'Absolu.** La loi de vie. 1 vol. in-8. 2e éd.   5 fr.

— **Kahel. Le Soudan français.** In-8 avec gravures et cartes.   8 fr.

SECRÉTAN (Ch.). **Études sociales.** 1889. 1 vol. in-18.   3 fr. 50

— **Les Droits de l'humanité.** 1 vol. in-18. 1891.   3 fr. 50

— **La Croyance et la civilisation.** 1 vol. in-18. 2e édit. 1891.   3 fr. 50

— **Mon Utopie.** 1 vol. in-18.   3 fr. 50

— **Le Principe de la morale.** 1 vol. in-8. 2e éd.   7 fr. 50

— **Essais de philosophie et de littérature.** 1 vol. in-12. 1896. 3 fr. 50

SECRÉTAN (H.). **La Société et la morale.** 1 vol. in-12. 1897. 3 fr. 50

SILVA WHITE (Arthur). **Le développement de l'Afrique.** 1894. 1 fort vol. in-8 avec 15 cartes en couleurs hors texte.   10 fr

SOREL (Albert). **Le Traité de Paris du 20 novembre 1815.** In-8, 4 fr. 50

SPIR (A.). **Esquisses de philosophie critique.** 1 vol. in-18.   2 fr. 50

STOCQUART (Emile). **Le contrat de travail**, étude de droit social et de législation internationale. 1 vol. in-12. 1895.   3 fr.

STRADA (J.). **La loi de l'histoire.** 1 vol. in-8. 1894.   5 fr.

— **Jésus et l'ère de la science.** 1 vol. in-8. 1896.   5 fr.

— **Ultimum organum**, constitution scientifique de la méthode générale. Nouvelle édition. 2 vol. in-12. 1897.   7 fr.

— **La religion de la science et de l'esprit pur**, constitution scientifique de la religion. 2 vol. in-8. 1897. Chacun séparément.   7 fr.

TERQUEM (A.). **Science romaine à l'époque d'Auguste.** in-8. 3 fr.

THURY. **Le chômage moderne**, causes et remèdes. 1 v. in-12. 1895. 2 fr. 50

TISSOT. **Principes de morale.** 1 vol. in-8.   6 fr (Voy. KANT, p. 9.)

ULLMO (L.). **Le Problème social.** 1897. 1 vol. in-8.   3 fr.

VACHEROT. **La Science et la Métaphysique.** 3 vol. in-18.   10 fr. 50 (Voy. p. 9).

VIALLET (C.-Paul). **Je pense, donc je suis.** Introduction à la méthode cartésienne. 1 vol. in-12. 1896.   2 fr. 50

VIGOUREUX (Ch.). **L'Avenir de l'Europe** au double point de vue de la politique de sentiment et de la politique d'intérêt. 1892. 1 vol in-18. 3 fr. 50

WEIL (Denis). **Le Droit d'association et le Droit de réunion** devant les chambres et les tribunaux. 1893. 1 vol. in-12.   3 fr. 50

— **Les Élections législatives.** Histoire de la législation et des mœurs. 1 vol. in-18. 1895.   3 fr. 50

WUARIN (L.). **Le Contribuable.** 1 vol. in-16.   3 fr. 50

WULF (M. de). **Histoire de la philosophie scolastique dans les Pays-Bas et la principauté de Liège jusqu'à la Révol. franç.** In-8. 5 fr.

— **Étude historique sur l'esthétique de saint Thomas d'Aquin.** 1 vol. in-8. 1896.   1 fr. 50

ZIESING (Th.). **Érasme ou Salignac.** Étude sur la lettre de François Rabelais. 1 vol. gr. in-8.   4 fr.

ZOLLA (D.). **Les questions agricoles d'hier et d'aujourd'hui.** 1894, 1895. 2 vol. in-12. Chacun.   3 fr. 50

BIBLIOTHÈQUE UTILE

119 VOLUMES PARUS

Le volume de 192 pages, broché, 60 centimes.
Cartonné à l'anglaise, 1 fr.

La plupart des livres de cette collection ont été adoptés par le *Ministère de l'Instruction publique* pour les Bibliothèques des Lycées et Collèges de garçons et de jeunes filles, celles des Écoles normales, les Bibliothèques populaires et scolaires.

Les livres adoptés par la Commission consultative des Bibliothèques des Lycées sont marqués d'un astérisque.

HISTOIRE DE FRANCE

***Les Mérovingiens**, par Buchez.

***Les Carlovingiens**, par Buchez.

Les Luttes religieuses des premiers siècles, par J. Bastide. 4e édit.

Les Guerres de la Réforme, par J. Bastide. 4e édit.

La France au moyen âge, par F. Morin.

Jeanne d'Arc, par Fréd. Lock.

Décadence de la monarchie française, par Eug. Pelletan, sénateur. 4e édit.

***La Révolution française**, par H. Carnot (2 volumes).

La Défense nationale en 1792, par P. Gaffarel, prof. à la Fac. des lettres de Dijon.

Napoléon Ier, par Jules Barni.

***Histoire de la Restauration**, par Fréd. Lock. 3e édit.

***Histoire de Louis-Philippe**, par Edgar Zevort, recteur de l'Académie de Caen 2e édit.

Mœurs et Institutions de la France, par P. Bondois, prof. au lycée Buffon, 2 vol.

Léon Gambetta, par J. Reinach.

***Histoire de l'armée française**, par L. Bère.

***Histoire de la marine française**, par Doneaud, prof. à l'École navale, 2e édit.

Histoire de la conquête de l'Algérie, par Quesnel.

***Les Origines de la guerre de 1870**, par Ch. de Larivière.

Histoire de la littérature française, par Georges Meunier, agrégé de l'Université.

PAYS ÉTRANGERS

L'Espagne et le Portugal, par E. Raymond. 2e édition.

Histoire de l'Empire ottoman, par L. Collas. 2e édition.

***Les Révolutions d'Angleterre**, par Eug. Despois. 3e édition.

Histoire de la maison d'Autriche, par Ch. Rolland. 2e édition.

L'Europe contemporaine (1789-1879), par P. Bondois, prof. au lycée Buffon.

* **Histoire contemporaine de la Prusse**, par Alfr. Doneaud.

Histoire contemporaine de l'Italie, par Félix Henneguy.

Histoire contemporaine de l'Angleterre, par A. Regnard.

HISTOIRE ANCIENNE

***La Grèce ancienne**, par L. Combes.

L'Asie occid. et l'Égypte, par A. Ott.

L'Inde et la Chine, par A. Ott.

Histoire romaine, par Creighton.

L'Antiquité romaine, par Wilkins.

L'Antiquité grecque, par Mahaffy.

GÉOGRAPHIE

***Torrents, fleuves et canaux de la France**, par H. Blerzy.

Les Colonies anglaises, par H. Blerzy.

Les Iles du Pacifique, par le capitaine de vaisseau Jouan (avec une carte).

* **Les Peuples de l'Afrique et de l'Amérique**, par Girard de Rialle.

Les Peuples de l'Asie et de l'Europe, par Girard de Rialle.

L'Indo-Chine française, par Faque.

* **Géographie physique**, par Geikie.

Continents et Océans, par Grove (avec figures).

* **Les Frontières de la France**, par P. Gaffarel, prof. à la Faculté de Dijon.

L'Afrique française, par A. Joyeux.

Madagascar, par A. Milhaud, prof. agrégé d'histoire et de géographie (avec carte).

Les grands ports de commerce, par D. Bellet.

COSMOGRAPHIE

Les Entretiens de Fontenelle sur la pluralité des mondes, mis au courant de la science, par Boillot.

***Le Soleil et les Étoiles**, par le P. Secchi, Briot, Wolf et Delaunay. 2e édition (avec figures).

Les Phénomènes célestes, par Zurcher et Margollé.

A travers le ciel, par Amigues, proviseur du lycée de Toulon.

Origines et Fin des mondes, par Ch. Richard. 3e édition.

***Notions d'astronomie**, par L. Catalan. 4e édition (avec figures).

SCIENCES APPLIQUÉES

Le Génie de la science et de l'industrie, par B. GASTINEAU.

*Causeries sur la mécanique, par BROTHIER. 2e édit.

Médecine populaire, par le Dr TURCK.

La Médecine des accidents, par le Dr BROQUÈRE.

Les Maladies épidémiques (Hygiène et Prévention), par le Dr L. MONIN.

Hygiène générale, par le Dr CRUVEILHIER.

La tuberculose, son traitement hygiénique, par P. MERKLEN, interne des hôpitaux

Petit Dictionnaire des falsifications, par DUFOUR, pharmacien de 1re classe.

*L'Hygiène de la cuisine, par le Dr LAUMONIER.

Les Mines de la France et de ses colonies, par P. MAIGNE.

Les Matières premières et leur emploi, par le Dr H. GENEVOIX, pharmacien de 1re cl.

Les Procédés industriels, du même.

La Photographie, par H. GOSSIN.

La Machine à vapeur, du même (avec fig.)

La Navigation aérienne, par G. DALLET.

L'Agriculture française, par A. LARBALÉTRIER, prof. d'agriculture (avec figures).

La Culture des plantes d'appartement, par A. LARBALÉTRIER (avec figures).

*La Viticulture nouvelle, par A. BERGET.

*Les Chemins de fer, p. G. MAYER (av. fig.).

Les grands ports maritimes de commerce, par D. BELLET (avec figures).

SCIENCES PHYSIQUES ET NATURELLES

Télescope et Microscope, par ZURCHER et MARGOLLÉ.

*Les Phénomènes de l'atmosphère, par ZURCHER. 4e édit.

*Histoire de l'air, par ALBERT-LÉVY.

Histoire de la terre, par BROTHIER.

Principaux faits de la chimie, par BOUANT, prof. au lycée Charlemagne.

*Les Phénomènes de la mer, par E. MARGOLLÉ. 5e édit.

*L'Homme préhistorique, par ZABOROWSKI. 2e édit.

Les Mondes disparus, du même.

Les grands Singes, du même.

Histoire de l'eau, par BOUANT, prof. au lycée Charlemagne (avec grav.).

Introduction à l'étude des sciences physiques, par MORAND. 5e édit.

Le Darwinisme, par E. FERRIÈRE.

*Géologie, par GEIKIE (avec figures).

Les Migrations des animaux et le Pigeon voyageur, par ZABOROWSKI.

Premières Notions sur les sciences, par Th. HUXLEY.

La Chasse et la Pêche des animaux marins, par JOUAN.

Zoologie générale, par H. BEAUREGARD

Botanique générale, par E. GÉRARDIN (avec figures).

La Vie dans les mers, par H. COUPIN

*Les Insectes nuisibles, par A. ACLOQUE

PHILOSOPHIE

La Vie éternelle, par ENFANTIN. 2e éd.

Voltaire et Rousseau, par E. NOEL. 3e éd.

Histoire populaire de la philosophie, par L. BROTHIER. 3e édit.

*La Philosophie zoologique, par Victor MEUNIER. 3e édit.

*L'Origine du langage, par ZABOROWSKI.

*Physiologie de l'esprit, par PAULHA (avec figures).

L'Homme est-il libre? par G. RENARD.

La Philosophie positive, par le docteu ROBINET. 2e édition.

ENSEIGNEMENT. — ÉCONOMIE DOMESTIQUE

De l'Éducation, par HERBERT SPENCER.

La Statistique humaine de la France, par Jacques BERTILLON.

Le Journal, par HATIN.

De l'Enseignement professionnel, par CORBON. 3e édit.

Les Délassements du travail, par Maurice CRISTAL. 2e édit.

Le Budget du foyer, par H. LENEVEUX.

Paris municipal, par H. LENEVEUX.

Histoire du travail manuel en France, par H. LENEVEUX.

L'Art et les Artistes en France, par Laurent PICHAT, sénateur. 4e édit.

Premiers principes des beaux-arts,

par J. COLLIER (avec gravures).

*Économie politique, par STANLEY JEVON

Le Patriotisme à l'école, par JOURD colonel d'artillerie.

Histoire du libre-échange en Angleterre, par MONGREDIEN.

Économie rurale et agricole, par PETI

*La Richesse et le Bonheur, par A COSTE.

Alcoolisme ou épargne, le dilem social, par Ad. COSTE.

L'Alcool et la lutte contre l'alcoolisme, par les Drs SÉRIEUX et MATHIEU.

Les plantes d'appartement, de fenêtres et de balcons, par A.   E

DROIT

*La Loi civile en France, par MORIN, 3e édit.

La Justice crimine   en France, G. JOURDAN. 3e édit.

BIBLIOTHÈQUE D'HISTOIRE CONTEMPORAINE

Volumes in-12 à 3 fr. 50. Cartonnés : 4 fr. — Volumes in-8 à 5 et à 7 fr. Cartonnés : 6 et 8 fr.

EUROPE

HISTOIRE DE L'EUROPE PENDANT LA RÉVOLUTION FRANÇAISE, par *H. de Sybel*. Trad. par Mlle Dosquet. 6 vol. in-8. 42 fr. »
Chaque volume séparément. 7 fr. »
HISTOIRE DIPLOMATIQUE DE L'EUROPE (1814-1878), par *A. Debidour*. 2 vol. in-8. 18 fr.

FRANCE

LA RÉVOLUTION FRANÇAISE, résumé historique, par *H. Carnot*. In-12. . 3 fr. 50
ETUDES ET LEÇONS SUR LA RÉVOLUTION FRANÇAISE, par *A. Aulard*. 2 vol. in-12. Chacun. . . . . 3 fr. 50
NAPOLÉON ET LA SOCIÉTÉ DE SON TEMPS, par *P. Bondois*. 1 vol. in-8. . . 7 fr. »
HISTOIRE DE DIX ANS, par *Louis Blanc*. 5 vol. in-8. . . . . 25 fr. »
HISTOIRE DE HUIT ANS (1840-1848), par *Elias Regnault*. 3 vol. in-8. . 15 fr. »
HISTOIRE DU SECOND EMPIRE (1848-1870), par *Taxile Delord*. 6 vol. in-8. 42 fr. »
HISTOIRE PARLEM. DE LA SECONDE RÉPUBLIQUE, par *E. Spuller*. 2e éd. 1 v. in-12. 3 fr. 50
HISTOIRE DE LA TROISIÈME RÉPUBLIQUE, par *Edg. Zevort* : I. La présidence de M. Thiers. 1 vol. in-8. . . . . . 7 fr. »
II. La présidence du maréchal de Mac-Mahon. 1 vol. in-8. . . . . . . 7 fr. »
III et IV terminant l'ouvrage : La présidence de M. Grévy et la présidence de M. Carnot (*sous presse*).
HISTOIRE DES RAPPORTS DE L'EGLISE ET DE L'ETAT EN FRANCE, par *A. Debidour*. 1 vol. in-8. . . . . 12 fr.
LES COLONIES FRANÇAISES, par *Paul Gaffarel*. 1 vol. in-8. 5e édition. . . 5 fr. »
L'ALGÉRIE, par *M. Wahl*. 3e édition. 1 vol. in-8. . . . . 5 fr. »
LES CIVILISATIONS TUNISIENNES, par *P. Lapie*. 1 vol. in-12. . . 3 fr. 50
L'EXPANSION COLONIALE DE LA FRANCE, par *J.-L. de Lanessan*. 1 vol. in-8 avec 19 cartes hors texte. . . . . 12 fr. »
L'INDO-CHINE FRANÇAISE, par *J.-L. de Lanessan*. 1 vol. in-8 avec 5 cartes en couleurs hors texte. . . . . . 15 fr. »
LA COLONISATION FRANÇAISE EN INDO-CHINE, par *J.-L. de Lanessan*, 1895, 1 vol. in-12, avec 1 carte hors texte. . . . 3 fr. 50
L'EMPIRE D'ANNAM ET LE PEUPLE ANNAMITE, par *J. Silvestre*. 1 vol. in-12. 3 fr. 50
LA QUESTION D'ORIENT, par *E. Driault*. 1 vol. in-8. . . . . 7 fr.

ANGLETERRE

HISTOIRE DE L'ANGLETERRE, depuis la reine Anne jusqu'à nos jours, par *H. Reynald*. 1 vol. in-12. 2e édition. . . . . 3 fr. 50
LE SOCIALISME EN ANGLETERRE, par *A. Métin* 1 vol. in-12. . . . 3 fr. 50

ALLEMAGNE

HISTOIRE DE LA PRUSSE, depuis la mort de Frédéric II jusqu'à la bataille de Sadowa, par *Eug. Véron*. 1 vol. in-12, 6e éd., revue par *P. Bondois* . . . . . 3 fr. 50
HISTOIRE DE L'ALLEMAGNE, depuis la bataille de Sadowa jusqu'à nos jours, par *Eug. Véron*. 1 vol. in-12. 3e édition revue par *P. Bondois* . . . . 3 fr. 50
ORIGINES DU SOCIALISME D'ÉTAT EN ALLEMAGNE, par *Ch. Andler*. 1 vol. in-8. 7 fr.

AUTRICHE-HONGRIE

HISTOIRE DE L'AUTRICHE, depuis la mort de Marie-Thérèse jusqu'à nos jours, par *L. Asseline*. 1 vol. in-12. 3e édition. . 3 fr. 50
LES RACES ET LES NATIONALITÉS EN AUTRICHE-HONGRIE, par *B. Auerbach*. 1 vol. in-8. . . . . 5 fr. »
LES TCHÈQUES ET LA BOHÈME CONTEMPORAINE, par *J. Bourlier*. 1 vol. in-12. 3 fr. 50

ESPAGNE

HISTOIRE DE L'ESPAGNE, depuis la mort de Charles III jusqu'à nos jours, par *H. Reynald*. 1 vol. in-12. . . . . . . 3 fr. 50

RUSSIE

HISTOIRE CONTEMPORAINE DE LA RUSSIE, JUSQU'À LA MORT D'ALEXANDRE II, par *G. Créhange*. 1 vol. in-12. 2e éd. 3 fr. 50

SUISSE

HISTOIRE DU PEUPLE SUISSE, par *Daendliker*. 1 vol. in-8 . . . . 5 fr. •

AMÉRIQUE

HISTOIRE DE L'AMÉRIQUE DU SUD, depuis sa conquête jusqu'à nos jours, par *Alfred Deberle*. 1 vol. in-12. 3e édit., revue par *A. Milhaud*. . . . . 3 fr. 50

ITALIE

HISTOIRE DE L'ITALIE, depuis 1815 jusqu'à la mort de Victor-Emmanuel, par *E. Sorin*. 1 vol. in-12. . . . . 3 fr. 50

TURQUIE

LA TURQUIE ET L'HELLÉNISME CONTEMPORAIN, par *V. Bérard*. 1 vol. in-12. 4e édition . . . . 3 fr. 50

Eug. Despois. LE VANDALISME RÉVOLUTIONNAIRE. Fondations littéraires, scientifiques et artistiques de la Convention. 1 vol. in-12. 5e édit. . . . . 3 fr. 50
E. de Laveleye. LE SOCIALISME CONTEMPORAIN. 10e édit. 1 vol. in-12. . . . 3 fr. 50
Eug. Spuller. FIGURES DISPARUES. 3 vol. in-12, chacun . . . . 3 fr. 50
— L'ÉDUCATION DE LA DÉMOCRATIE. 1 vol. in-12. . . . . 3 fr. 50
— L'ÉVOLUTION POLITIQUE ET SOCIALE DE L'EGLISE. 1 vol. in-12. . . . . 3 fr. 50
— HOMMES ET CHOSES DE LA RÉVOLUTION. 1 vol. in-12. . . . . 3 fr. 50
Aulard. LE CULTE DE LA RAISON ET DE L'ÊTRE SUPRÈME. 1 vol. in-12. . 3 fr. 50

Hector Depasse. TRANSFORMATIONS SOCIALES. 1 vol. in-12. . . . . . . 3 fr. 50
— DU TRAVAIL ET DE SES CONDITIONS. 1 v. in-12. . . . . 3 fr. 50
Eug. d'Eichthal. SOUVERAINETÉ DU PEUPLE ET GOUVERNEMENT. 1 vol. in-12. . 3 fr. 50
G. Isambert. LA VIE A PARIS PENDANT UNE ANNÉE DE LA RÉVOLUTION (1791-1792). 1 vol. in-12. . . . . 3 fr. 50
G. Weill. L'ÉCOLE SAINT-SIMONIENNE. 1 vol. in-12. . . . . 3 fr. 50
A. Lichtenberger. LE SOCIALISME UTOPIQUE. 1 vol. in-12. . . . . 3 fr. 50
P. Matter. LA DISSOLUTION DES ASSEMBLÉES PARLEMENTAIRES. 1 vol. in-8. 5 fr.

Coulommiers. — Imp. PAUL BRODARD. — 638-98.